天津记忆第十七种

主编 王振良

津门闲戬

徐天瑞日记解读

王勇则 著

天津出版传媒集团
天津古籍出版社

图书在版编目(CIP)数据

津门开岁:徐天瑞日记解读/王勇则著. -- 天津:
天津古籍出版社, 2015.8
(天津记忆/王振良主编)
ISBN 978-7-5528-0341-9

Ⅰ.①津… Ⅱ.①王… Ⅲ.①天津市—地方史—史料
—1949 Ⅳ.①K292.1

中国版本图书馆 CIP 数据核字(2015)第 208761 号

津门开岁:徐天瑞日记解读
王勇则 著

出版人/张玮
*
天津古籍出版社出版
(天津市西康路 35 号 邮政编码:300051)
http://www.tjabc.net
今晚报社印刷厂印刷
全国新华书店发行
开本 880×1230 毫米 1/32 印张 15 字数 330 千字
2015 年 8 月第 1 版 2015 年 8 月第 1 次印刷

ISBN 978-7-5528-0341-9
定 价:58.00 元

目 录

序一 / 王凯捷 ………………………………………… 001
序二 / 王振良 ………………………………………… 004

从排斥、防御、庆幸到依从、认同、内化的心理演变
　——1949 年天津解放前后一位青年学生思想轨迹探析 …… 001
《徐天瑞日记》解读说明 …………………………………… 043
一月一日　星期六 …………………………………………… 056
一月二日　星期日 …………………………………………… 063
一月三日　星期一 …………………………………………… 067
一月四日　星期二 …………………………………………… 073
一月五日　星期三 …………………………………………… 077
一月六日　星期四 …………………………………………… 082
一月七日　星期五 …………………………………………… 086
一月八日　星期六 …………………………………………… 096
一月九日　星期日 …………………………………………… 104
一月十日　星期一 …………………………………………… 112

一月十一日　星期二	119
一月十二日　星期三	127
一月十三日　星期四	132
一月十四日　星期五	138
一月十五日　星期六	149
一月十六日　星期日	160
一月十七日　星期一	164
一月十八日　星期二	168
一月十九日　星期三	172
一月二十日　星期四	175
一月二十一日　星期五	180
一月二十二日　星期六	183
一月二十三日　星期日	187
一月二十四日　星期一	194
一月二十五日　星期二	198
一月二十六日　星期三	207
一月二十七日　星期四	210
一月二十八日　星期五	215
一月二十九日　星期六	222
一月三十日　星期日	226
一月三十一日　星期一	230

附录：天津战役中牺牲的解放军团级指挥员生平事迹小考 …… 239
　一、苌征烈士生平事迹小考 ………………… 252
　二、陈仲凯烈士生平事迹小考 ……………… 267

三、兰芹烈士生平事迹小考 …………………… 273

四、王谷烈士生平事迹小考 …………………… 280

五、吴志玉烈士生平事迹小考 ………………… 292

六、纪云悌烈士生平事迹小考 ………………… 302

七、范鲁烈士生平事迹小考 …………………… 309

八、李耀德烈士生平事迹小考 ………………… 316

九、王甫廉烈士生平事迹小考 ………………… 334

十、陈忠义烈士生平事迹小考 ………………… 361

十一、李惠民烈士生平事迹小考 ……………… 367

十二、杜存典烈士生平事迹小考 ……………… 379

十三、马克正烈士生平事迹小考 ……………… 394

十四、"不注意隐蔽而牺牲"的六位团级指挥员都是谁 …… 404

十五、天津战役中牺牲的团级指挥员是否另有其人 …… 418

十六、有责任有义务厘清每位烈士生平事迹 ………… 424

附一：第39军烈士纪念碑碑文 ………………… 431

附二：天津市民政局烈士灵柩转送护照 ………… 436

附三：颜德明致华北军区烈士陵园管理处函 …… 437

后记 / 王勇则 ………………………………… 439

补记 / 王勇则 ………………………………… 447

序一

王凯捷

天津的解放,标志着一个新时代的开始。

在新旧时代交替之际,社会各界在这场大变动中,无疑走过了一条由彷徨、观望、期待到回归理性之路,各种思想、观念交错碰撞,在所必然。而王勇则同志发现并披露的反映天津普通市民在此期间的日记,则从一个侧面反映出这一变化的过程。

天津解放前夕,国民党军政当局顽固执行"戡乱"政策,置200余万天津市民生命财产安全于不顾,不惜以毁灭这座具有近600年历史文化的城市为代价,纠集13万重兵,踞守孤城,垂死挣扎,拒绝人民解放军和平解决的诚意、无视天津各界人士渴望安定的愿望。天津国民党军政当局倒行逆施的行径,使天津市民面临流离失所的窘境和贫困交加的生活。天津解放前夕,物价飞涨,民不聊生,市民处于极度痛苦之中。

为强化统治,国民党当局实行严厉甚至是严酷的手段,在实行保甲制的基础上,相继颁布"市民连保连坐制""天津市区无线电收音机暂行管制办法""禁运物资出境管理办法"等法令。同时,在市区实行宵禁、灯火管制和戒严,禁止民众罢工、罢课、集会、结社及游行请愿活动。为控制舆论宣传工具、愚弄人民群众,国民党当局还不断强化对新闻出版业的控制,在反动宣传中极尽造谣污蔑之能事,对中国共产党和人民解放军进行无中生有、颠倒黑白的恶意中伤。

残酷的现实教育了广大人民群众。面对国民党当局逆历史潮流而动的反动政策,社会各界看清了其反社会、反人民的真面目,强烈要求和平解决天津问题的呼声与日俱增。人心所向是天津最终获得解放的重要社会基础。广大市民对中国共产党领导下的人民子弟兵的态度也是渐进的,即由最初带有某些疑惑和忐忑的感性认识,到经过亲身感受得出的理性认识,再到发自内心的钦敬和遵从。而这个过程也在一定意义上表明,中国共产党赢得解放战争的最后胜利是必然的结局。

勇则整理的这本老日记的主人,那时还只是一名涉世未深的青年。他在1949年头一个月的记述中,根据自己所见所闻,通过个人感知,反映了他的生存状态、思想状态、精神状态,也真实地反映了当时天津社会生活的一角和某些侧面。

从日记中可以看出,在最初的时段里,由于国民党当局的蛊惑宣传持续不断,使他从听广播、看报纸和道听途说中受到很大的负面影响。而天津解放伊始,他对人民解放军和人民政权在认识上的初步转变,则在一定意义上代表了当时广大知识分子的心态变化。尽管日记作者对新民主主义革命胜利的伟大意义还缺乏深刻透彻的理解,认识到位尚需假以时日,但日记作者在1949年初的这次思想大转化却是非常可贵的——在他的成长历程中,这是一次难得的精神洗礼;在他的人生阅历中,这是一笔难得的精神财富。相信不久后随着中华人民共和国的成立,他在思想上也一定会产生质的飞跃。

  在对解放天津战役史的研究中,以往较侧重军事与政治、经济方面。由于民间对这场战争的现场亲历性记述(尤其是对细节的描摹)还不多见,因此相关的社会史、口述史研究还不太丰富。对这本老日记的发现和整理,无疑可从民间角度,为深入研究天津战役增加新内容、新素材。为此,勇则做了大量注释工作,对日记进行了比较详细且缜密的解读与考证,从而使日记内容更为丰富、更加通俗易懂、也更能符合历史本来面目。总之,这一史料对研究天津解放时期的社会史是具有一定参考价值的。

  勇则长期从事天津地方史资料搜集和研究,并负责河北区政协文史资料的编辑工作,在此领域已有所建树。我们早在20世纪末就有交往,曾就一些共同感兴趣的历史话题进行过多次探讨。看到勇则近年来这么执着、这么努力,很有进步、很有心得,我也很高兴、很欣慰。

庚寅年暮冬

序二

王振良

勇则兄收藏的《徐天瑞日记》写本,是一份值得珍视的民间史料。

这册日记最早现身,是在鼓楼北街的古籍书店。我当时曾有幸先睹为快,然终嫌标价太昂,失之于交臂之间。不知是何种原因,该册后来展转到孔夫子旧书网,被勇则慧眼捕获,最后购插架上。

说实话,我起初在翻阅这本日记的时候,虽然也认为不无价值,但总是觉得其参考作用十分有限,犹豫再三还是放下了。其间我也曾冀望,能够通过阅读文本,找到些许关于作者的线索,但最终却是一无所获。勇则的过人之处,就是从价值"不大"的小册中,发掘出了其巨大的价值,使得这本普通人的普通日记,变得不再普通和平凡。民间史料向来受到专家学者的重视，但是真正面对这样一份史料时，肯花上大量时间仔细披览，并能够给予其准确价值评判的人，却是少之而又少了。

我们并不缺乏有学问的专家学者，但是我们缺乏肯下笨工夫的专家学者。民间史料的价值，主要即在于发现，而这种"发现"恰恰需要些笨工夫。如果没有勇则宵旰夜寐的阅读，《徐天瑞日记》不过是徐天瑞的日记；但我们幸喜有了勇则的阅读和发现，《徐天瑞日记》则变成研究天津解放难得的社会史、军事史资料，它不但真切反映了天津解放前后一位年轻知识分子的微妙心路历程，而且真实再现了天津解放前夕广大人民群众的苦难生存境况。尤为可贵的是，勇则还从日记里读出了天津解放过程中，敌我双方进行的宣传战、心理战等内容，给天津战役史的研究提出了一个全新课题，由此更可以看出勇则的史家眼光。普通的学生徐天瑞，有意无意中写出了一本并不普通的日记，今天我们无论从哪个角度来解读它，作为一种个案可以说都是极其难得的。

这本日记还有一处易被忽略的地方，就是它写在统一印制的收款票据背面。票据的所有者是日商支那甘栗太郎株式会社。2009年2月，我在作城市田野调查的过程中，发现并确认了今鞍山道4号建筑，为原甘栗太郎在津经营处（也应该是有关管理者的居所）。据勇则的考证，甘栗太郎是日本著名的炒板栗商标，1914年创业，在天津曾开有分号，至今连锁店仍有20多家，并在其包装袋外印上"天津甘栗"以为号召。

勇则前前后后花了年余的时间，将日记内容整理一过，并配以长文和详注，足堪有关研究者与爱好者阅读参考。今编辑已就，拟之曰《一九四九年一月之天津——解读徐天瑞日记》，作为《天津记忆》的专集奉献给大家。

2011年1月13日于沽上广雅之轩

按：本文原为《天津记忆》第72期《一九四九年一月之天津——解读徐天瑞日记》(2011年1月15日印行)的《编后记》，原题为《珍视民间史料的发掘》，署名"杜鱼"。今蒙王振良先生慨允，以之作为序二。

从排斥、防御、庆幸到依从、认同、内化的心理演变

——1949年天津解放前后一位青年学生思想轨迹探析

1948年底,东北野战军主力挥师入关。高呼"活捉陈长捷,解放天津市,打下天津过春节"等雄壮口号的人民解放军,以符合实际、积极灵活的军事战略和战术思想为指导,凭借"战必胜、攻必取"的坚强信念和广大军民的通力协作,对拒绝放下武器、坚持负险固守的国民党天津守军发起总攻。

解放大军通过步兵、炮兵、工兵、装甲兵等多兵种联合作战,经29个小时连续激战,于1949年1月15日一举攻克天津城防工事,宣告天津人民从此迎来新生。人心厌战、人心思变的天津人民终于迎来了期盼已久的"解放年"。

此际,天津这座北方第一大商埠的社会生态若何?

市民生活状态是体现社会生态特征的一个重要侧面。天津战役前后,天津市民的社会行为方式与社会文化环境是如何杂糅交织、重新建构、悄然匹配和持续演进的呢?相信每一位亲历者都有深切感受,也都有从不同角度予以诠释的资格。

摆在我面前的是一册纸张已泛黄发脆的老日记本,其中记满一位天津青年学生在天津解放前后共一个月时间内的个人观感和自我认知。以天津解放这一胜利时刻为分野,其心境是复杂的,其心理斗争是激烈的,但其自我表达却是真实可信的,其心理演变过程和思想发展轨迹更是清晰可见的。通过日记作者的笔触,天津当时充满生活气息的市井文化特质,也鲜活灵动地跃然纸上了。

日记内容注重细节且思想性较强,比较客观地反映了1949年1月这个特殊月份中,天津市民在生活和心态等诸多方面发生的巨大变化。鉴于此为迄今从未被利用过的原始资料,且在学术层面上从未被研究过,因此,可被视为研究平津战役社会史的第一手文献资料,很有整理注释的价值和解读披露的必要。

天津解放前,是社会扰紊不堪的板荡乱世;天津解放后,则是令人心潮澎湃的时代洪流。置身其中的日记作者虽然是亲身经历者,但也与广大普通市民一样,只能算是这次重大社会变革中的被动承受者、穷于应付者、冷眼旁观者。作为一个涉世未深的小青年儿,他不可能接触到重要人物,也不可能了解到重大决策,更不可能披露重大事件的内幕。因此,其日记内容必然缺乏典型性,也不可能具有厚重性。那么,其价值还能有多高呢?其意义还能有多大呢?

须知,能在战争最激烈最残酷的时刻挺得住、禁得起、熬得过的人们,一定要克服每天饱受战争创伤和承受心理重压等诸多难关的。试想,在这种特殊情境下,肚子都填不饱了,精神紧张得不得了,小命也随时有可能保全不住了,还有心思天天写日记的人是不是显得很另类?

可此时,一位知识青年却仍能比较冷静地把亲历亲闻的一幕幕,通过文字随时记述下来,这本身就很难得。况且,其记载生动具体,内容并不空洞,传递出的历史信息不少,尤其是其披露的一些鲜为人知的历史细节,对于了解天津解放时期这个特殊历史阶段的社会情状,不无参考意义,可视为正史之外的有益补充。

在巨大的现实反差和剧烈的心理落差面前,日记作者在思想认识上发生的所有变化,都是当时天津普通市民纠结不安心情的真实写照和真切映射,既体现了身处社会变革大潮中的天津小市民努力适应社会新秩序的心理动因,也体现了天津小市民在重要历史节点上积极顺应社会新形势的性格特征,具有一定的代表性和普遍性。日记内容对天津小市民生存状态的体验性反映和贴近性揭示,都是不言而喻的。这大概也是这本老日记的价值所在吧。

这本老日记的研究价值应该是多元的。概括起来,至少包括如下几个方面:

一是真实反映了天津解放前后市民的所思所想

日记作者是一位年仅20岁的青年学生,用他自己的话说,他没有"负担家庭生计",也没有"忧薪虑米的愁念","心坎上只有意念着快乐憧憬的迷梦"。即便是炮火在头上隆隆地响、子弹在耳畔嗖嗖地飞,也没有把他这种"迷梦"冲淡或消散。他以一个目击者的视角、用写实的细腻笔法,比较清晰地描摹了在令人窒息的战争阴霾下,市民生活的跌宕起伏、市民情绪的悲喜无常、市民内心的焦灼忐忑,也反映在他自己对"生命财产即在一眨眼之间"的无限担忧以及难以逃离战区、远离炮火、无法躲避"飞子儿"和炸弹的极端无助。战争的残酷对人们心灵的震撼和冲击是强烈的,也是空前的。这都使他的感受刻骨铭心、难以释怀。反映到笔端上,就是不矫情、不掩饰、不顾忌,记录的基本上都是他对现实不可把握的恐惧和无奈、对未来不可预知的失落和迷惘。

日记作者刚刚步入成年,世界观、人生观、价值观都未形成,不可能形成明显的政治取向和价值判断。因此,他在思想上难免飘忽不定,在认识上也难免幼稚肤浅。但是,他善于观察、学习和领悟,注重提高修养,谋求自我完善。他不仅每天看报纸、听广播,关心政治、关注战局,而且抽暇练毛笔字、画炭画,还阅读小说等文学作品。不断提升的综合素质,也使他对时局能够生发出一些独立的见解,对人和事也不乏独到的评价,尤其是他对人心厌战、人民遭罪等,都有清醒且正确的认识。对国民党当局的严酷统治和垂死挣扎,他在遗憾失望之余并没有什么留恋和指望,而是越来越愤懑、越来越抗拒。而他对于新政权,谈不上有根本性的敌意敌视敌对,虽然他起初心存偏见看不惯,但很快就在目睹的大量事实面前心服口服了。他庆幸自己和家人毫发无伤、没有葬身炮火,甚至认为"天津不解放、春节都过不上"。这都表明,在他的潜意识里,是渴望能在和平环境中健康成长、实现人生追求的。

日记内容紧扣人们时时关注的生命、生计这两大主题,读来扣人心弦,感同身受。日记通篇没有太多心口不一的大话、套话、空话和假话,但却不时有些调侃、揶揄和苦笑。这都反映出日记作者在战争裹挟中随波逐流和苦中作乐的心境。这也说明,日记作者是有头脑、有思想且思维活跃的新青年。日记作者在天津解放前后的大多数时间里还能保持乐观心态,他认为,"栗肺的炮声,会使你恐怖的,但你须以沉默怡乐的心情,去抵抗它。"他居然还能在震耳欲聋的轰炸声中,通过心无旁骛地读书写字和与家人打乒乓球消遣等放松形式,来排遣和舒缓紧张、烦躁、恐惧心理,甚至通过戏谑来寻找心理平衡和心理慰藉。这表明，处在他这个年龄段的年轻人，因为不谙世事，所以对战争的忧虑、焦虑程度还不算太深。这也符合他"准成人"的思维方式和行为模式。

虽然日记内容以1949年1月15日为边界，前后分别受到来自敌我双方的心理暗示和舆论影响，但日记中虚情假意、曲意逢迎、歌功颂德的痕迹并不明显。这本日记就是他自己的所思所想所感所悟，完全是写给自己看的。如：他对战争的痛恨之情溢于言表，起初也不能正确理解平津战役的根本性质和这场人民战争的政治本质。这恰恰表明了当时一般小市民缺乏革命性、斗争性的正常心态。他对解放军战士唱歌喧哗、擦枪走火都要直言不讳地提出批评；他对解放军战士暂住市民家里也心存不满，认为尽管不扰民，可毕竟也是添了麻烦。

日记中不乏对新政权挑毛病，则恰恰表明，要想让他脱离国统区期间形成的思想桎梏，是需要时间的，是一个渐进的过程。如是，他是带着有色眼镜观察刚刚进城的解放军战士、审视新政权的，存有明显的排斥心理，至少是没有容纳，就更甭提包容了。可这有什么可奇怪的呢？冒然说他当时这种心态不正常、不入流、不进步、不讲政治、不顾大局，似乎也不符合当时的实情。由此，倒可反衬出，日记作者善于自我表达且不加隐讳，并未因在新旧政权更替这个特殊时期三缄其口或违心说漂亮话、写些言不由衷的颂歌。另外也说明，天津解放伊始，新政权并没有采取超常手段，实施政治高压和思想禁锢，市民绝非噤若寒蝉、人人自危。这与国民党当局统治末期的白色恐怖形成了鲜明反差。

特别需要指出的是，以天津解放前和解放后为分水岭，日记作者的自我认知发生快速变化、思想发展轨迹清晰可见，即：从对人民解放军发动的这场正义之战的困惑、矛盾甚至是曲解、抵触,到主动支持人民解放军、衷心拥护人民新政权;从对中共的城市接管政策的满腹狐疑不信任、大倒苦水发牢骚,到从被动参与中日渐提升认识,再到自觉融入到火热的新生活中,重塑信心。尽管他自己也时不时地觉得这个演化过程快得太不可思议了,但这一切,大都是通过他亲历了一幕幕之后内化而生的真实存在,也都是外因通过内因起作用并形成继发性内驱力后的真情流露。因此,他的记录显得自然、顺畅、行云流水,并不突兀、拘束、矫揉造作。

比如,日记作者通过观察和体味,初步认识到:"共产党的干部皆能以吃苦耐劳、实事求是的精神来论,这是值得人们效法和表扬的。"他还认为:"共产党的高级干部也是知识分子的结合,是因为他们接受的训练太深刻了,这不能不说是共产党的成功,这是任何党派绝不能追及的。"他的这些认识,不失理性且具有相当水准。这难道不是难能可贵的吗?

二是真实反映了天津解放前后市民的心态变化

在天津解放前后这个时间段里,日记作者心态、情绪的变化节奏,在日记中得到比较充分的反映。天津解放前夕,国民党当局极尽恶意诋毁之能事,泡制的虚假新闻满天飞,犹如黑云笼罩津门。尽管受到蒙蔽的日记作者并未有效识破这一卑劣行径,对于难辨真假的消息经常是不加分析地照单全收,看似人云亦云,但他也在自觉不自觉中,时时回眸反省,尝试寻求自我突破方向。

其出身于一个小官僚家庭,家庭的熏陶和影响,是潜移默化的,也是根深蒂固的。但这一家庭背景并未使其囿于机械保守、顽固不化的思维定式中。实际上,他具备一些客观判断能力,有的分析甚至具有思辨性,似乎超出了同龄人的观察视角、认知维度和概括能力。这固然与他主动梳理整合信息有关,也与其父在天津市财政局担任公务员有些关联。天津解放伊始,其父有幸留任,这直接影响着日记作者对新政权的好恶,也决定着他的政治态度和政治取向。这是其对新政权态度能够较快发生转变甚至是巨变的一个不可忽视的因素。

天津解放前夕,国民党当局自不量力、负隅顽抗,公务人员的家庭与广大市民的家庭相比,虽然生活质量稍好一些,但受战争牵累,生活状态也好不到哪去,势必受到很大的负面影响。日记作者起初却把这个生存窘状归咎于人民解放军对天津的解放和接管干部的进城,甚至由此产生某些怨恨心理。以其切身利益为出发点,他如果真的不这么考虑,倒不符合他的思维常态和思维惯性了。但是,他这个认识上的偏差乃至是误区、盲区,在天津解放后不久就自我转变并升华了。可贵的是,这个转变是发自内心的心灵内化、内生转化,是他每天通过所见所闻积累起来后,经过深思和感悟,由衷地产生的。而这个转变,无疑也从一个侧面映衬出——新政权在接管天津过程中努力恢复社会秩序是深入人心的,是以维护广大人民利益为着眼点和出发点的,总体上是有的放矢和行之有效的。而日记作者这个内心转化的全过程似乎并无外力的直接驱使,很难说是其承受了外界政治压力和精神捆绑。

不过,这个心理变化过程终究是苦恼的,因此,其在内化过程中,也难免有内心扭曲。比如,他在日记中写道:"而我们人民呢?虽在人民解放军严明的纪律下生活着,还是存着一部怀疑的恐惧。这种忐忑的心理,想每个同胞,都在觉感而郁闷着,只有在自己的肚子里消化它。在日记本上可以发泄一点。"在现实生活中,他可能还因心里没底而有所顾忌,或担心言行不当而受到牵连。比如,他对解放军战士住在其家中多日的情况就只字未提,显然是有所回避。但是,还好,他在日记中,大多是直来直去的、收放自如的,内容无需掩饰、隐晦、瞻前顾后,文字也无需润饰、含蓄、转弯抹角。其对现实的指摘甚至是批评,有时是词锋犀利的、一针见血的、切中要害的。这让我们很容易看到他性格上坦率、爽直的一面。这也表明这本日记内容的可靠性较强。

而其父在天津解放后顺利恢复原职,使他家原本稍好于邻居家和同学家的生活状态,得以保障和延续,尤其是解放后的第一个春节能够超出预期地平稳度过,其学业也得以接续。这都使日记作者感到庆幸,继而产生对新政权的好感、安全感、信任感甚至是皈依感,也都成了顺理成章的思维延伸。

值得注意的是,天津甫一解放,天津市军管会和地方党委就很注重主动在学生中加强党的基本知识和中共党史的教育和灌输了。徐天瑞对此接受很快,并把课堂上的相关讲授内容大段大段地抄录至日记中。这个意志行动的心理过程表明,他的认识已不再停留在说风凉话和袖手旁观的阶段了。突破了心理逆反和心理抗拒,也就能够自然而然地去弥补盲区、消除误区了。这与他思想活跃、追求进步、积极向上、不甘落后都有关系,与安分守己的其父在保住原职后能够采取顺从与合作的态度也不无关系。如,其父在家中安排解放军居住多日且照顾得不错。

日记作者的心态之所以能在半个月之内发生比较明显的变化,得益于家庭和学校的正面引导,也得益于课余活动空间的良性互动以及自我认同教化等共同刺激。而作为既得利益的受益者(其父工作岗位得以保留,就可确保全家衣食无忧,且全家在周围邻居中的较高地位能得以保持甚至还有所提升),他自觉不自觉地都感到有些优越感,至少是会在日常活动空间中保持某些心理优势。住在他家附近的几位同学常围着他转,以他为活动中心,即为表征。像日记作者家庭这样与政权依存度较高的中低层社会群体,在社会大变革、大动荡、大整合中,适应起来还是比较轻松的,对新政权的新政策答应起来也是比较爽快的,而对于思想上的问题,解决起来,其实也并非想象中的那么难。

当时,与日记作者处于同一个年龄段的青年群体,大多是善于正视现实、顺应现实、融入现实的,也是不情愿落伍的,更不甘于被时代抛下。毕竟生活还得继续、学业还得进步、自身还得成长,毕竟对新政权无冤无仇,谁愿意傻傻地为腐朽的旧政权守贞节牌坊甚至是甘愿殉葬呢?

拿现在的话说,日记作者也是生怕不能与时俱进的。正如日记作者于1949年1月27日表述的那样:"目前,对新的知识,应当灌输了。为适合新社会、新时代、新潮流而竞争,姑且不论党的立场,求知是正当的进取心。"日记作者还袒露心迹:"天津解放后的第一个新年是值得纪念的。因解放空气之改变,在增岁的日子里,对它有一个新看法了";"借着新年的福光,我们企望看着一个新生的降临"。这些发自内心深处的感悟和期盼,反映的难道不是天津市民当时的主流心声吗?

三是真实反映了天津解放前后市民的生活情状

日记记载的很多细节,都从不同侧面真实反映了天津解放前后这一个月时间内的社会原生态,包括物价飞涨、流离失所、保甲治安、躲避炮火、戒严宵禁、庆祝解放、押解俘虏、断壁残垣、黑市猖獗、拦路抢劫、学校复课、兑换钞票、迎接春节等。这些细节或许因日记作者视野偏狭、认识局促,而存在孤立、片面、短视、割裂等问题,都有待于与当年的官方记载和正史叙述相互印证,但这至少也为研究天津解放前后的民生形态提供了一个新视角。由于天津解放期间的市民日记,幸存至今者并不多见。因此,对于这本老日记的内容,值得详加分析、深入探究。

日记作者在1949年1月15日天津解放当天的记载中,就有很多细节是尚不为今人所知的,比如,其对于俘虏列队出城过程的直击,就颇具现场感,堪称一篇生动的现场新闻特写。日记作者亲历天津解放后的第一个除夕夜后,也记录下春节夜景、夜市、守岁、放鞭炮、除夕夜风俗等生活细节。而这些细节,如果不是亲眼目睹,仅靠想象和追思的话,是写不出来的,写不像也写不准。这无疑都是生动鲜活的史料。相信这对关注和加强恢宏战争画卷之外的社会史、城市史、民俗史等细部研究都不无裨益。

比如,在涉及天津战役的著述中,偶有冰天雪地、大雪纷飞、冒雪、踏雪、踏着厚厚积雪等关于天津天气描写的词句出现。[1]可在这

---

[1] 如:梁子青撰《天津解放与陈长捷被活捉》载,1949年"1月4日上午,丁作韶等人到市政府向我说明,愿出城接洽和平。经我电话通知秋宗鼎(警备副司令)商得陈长捷同意后,四人前往警备司令部和陈长捷接头。陈钫守军护送丁等4人由天津城防东门出城。丁等手持白旗,冒雪徒步进入解放军防线,解放军把他们送到解放军前线指挥部,和东北野战军参谋长刘亚楼会晤。丁等在解放军前线指挥部留了一夜,5日下午返津。"据全国政协文史资料委员会编:《文史资料存稿选编精选(7)·国共内战回眸》第193页,中国文史出版社2006年版。又如:《天津战役前后纪事》载,1949年1月8日"下午,市参议会参议员丁作韶等四代表,在守军护送下出城防,手持白旗,冒雪徒步到宜兴埠过夜。"据陈德仁编著:《天津战役研究》第283页,天津古籍出版社2003年版。

本老日记中,并未提及天津下雪。那么,1949年1月,天津是否下过雪呢?查天津气象史料,1948年至1949年(降雪期初日为1949年11月8日,终日为1949年3月20日),天津降雪总量为5.7毫米。其中:1948年12月,天津降雪两次(12月24日1.2毫米、12月25日3.8毫米);1949年1月,天津无降雪;1949年2月,天津降雪1次。①以上气象数据可提供重要佐证。因此,关于天津战役期间解放军战士冒雪战斗的种种记载,大概都属于想象中的历史吧。想象中的历史,一旦落在纸面上,不就成了"创作历史"了吗?其绝大多数情况下是有违史实的、是没有发生过的,对此应保持慎重,切莫轻信。

实际上,超乎今人想象的是那年的除夕夜——天津居然下了雨。

徐天瑞在1949年1月29日的日记中记载,"昨晚约三时许,忽下起雨来,大概是天暖的关系,不然就应瑞雪兆丰年之[时]点了。六七十岁的老年人也没有见过[往年]除夕下过雨。"据天津气象史料载,1949年1月29日,天津降水量为1.4毫米。降雨的具体时间是当日凌晨两点前后至五点后。②要是没看过这本日记,对此一定是难以置信的,也是想不起来通过查找历史数据来与之比对和进行验证的。

虽说写于天津解放期间的市民日记幸存至今者并不常见,但是目力所及的也还有几种。这些从不同视角展现的历史侧面,或可在与徐天瑞日记的内容互参互补基础上,进行比对性分析。

---

① 据天津专区气象局编印:《天津气象资料(1890–1960)》第153、191、326页,1960年印刷。
② 《天津气象资料(1890–1960)》第122、125、128、192页。

比如,在《格蕾丝:一个美国女人在中国(1934—1974)》一书中,就有一些关于天津解放的鲜活记录。居津美国人格蕾丝①之子刘维汉(William Liu)讲述天津解放前夕情景时称:"1948年的冬天又干又冷。我那时七岁,上小学二年级……再走几步就看到民园体育场了……再过一条街就到学校了……学校大门口有士兵把守着。校园里面是更多的士兵,甚至二楼教室的窗口跟前也有……他们说已经宣布戒严了,我们学校被征用了……他们要用我们学校做抵抗共产党的军管。学校停课,人们晚上不许外出……'同学们注意了!今天不上课了!'一位老师用纸话筒喊道:'学校什么时候再开课,会另通知你们。现在,请你们都回家去吧!'离开之前,我又转过头来看了学校一眼。学校到处都是沉默、幽灵一般板着脸的士兵……有一天,我在一个同学家玩儿,发现他家临街的窗口都用面粉袋子堵着,筑成了一道天然防弹墙,还又贮备了食物……农民都离家去逃生了,食品开始短缺起来……一天,输水管道被炸开。国民党的飞机想轰炸共产党,却误把炸弹扔到了自己队伍的头上,还中断了城里的供水……第二天早上,我们醒来后,发现黑烟蔽日。后来,听说是国民党军为制造'无人区',而放火烧毁了天津周围的村庄,以此来防止解放军偷偷潜入城里来……我们常在收音机前,

---

① 格蕾丝·狄凡·刘(Grace Divine Liu,1901-1979),生于美国田纳西州芝德努加,中国城市给水排水工程先驱之一的刘莳祺(1904-1955)夫人。刘莳祺,陕西富平县淡村乡西刘堡人,美国康乃尔大学土木工程专业硕士。1949年前后,任天津济安自来水公司副总经理兼总工程师。从1934年起,格蕾丝在天津生活40年之久。1957年加入中国籍,中文名刘狄英,并于当年秋开始在南开大学外文系英语专业执教,1979年晋升为副教授。1949年天津解放前后,格蕾丝一家居住在天津常德道(原英租界科伦坡道,也称英租界35号路)上一座西班牙式建筑风格的二层楼房,今常德道71号。其长女刘淑莲(小名妮妮)、次女刘爱莲、子刘维汉。

看能不能收听到'美国之音',但是,收到的只是国民党的官方电台报道着'胜利'的消息,对即将到来的失败,却只字不提……天津周围的战斗日渐逼近的同时,有人多次试图毁坏自来水工程和其他公共设施……人民解放军已兵临城下,街道上不见任何人影。"①

格蕾丝则在回忆录中详细讲述了1949年1月15日她在天津常德道居所内外经历的一切。因为这一天是完全改变他们全家人生活的标志性时刻,这让她印象深刻。格蕾丝的记载是绘声绘色的,尤重细节描写和心理刻画。下面就把这一大段文字都抄录下来,看看这位美国人视野中的天津解放当天,到底发生了什么,再看看此与徐天瑞日记中的记载有何异同:

我站在餐厅的一把椅子上,眼光越过围墙向空旷的街头望去,凝神听着呼啸的狂风间隙中异常的片刻寂静。这个月以来,城外的轰炸已让我习惯了枪炮的轰响、咆哮声。此时此刻,突然的寂静反倒令人有点儿毛骨悚然。

突然,一阵跑步声传来。三个逃兵进入我的视野。他们边跑边拼命地将身上的军装往下扒,然后换上便装。几秒钟的时间他们就消失得无影无踪。他们扔掉的军装横在街道中间,像死鸟一般。接着过来的是两只野狗,嗅了嗅被扔弃的军装,便各自走开了。

大门!我想道。荸祺出去的时候有没有闩门?逃兵可是什么事儿都能干得出来!

今天一早,荸祺把我和孩子们留在家,自己出去了。我望着窗外,在盼着他回来。昨天,他接到副总工程师打来的电话,得知战斗

---

①参见(美)爱丽诺·麦考利·库珀、刘维汉著,傅志爱译:《格蕾丝:一个美国女人在中国(1934—1974)》第140—145页,生活·读书·新知三联书店2006年版。

已经打到了城外的泵房,泵房中了炮弹,不过还无大碍。解放军明天早上就要入城了,我们所在的城区仍处于包围之中。

远处传来步枪声,紧接着是炮弹可怕的尖啸声和轰轰的爆炸声,窗户被震得直颤。

我从高处下来,走到孩子们中间,尽量做出一副镇定、不担心的样子。16岁的妮妮腿上放着一本打开的书。我坐在房间的另一端,也假装在看杂志,眼盯着字,却一点儿都没看进去,只是在等着下发炮弹从头顶呼啸而过,或者正好打中我们的房子。

爱莲和维汉在屋子中央的矮咖啡桌上玩牌,看着好像是很专心,但是,爆炸声一响,11岁的爱莲就立刻趴到地上。而7岁的维汉则会惊叫一声,手捂着耳朵,使劲闭上眼睛,一脸痛苦的样子。他这样,让他大姐很恼火。

"别闹了!"妮妮突然喊道。

"我不想听到那声音。"维汉辩解道。

"妈!叫他别闹了!"

"噢!妮妮,让他捂着吧,又没碍着你。"

"他这样,把人搞得紧张兮兮的。"

就在这一刹那,一颗尖声呼啸的炸弹好像是直冲着我们飞了过来,把我们吓得都闭上了眼睛,双手捂住耳朵,趴到了地上。一声震耳欲聋的爆炸。整个房子被震得来回直摇,所有的窗户都被震开了。我慢慢地睁开眼睛——还好,还活着,房子也没倒。孩子们被吓得失魂落魄,全都目瞪口呆地看着我。

冷风穿堂而过。我的杂志被吹得哗哗直响,一时掩盖了所有其他的声音。

"快!"我说道:"帮我关窗户。"

我和妮妮挨个把每个房间的窗户都关上,挡住了刺骨的寒风。寒风依然呜咽着,中间死一般的短暂寂静,让我感觉好像有什么东西在屏气凝神,准备伺机冲出去。大门外的街道也似乎在默默地等待着什么。

随后,我听到有人开大门的声音,还有脚步声!我还未来得及恐慌,维汉便喊道:"是爸爸!爸爸回来了!"

萧祺脚一踏进门,维汉就连珠炮似的开始向他发问:"爸,你听没听到大炮的声音?有没有看到炮弹爆炸?"

萧祺没有理会他,直接向我走来:"你没事儿吧?给吓坏了吧?"

"是啊,真吓人!换了谁都会的。但我们都没事儿。你有没有看到被打中的是什么?"

"没有。看不出来。我只想着怎么尽快赶回来。好像什么也没被打中,只是很多窗户被炸烂了,满大街都是碎玻璃。"

"爸,现在怎么回事啊?他们怎么不打了呢?"

萧祺这时看着儿子说道:"我不知道是怎么回事。我只知道还没结束,其他的就不知道了。"

不知是什么让大炮哑了声。大事来临前的那种沉寂,依然持续着。

"我饿了!"维汉突然喊道:"咱们吃饭吧!"

我差点儿笑了出来。他已经养成了父亲一回来就吃午饭的习惯,但今天一切都没了常规。全城被围已有多日。这期间,城里没有食品卖,孙保善也没张罗着到平常去的市场上买菜。

"一点儿吃的都没有!"妮妮厉声对弟弟说道:"要吃就吃沙丁鱼!"

"可我不喜欢吃沙丁鱼!"维汉还嘴说。

"惯坏了的小东西！别这么挑剔！"

"家里没有别的东西，这你是知道的。"想息事宁人的爱莲说道。

我明知自己一点儿忙都帮不上，但还是到厨房去看了看，是不是可以帮孙保善弄点儿午餐出来。我很高兴，这给了我一点点儿正常的感觉。孙保善坐在他的凳子上，低着头，显然是在算账。阿妈们都安静地在厨房远离窗户的安全角落里坐着。但是，我们已晚了一步。这顿午餐永远都没吃上。

不远处传来急促的枪声，听着像是成百串同时燃放的噼里啪啦的鞭炮。枪炮声中还时而夹杂着爆炸声。这时，大家都顾不上吃了。我急急地回到客厅里。

"是机枪！"莆祺解释道："手榴弹——从这边来了。听！从我们这条街上过来了。"

孩子们跑到窗口，妮妮爬到了窗台上面。她想看街上过来的到底是什么。

"别站在窗口！"莆祺喊道："子弹会飞过墙头，打进家里来！"

他把我们带到远离窗户的走廊内的混凝土楼梯下面、流弹绝对打不着的地方。断断续续的机枪声和手榴弹轰隆的爆炸声越来越近了。到后来，战场好像就在我们的家门前。我一手紧紧地拉着莆祺，一手抓着维汉。屋里弥漫着令人窒息的火药味。

渐渐地，枪炮声顺着街道远去，战斗的闹声好像过了几条街。这时候，孩子们便又跑向窗口。个头最高的妮妮爬到窗台上高声喊道："妈，快看！"我想，不就是空旷无人的街道嘛。我踮起脚尖，刚刚好可以从前面六尺高的院墙顶望过去。

眼前的情景让我大吃一惊。放眼望去，满街满巷看不到头尾的是一队行进的队伍。他们沉重的脚步声完全融入了呼啸的风声中，看上去宛如一支"幽灵队伍"无声无息地向前行进着，一队接着一队。那情景，比枪战还更令人毛骨悚然。

我特别想亲眼目睹这情景，但孩子们站在窗台上，前面又有墙挡着，看不到。我便转过身，仿佛有一种强烈的莫名的冲动驱使着，顺手抓过跟前一件春天穿的外套——天气非常冷，我头上什么也没戴，身上只是一件室内穿的便服——开了门，什么也没说，甚至也没想，就冲了出去。我吃惊地发现，大门竟没有上闩。我推开门，一股夹着浓烈火药味儿的彻骨寒风，让我猛然清醒过来。

我环顾了一下周围，其他院落的大门，没有一个是开着的。人行道上也不见任何人影，窗口也没有向外张望的脸，只有我一个人，孤身只影地面对着中国人民解放军……①

格蕾丝的大女儿妮妮描述了此后发生的事情：

"母亲跑到外面，可把孙厨师给吓坏了，他冲莆祺喊道：'太太到外面了！出去了！'父亲说：'让她去吧，他们不会伤害她的。'几分钟之后，我们都跑了出去。先是我们几个孩子，然后是父亲，接着是孙厨师和阿妈们。士兵们停了下来，休息了一会儿。天气特别的冷。他们靠着另一面的墙坐下，阳光很强。孙厨师特别客气，拿出热水和东西给他们，但是他们拒绝了。维汉开始欢蹦乱跳起来，来回走着，模仿着行军的士兵。我怕他们会觉得维汉在挑衅他们，便喊道：'别胡闹，维汉！'他便回来和我们站在了一起。我们居住的地段是富人区，有很多银行家、工厂主，他们都非常害怕。我们的邻居慢慢地都来到街头。大约[下午]两三点钟的时候，士兵们便都离去

---

①《格蕾丝：一个美国女人在中国（1934–1974）》第145–148页。

了,枪声也静了下来。大家都出来你一言我一语地说着话。谁都不知道下一步会怎么样。这么多天闭门不出,也做了最坏的打算。现在出来,人们相互之间比往日更加友善了。有个邻居因为害怕枪战,把门都用沙袋堵上了。这些士兵到来的时候,他拒绝把门打开。所有的邻居都过来喊着告诉他:'没有问题!大家都很安全!战斗已经结束!'终于,他把沙袋移开,把大门打开了。下午,解放军又回来挨屋搜查国民党兵。一个邻居家来过一位国民党军官,[但这个军官]昨天就已经离开了,而且换了衣服。我亲眼见过国民党兵的行为,看到过他们如何像土匪一样地抢掠财物,我也看到过[曾驻津的美国]海军陆战队员有时行为不轨。解放军的长官找到国民党兵,会很友善地对待他,还尽量安慰他,甚至还替他背背包,嘴上还说着:'好了,别害怕!没人会伤害你。跟我来。我们跟其他人一起走。'这给我的印象非常深刻。到后来,当更多的国民党兵和他们的家属被集中起来时,他们都怨声不断、叫苦连天的。而解放军士兵都在安慰、帮助他们,看着都有点儿滑稽。"①

再后来发生的事情更有意思。格蕾丝记述道:"我站在街上看解放军的时候,着了凉,浑身发抖,怎么也暖不起来。我便上床躺下休息,身上还发着烧。解放军士兵来搜查的时候,我正好在床上躺着。孙保善厨师进入我的房间,很礼貌地悄声说:'太太,来了个同志。'说到'同志'的时候,他很快地鞠了一个躬。'他想搜一下房子,看有没有逃兵。他们在搜查所有掉队的、藏起来的国民党兵。'我说:'好啊,当然了,领着他去查。''不过,他想进这儿来。''当然可以啦,领他进来,随便查哪儿都行——壁橱、床下都可以。'当我向

---

① 《格蕾丝:一个美国女人在中国(1934–1974)》第 151–152 页。

门口看去的时候,我看到一顶巨大的皮帽从拐角走了过来,帽子下有一双圆溜溜的眼睛直盯着我看,面颊像两个红苹果。看上去,他只有十五岁左右。厨师很客气地把他让进来,还补充说我有点儿不舒服。我笑了笑,应酬了两句,记不得说的是什么了,是用中文说的。之后,他便开始检查。因为脚上的那双靴子像个庞然大物,他想轻手轻脚地走,显得很吃力的样子。我强忍着没笑出声来。他踮着脚尖穿过房间,到洗手间和其他房间看了看。我告诉他查查壁橱,仔细看看,要确定里面确实没藏人。他只是各处走着看了看,绕了一圈就出去了,依然吃力地踮着脚尖。"①

再比如,天津颐中烟草公司会计部职员凯夫·布朗(R·P·Cave-Brown)于1949年1月以日记形式撰写的《备忘录》中,也记录了天津解放前后的一些场景。14日上午大约9点15分,正在颐中烟草公司运销部办公室(今六纬路邮政公寓附近)的布朗看到:"一次相当猛烈的大炮轰击开始了。炮弹从办公室大院沿着河东路,远至火车站,同时在河的对岸落下……直到上午11点钟,才出现了一个暂时的平静。"布朗等转移到海河对岸的汇丰银行去办公。"就在这个时候,炮弹在市内各处落得更加紧密了,连续不断,特别是整个白天,没有稍停一下,一直到晚上10点种。沿着整个维多利亚路(今解放北路),都是破碎的玻璃。戈登堂和维多利亚花园(今解放北园)被击中了,大沽路起火了,伦敦路(今成都道)、马场道等地也被击中了……中午,从河东传来极大的爆炸声,不久,看到公司办公室的近邻亚细亚公司的油库着了火,整天整夜地燃烧着""15日,从早晨起,市内各处都可以听到轻武器的开火声,夹杂

---

①《格蕾丝:一个美国女人在中国(1934-1974)》第152—153页。

着较大的轰隆声。每一个人都有他关于这个早晨的传闻。上午大约10点钟,围绕着牛津路(今新华路),可以听到天空划过子弹声。从那时起,来复枪、手枪、机关枪在大街周围射击……在民园,有一场很激烈的战斗。大约下午1点钟时,整个租界地区基本上掌握在共产党手中了,虽然反抗的据点直到晚一些时候才被肃清。"由于颐中烟草公司运销部门临近铁路,"有一辆装有飞机炸弹的卡车,在铁路调车场内爆炸了",但是颐中烟草公司工厂(今六经路35号)里,"除去一个窗户由于爆炸而毁坏外,大部分没有受到损失。"布朗还记述,由于办公室和仓库受到破坏,为了防止办公家具和货物丢失,"一些解放军站在房上,据说,他们是在照料房子。"工厂也有解放军士兵保护,"俄国守门人说他们的行动很正派"。布朗返回位于租界内的住所时看到,解放军中的巡逻兵,"黄昏后在大街上没有明显地拦截并搜查外国人和中国人。"①

受徐天瑞日记内容和居津外国人相关记载的启发,我发动年已八旬的我老娘对天津解放时的情景进行了片段回忆。我老娘那年14岁(生于1935年),时住天津河东李公楼复兴庄一带的"六号胡同"内。虽然我老娘的记忆如今已支离破碎,但能想起来的一些细节与这本老日记中的记载仍基本吻合。如:炮弹扎进民宅但未爆炸(解放军在向天津市区开展威慑性炮击时,拆除炮弹引信,以最大限度地减少民众伤亡)。又如:时在一家商号当账房先生的我老娘之父(也就是我姥爷),也被抓去修城防工事,一干就是一宿。哪家如果实在没有劳力可出,必须得交给保长一笔钱,否则就是麻烦不断。再如:六七名解放军战士暂住在我老娘家中,这一住就住了

---

① 参见甄明:《一个外国人记录天津战役》,《今晚报》2009年1月15日。

好多天。他们自己做饭吃,坚持给我老娘家里交人民券,有的战士是南方口音,说起话来让人听不大懂,但感觉到他们都特别和气。我姥姥家是靠纺织配件发家的复兴庄大户,所住的"贾家大院"是两套四合院,空房多,住的解放军战士就更多了。另如,我老娘刚看到解放军战士时,他们浑身上下都是湿漉漉的,冻得瑟瑟缩缩(有的竟还穿着草鞋),走起路来像企鹅行走时那样摇摇摆摆。这个细节在已见文献中也可得到验证。《东北野战军各纵队关于天津战役攻城情况的汇报材料(一九四九年一月)》载:"纪律之好是空前的,[二纵六师]十六团冲过护城河时(14号),所有人的衣服都湿了,到16号,才向上级请示买柴、烧火、烤衣服。"[①]

假如今后拍摄影视剧时需要再现天津市民当时的生活场景的话,类似于这类以市民视角为出发点的民间记录,尤应引起重视。当事人基于自身体察的记载,在那个年代无疑是合情合理的,但时过境迁后的今天,或许已经难以理解甚至是超乎想象了。因此,后人真没有必要处心积虑地编造历史,假使硬着头皮生编愣造,也只能是编个四不像,难免受累不讨好,令人诟病,贻笑大方。与其闭门造车、胡拼乱凑,还不如下一些力气多搜集这类依然散落民间的史料,或从口述史的角度上有指向性地赶紧挖掘越来越少的健在老者的回忆资料呢。

总之,从天津市民当时的生活状态、直观感受、心态变化等角度出发,进行观察、予以关照的相关口述史资料,留存至今者,相对来说还是太不丰富了。无疑,这方面的工作做得还远远不够。毕竟,

---

①天津市档案馆编:《城市解放系列丛书:天津解放》第152页,中国档案出版社2009年版。

1949年天津解放时的亲历者,如今都已进入耄耋之年。对于面向不同阶层市民的口述史进行抢救性整理、系统化研究,真是已到了刻不容缓的地步了。

四是正确理解日记作者对战争危害细节的描摹,有助于今人更加珍视和平

在这本老日记中,对于战争给人民生活造成的戕害多有涉及,在此不多赘言,读者自可从日记的字里行间中去深刻体会。日记作者记述的内容未必准确(其亲见的可信度较高,而道听途说和转录自电台、报刊的可信度较低,甚至是毫无可信性),对此予以辨析甚至是批判,都是必要的。但考证总有个过程(日记作者的某些记述在正史或档案资料、回忆资料中不载,尚需一一考辨),或许不应因为怀疑其记述的某些细节的真实性,就避而不谈,甚至笼统地认为这都是毫无根据的胡说八道。

在对这本老日记整理注释中,我总是心存顾虑,总是纠结不下,总是担心如果披露了日记中的某些细节,会不会让人们认为此举是居心不良,有恶意之嫌?是不是会对天津战役中的正义之师——光荣的人民解放军不恭不敬呢?可是,如果把通常意义上认为的"敏感的细节",都以抹掉的方式加以回避的话,确实毫无风险可言,但对这本老日记来说,整理意义还有多大呢?如何真切直观地反映出日记作者的思想巨变呢?又如何令人信服地反映出日记作者在人民新政权强烈感召下的信心满怀和从此对未来充满期待呢?

于是,我就想,能不能换一种思维看待这本老日记、进而换一种思维模式看待当时某些对人民解放军不利(甚至是极为不利)的

那些言论呢？即便在日记中看到了"敏感的细节"，难道就一定会刺激"敏感的神经"，以至于不能看、不能问、不能说，只能是秘而不宣、藏而不露吗？对于"敏感的细节"，能否用理性的思维、审视的眼光看待和辨析呢？

难道不可以主动或积极地去批判、去揭露这些所谓的"敏感的细节"的真假么？难道不可以通过更翔实的史料和缜密的考证去贴近甚至还原真实的战史细节吗？如若没有真实可靠的战史细节来支撑，又如何科学总结经验、深刻汲取教训，进而在今后的国防建设中、在未来有可能爆发的保家卫国战争中，始终知己知彼、始终立于不败之地呢？

即便是日记作者记载的某些内容完全不是真的，毫无可信性、毫无参考价值，但仅就其记录过程本身而言，也是真实的。比如，其及时转录或摘抄自报章、电台的内容，只要肯于下些功夫，都不难找到出处。这可为今人研究当时新闻媒体的立场和趋向提供文献指引。

当然，这本老日记的内容存在很大的局限性。我们决不能否认，日记作者确实照搬照抄了国民党当局炮制的不少瞎话、假话、鬼话且草率轻信、盲目接受。对于形形色色的谣言，日记作者不仅自己蒙在鼓里，而且代为传播，甚至添油加醋，充当了谎言的传声筒和胡说的扩大器。此举很悲哀，也很令人同情。可这一切，又都是战争衍生的现象，或称战争副产品，既是战争进程中不可避免的一个组成部分，也应该视为战争对人民生活造成的舆论危害和精神伤害。而舆论危害和精神伤害，也都不能不说是战争的间接罪孽。

置身于国统区体制内的日记作者，天天接受的都是单方面传递的、对国民党统治集团有利的信息刺激。指望一个从未接受过革命思想和先进理论教育的城市小青年，在天津解放前能够保持清醒头脑、独善其身或与当局唱反调、对着干，甚至与中共政策主张保持一致，似乎也很不现实。

那么，对其在日记中的人云亦云、跟着起哄甚至是大放厥词，在整理点校注释时，该如何处理才算妥当呢？

避讳、忌讳，永远不是科学的态度，永远不能让人心悦诚服。在战史研究中，难道不也是如此？当然，作为一种策略，有时暂时回避也还是必须的。个别特别敏感的历史细节不到适宜公开的时候，也还是姑且不公开为妥。但这只是特例，不具有普遍性。经冷静判断，可以认为，这本老日记披露的内容，并无不适于公开的秘密可言。

包括平津战役在内的解放战争都是中国共产党领导的人民革命解放事业的重要组成部分，是正义之师为正义而战，是伟大光荣正确的。这毋庸置疑，也无可辩驳。杨成武在《解放战争全记录·总序》中，对解放战争有过高度概括："全国解放战争是中国共产党领导的，为推翻以国民党蒋介石为代表的帝国主义、封建主义、官僚资本主义的反动统治，夺取新民主主义革命的胜利而进行的一次伟大的人民革命战争。这场战争同以往历次革命战争相比，具有鲜明的特点：它是我国新民主主义革命时期，以中国共产党为代表的革命力量同以国民党统治集团为代表的反革命力量，在十年内战、八年抗战之后进行的最后决战。其成败，决定着中华民族的前途和命运——要么在中国建立一个新民主主义的新中国，要么使中国继续沦为半殖民地半封建的旧中国。这一特点决定了这是一场很复杂、很激烈、很艰苦的战争……解放战争的伟大胜利，标志着中国共产党领导的人民革命战争，经过20多年的浴血奋战，终于取得了最后的胜利，彻底推翻了压在中国人民头上的帝国主义、封建主义和官僚资本主义三座大山,迎来了新中国的诞生。这一伟大事变,是中华民族数千年历史的一个伟大转折,给世界历史的发展带来了深远的影响。"①

对此,我们不仅完全赞同,而且一贯立场坚定。解放战争中,我党我军得道多助,国民党当局失道寡助,这是不争的事实。在坚决捍卫中国人民解放战争这场正义之战的同时,有一点似乎也是难以否认的,那就是——有战争必定就有血腥、必定会有伤亡、必定会有苦痛、必定会暴露人性的脆弱甚至是人性的扭曲。俗话说,子弹不长眼,炮弹不认人。平民百姓总是战争中的苦难承担者甚至是最大受害者。在战场上,为了实现战略决策、达成战术目标,必要的牺牲肯定会有,不必要的损失也在所难免。

不论日记作者出于哪种心理,也不论日记作者的政治态度如何,更不论天津解放前夕国民党当局在意识形态上的强化灌输和极端错误的政治教化程度如何,日记作者对战争危害社会、让平民遭殃的种种细节的描摹,也都从另外一个侧面表明:天津一日不解放,人民的痛苦就会加深一分,且日甚一日。如此局面,必然导致天津市民陷入更大的痛苦之中,度日如年。因此,包括天津战役在内的中国人民解放战争是必要的、是及时的,是不容否定的、是不容置疑的。这本老日记的内容给今人带来的最大启示就是:和平来之不易,战争不能重演。和平是用无数人的鲜血换来的,和平是最为可贵的,爱护和平、珍惜和平、保卫和平、促进和平是何等的重要!

我们披览这本老日记之后,一定会在回味之余,强化这样一种认识,那就是——鲜血不能白流、烈士不能白死,人人都要居安思

---

①田玄著:《解放战争全记录》第1卷《和战之间》第1、3页,四川人民出版社1999年版。

危,人人都要为和平付出更多的努力、为在和平环境下的和谐发展作出更大的贡献。这应该才是整理点校注释解读这本老日记的初衷之所在、内涵之所在、意义之所在吧。

五是日记作者对攻心战和舆论战的记述,为拓展战史研究领域打开新空间

面对势如破竹、锐不可当的解放大军压境,岌岌可危、即将崩塌的国民党天津当局已方寸大乱、进退失据。他们胆战心惊、如坐针毡、惶惶终日。虽然明知以卵击石、毫无胜算,但其仍罔顾事实、误判形势,做最后挣扎,指望通过狡猾手段和骗人花招,播弄是非、恶意攻讦,来扭转不可挽回的战局。如此这般,很有一些异想天开、一厢情愿的成分。

其直接操控的新闻宣传机构大肆为蒋介石的内战政策宣扬鼓噪、大肆为所谓的"大天津堡垒化"吹嘘辩护。一时间,谎话连篇,甚嚣尘上。其显著特点就是肆无忌惮地说瞎话,而且说瞎话从不脸红。经常是看似信誓旦旦、言之凿凿,实则通篇浮词曲说。比如:对战争性质的歪曲、颠覆,对不明真相的天津市民的欺骗、煽动、教唆,对人民解放军、中共地下党和解放区人民的抹黑、丑化、诬蔑。而对于穷途末路的"国军",则是编造故事、浮夸战绩,刻意美化其如何如何地英勇善战。

而国统区内的部分新闻媒体对此却囫囵吞枣、随声附和、推波助澜,甚至是对解放大军横加指责、无端漫骂、冷潮热讽,充当了很不光彩的角色。虽然在国民党天津守军的武力逼迫下,其无理取闹也有难言之隐,存在不得已而为之的因素,属于尴尬人做的尴尬事,

但客观上其已成为国民党当局的帮凶。其自取其辱,罪孽同样深重。

在天津战役期间,由国民党官方主导的社会舆论,用心歹毒、手段阴险、肆意妄为,严重透支社会公信力,为人所不齿,成为加剧其灭亡的自掘坟墓行为。国民党统治者当时还把自己阴谋做的坏事硬说成是符合人民意愿的义举,其伪善嘴脸尤为可憎,是谓强奸民意。但不可否认的是,其对广大天津普通市民的误导是显而易见的,日记作者的思维认知也因此时时受其左右、时时任其摆布,并比较明显地反映到日记内容上。日记中记载的一些细节如此耸人听闻,令人惊奇震愕、难以置信,足见一斑。

如:在东局子、西营门等地的战斗中,"共党之死首,国军代为埋葬者达两千之数";截至1949年1月10日,"共击毙匪众一万四千余";个别解放军战士"被俘变节"并在教堂"现身说法"等等。这应该都是日记作者转引当时被国民党当局严密控制的报章、电台等新闻媒介刊载播发的战况、战报等内容,而且不难找到其原始出处。其中,一定有人为夸大或凭空捏造的成分,有的是无中生有、断章取义、混淆视听,有的甚至就是搬弄是非、颠倒黑白、指鹿为马。日记中更为耸人听闻的转述还有几条,在整理时确实难以卒读。

如此,也就有了一个绕不过去的问题,那就是战时报道与历史事实到底相差几何?有道是,新闻即史。但战时的新闻,就像炮弹和烟雾弹不好区分一样,常需逆向思维、反向思忖,恐怕不能按新闻的真实性和客观性原则去简单化地直观看待。战争期间的新闻烟雾弹,应该是一种被扭曲了的另类历史,但这种历史现象并非没有研究价值,也应深入分析厘清。从一定意义上来看,谁在攻心战上占了上风,谁就掌握了话语权,谁就赢得了主动权。

翻检平津战役期间的报章,可知那时的心理战、新闻战、舆论战、宣传战甚至是思想战已经很普遍、很热闹了。

如：在1949年1月2日出版的天津《益世报》上，就刊有李中权等均已被"击毙"的消息。原来这是该报转载的国民党中央社电讯，即："中央社北平一日电：'华北剿总'一日发表：塘大两地今无战事，'国军'刻正一面派队沿海河南北两岸向西继续扫荡，并加强工事；一面清扫战场，掩埋'匪尸'。据报，'匪尸'中发现'匪'高级干部五二人。确已证实者，有'匪'九纵队十五师师长曹维雅、参谋长李天钧、政委江洪海，十六师师长萧金福、参谋长吴文华、政委李振春。另悉，九纵队司令员詹才芳、政委李中权、参谋长袁渊以下全部重要干部，于（1948年12月）三十日上午在大沽以西大梁子召集会议时，曾遭我舰炮猛击，均被'击毙'"。1949年1月7日《申报》载《国防部发表一周战况简述》则称："据前方报导，'匪'第九纵队司令员詹才芳，曾于三十日上午，在西大沽以西大梁子地方，召集干部会议，适被我舰炮猛击命中，'匪'高级干部伤亡甚多。现已证实者，有'匪'九纵队二十五师师长曾维谀、参谋长李子钧、政委江洪海，二十六师师长萧金礼、参谋长吴文华、政委李振春等人。刻正继续搜寻尸体中。"这当然都是信口雌黄的不实之词了。其原因有二：

1.把好多人名搞错了。关于东北野战军第九纵队（新番号为第46军）在天津战役期间的战斗序列，据李中权回忆录载，1948年11月22日，九纵"从牛庄出发，取捷径直奔冷口。就在去冷口的途中，我纵接到中央军委的命令，原东北野战军改称中国人民解放军第四野战军，我纵改称中国人民解放军第46军，隶属第四野战军第12兵团，詹才芳任军长、我任政委、副政委兼政治部主任段德彰、参谋长袁渊、副主任雷永通。25师改称136师，师长曾雍雅，政委徐光华,下辖406、407、408团;26师改137师,师长肖全福①,政委李振声,下辖409、410、411团;27师改称138师,师长任昌辉、政委王文,下辖412、413、414团。同时,冀察热辽军区独立第7师改称159师,拨归我军建制,师长陈宗坤、副师长杨力、副政委曾凡有。"②可是,国民党当局连我军这些将领的姓名还没整明白,就明目张胆地写进中央社电讯里,甚至还堂而皇之地表明"确已证实",简直是骗人骗到家了。

2.我军这些高级将领,当时都好好的。就拿第46军军部高级指挥员来说吧:詹才芳、杨梅生是开国中将,李中权、段德彰、袁渊、雷永通都是开国少将。而生于1915年的李中权,已届百岁高龄,2013年还曾向芦山地震灾区捐款10万元。

国民党当局编瞎话编得确实够熟练的,简直是到了不假思索、信手拈来的"境界"了,不仅毫无诚信可言,而且喋喋不休、老生常谈、了无新意,令人厌烦。如果轻信"华北剿总""津警备部政工处"每天发表战报时不厌其烦地罗列所谓辉煌战绩的陈词滥调和堂堂"中央社"通稿中的虚张声势、声嘶力竭,那岂不是太幼稚、太可笑、太无厘头了么?

---

①应为萧全夫(1916-2005),1955年被授予少将军衔。"萧全夫……1948年1月任东北民主联军第9纵队第26师师长,率部参加了辽沈、平津战役。在平津战役中,曾指挥所部担任天津南部突破重任,并圆满完成任务。"中国人民解放军军事科学院军事百科部编:《开国将帅》第750—751页,山西人民出版社2005年版。对其姓名的常见记载为肖全夫。
②李中权著:《李中权征程记》第243页,华夏出版社1995年版。《第46军领导人名录》所载有较多补充,即:第136师副师长兼参谋长吴华、政治部主任江鸿海;第137师师长肖全夫、参谋长吴文华、政治部主任周华彪;第138师副师长朱日亮、参谋长戴天翔、政治部主任杨显中;第159师副师长兼参谋长杨力、副政委兼政治部主任曾凡有、政治部副主任林国兴。王鸿宾等主编:《东北人物大辞典》第2卷下册第1974—1975页,辽宁古籍出版社1996年版。另外,肖全夫即萧全夫。

上述舆论战、宣传战的"杰作"还有很多，大都是从一个模子里扣出来的，大都是令人哑然失笑的"小儿科"，缺乏起码的技术含量，极尽愚蠢、卑劣和狡狯。尽管这种开玩笑般的戏言不值一驳，但我们似乎也不能认为这些当时被严重歪曲了的、水分极大的历史资料，就是不屑一顾的文字垃圾，都是连扫一眼都不值得的废物，而是希望能探讨其当时被泡制出笼的缘由和其当时能够蛊惑人心的根源之所在。或许，从另一个角度审视其历史存在，拨开迷雾会别有洞天。

战时谎言满天飞，人们莫衷一是，老百姓无所适从，心理难免失衡，判断难免失误。尤其是敌方那些绑架民生的论调、裹挟民意的叫嚣，对民众的误导都是极其严重的。其威力或许并不亚于几颗大炸弹的爆炸当量。无中生有、向壁虚造也好，昭然若揭、欲盖弥彰也罢，可战时那叫兵不厌诈、兵不血刃，是高级计谋，是战略战术。《孙子兵法·计篇》有云："兵者，诡道也。"老子在《道德经》中，也提到"以奇用兵"。战场上斗智斗勇，从来都是不择手段。而宣传战无疑也是斗智的一部分。使用得精到的话，没准会有影响战局的奇效，堪称"出奇兵"。

如果仅停留在对此嗤之以鼻、不屑一顾上，或只是僵化地、被动地对其予以道德评判和政治考量，而并无及时应对、主动澄清、有效反制的手段和策略的话，是不是表明不成熟、不老到和缺乏对敌斗争经验呢？

史料显示，由于国民党当局热衷于妖言惑众，其散布的谣言对解放军攻城的确造成了不利影响。据《东北野战军第三十八军第一一二师关于天津战役战术问题初步总结（1949年2月10）》载，"新战士问题较多。干部与老战士多加帮助教育，并负责在战时带他们,互助友爱,讲解过去战例,并用试验方法教育。如:解放战士怕爆破,由于国民党造谣之影响,怕连人一道炸死。如:一团一营干部发现问题后,亲自带领实习,便解除了顾虑。战士们回去便积极研究炸药送法与如何选择适当爆破点。"①

国民党天津当局在垂死挣扎中,不断造谣生事,尽管于事无补,但也严重扰乱了天津市民的心绪、严重破坏了天津市民的心情,无异于营造恐怖气氛。

《格蕾丝:一个美国女人在中国(1934—1974)》一书所载刘维汉的回忆称:"'共产党要来了!'小刚告诉我[时],眼睛瞪得就像我们老是争来抢去的黑弹子似的那么圆。小刚的父亲是个大官,有一个太太和两房姨太太。有一个姨太太是小刚的妈妈。'我爸说,他们会把我们全部杀掉,连小孩儿都不放过!'"②

是非莫辨的天津市民进而对人民解放军和进城干部产生怀疑甚至是抵触。如:《中共天津市委第二区委关于入津后半月工作总结(1949年1月30日)》载,"由于国民党的长期统治及特务分子造谣欺骗,群众中的思想顾虑很大。有的用一种怀疑的态度来看我们,如说'吃了粮,要当兵'。一个老太婆领了粮又送回,经解释后又拿回去。一般谣言,如'先甜后辣','男女都得扭秧歌','不许穿长袍、皮鞋','过年不能吃肉'等等。"③显然,这些谣言在市民中是具有迷惑性、煽动力的。日记作者也或多或少地受其影响,而且一度心态失衡。

---

①《城市解放系列丛书:天津解放》第156页。
②《格蕾丝:一个美国女人在中国(1934-1974)》第140页。
③中共天津市委党史资料征集委员会、天津市档案馆编:《天津接管史录》上册第136页,中共党史出版社1991年版。

天津解放期间,造谣生事者,不仅是国民党当局,东西方各种敌对势力也上蹿下跳、煽风点火,对中共和解放军极尽妖魔化之能事,试图给不明真相者带上有色眼镜。

天津解放后不久,邮政通信就恢复了常态。在美国宾夕法尼亚州费城出版的1949年第1期《星期六晚邮报》,也寄到天津。居津的美国人格蕾丝拿到这本杂志后,从中看到一幅社编漫画。她这样描述这幅漫画内容:"样子可怜兮兮的一个中国人(我猜是用来代表中国人民的),坐在荒芜中的一堆乱石上,远处是烟火四起的城市。从天而降的是即将把中国人民的头砍掉或是让其脑浆涂地的镰刀、斧头。"

端详着这幅漫画,令人气愤不已。格蕾丝不得不拿起愤怒的笔。她给《星期六晚邮报》编辑写了一封长信,讲述她在被中国人民称为"解放"(而西方称之为"共产党接管")的在津亲身经历:

"到目前,八路军接管全城已经有三个月了。八路军是人们惯用的共产党的别名,所指是'第八路军'。下文所述为八路军来到天津前后未经粉饰的真相,而且皆为本人亲眼目睹。自从我来到中国,就始终生活在反共的氛围中。天津是个国际港口城市:世界各国的外国人,富裕的中国地主、商人,搜刮了民脂民膏的军阀及其家属,有钱的官员和银行家都在此安家——可以说,天津是不折不扣的反共温床。我们无时无刻不被淹没在反共的宣传之中。比如,中国共产党是'反上帝、杀人害命、滥用酷刑、偷盗财物、剥夺自由的匪徒'等等。在1941年12月之前,我完全相信这些宣传,而且,还是最坚决的反共者。但是日本的侵略使我从对一切宣传不加辨别、全盘接受的状态中清醒过来。我亲耳听到过日本人是如何把美国人说成是人间恶魔。从那时起,我便用怀疑的眼光来看待一切宣传。天津、北京很快就会由共产党掌管,这种局势一旦明朗,随之将会出现的是害怕共产党接管的人争先恐后、纷纷逃离的慌乱情景。我们决定留在这里,面对即将发生的情况——希望情况不会太坏。我们也为今后的生活方式可能发生的急剧变化做了心理上的准备。我们也明白,从此以后,便会生活在'铁幕'之下了。我们听到了很多所谓的共产党的反美情绪,也觉得,对美国人来说,局势可能会不太好。我们也听说人人都会被逼着去工作而且都要吃一样的东西。我的一位年轻、富裕的寡妇朋友,因为有人说共产党不许有寡妇或赋闲的女子,害怕会被逼着与某个同志结婚后被送去做苦工,便逃到台湾去了。我以为美国书籍和杂志会被列为禁书,而且美国电影会被禁演;我以为我得放弃美国咖啡和美国西红柿汁、菠萝汁、橘子汁、西柚汁和V—8果汁;以为孩子们再也喝不到波登公司的喜沫牌维生素饮料和消过毒的皮特牌牛奶了。如果这样,那实在是很可怕。但是,我们已经熬过了日本人的占领,眼下的情况肯定不会比那时更糟,而且,怎么说都会比无可奈何去做难民要强得多!我第一眼看到八路军(特指解放军战士——引者注)时,并不是很放心。他们从我家门前的大街经过时,走着方阵,头戴皮帽的、矮胖的士兵看上去很野。他们头戴的匈奴式皮帽,非常大,有长长的茸毛,护耳朵的部分被风吹得来回乱动。他们穿着鼓鼓囊囊的棉军服、棉大衣,腿上还不知裹着什么,很难看出是腿的样子了。他们头上戴了那种左摇右晃的大帽子,再加上背上的机枪,腰里的手枪、刺刀、手榴弹、铁锹,有的腰间还挂上锅、碗、瓢、盆,一个个难怪看上去都又矮又胖的!突然,一声响亮的哨声,整个队伍停了下来,士兵们靠着墙'稍息'。当我看到他们的面庞的时候,原来的匈奴蛮兵,在我眼前一下子变成了一群两颊发红、欢心快乐的小伙子,像一群玩闹的学生笑着、互相推搡着、拍打着对方。我一开始对他们的恐惧感——以为他们[是]凶悍、无情的征服军——现在一下子烟消云散了。"①"我们[在]革命之前的所有恐惧,都未成真,到目前为止,我们的生活依然没发生任何变化。如果说真有什么'幕'的话,这'幕'也肯定不是铁的。因为我已经收到了我订阅的二三月份的《好管家》《妇女家庭月刊》《麦克考杂志》《女性》《家居月刊》和多种电影杂志。我丈夫也收到了大量的工程学新闻资料。医生们也照样收到他们的医学杂志、食谱和营养杂志。我收到过来家乡田纳西[州]还有台湾和上海的邮件。我仍可以买到炼乳和各种果汁……魏明德食品花样没有多大变化,衣服也没有改变。我们可以去同样的地方去玩,可以同样去探访朋友。我所认识的大多数人都如此。美国电影依然在上演。上星期,我去看了弗兰克·辛纳曲②和吉米·杜兰特③演的《事发布鲁克林》。我们前面坐了两排八路军战士,他们都特别喜欢吉米·杜兰特……看着我们这群'大城市'的观众,[他们]露出了一副开心的样子。"④

这封长信,内容翔实,说理充分,充满正义感,也表达了真情实感,与美国当局媒体对天津解放的歪曲报道形成了鲜明对比。格蕾丝还用带有讽刺意味的笔触写道:"千里之外的人好像能看得更清楚一些? 或许我们在天津,离得太近,近得都看不到,解释不清实情到底如何。在对中国共产党有了一个月近距离的观察之后,如果不看美国杂志中的那些胡言乱语,我连一丁点儿都不会担心。"⑤

---

①《格蕾丝:一个美国女人在中国(1934–1974)》第150–151页。
②也译为弗兰克·辛纳屈(Frank·Sinatra,1915–1998),美国流行音乐歌手、电影演员。
③也译为杰米·杜兰特(Jimmy Durante,1893–1980),美国电影演员。
④《格蕾丝:一个美国女人在中国(1934–1974)》第155–156页。
⑤《格蕾丝:一个美国女人在中国(1934–1974)》第149页。

这些发自肺腑的由衷之言、犀利之语,多么铿锵有力、掷地有声、振聋发聩啊! 一位居津多年且一度持有反共立场的美国人,却用目睹的大量事实和切身感受,主动站出来辟谣,维护正义,确实起到了意想不到的突出效果。这封信在海外刊发后,引起了强烈反响,并被翻译成多种版本,广泛传播。可见,在事实面前,谣言是苍白的,是徒劳的,是蹩脚的,更是不得人心的。

事实果然如此。天天饱受国民党当局虚假消息和哄骗伎俩折磨的天津市民,听得太多了,也就耳朵磨出腻子了,也就腻味了,也就熟视无睹了。而对于国民党当局的伪善和残暴,真的识破了,也就真的不耐烦了,愈发难以忍受了。日记作者徐天瑞在国民党天津当局垮台前夕,对报章、电台就已不那么轻信、依赖和着迷了,甚至开始在日记中调侃、挖苦、嘲笑国民党天津当局那些大员,顺理成章地向国民党统治者表达着不满、宣泄着怨气。

虽说事实就是一面照妖镜,足令谣言不攻自破,但是谣言往往心存侥幸,最喜欢面对沉默无语。越是无视其存在,越是认为其不值一驳,谣言就越是肆无忌惮、兴风作浪,就越是不胫而走、无翼而飞。而害怕凛然正气、畏惧公道正义,则都是谣言的软肋。很多时候,谣言也是不攻不破,必须奋起剑指,针锋相对,无情拆穿。

那么,当时我方的反宣传战、反攻心战措施又如何? 是如何针锋相对、以牙还牙的呢? 是如何粉碎敌方的阴谋诡计的呢? 又是如何将计就计、顺水推舟,开展更妙不可言的宣传战、攻心战的呢?

毛泽东代表我党我军和解放区人民撰文批驳蒋介石发表的《元旦文告》,就是一场公开的舆论较量,就是宣传战、思想战、政治战的一个重要步骤。

其间,还有一个经典例子,也很能说明问题。那就是,为确保天津战役主攻方向的军事行动顺利实施,人民解放军"把国民党守军特别是其115师的注意力吸引到市北,特以158师于宜兴埠向民生门佯攻,157师由崔家码头佯攻。"①

在《刘亚楼智斗陈长捷》一文中,作者称赞素有"儒将"之称的刘亚楼"在指挥作战中,多谋善断,巧计迭出"。天津战役总攻前夕,刘亚楼利用接待天津市参议会所派四位代表的机会,施放足以迷惑陈长捷的烟雾弹,使之最终做出错误的布防决策。该文对此有绘声绘色的描述:

"陈长捷于1月10日派出4名代表出城与我军'和平'谈判。在哪里接待谈判代表呢?刘亚楼灵机一动——为迷惑敌人,他决定在津北重镇宜兴埠另设一个'指挥部'。谈判代表到来后,刘亚楼并没有立刻从他的指挥部杨柳青出发,而是在接到电话后半个小时才动身。到达目的地时,他见到谈判代表的第一句话是:'对不起,请你们原谅我来迟了。'接着说:'唉!你们杨柳青有名无实,道路太窄,汽车不好通过,车等了很久。'他这样讲的目的,是让敌人错误地估计我军指挥部设在杨村。因为刘亚楼从我地下党员送来的情报中获悉,陈长捷根本没有'和谈'的诚意,只不过想利用谈判之机,探听我军虚实,以便拖延时间,苟延残喘。果不其然,谈判代表回城后,将此'重要情报'告之陈长捷。陈据此认为,我军的指挥部在杨村。为了进一步麻痹敌人,在第二次谈判结束之时,即1月12日,刘亚楼调来攻城部队115师榴弹炮向北洋大学打炮试射,使陈长捷进一步认为我军的主攻方向是在北面,所以将其主力部队

---

① 天津市地方志编修委员会编著:《天津通志·军事志》第558页,天津社会科学院出版社2001年版。

151师调到了北洋大学附近。陈长捷是这样和他的部属分析形势的:'根据谈判代表的报告和侦察到的情况,再结合天津的地形,我判断敌人的主攻方向是城北,这里没有河道水网,易于大兵团接近。'自负的陈长捷认为,刘亚楼的指挥部在城北,重炮又试射北城,这决不会是偶然的巧合。他坚信自己的判断是绝对正确的,因此在得到几位要员的首肯后,便自以为得计地声嘶力竭地吼道:'望诸位精诚合作,背城一战,誓与共军见个高低!'他岂知已深深地陷入刘亚楼为他设计的'圈套'之中。1月13日,在杨柳青我军的指挥部里,刘亚楼主持召开了有师以上军官参加的作战会议。会议开得十分热烈,最后,刘亚楼作了总结性发言。他说道:'据前线侦察报告,陈长捷已把主力151师调到北城。现在天津的防御是北部兵力强,南部工事强,中部皆平常。'稍顷,他有力地讲道:'为此,我们的作战策略是,避实击虚、东西对进、拦腰斩断,然后,分别向南北推进,先南后北,先分割后围歼,一举解放天津城。'他并诙谐地说:'这种战法就叫做先吃肉、后啃骨头吧。'他的一席话,引来满堂欢快的笑声。随即,刘亚楼下达了作战命令。"①

实际上,在这场堪称巧妙的迷惑战中,策划者、主导者并非刘亚楼一人。刘亚楼对于攻取津门的总体战略部署,不可能"灵机一动"地擅作主张。这是因为,早在1949年1月5日,林彪就已提出,对天津正南、正北两个方向,只打算派出一个师或四个团的兵力作有力佯攻,目的就是让敌人上当后疲于奔命,阵脚大乱。《林彪关于攻打天津有关注意事项致刘亚楼电(一九四九年一月五日)》载:

---

① 参见中共天津市委党史研究室编:《决战津门——纪念天津解放五十周年》第27-31页,天津人民出版社1998年版。

"我军主要突击方向,应以金汤桥、金刚〔钢〕桥及其以南,为东西对进夹击的目标,第一步求得东西贯通和肃清第二线阵地内的敌人,然后,依情况再以主力向北发展或向南发展……为了不太分散兵力……最好将十二纵在七纵的左翼展开,九纵在一纵的右翼展开,以加强我东西对进夹击的力量。对正南与正北两个方向,只要派出一个师或四个团的兵力作有力佯攻即够。天津是一个南北长、东西短的城市,我们加强东西两面的力量,就能迅速可靠地求得贯通和切断敌人,而又能自由地将兵力向两翼扩张,既不感正面地区不够,而又不致形成兵力分散。因此,关于九纵与十二纵的使用问题及投入以后的发展方向问题,盼根据实际情况再加以研究……如有可靠的内应关系可利用,则盼注意利用之,以便出敌不意,进入敌阵地,乘胜发展……为着吸引住北面的敌人,盼以三四个团的兵力,完全迫近天津北面敌之防御阵地,使六十二军不敢调入南半城。"[1]

《林彪关于攻击天津作战部署致中央军委电(一九四九年一月七日)》载:"天津市区东西 10 华里,南北 25 里……敌强的守备部队在北部,弱的守备部队在南部,敌强的建筑物在南部,敌整个阵地的弱点在中部,敌中部之守兵与建筑物均不强。我军对敌之中部攻击则从东西两面能展开大的兵力,故主攻选择在中部。"[2]

解放军既定的攻津部队主攻方向以东西两面对进为主,必然要设法调虎离山,以便为东西两面突破减轻压力。《刘亚楼关于天津作战经验教训的报告(一九四九年一月)》载,"在实行一点战术

---

[1]《城市解放系列丛书:天津解放》第 98 页。
[2]《城市解放系列丛书:天津解放》第 102 页。

的原则时,次要方向的佯动作得好、作得不好,有极大意义。这次作战,由于天津北部我佯攻部队积极活动(挖了许多交通沟,并积极打外围,总攻前两天,我又将重炮秘密移至北方实行试射),因而,造成了敌认为这是主攻方向的错觉,使敌战斗力量强的广东军队一五一师始终不敢移动。在我总攻开始后,敌虽已发觉我'东西对进'为主攻方向,已来不及调动。在我打通走廊后,从一五一师后方,向其攻击,结果,没有用大的力量,就迅速解决了敌人这一主力师。这也是天津战斗较快解决的重要原因之一。"①

可见,对于攻津战略部署已了然于胸的刘亚楼,趁着天津代表出城谈判这一难得机会,大施心理战,通过虚晃一枪、声东击西、以假乱真,致使天津守军被牵着鼻子走,钳制了天津守军主力,为顺利落实攻津战略部署扫除了一大障碍、创造了有利条件。

东北野战军特种兵副司令员兼参谋长苏进撰《天津攻坚战中的东北野战军特种兵》对此也有记载:1月8日,"炮3团3营还对天津北站之敌射击。车站附近敌房屋中弹起火,大火持续燃烧近5个小时。对据守北洋大学之敌和转盘等处射击,也均命中。3营的准确射击和150榴炮弹破坏水泥工事的强大威力,对敌人起到了震慑作用。同时,也使炮兵取得攻坚经验。当晚,刘亚楼参谋长打电话询问炮3团3营试炮情况。炮3团李参谋长汇报后,刘亚楼连声称好。这次,我们安排3营在津东北试炮,既避免暴露基本阵地,又使敌人以为我大口径火炮配置在宜兴埠附近,主攻方向也可能选在北边,因此不敢轻易将其主力151师向其它防区调动。这正符合刘

---

① 空军《刘亚楼军事文集》编辑组编:《刘亚楼军事文集》第176页,蓝天出版社2010年版。

亚楼参谋长把敌 151 师吸引在津北的作战意图。"①

《天津攻坚战中的东北野战军特种兵》一文又载:"为了迷惑敌人,诱其彻底暴露火炮位置,在总攻前一天,我曾指示炮 4 团派出 1 个担负机动作战任务的炮兵连,隐蔽地机动到天津西南的跑马场方向,对敌人中原公司附近的目标进行了两个半小时的扰乱射击,结果吸引出了敌人 20 余门山、野炮。"②

已知在整个平津战役期间,我方也开动了马力十足的宣传机器,全方位、立体化地开展政治攻势,或瓦解或削弱或利用敌军,且有意想不到的、可圈可点的战果(这从日记作者在日记中所载的"双方的宣传战,都有点过火"这一表述中,亦可见端倪)。只可惜,从目力所及的平津战役期间原始文献和现有研究成果中,还不大容易看到这方面有针对性的系统化论述。③

对这一特殊战线的特殊手段,似乎尚缺乏大视野下的整体性、全方位的学术关照。对于运用得很纯熟,且在平津战役各战场上发挥过作用的一些宣传战经典案例,如果能将其掰开揉碎,深入剖析其对敌我双方施加的影响、产生的效果,总结其经验和教训,难道不也是战史研究之亟需吗?

以往,研究者擅长从正面入手,大刀阔斧、纵横开阖地研究战史,已取得斐然成果。可揣摩这册老日记的内容,深感天津战役期间的宣传战这个侧面,或许值得列为学术研究课题。

---

①中国人民解放军历史资料丛书编审委员会编:《平津战役》第 451—452 页,解放军出版社 1991 年版。
②中国人民解放军历史资料丛书编审委员会编:《平津战役》第 457 页。
③可参阅《政治攻势在城市作战中的作用》,郭永学著:《解放战争时期城市作战研究》第 703—723 页,吉林大学出版社 2006 年版;唐国东撰:《解放战争时期我军瓦解敌军工作述论》,《军事历史研究》2011 年第 1 期第 145—150 页。

当然,日记作者当时并未意识到也不可能意识到这些倾注情感、颇费心力的文字尚可具备史料研究价值。他在自我评价时,只是认为自己对不堪忍受炮火轰炸之际的那些记述是如实的:"我认为这样的记载事实,才逼真,才有价值呢";"假如要是幸运的话,此大劫过去后,此篇日记,足令后人发指!"

　　1949年1月31日,日记作者是这么总结这本日记的价值的:"在这仓促的时间里,确有这些资料,它的价值是更大更可记忆的。这里有天津解放的经过、解放年的象征、民心之改变,处处都使你有回观的价值。"日记作者当时对所写日记尚觉满意,表明他的所思所想确是聚精会神的、是从实际出发的。显然,这为60多年后人们对此加以重视,埋下了伏笔,也为后人不经意间拿来分析研究,更方便地触摸那段历史,提供了可能。

　　总之,日记作者那有血有肉的、直抒胸臆的、鲜活有趣的语言,读来牵动人心,拿起来就放不下。捧着这本小册子,读着读着,我就不禁跟随着日记作者的笔触和思绪,折回到在冰冷空气中掺杂着呛人硝烟味道、直让人忍不住会打几个喷嚏的1949年初的天津街头,伫立一下、感受一回。

　　是啊!时光倒转到一个甲子之前的那个特殊的腊月里、特殊的新年里,穿越时空与日记作者对话,多么令人新奇。那一幕幕似曾相识的闪回场景,就好比战争大片儿中的一个个戏剧冲突一样,非得让人的心悬着,总也不让落下来。让绷着的心踏实一会儿,就更甭提了,根本就忘了想,也没时间去想。只不过在这本老日记里,是根本不需要情节编织、精心导演、制造悬念和巧妙演绎的。这本老日记,难道不就是一部大片儿的素材?

　　在闻着硝烟、哈着寒气、打着寒颤产生的字里行间徜徉——是那么的紧凑合理,又是那么的挥洒自如,完全属于真情表白。就这么一直吊着你的胃口,压抑、焦躁,真让人受不了。我抽空倒吸了一口凉气,目光又赶紧回到了日记字面上来,因为我依旧放心不下,不得不为日记作者的命运所牵挂。这似乎也是这本老日记留下的最大悬念吧。

太冷了吧!就在我准备折回现实的那一刻,也会禁不住再回眸张望张望——这位正敞开怀抱迎接新中国的新青年,你把这段记忆不经意间留了下来,可你的思想又是如何继续演进的?生活之路走向了何方?到底是何归宿呢?

蓦然回首,稀疏的灯火依旧意兴阑珊。难道冷得居然让空气都能凝固的隆冬时节,就一定意味着凋零和凄楚?或许,就跟如今上演的大片儿一样,好像都讲究留个尾巴,让人们去猜……

在这本老日记中载明,1949年,徐天瑞年仅20岁。据此推算,2014年他也才不过85岁。而处于这个年龄段的老者,如今并不稀奇啊。这也就意味着,徐天瑞如今很可能还健在。但是,茫茫人海里,何处觅其踪影呢?但愿徐天瑞老先生还能看到他曾倾心倾情倾力而就的这本老日记。这是我整理点校注释解读这本老日记之初就一直期待着的一个大团圆式的结局。果如此愿,我当将在第一时间将这本老日记恭敬地璧还其手中。当然,徐天瑞老先生要是还能当面讲述当年那刻骨铭心的一幕幕和日记背后的片段故事的话,这个过程肯定也是一个堪称圆满到极致的人间传奇了。我总是在不经意间设想的这一幕场景,真是太值得继续期待了!

《徐天瑞日记》解读说明

一、日记起止时间为1949年1月1日至1月31日。作者是一位年仅20岁的学生,不甚讲求文字规范,由于行文仓促,加之意在笔先,常有词不达意的情形,与如今通行语法规范不符的病句较多。日记中的错别字、异体字、脱字、衍字也不少。为适合今人阅读习惯,本次整理点校时,在尽量尊重日记作者语意的基础上,进行了自认为比较适当的随文补正,包括增补词语、纠正明显的行文错讹等,以俾前后文意基本贯通。尽管如此,部分语句仍存明显语病。而对于个别字词,虽经反复研读,但仍不明就里。为保持原貌,未妄加更动,暂且这么摆着。另外,还对每篇日记适当划分了段落。

二、日记正文中圆括号内的词语,均为日记原文。在本次整理点校过程中,凡属订误文字、匡正史实,均括以"〔 〕"(即六角括号)标示;凡属脱文补缺,均括以"[ ]"(即方括号)标示,以为行文衔接连贯、语意通顺。在日记内容中,个别字迹较为潦草,辨认时常颇费思量，因此，难免误识。另，缺笔径改、衍文径删，以为简捷。由于日记作者对标点符号和"的""地""得"等虚词的使用上，不得要领，较为混乱，在不影响日记作者行文原意的前提下，亦适情直接在文中略作处理，不再标示。除此之外，对日记原文内容未作明显更动。

三、日记中的前半部分，多称东北野战军为"匪"，并使用了很多贬损性、诋毁性、污蔑性的言词。这些诬妄之言，与国统区内的国民党当局主流媒体的表述是一致的，均为无耻谰言。为保持日记原貌，以便对此辨析或加以批判，在整理点校过程中，并未对日记内容刻意掩饰、删节，也无随意涂抹、修改，而是一一加引号标示，或在注释中予以明确说明。否则的话，日记就会因充满删节号而支离破碎了。相信读者自可甄别，一定依旧对中国人民解放军这支革命的武装、英雄的军队、人民的子弟兵充满敬意、充满信心，一定依旧保持清醒头脑、坚持科学判断，决不会因"匪"字的频繁出现而混淆是非，决不会误认为注释中的文字竟然占到了国民党当局的错误观点、反动立场上去了，决不会误认为这是无端给人民解放军抹了黑、添了堵、败坏了名声、糟蹋了信誉。实际上，平津战役期间，中共领导下的报刊在报道中，也频繁地称国民党当局为"匪"，如"蒋匪""傅匪""杜匪""陈匪"等（分别指蒋介石、傅作义、杜建时、陈长捷及其控制的国民党军队）。这充分体现了在那个特殊历史阶段中，国共两党在称谓上的对等和平衡。《尼克松回忆录》中册（商务印书馆1979年版）载，1972年2月21日，毛泽东在中南海会见到访的美国总统尼克松时说："我们共同的老朋友'蒋委员长'可不喜欢这个……他叫我们'共匪'"。尼克松说："蒋介石称主席为'匪'，不知道主席叫他什么？"周恩来说："一般地说，我们叫他们'蒋帮'。有时在报纸上我们叫他'匪',他们反过来也叫我们'匪'。总之,我们互相对骂。"毛泽东说:"其实,我们同他的交情比你们同他的交情长得多。""匪"这一称谓是曾在国共两党中长期存在的一种独特的政治生态和社会文化现象。既然党和国家领导人都能对此泰然处之,甚至是臻于化境,我们的心理承受力也自然会很强,不会那么脆弱,更不会一提"匪"字(甚至是更加刺耳刺眼的字眼儿),心里就砰砰乱跳甚至是动辄跳将起来。

四、注释中引用的国民党中央社电讯和《益世报》《大公报》《申报》等报章新闻,大多反映国民党当局立场,带有明显的舆论战、攻心战倾向,因歪曲事实而不足为信,但是这些恶意的宣传对天津市民产生的负面影响很大。鉴于这些史料在平津战役研究中尚未被有效利用过,也未被充分研究过,故采择若干。这既有助于揭穿国民党当局的险恶用心和卑劣行径,也有助于读者了解当时的社会背景和舆论氛围,以期深入理解日记内容和探寻日记作者心态发生微妙变化的过程。这对厘清当时的真相也不无裨益。真相就是真相,真相最有底气、最有自信,从不怕透明、曝光、摊牌、晾晒,更不怕翻过来掉过去地观察、审视、对比、质疑。

五、1948年11月1日,中共中央军委发布《关于统一全军组织及部队番号的规定》,通令全军。其中,明确规定各野战部队的野战军、兵团的番号之前,均冠名"中国人民解放军"。各军、师、团的正式名称定为:中国人民解放军第某某军(师、团)。对于特种兵部队,则称中国人民解放军骑兵第某某师(团)、中国人民解放军炮兵第某某师(团)等。这也就是说,在天津战役打响之际,尽管习惯上仍称东北野战军或东北野战军某某纵队,但"中国人民解放军"这一称谓,实际上已被要求正式公开使用了。因此,在对日记进行注释时,提及东北野战军等天津战役参战部队时,理应统称人民解放军或解放军。本书为行文方便,仍有写为东北野战军(简称东野)和东北野战军某纵队(简称东野某纵队或某纵队)的情形。而提及由国民党当局指挥的军队时,则称国民党军队或国民党天津守军;提及国民党统治时期的天津当局,如天津市政府、天津市警备司令部等军政机构时,称国民党当局或国民党天津当局。

六、东北野战军为天津战役主力部队。平津地区解放前后,各部队番号变化明显。

1948年1月1日,东北民主联军改称东北人民解放军,分为东北军区和东北野战军。1948年8月14日,建立单独的东北野战军机关,林彪任司令员、罗荣桓任政治委员。

1948年11月1日,中共中央军委《关于统一全军组织及部队番号的规定》称:"根据中央政治局'九月会议'关于战略任务更进一步地由游击战争过度到正规战争的要求,中央及军委关于全军组织和部队番号,特作下列各项的统一规定,通令全军,一体遵行。"其中包括:"野战部队应实行正规编制,统一称号,纵队改称为军,师和旅统一称师";"野战部队的序列,军以上设野战军和兵团两级……兵团一般地分隶于野战军……野战军和兵团所辖军、师数目,视需要和可能定之";东北野战军"为第十二至第十七兵团";"属于东北建制者有十三个纵队……军的番号由第三十八军排至第五十六军,师的番号由一百一十二师排至一百六十八师(十八个独立师应由第一百五十一师排至第一百六十八师)"。

1948年11月13日,《林彪、罗荣桓、刘亚楼关于东北野战军由纵队改称军致中央军委电》称:"遵照军委十一月一日电令,我们决定在这一整补期内,将各独立师编入各野战纵队,使每个纵队辖四个师。其番号亦遵照军委电令，以第一纵队改称为三十八军，第一师改称为一百一十二师，其余纵队及师类推。而十二个独立师，可从一百五十一师排起，按次序编入各纵，即一百五十一师归三十八军（一纵）、一百五十六师归四三军（六纵）。各纵师在隆重的祝捷大会上宣布新番号。"1948年11月17日，《中央军委关于东北野战军各纵队改称军致林彪、罗荣桓等电》称："十三日七时电悉……批准你们第一纵队至第十二纵队改称为军后，其番号由第三十八军排至第四十九军。其所辖之师，由第一师至第三十六师，改定番号为第一百一十二师至第一四七师。每个军辖步兵师四个。除上述原建制三个师外，另辖一个独立师。此十二个独立师，其番号由第一百五十一师排至第一百六十二师。"但是，"东野"等部队仍继续使用原番号，未与中共中央军委的口径达成统一，导致"纵队"与"军"的称谓并存了一段时间。

1949年1月15日，中共中央军委进一步作出关于全军组织编制、番号的决定，即：根据战争的发展，各野战军冠以军区地名已不适合，改为按序数排列，西北、中原、华东、东北野战军依次改为第一、二、三、四野战军。从1949年3月11日起，中国人民解放军东北野战军改称中国人民解放军第四野战军（简称四野），辖第十二、第十三、第十四、第十五兵团共12个军和特种兵司令部等。因此，天津战役期间，并无"四野"这一称谓。

天津战役中，华北军区野战部队虽未直接参加攻城战斗，但给予了大力支持与帮助。华北军区是1948年5月由晋察冀军区与晋冀鲁豫军区合并组成的，聂荣臻任司令员、薄一波任政治委员。1949年1月，华北军区野战部队第一、第二、第三兵团依此改称第十八、第十九、第二十兵团，共11个军。聂荣臻当时兼任中共平津前线总前委委员。

根据已掌握的史料,对于解放军纵队(军)一级、师一级的番号更迭情况以及对应情况,比较清晰,但是,对于团、营、连等番号的变化情况,了解得还不详尽。因此,在对日记注释过程中提及有关番号时,难免杂糅或有误。

七、据《刘亚楼关于天津作战经验教训的报告(一九四九年一月二十日)》以及《天津通志·军事志》《平津战役》等书所载,天津战役中,解放军参战部队包括:38军即原1纵(辖112师、113师、114师、151师,原番号分别为1师、2师、3师、独10师),39军即原2纵(辖115师、116师、117师、152师,原番号分别为4师、5师、6师、独7师),43军即原6纵(辖128师,原番号为17师),44军即原7纵(辖130师、131师、132师、157师,原番号分别为19师、20师、21师、独12师),45军即原8纵(辖133师、134师、135师、158师,原番号分别为22师、23师、24师、热独4师),46军即原9纵(辖136师、137师、138师、159师,原番号分别为25师、26师、27师、察独17师),49军即原12纵(辖145师,原番号为34师)。以上共计22个步兵师。加上"东野警卫团"主力、特种兵各部队等指战员,兵力总计约34万人。特种兵(原番号为炮兵纵队)也称特种兵纵队、特种兵部队,特种兵司令部简称"特司"。

日记内容所载,多与解放军西线攻城部队作战相关。根据作战方针,解放军对进攻天津任务进行了具体划分。据《天津通志·军事志》第558页载,从天津城防"西面进攻部队,由38军军长李天佑、政治委员梁必业统一指挥。38军、39军并配属特司三分之二炮兵(重炮364门)、坦克兵组成,为第一主攻方向。主要任务是从天津西(和平门南北地区)突破,由西向东攻击,在金汤桥或金钢桥地区与由东向西攻击的部队会师。其中:38军以112师与113师并肩从守军44号碉堡以北突破,112师在右,113师在左;为配合主攻方向进攻,又以151师向'48—46号碉堡'主攻,以114师为二梯队;39军以115、117师为第一梯队,沿南运河两岸突破,115师在左,117师在右,并以116、152师为二梯队,突破后向纵深发展。"

而对于从天津东面、南面等方向攻城的解放军部队部署和作战特点,本书少有提及。因此,仅仅通过阅读日记所附注释性文字,读者难以了解到天津战役期间涉及各个突破口的战况。对于天津战役总体战况的介绍,可参阅以下所列38种参考书目。

关于天津西线战况,还可参阅《平津前线司令部发言人谈天津作战特点(一九四九年二月十四日)》《东北野战军各纵队关于天津战役攻城情况的汇报材料(一九四九年一月)》《东北野战军第三十八军第一一二师关于天津战役战术问题初步总结(一九四九年二月十日)》《东北野战军第三十八军第一一二师关于天津战役经验教训总结(一九四九年六月十四日)节选》(以上见载《城市解放系列丛书:天津解放》第143—168页)等资料。

八、天津解放前夕,日记作者几乎天天听到隆隆炮声。因此,有必要对解放军和国民党天津守军火炮配属情况作一说明。

关于特种兵的战斗序列和攻津部署,据苏进撰《天津攻坚战中的东北野战军特种兵》载:"'特司'下辖炮兵第一指挥所(辖第1、2、3团),炮兵第2指挥所(辖第4、5、6团),高炮指挥所(辖高炮第1、2、3团),战车指挥所(辖战车团、装甲车团、教导团),工兵指挥所(辖工兵第1、2团)。迫击炮团为特司直属团……特种兵部队以三分之二的炮兵和坦克配属西面第一主攻方向,以三分之一的炮兵和坦克配属东面第二主攻方向,另以部分炮兵和装甲车配属南面助攻方向。并规定西面的炮兵由我统一指挥,东面的炮兵由匡裕民副司令员统一指挥。参加天津攻坚战的我炮兵、装甲兵和工兵共12个团,按前线指挥部确定的分配比例,作了以下具体部署。第一主攻方向:以炮1团1、3营,炮4团1、2营,炮5团1、2营,炮6团1营,迫击炮团2营,以及高炮1团1、2、3、6连,战车团1、2连,工兵1团1营,工兵2团1营,支援1纵、2纵,于天津西面西营门南北地区,由西向东攻击。在该方向上,'特司'所属地炮共89门,高炮15门,中、轻型坦克19辆,加上纵队所属的山炮、野炮、榴弹炮和重迫击炮,共有地炮273门。第二主攻方向:以炮2团、炮3团3营、炮4团3营、迫击炮团3营,以及高炮1团5、7连,战车团3连,工兵1团2、3营,支援7纵、8纵于天津东面民权门、民族门一线由东向西攻击。在该方向上,配备所属地炮共67门,高炮8门,中、轻型坦克10辆,加上纵队所属的山炮、野炮和重迫击炮,共有地炮169门。助攻方向:以炮1团2营、迫击炮团1营以及装甲车团1营一部,支援9纵和12纵的1个师于天津南面尖山子一线突破向北攻击。在该方向上,配备所属地炮共24门,装甲车14辆,加上纵队所属的山炮、野炮和重迫击炮,共有地炮96门。这次我军参战榴弹炮、加农炮、野炮、山炮和重迫击炮共计538门,而天津守敌只有山、野、榴炮50余门,我火炮数为敌炮的10倍,占绝对优势。"

对于西线火力配备,在苏进撰《天津攻坚战中的东北野战军特种兵》中有详细记载:"在天津西面的主要突击方向上,我1纵1师、2师和2纵6师并肩担任主攻,突破地段选择在城西突出部的西营门附近,三把久经锻炼的尖刀,将从这里插进敌人的心脏。部署在津西的炮1团1、3营(12门野炮、12门'100榴炮')和迫击炮团2营(12门'120迫击炮'),在南运河以南展开,与步兵师属山炮营共同组成直接支援炮群,支援2师突破;炮4团1、2营(12门'150榴'、7门'100加'),在李家坟东南展开,组成中央远战炮群,炮6团1营(12门美造'155榴'),在姜家井以南展开,组成右翼炮群,这两个远战炮群,均由'特司'直接掌握,负责全盘火力支援;炮5团1、2营(24门美造'105榴')在南运河以北赵家庄附近展开,组成左翼炮群,直接支援2纵4师从西面左翼突破。1师和6师的直接支援炮群,分别由1纵和2纵直属炮兵团担任。在津西主攻方向集中的火炮密度空前,共有地炮1230余门,按1500米的突破正面计算,每米正面有1门60毫米以上的火炮,每公里正面上有82门75毫米以上的火炮。这些火炮按纵深梯次四层放列在距敌前沿300—1500米左右的阵地上。第一列是伴随步兵突破的山炮连和迫击炮连;第二列是担负轰开突破口的野炮连和榴炮连;第三列是担负扫清突破障碍和支援步兵巩固突破口的野炮连和榴炮连;第四列是担负压制敌人炮兵和摧毁坚固目标的'150榴和100加农炮连'。第一、二列的炮兵可称为炮兵的'尖刀连',第三、四列的炮兵则是突破时的炮兵火力骨干。"

  主要配属在西线的"特司"炮4团是摩托化炮兵团,"该团装备的'日造150榴'和'100加重炮',最大射程1.5—1.8万米,可以从天津的西面打到东面。这次攻坚战中,炮4团编为由'特司'直接指挥的远战炮群,主要担负对敌炮战和压制纵深目标任务。"而"特司指挥所"也位于西线,"构筑在李家坟东侧的一个大坟堆上,这里距敌前沿约1500米,靠近中央炮群,距离'东野司前进指挥所'也不远。"

  九、关于天津战役的全过程和天津解放之初的接管情况,资料比较丰富,既包括当年报刊等所载史料,也包括天津解放65周年

以来陆续出版的档案资料、专题著述和通俗性读物。这对深入了解日记内容的背景,均有帮助。以下所列,为主要参考书目:

1. 1948年底至1949年1月出版的《益世报》《大公报》《申报》及1949年1月至2月出版的《人民日报》《天津日报》。

2.《天津丛刊》编辑委员会编辑:《天津市两年新设施》,天津市政府秘书处编译室1948年10月初版。

3. 郑常等撰:《红旗插上天津城垣》,读者书店1949年版。

4. 黄冰著:《打开民权门》,新文艺出版社1956年版。

5. 苏祖凤编著:《京津战役》,上海人民出版社1959年版。

6. 北京出版社编辑:《平津战役回忆录》,北京出版社1961年版。

7. 天津人民出版社编辑:《天津城上红旗飘(增订本)》,天津人民出版社1962年版。

8. 天津市历史博物馆编:《平津战役图片集》,上海教育出版社1979年版。

9. 中国人民革命军事博物馆编辑:《平津战役要图(1948.12—1949.1)》,地图出版社1980年版。

10.《星火燎原》编辑部编:《星火燎原丛书(8)·平津战役专辑》,解放军出版社1987年版。

11. 中共天津市党史资料征集委员会编:《天津解放纪实》,中共党史资料出版1988年版。

12. 中国人民解放军天津警备区编:《解放天津》,天津人民出版社1988年版。

13. 全国政协文史资料委员会《平津战役亲历记》编审组编:《平津战役亲历记——原国民党将领的回忆》,中国文史出版社

1989年版。

14. 胡光明、刘卯忠主编:《四十年的回顾——纪念天津解放四十周年学术讨论会论文集》,天津教育出版社1989年版。

15. 张广文、靳天主编:《解放初期的天津商业》,天津社会科学院出版社1990年版。

16. 中国人民解放军历史资料丛书编审委员会编:《平津战役》,解放军出版社1991年版。

17. 中共天津市委党史资料征集委员会、天津市档案馆编:《天津接管史录》(上下卷),中共党史出版社1991年版。

18. 中共河北省委党史研究室等编:《一切为了前线——平津战役支前资料汇编》,中共党史出版社1992年版。

19. 中共天津市委党史资料征集委员会、天津市公安局编:《难忘的岁月——天津市解放初期社会治理纪实》,中共党史出版社1994年版。

20. 刘广志编著:《平津战役史》,河南大学出版社1994年版。

21. 中共天津市委党史研究室编:《城市的接管与社会改造(天津卷)》,天津人民出版社1998年版。

22. 中共天津市委党史研究室编:《决战津门——纪念天津解放五十周年》,天津人民出版社1998年版。

23. 平津战役纪念馆编:《平津战役纪实》,天津人民出版社1999年版。

24. 天津市烈士陵园编纂:《天津战役部分牺牲烈士事迹》,1999年印刷。

25. 天津市地方志编修委员会编著:《天津通志·军事志》,天津社会科学院出版社2001年版。

26. 平津战役纪念馆编:《走近最后的决战——平津战役参战将士访谈录》,天津人民出版社2002年版。

27. 陈德仁编著:《天津战役研究》,天津古籍出版社2003年版。

28. 李建国著:《平津战役研究》,湖南人民出版社2004年版。

29. 中共天津市委党史研究室著:《中国共产党天津历史》第1卷,中共党史出版社2005年版。

30. (美)爱丽诺·麦考利·库珀、刘维汉著,傅志爱译:《格蕾丝:一个美国女人在中国(1934—1974)》,生活·读书·新知三联书店2006年版。

31. 郭永学著:《解放战争时期城市作战研究》,吉林大学出版社2006年版。

32. 王凯捷著:《天津方式》,中共党史出版社2007年版。

33. 天津市地方志编修委员会、中国共产党天津志编修委员会编:《天津通志·中国共产党天津志》,中共党史出版社2007年版。

34. 天津市档案馆编:《城市解放系列丛书:天津解放》,中国档案出版社2009年版。

35. 师春梅撰:《红星映明月——1949天津新生活方式的建构》,载张鸿雁等著:《1949中国城市:五千年历史的切面》,东南大学出版社2009年版。

36. 张宇主编、储建中执行主编:《华北解放战争实录·天津卷》,中共党史出版社2009年版。

37. 空军《刘亚楼军事文集》编辑组编:《刘亚楼军事文集》,蓝天出版社2010年版。

38. 中央新闻记录电影制片厂影视资料部编著:《CCTV大型文

献纪录片:解放1949》,上海科学技术文献出版社2010年版。

以上书目绝大多数为文献史料和学术研究著作。在有关平津战役历史的出版物中,不乏通俗读物和文学作品。因其叙述的内容出处不明且不乏情节虚构,而未在本书参考范畴内。

另外,关于日记中提及的天津地名,在注释中多引用以下资料:一是交通部天津电话局编:《中华民国二十六年份天津电话号簿》(简称1937年《天津电话号簿》);二是交通部天津电信局编:《中华民国三十七年度电话号簿》(简称1948年天津《电话号簿》);三是由天津人民出版社于2000年前后陆续出版的《天津市地名志》18卷本(及其前身的《天津市××区(县)地名录》)。而关于1949年1月份天津的天气情况,在注释中则参考了天津专区气象局1960年编印的《天津气象资料(1890—1960)》所载。

为力求注释文字简约,避免引文繁冗,对于稍加引用或参考的资料,也有未一一注明出处的情形。现特予说明,望乞海涵。

一月一日 星期六

西历一九四九年,[即]民国三十八年,逼近了同胞[们]的胸界,告诉你又增长一岁了。

"争地以战,杀人盈野";"争城以战,杀人盈城"①。在昨晚除夕②之炮火下,不知又死伤了多少中国同胞。

报载:昨日晚九时许,[位丁]津西西营门③西南十华里[的]侯家台子④,有林彪⑤[所属]第九纵队⑥约千余人"鼠扰"。"国军"⑦当予以强烈之炮火[轰]击之,激战半小时之久。"共匪"⑧不支而"退鼠"。至今日晨二时许,"匪"残部约三百余[人],再度企图"鼠扰"。经"国军"有力部队奋勇猛击,直至晨晓,共军并触地雷四枝〔枚〕之多,当其备尝难隐[忍],无一生还⑨。

报纸[的售价]、电汽车[的票价],今起又涨一倍。报纸[的售价]分四圆、两圆⑩者。电车[的票价]亦分四圆与两圆之别。

[蒋]总统⑪于元旦岁首,特发表《文告》,告全国同胞。

[《文告》]要旨:政府已允践踏和平途径,只要共党诚意接收

〔受〕和平，政府决予以共谋和平之原则。其范围在不殒丧中华历来组国之国体、不违背中国之国家大法。在"三民主义"之旗帜下，以民族之利益为主国之基，且能维持同胞最低之生活程度为前题〔提〕。共党如不诚意接受和平，而仍"私心武装叛乱"，政府决予以周旋到底。

[蒋]总统并以极沉痛之言语说："中国自立国以来，已[近]四十年之历史⑫。

1948年冬，东北野战军挥师入关，拉开平津战役序幕。

与此当中，政府刻刻在人民之拥护下，竭竭上进，以造今日中华之础石。岂想，于此胜利后的第三年，'共匪'之范围竟蔓延到[如]此地步，言之至为痛心。中正身为统帅，实有负同胞之厚望。自胜利后，政府本想与同胞同度乐业安居，受享此人间和平无争之温暖。岂想，共党企势复兴，'违背'全国同胞之心竟〔境〕，'叛乱'中国，使同胞'自滔〔蹈〕水深火热'之中。焉知政府后以人事之摩擦，政事因以失败，东北同胞复遭第二个九一八[事变]。同时，华北之精荟区域，亦俱在'共匪'之权柄'威惧'下。中正深感愧对同胞，愿以自责。由于日日战火，使同胞苦碎了心机。'和平'二字，早在每个同胞心中旋盘着。人人此心，政府无以奈何。以适合民意为原则，始谦〔慊〕于共党，讲求和平。如政府仍在京沪之区，立下政府之坚基，同胞暂

徐天瑞日记封面

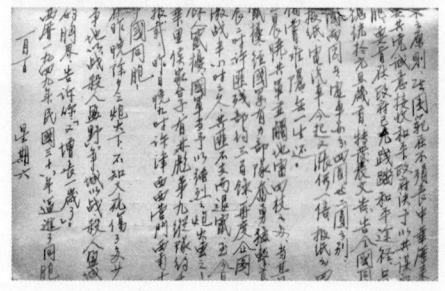

徐天瑞日记（1949年1月1日）

忍苦坚，相信以八年抗战之精神，与共党作誓死之决斗，相信最后之胜利，仍是属于我们的。那时，才是真正的光荣和平了，奈同胞难以为待了。"

[蒋介石]又言："中正身为领袖，早将生死置之于度外。此次为适应同胞之意旨，与共党共谋和平。如果能实现，则中正自身之进退，当听诸公之见……。"⑬

杜鲁门总统发表[演说称]，美[国]决继援华⑭，惟日期尚未决定。"美援"自"死息"中，而复活了。这也是同胞[们]所祝贺的。

谁说今年是死[气]沉[沉]的？[是在]炮火声中送除夕？[蒋]总统的《元旦文告》、物价之下落，不是很好的新年礼物吗？候传着共党对和平之佳见吧⑮！

注释

① 语出《孟子·离娄(上)》。

② 当时也称元旦前夜为除夕夜。

③ 西营门位于天津市区西部。清咸丰十一年(1861),僧格林沁在津城筑濠墙、建营门。光绪七年(1881)经重修加固,共辟十四门,包括4座正营门、10座偏营门。其中,西成门(位于西头正西方向的善庆庵附近)为正营门之一,俗称西营门或大西门。通往小稍直口的三庆门为西头西南方向的偏营门之一,俗称小西营门或小西门。1922年,尚存西营门城门和木质牌坊(今西营门桥一带)。天津解放前夕,国民党天津守军在此修建城防设施。天津战役时,西营门外为前沿阵地,在天津西面城防(即西线)攻城的东北野战军通过激烈战斗,在此打开突破口。天津解放后,西营门被拆除,位于其附近的西营门大街等道路今已被拓宽。

④ 也称侯家台,今称侯台子或侯台,属天津市西青区中北镇。

⑤ 林彪时任东北野战军司令员。1949年1月10日,中共中央军委决定,为统一对平津战役的领导和指挥,由林彪、罗荣桓、聂荣臻三人组成中共平津战役总前委,林彪为书记。

⑥ 东北野战军第9纵队的新番号为第46军,下辖四个师。1948年12月,兵力4.7万余人。司令员詹才芳、政委李中权、参谋长袁渊、副政委兼政治部主任段德彰。

⑦ 指由国民党当局指挥的军队。关于天津战役期间国民党天津守军参战情况,据《刘亚楼关于天津作战经验教训的报告(一九四九年一月二十日)》第二部分《天津敌情》载:"天津警备司令部下辖2个军部、9个师(内2个新建师、1个重建师、4个特种兵团、1个警备旅及独立自卫第二旅、保警总队等)。"其正规军包括:62军(辖67师、151师、317师),94军(军部设在北平,辖34师、305师),86军(辖26师、284师、293师),天津警备司令部(辖184师),特种部队(辖宪兵20团、工兵23团、辎骑兵23团、监护第5团)等;其地方性质部队包括:天津警备旅、保警总队、独立自卫队第2旅、冀东支队、保安警察(下辖市内11个警局)、保安10团、保安13团、保安14团、保安34团、警司军官大队等。"以上地方部队,均于[解放军]围津后,编成师的番号,计有三三三师、三六五师、三六二师等,冀北师营、民众自卫队等。"其总兵力约

13万人。以上据《城市解放系列丛书:天津解放》第145—146页。《天津通志·军事志》所载《天津战役国民党军方面参战部队一览表》与之基本一致,但将冀东支队误植为"黄东支队",并称"辎骑兵23团"为"辎、骑兵23团"(第579页)。查《天津通志·军事志》第201页,载有对"陆军辎重兵汽车第23团"的简介,即:该团为接收侵华日军车辆组编成,1945年12月1日到津,主官王廷海,驻地时为"锦州道十号",官兵共970人。据此判断,"辎骑兵23团"即指"陆军辎重兵汽车第23团"。另据《林彪关于攻击天津作战部署致中央军委电(一九四九年一月七日)》载:"天津敌正规军约6万,特种部队近1万,地方部队近1万5千,民众自卫队(不脱离生产的)1万5千,共约11万人。八十六军及九十二师、一八四师皆系在东北被歼灭过的旧番号、新部队。六十二军之一五七师在北平,该军现在天津者,只一五一师较强,其余两个师战力均差……敌八十六军分布在城东半部,六十二军分布在城西北部,四十三师在城西部,一八四师在南部。"(天津市档案馆编:《天津解放》第102页,中国档案出版社2009年版)。另外,国民党天津守军仅拥有重炮62门(《天津战役研究》第311页)。

⑧ 此为国统区内的新闻媒体对中国共产党领导下的东北野战军指战员的蔑称,下同。日记中不断出现"匪""匪徒""共匪""匪军""匪方""聂匪""林匪"等,亦同。日记中还时常出现"鼠扰""鼠窜""鼠围""退鼠"等诋毁性词语。以上均为当时报刊、电台刊播时的常用词汇。相对来说,"共党""共军"只能算是简称了。当时,国民党当局把持的新闻舆论宣传机构,不仅倾向性明显,还肆意开展荒谬绝伦的泛政治性宣传和针对人民解放军的妖魔化宣传。由于当时已经形成严重不正常的社会舆论氛围,日记作者备受其影响和困扰,以致于失去判别力。

⑨ 此处所载来自报章。1949年1月1日《益世报》载,"中央社本市讯:据警备部政工处31日下午11时发表:津西侯台子,31日晚有'匪'百余作试探性之'窜扰'。经'我守军'发觉,当予以痛击,'匪'狼狈逃窜,触'我方'地雷。当时,爆发四枚之多,'匪'无一生还。"东北野战军攻打天津西面城防的兵力部

署为：在津西南，以和平门北的小白河为界，河南面为38军所部阵地，河北面为39军所部阵地。在津西主攻部队的后方布置炮位，包括野炮、榴弹炮、高射炮、山炮等。46军则部署在位于津南的大任庄、大寺一带。

⑩ 日记作者涉及当时的货币单位时，将"元""圆""囩"杂糅混用。在整理中，除特殊情形外，均统一为"圆"。

⑪ 蒋介石名中正，字介石，时任中国国民党总裁、中华民国总统。

⑫ 指自1912年中华民国成立至1949年元旦这一历史阶段。

⑬ 1949年元旦上午，在南京总统府邸举行的新年团拜会上，蒋介石宣读《新年文告》，向中共方面乞和并暗示自己将下野，即所谓的"引退图新"。此为缓兵之计。蒋介石所谓"下野谋和"，只不过是企图再次玩弄"以退为进"的伎俩，以便积蓄力量，东山再起（参见彦奇、张同新主编：《中国国民党史纲》第724页，黑龙江人民出版社1991年版）。《蒋总统新年文告》当天即见诸报端。经比对可知，日记作者抄录的其中一部分内容，与原文稍有异（参见中国人民解放军政治学院党史教研室编：《中共党史参考资料》第11册第334—336页，1979年印刷）。当日，毛泽东为新华社起草新年献辞——《将革命进行到底》。由于国民党当局对天津舆论控制严密，在通常情况下，日记作者不可能看到或听到《将革命进行到底》这篇檄文内容。1949年1月4日，毛泽东撰写揭露国民党和平阴谋的评论——《评战犯求和》。

⑭ 时任美国总统。杜鲁门于1949年元旦之际发表演说，其中有美国当局支持国民党当局的论调。

⑮ 国民党当局开展的舆论宣传对普通民众的误导明显。日记作者也误认为，既然天津有坚固的城防，就有和谈的筹码。在1949年1月2日《益世报》所载《陈司令元旦致训 不惜牺牲保民安》中，陈长捷声称："天津为北方之商业重心，精华所萃。为保障二百万市民生命财产之安全，将不惜任何牺牲以赴之。必要时，将效法朱可夫将军防守史达林格勒（即斯大林格勒）之精神，逐屋抵抗，寸土必争，甚而与'匪'同归于尽，方为'我军人'精神之表现。"1949年1月3日《益世报》载："津警备部发言人谈：津市周边'匪方'兵力并不如一般

判断之多。连日以来,'匪'均系以小股兵力向'国军'阵地做试探性'犯扰',均经'国军'予以痛击而退。德国军事理论家克劳塞维茨曾谓:'一般人胆怯的多,往往夸大敌情'。今日津市一般人臆断'匪情',未免近于夸大。惟'我方'兵力雄厚,部署万全。'匪纵'以今日之五倍、十倍兵力'来犯','我'亦应付裕如,保卫'大天津'绝对不成问题。"

一月二日 星期日

[蒋]总统阐释《文告》主旨：倡导和平，绝非避战，并申述可战可和之态度。

[居室门窗上的]玻璃虽未结冰，[但]空气仍为冻寒。阅报[1]片刻，立觉冰冷。室外温度[为]华氏30度[2]。至中午，天又起风，益加冻凉。

平津战役天津前线指挥部旧址位于杨柳青

[天津市政府]各局、处公务员，昨每人发[领取]三个银元。又，杜市长[3]体念公务员忠守岗位、生活苦坚，[给]每人发放面粉一袋。今已有领到者。因[天津市政府]实行战时体制，工作加紧，星期[4]照常办公[5]。

晚间，天候忽又剧变，尖风刺骨，冷冻慓肤。露股于厕[6]，有不可耐之感。[居室门窗上的]玻璃立[刻结]冰，"三九之寒"孰过此乎？

▲平津战役前线指挥部初设在蓟县孟家楼

天津战役前线指挥部旧址▶

前方战士,此时何苦生冻死战?世界之伟大,何能及此?所谓"兵犯天候"!此时,城防⑦外围将不知严之何形矣?!

〔行〕笔及此,早闻隆隆炮声又在溯〔朔〕风中杂吼着⑧。铁石人也要心魄俱碎呀!看看寒暑表,室外已华氏20度了⑨,片时即有10度之差。天候实难测也。

注释

① 在日记作者住所附近的马路上,设有室外阅报栏。据日记内容判断,其居所位于天津市区西马路以西的西门外地区,即地处西关大街、南大道附近的某平房区。属今南开区和红桥区交界一带。其站在院内可看到义大染厂(厂址时为西关街大酒缸胡同 19 号)内的大烟囱。作者还称怀谦小学(时位于"西门南小新街后 2 号")为"附邻"。可见,其居住地距西北角(西马路、北马路交口)以及西南角(西马路、南马路交口)都不远,距天津西头的西营门也不算太远。日记作者所闻枪炮声和飞机轰鸣轰炸声,多来自西线城防一带。

② 相当于零下 1.1℃。摄氏温度(℃)与华氏温度(℉)的换算公式为:℃=(℉—32)÷1.8 或 ℃=(℉—32)×5/9。1949 年 1 月,天津最低气温≤0℃的天数有 30 天。其中:1949 年 1 月 1 日至 13 日,天津连续 13 天的最低气温为≤零下 5℃;1 月 3 日至 8 日,天津连续 6 天的平均气温保持在≤零下 5℃;1 月 8 日至 9 日,最低气温均为≤零下 10℃。1949 年 1 月,天津平均气温为零下 1.9℃,平均气温≤0℃的天数有 28 天。1 月上旬、中旬、下旬的平均气温分别为零下 5.3℃、零下 2.2℃、1.4℃。其中:1 月 1 日至 5 日,零下 5.8℃;6 日至 10 日,零下 4.8℃;11 日至 15 日,零下 2.5℃;16 日至 20 日,零下 1.9℃;21 日至 25 日,零下 0.3℃;26 日至 30 日,3.0℃;1 月 31 日至 2 月 4 日,0.4℃)。据《天津气象资料(1890—1960)》第 22—23、33—36、43、73 页。

③ 时任天津市市长的杜建时。

④ 指星期日。1949 年 1 月 1 日《益世报》载:"警备部政工处[于 1948 年 12 月]31 日发表:为适应战时体制,三十八年元旦,本市各机关、学校及各社团,除悬旗志庆,举凡团拜、贺年等事,一概停止。是日,照常办公,并不放假。"文中所指的"三十八年",即"中华民国三十八年",而"三十八年元旦",即 1949 年 1 月 1 日。

⑤ 日记作者之父时在国民党当局统治下的天津市财政局所属第四科(科以下

设股)任科员。日记作者对天津时局的一些具体情况多有了解,就与其父介绍有关。当时,天津市财政局机关的主要办公地点位于"河北中山路金钢桥旁",即今金钢公园一带。1949年1月9日《益世报》载《市府改订办公时间》称:"津市府及所属各局处及有关机构,为适应日益剧烈之天津保卫战战时环境,办公时间自八日起,改订为每日上午九时半至下午三时半,中午概不休息。"

⑥ 日记作者居平房区,其与家人及周围各家邻居均使用位于胡同旁的公厕。

⑦ 指天津国民党当局修建的城防工事。1947年12月,全长41.399公里的天津城防工程基本完工,构成南北直径25里、东西直径10里的城防圈。城防设忠孝门、仁爱门、信义门、和平门、复兴门、建国门、中山门、中正门、民族门、民权门、民生门、胜利门等12处城门。沿城防外围线,开挖宽12米、深2.5米的护城河,修筑高3.5米的护城土墙。墙内侧修建宽5米的交通道。另设水闸涵洞50座、桥梁2座,另附铁丝电网,配有2500个鹿砦及电话机、照明灯等设施。还在外围城防线上,构筑碉堡276座。杜建时吹嘘道:"城防工事的完成,已使本市固若金汤。"天津城防工程耗资261.36亿元,敌伪产业处理局及联勤总部只拨发其中一部分,其余大多由天津各企业公会被迫承担,导致人民负担愈加沉重。

⑧ 日记作者听到的炮声,多来自位于津西的城防一带。《益世报》1949年1月3日载《津郊炮火渐炽烈》称:"津东、津北,昨日小有接触。丁字沽仁爱门方面,共军攻势稍为执拗。元旦夜及昨晨,均行来袭。惟'国军'布阵严密,共军未能得逞。"苏进撰《天津攻坚战中的东北野战军特种兵》载:"1949年1月1日至13日,天津外围10余个据点被我军拔除,为总攻扫清了障碍。外围战斗主要由队属炮兵支援。特种兵所属炮兵参加了攻打几个防守严密、工事较强据点的战斗。"

⑨ 相当于摄氏6.6℃。

一月三日 星期一

F21°。①

阅昨《晚报》②载：首都③[高举]和平旗帜[呼唤和平、反对战争的气氛]，迷〔弥〕漫全城，即我津市④民众，亦咸以此为谈话资料者。又闻李宗仁继总统位，蒋总统有辞职说。张治中也作首次的招待记

"打到天津去，活捉陈长捷"。这是天津战役中解放军在战前动员时的主打口号之一，并写成标语牌，插在阵地上，以激发指战员斗志。1949年1月15日上午，天津警备司令陈长捷在位于鞍山道附近的司令部地下室内被俘。

者[会]。曾隐秘[地]为和平奔走商谈之士,今也"明目[张胆]"地、更加兴奋地奔快磋商了。

因天寒,未出家门。午后,只与邵景云⑤商谈明[天]赴学校⑥事。闲坐无聊,同天琪⑦在[家中]炕上作乒乓球之戏,以解郁闷。

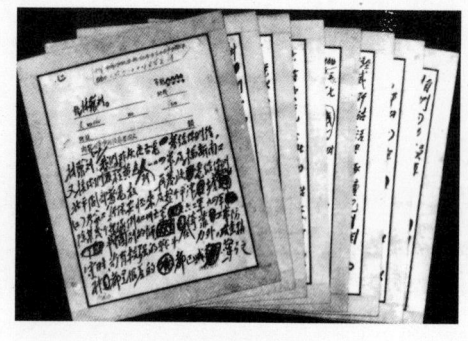

毛泽东为中央军委起草的《关于平津战役的作战方针》手稿

阅今日《民国晚报》⑧,津市外围已有林彪及"聂匪"⑨等五个纵队在"鼠围"着,企图进攻⑩。目前,津市之接触,只不过是其之试探战而已。想不久[后],大战即将正式揭幕。但"国军"已有全善部署,惟等"共匪触犯",予以歼灭[式]之痛击。共党五个纵[队所辖各]部,至少有廿万众⑪。想不战则已,战则定有惨痛之状。津市之烽火大劫,果能避闪与否?只看共党对和平之反响了。

津影院、戏院已[被]允于[从本月]五日起,照常营业⑫。

晚六时前,闻"噜噜咕"的霹雳声,大如震雷,余波犹响。初以为是触地雷声。继之,同声不断,更有近之临面者,听之不觉为之胆寒。据闻,此声为临近之炮声⑬,故有此震耳之声浪也!

注释

① 此为华氏温度,相当于零下6.1℃。据《天津气象资料(1890—1960)》第113页载,从1948年12月31日至1949年1月4日,天津连续4日降温,降温值为6.1℃。

② 天津时有晚报若干种。从后文可知,日记作者经常阅读的是《天津民国晚报》。

③ 1927年北伐胜利后,南京国民政府成立,南京被定为首都。1949年4月23日,南京解放后,曾为华东区直属市、中央直辖市、江苏省省辖市。1953年起,为江苏省省会。

④ "津市"是对天津市的简称,下同。

⑤ 日记作者的同班同学,二人的住址相距较近。

⑥ 日记作者时在位于中山路一带的一家商科职业学校会计科专业就读。经天津教育史研究专家张绍祖考证,该校即当时位于"三区月纬路"的天津市立商科职业学校。该校简称天津商职学校、市立商科职校及"市立商职""津商职""市商"等。天津《河北区志》(天津社会科学院出版社2003年版) 载:"1940年,天津市立高级商科职业学校在法政桥省师院内成立,后迁月纬路。"1946年12月《天津市周刊》第1卷第2期载《1946年天津教育概貌》称,"市立商科职业学校,校址窄、操场小。"《1948年上半年天津市中等学校概况表》载,其办学规模为:"班数16、学生数670、教职员数44、工友数10、教室数17",校址在"三区月纬路",时任校长邵铁汉。建新撰《天津知名教育家邵铁汉先生轶事》载,邵铁汉于1946年初担任天津"市商"校长,校址在"河北月纬路一所小院",教师有徐建平、钱君晔、庞耀江、王世廉(也载为王世濂)、杨士杰、陈东生等。陈东生撰《我的老师坚白先生》载,邵铁汉接任"市商"校长之职后,托杨坚白聘用陈东生。陈东生从1946年寒假起任教"市商",为语文教师,直至天津解放后。天津《河北区志》载,1949年,该校"校长郭伯明、班数16、学生数759、教员数48",校址仍在"三区月纬路"。李儒铨撰《忆"市商职"——财经学院前身》称,"市商职"校舍为原天津市政府办公楼之一。天津解放后,"市商职"被接管,"改称天津市财经学校,由市财经委员会主任李耕涛兼任校长,军代表丁峰同志,副校长邓伯明主持校务。""郭伯明""邓伯明"均为对郑伯明之名的误植。该文及张绍祖撰《天津特别市立商科职业学校》《市商职与王义森》中,均提及该校有一位名叫王运新的教

员,而日记作者在1949年1月24日的日记中,也提及此人。《天津成人教育及普通中等教育大事记》(百花文艺出版社1996年版) 载,1950年1月6日,"市人民政府批准:市立商科职业学校改为天津财经学校,由市财经委员会领导。"杨庆祐撰《四十春秋话"十中"》载,天津第十中学坐落在"河北月纬路,[是]就原商业职业学校旧址创建的。学校有南北两院,斜对门。南院,[20世纪]20年代是[直隶]省交涉员公署,30年代七七事变前,一度作天津市政府,南院[原为]'商职';北院是原1947年筹建的'介寿中学'。[第十中学于]1950年9月开学。原商业职业学校规模小,校舍多年失修。当时,只有教室几间,破旧不堪。两院占地面积约1518平方米……南院建筑面积约3090平方米,空间面积约4046平方米。"参见天津市河北区政协文史书画委员会编:《天津河北文史》第4辑,1990年印刷。

⑦ 即徐天琪。日记作者与之同居一室。因此,徐天琪应为日记作者的弟弟。

⑧ 1948年3月29日《益世报》载《民国晚报》今日发刊》称:"《天津民国日报》创办之《天津民国晚报》……系四开型,用白报纸精印,美观醒目。内容亦极充实。京、沪、平、沈、穗、汉各大都市当日上午新闻,均能采录报告读者……副刊中,有名家张恨水长篇小说、朋弟漫画及翻译之侦探小说,亦庄亦谐,极饶趣味。每周并出画刊两次,多取材现实生活,闻亦刊载美术照片,用供读者欣赏。每日准于四时前出版"。天津民国晚报社的社址时在"罗斯福路373号",已知1949年1月13日仍出刊。

⑨ 国民党当局控制的报章对聂荣臻的蔑称。聂荣臻时任中共平津战役总前委委员、华北军区司令员。

⑩ 1948年12月29日23时,毛泽东电示林彪、刘亚楼:"放弃攻击'两沽'计划,集中5个纵队准备夺取天津是完全正确的。"《林彪关于攻击天津作战部署致中央军委电(一九四九年一月七日)》载:"我军原拟以5个纵队攻击,但后因我十二纵主动要求参加攻天津,该纵成立以来,未打过主要攻坚战,要求借此机会锻炼,故允许其以2个师参加。此外,刘亚楼要求六纵1个长于巷战的师参加攻天津,亦已同意。故,我攻天津的兵力略形过多(共23个师

的兵力及全部炮兵)。但估计北平与塘沽之敌均不敢增援,即令增援,亦足能对付,故兵力虽稍多,但无碍。"天津市档案馆编:《天津解放》第102页,中国档案出版社2009年版。

⑪ 截至1949年1月3日,东北野战军攻击天津的兵力部署尚未全部完成。5个纵队参战,只是初步计划。

⑫ 1949年1月4日《益世报》载《娱乐场准予复业》称:"成为'围城'的天津,没有公共娱乐已经10余天了。据戏院和影院得到的消息,经各娱乐场职工代表向当局请求后,当局已允在5日恢复营业。戏剧方面:中国大戏院,已经决定从5日开演,并且已排好5日到10日的节目,每日下午1时至5时只演一场,票价大约是分二十圆和三十圆二种。第一天节目是《战马超》《贵妃醉酒》《四杰村》,大轴是全部《借东风》。此外,文化会堂也决定5日起演话剧。其他戏院,5日是否开演,尚未定。电影方面:因为当局正式批示尚未达到,所以还没有肯定开演。据说,主要还是因为票价没有决定,恐怕5日不能复业。又:南市东兴市场里的杂耍场20多家一度停业后,已复业数日,生意兴隆。如西河大鼓、河南坠子、相声等茶馆都挤满了人。"

⑬ 常见记载称,东北野战军参战部队对天津外围国民党守军据点予以扫清的起始时间是1949年1月3日。不过,据苏进撰《天津攻坚战中的东北野战军特种兵》载,"1949年1月1日至13日,天津外围10余个据点被我军拔除,为总攻扫清了障碍。"此际,敌我双方在津西方向已多有接触。由于日记作者住宅地处津西一带,因此有炮声临近之感。当天,39军115师、117师进入津西方向阵地后,抓紧进行土工作业。1949年1月3日《益世报》载:"津警部政工处昨日下午4时半发表:近二三日来津市复闻炮声。'匪方'亦曾以小型迫炮向'我'盲目发射,均未命中。闻'匪方'炮兵虽为数不多,所用炮手则为多数系在东北俘获之日籍士兵,被迫充任炮手,技术本极精良,惟以日人思乡心切,且不愿为'共匪'利用,所发炮弹多数不能如'匪'理想命中。"此载当为国民党守军的臆测,不足于信。《益世报》1949年1月4日载:"津北郊丁字沽,昨又遭'流共犯扰'。灰堆亦有共方炮兵出现。津郊主力战,似有一触即

发征象。据悉:林彪部第八、第九、第十、第十一等纵队番号,已发现于津北、津南、津西各线,欢坨、杨柳青、大稍直口、大任庄、咸水沽均有'流共'活动。惟因'国军'部署周密,尚在踌躇不前。"

一月四日 星期二

中午,偕邵景云赴校听讯。一路尖风刺骨,冷气逼人,冻死人也。

至校后,即至后院,观难民生活情形。老妇、童龄[者]持以同出入,状极凄惨。人之在难,谁为之怜?见礼堂等处又为[国民党天津守军]军人所据①。问胡同学,始知,由[其]前天即已搬入。莫怪进入校门时,[其安装的]电话线早已横挂于空。

交节赏②后(五圆),便集合了。因礼堂已[被]占,[大家]只得在冻院中[听

解放军战士正向天津城防前沿阵地运送炮弹

1948年天津城防工事要图局部。日记作者居所位于和平门迤东。

讲话。

主任报告：因校舍已占难民与军队，大考③料已不能。况[一月]十六日起，即放寒假。[大考成绩]只得按平时[成绩]算分。未考过之科目，[分数]由教师斟酌给之。判定后，只将不及格者录榜登出。但至[一月]十日(下星期一)，尚[需]再来校一次，如校舍已腾[空]，教[育]局或令照常大考，则当仍旧测验，故不无准备也。[主任]希各同学至家后，对时局及炮声莫加过问，不作无用之忧，仍安心预备功课等。即散去。

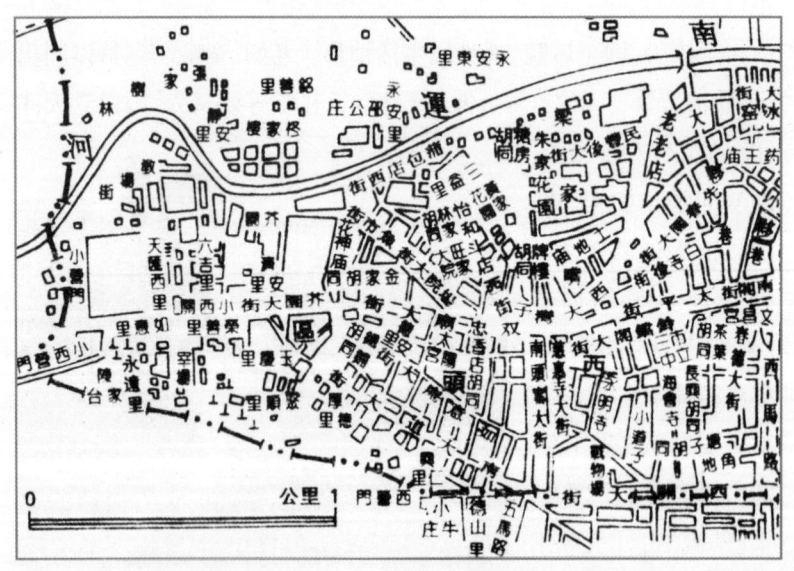

天津解放时期的天津西头一带地图

大经路④上,除道路口[被]"麻袋土"遮挡外,仍为繁华之区,无大变动。

至家,已[下午]四时了。于露天地,站、行三[个小]时余,可谓冻僵矣。⑤

晚八时至十时余之间,有数阵炮击声,连继作响,声如暴〔爆〕豆,战鼓齐鸣⑥。凶煞人也!

注释

① 自不量力的国民党天津守军已陆续将部队分散至各单位、各居民区驻扎,以备在有可能出现的街头巷战中抵抗解放军。早在1948年底,天津"市商"内的部分校舍就曾被国民党守军临时占据。1948年11月19日《益世报》载《"市商"亦停课 学生表遗憾》称:"继市立中学之后,'市立商职'也从昨天下午起停课二周,将办公室和教室供给'国军'某部家属居住。同学们正在考第二次月考,对教局的此项紧急措施表示遗憾。"该报另载,"国军某部家属"为"晋绥军官眷属"。这些军官家属"将陆续来津,关系当局已与教育局会商,拟拨借一部校舍"。天津"市商"时为安置这些军官家属的天津九所学校之一。日记作者所称"难民",应该也包括这些军官家属在内。

② 节赏原指过节之际由主人赏给佣人的钱物。日记作者"交节赏",可能是天津"市商"校方组织学生们给在校服务的工友等勤杂人员发赏钱。尚不知当时天津各校是否有此习俗或规定。

③ 大考即指放寒假前的期末考试。

④ 大经路即中山路的旧称。1946年1月22日《益世报》载《津变更路名》称:"天津市政府工务局为一新市民视听,特对变更路名规定四项原则,并为采纳民意起见,特规定:自即日起至2月10日止,凡市民对新路命名有意见

者，可以书面向工务局提出。"其中，将大经路改称中山路。但人们仍习惯因袭旧称，导致中山路与大经路混杂使用了较长一段时间。参见：1945年12月22日《大公报》所载《津市重定路名 一洗敌伪旧污租界痕迹》；1946年1月20日《大公报》所载《津市府昨市政会议 确定中山、中正、林森等路名称》。1948年4月29日《益世报》载《天津长街十九条分段后改订路名》称，4月28日，经天津市政府市政会议通过，将市区19条较长的马路加拟段名。其中，中山路分为中山南路（金钢桥至宙纬路）、中山北路（宙纬路至北站）两段。但这两个路名未被市民认可使用。日记作者在后面的日记中，亦径称中山路。

⑤ 据《天津气象资料(1890—1960)》第20页载，1949年1月份的极端最低气温出现在1月4日，为零下10.6℃。

⑥ 日记作者当时听到的炮声，也包括国民党天津守军炮兵发射炮弹的轰炸声。东北野战军西线攻城部队连续三个昼夜开展土工作业。在即将突破地域，开挖4条干线交通沟，每条约1米宽、1.5米深、6里长。其中，第112师所挖交通沟，已逼近天津守军城防围墙外约50米处。

一月五日 星期三

　　晨九时许,赴晓市①观光。身着皮领大衣,初行不冷,至鬼市②劲〔尽〕头,忽起巨风,飞沙走石,冻风怒吼,凶寒[的大风如]刀[割]面,耐忍不得。今晨之风寒,实超之于"三九[天]"也。

　　阅报,悉知和平空气全国益浓,但共党仍无反应。七省议会③已电毛泽东请和。津市外围即酝酿大战。昨,津市各据点咸有接触,尤以西北方炮轰益烈④。三津⑤向为历次大战中所幸免者。以迷信之传统而言,津市[被]称之为"福地"。⑥但盼和平早日实现,使津市之烽火炮药空气万万[不

国民党当局的天津市长杜建时（背对画面者）点验新兵,试图与人民解放军作最后的抵抗。

国民党天津守军督修城防工事的场面

会]兑现也。

炮声益炽,无间断地日夜鸣着⑦。相信在每一炮声中,不知残害了多少中国同胞。和平一日不能实现,战争一日不能停免,"战鬼"一日不能断见阎罗。惨哉!

传,北平总统行辕⑧,现已刷粉一新,日内即有要人汇集,商谈国事。据闻,参加者为李宗仁、张治中、李济琛⑨、周恩来等人。[此举]料对和平之坦途,定有开展。

晚,室内温度[为]F20度⑩,可谓寒极矣!

注释

① 指经营食品、百货的早市,通常在拂晓之际已开始设摊售卖。天津当时的晓市较多,以位于天津北门外估衣街、锅店街、单街子一带的晓市较为知名。结

合下文分析,日记作者所指晓市,似位于天津西头的鬼市一带。

② 天津人通常提及的鬼市,位于原南开西广开,赵家窑西南至墙子河边附近,今靶挡道、天宝路一带。交易者为躲避税警稽查,常在凌晨两三点钟聚集于此。当时无路灯,市场一片漆黑,购销双方借油灯或手电的微弱光亮交易。远远望去,人群聚散,灯光闪灭,犹如坟场鬼火闪动一般;加之售者所卖多为来路不明之物,且打马虎眼蒙人。故称"鬼市",也称"破烂市儿"。日记作者居所距"鬼市"不远。

③ 即七省市参议会。1949年1月2日,河南省参议会议长刘积学领衔发表通电,指斥蒋介石:"今大势已去,犹恋恋不舍,血气之伦,皆欲起而诛此独夫,请即日引退,以谢国人。"1949年1月3日,湖北省参议会通电,"发起各省市参议会组织一全国性促进和平机构,俾便扩大和平运动,督促政府与中共双方实行停战",并决定于1月4日上午"召集鄂省各机关法团首长及社会贤达举行座谈会,藉以号召一致响应和平运动"。1月4日,和平促进会成立并发表宣言,要求蒋介石"对个人进退问题,作一明快的决定,免误和平谈判"。1949年2月8日,全国和平促进会全体代表潘公展等93人电称:"武昌湖北省参议会艾副议长毓英转鄂、湘、赣、桂、豫、皖、汉七省市参议会议长暨代表诸先生公鉴:顷悉先生等在鄂召开七省市人民和平促进会,群贤蔚集,嘉猷焕炳,团结人民力量,促进全面和平。"

④⑦ 集结在西营门一带的东野指战员,已开展扫清外围战斗。其中,第113师339团2营4连战士,攻打位于张八坟一带的国民党守军据点外围地堡。苏进撰《天津攻坚战中的东北野战军特种兵》载:"在南面,炮1团2营于1月5日首先打响。该炮营配属9纵攻克津南灰堆(辉德镇),并以火力控制津南跑马场临时机场。"文中提及的"辉德镇",似应为灰堆镇。另据1949年1月6日《益世报》载:"烽火逼近津郊,邻近城防之各工厂在共军之盲目攻击下,已遭受威协……西头芥园北洋火柴公司,昨亦落一炮弹";"津塘战局重心,现已转至津郊。4日夜、5日晨,津郊东、南、西、北均有接触,尤以北郊大毕庄、西北郊北辛庄,均有'流共'炮兵进犯,情势较紧";"津警部政工处昨日下

午5时发表战报：……津边'匪军'调动频繁，企图未明。惟津郊大战战幕已启，'我'已有周密部署，津市防务，决可无虑。津郊连日战斗，'匪军'投诚者甚众，均由'我'优待安置。闻此批投诚人员，均系东北掳去之'国军'官兵。据谈：彼等均不愿为'匪'工作，且'匪军'炮兵，多系苏联人与韩国人。苏联人生活优裕，行军时可以骑马，'匪军'大兵生活极苦，行军必须徒步，'匪军'多怨怼不平，故战斗意识薄弱，士气极为不振"；"津西北郊北辛庄（西车站西），4日晚7时许，有'小股匪'以炮火向'我阵地'盲射，经守军痛击，战事遂转趋沉寂，双方并无近距离之接触。4日夜10时许，小部'匪军'同时向'我'丁字沽、蔡台子、王台子等地扰乱，经'我'还击后，'匪'即潜踪，'我阵地'极为巩固。4日夜，'匪'在津郊西北、西、南三方面以小炮射击'我阵地'，'我军'沉着，均未为所动，不但防线毫无变化，'我守军'且随时出击搜索，予'匪'重创。"1949年1月7日《益世报》载："津警备部政工处昨午发表战报……5日下午，津西大园村方面，'匪军'以一营兵力，附炮多门，'向我猛犯'。该地，'我守军'仅一排，英勇奋战，以寡敌众，予'匪'严重打击。'匪'伤亡多半，'我'亦有伤亡，阵地无变化。5日晨5时许，'匪一股'向'我'西营门外北辛庄阵地猛冲，'遭我炮火猛击，仓皇逃遁'，致触地雷，死伤狼藉。详细战果正清查中。'林匪'第1纵队第1师以一营兵力，于4日晚11时至5日晨2时，向'我'西营门以外阵地，由大小稍直口向大园村进犯，激战三小时，被'我'击退。'匪'触雷多枚，伤亡逾半。5日晨，'匪'又卷土重来，又被'我'击退。现前哨战已揭开，大战即将开始。'我'已有万全准备。"

⑤ 天津的别称之一。

⑥ 这不过是天津市民当时的心理慰藉而已。近代以来，天津不仅在历次大战中未能幸免，而且受伤害很大。不论是1860年爆发的第二次鸦片战争、1900年庚子事变时的八国联军入侵、民初军阀混战还是1937年七七事变后的天津沦陷，天津都曾遭战争屠戮，令天津住民苦不堪言。反对蒋介石挑起的内战，渴望和平环境和安居乐业，当时在天津市民中亦达成高度共识。

⑧ 位于今北京东城区的后圆恩寺胡同7号，为一组中西合璧风格的建筑。原为

庆亲王奕劻次子宅邸。后来,一家中法企业在此办公。1945年12月,蒋介石抵北平后,此地遂成其在北平的行辕。1948年9月,蒋介石为应付辽沈战役,来北平时,再住此地。北平和平解放后,曾作为中共中央华北局办公地。

⑨ 当时,各方已有国共和谈动议并开始筹划,故有此传闻。"李济琛"为李济深的曾用名,且看报章对其行踪的报道:一是1948年12月28日《申报》第1版载《李济琛告外记者 孙科有特使抵港》:"合众社香港廿六日电。被认为港地反政府团体领袖之李济琛廿六日称,行政院长孙科遣特使一人至港,向渠探询和平条件。李氏称,渠告该特使称,国共已无平等党派谈判之基础。渠曾告孙科之特使称,南京必须先采取切实行动,诸如停止战争、释放政治犯、取缔'压制性法律'、维持工商机关。李氏复称,香港各团体认为,此种行动乃对联合政府之贡献。渠称,现在甚至有一种可能,即南京政府中若干人员将被邀出席政治协商会议。又称,'新政协'之初步阶段早已结束,全面会议或将在来春举行,可能在北平。"二是1949年1月3日《益世报》载《南京努力促成和谈 总统官邸续有要会》:"本报南京二日专电。《每日晚报》载:和谈是否业已具体进行,尚无法证实,惟首都方面相信首要步骤为停止战事,恢复商谈。惟此必须有一调人;最合适人选为李济琛,谈判地点可能是香港。"三是1949年1月3日《大公报》第1版载《李济琛传已离港》:"旧金山二日广博。据合众社南京二日电。李济琛氏离港,即往华北某地。据京中若干方面解释称,李氏之离去,系由于中共方面之动议,使李氏与华南国民党领袖隔离,以免进行任何可能的'和平谈判'。"四是1949年1月6日《申报》第1版载,据张澜披露,"闻已北上之李济琛,参加组织联合政府的可能性很大"。五是1949年1月8日《申报》第1版载《李济琛赴大连》:"联合社北平六日电。据可靠消息,反政府领袖李济琛,现正在取道海路前往大连。李氏原拟前往哈尔滨,现已改往石家庄。"

⑩ 为华氏温度,相当于零下6.6℃。不过,称此温度为室内温度,似有不确。此处所载"室内温度",似为室外温度之误。

一月六日 星期四

在今日烽火隆隆中的腊八[节],已不像从前人们所重视的了。熬一锅腊八粥,[花费]即需数百圆,穷人们焉敢谈及。喝点[儿]玉米面粥,已竟够水准了。

详读《养生保命录》①,得知少年当节欲、中年当断欲,不但欲之不能行,即思欲之念,亦当断之,足以贻身促寿。数章之例,谈之咸

解放军炮手正在精心调试火炮,为精确打击做准备。

天津战役打响前,东野39军指战员正在抢挖战壕。

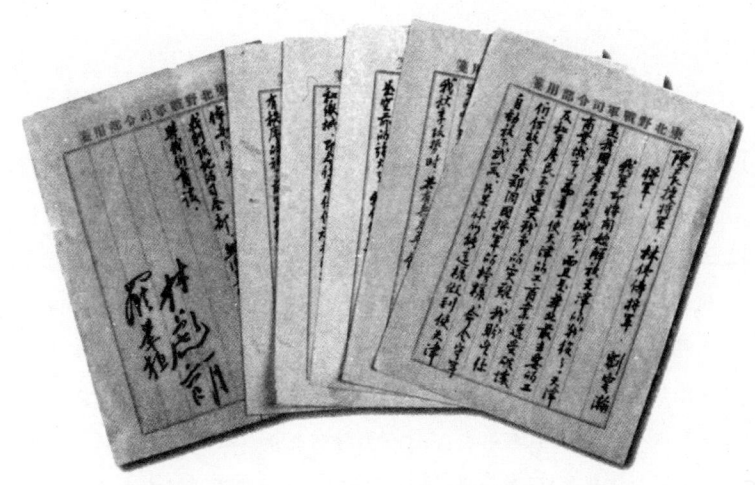

1949年1月6日,林彪、罗荣桓联名致信天津守军将领,劝其放下武器,顺应人民意愿。

透,诚吾青年人节欲自警之玉宝也!

《新星报》昨因刊登所谓"过火"之[新]闻,今已被扣停刊②。《真善美报》③曾亦有此作风矣④!

隆隆的炮声代打罢了"腊八鼓"⑤。可是到了晚上,这"鼓"打得也太兴奋了。人们似乎听烦了⑥。

[原计划设在胡同前的]栅栏门,延迟至今日,一条胡同的人们才操持着按[安]装上。到底是放宽点[儿]心,并为防此火珠⑦起见,出入坐夜打更,以之防火。总之,钱是倒梅[霉]的⑧。

津市炮火益烈。近闻林、聂共军,已用炮向"我军"攻击。"新三不管"⑨等地已有落弹者。人民又纷纷集中搬移。天哪!人民之灾难,何日迁离?

每日睡眠前,都是解衣于炮火声中。捱[入]被,体觉凉,但是前线的勇士们呢?

注释

① 清道人编。为供男子阅读的性教育书。书中讲述中国传统房中养生术,如节欲之法、纵欲之弊、治疗不育之方、驱病养生之导引术等。

② 天津新星报社的社址时在"二区博爱道23号"。1949年1月6日《益世报》载《〈新星报〉被罚停刊》称:"本市《新星报》因记载失实,已由戒严司令部予以暂行停刊之处分,并自本月6日起执行"。当日《大公报》载《〈新星报〉奉命暂停刊》称:天津戒严司令部认为《新星报》从去年11月至今,记载失实,登载动摇人心言论,歪曲事实,应予暂时停刊处分,从6日起执行。《大公报》又刊发题为《〈新星报〉奉令停刊》的短评称:"这是报界的不幸事件。以《新星报》同人诸君,皆职业报人,其所志不外忠于报纸固有之使命,而或以勇于发表。偶抵法令,遂致休刊,甚为可惜……盼《新星报》得以早日复刊,报界幸甚。"关于其被迫停刊的缘由,张兴铂撰《昙花一现的〈新星报〉》称,因其所载电稿涉及北平将要和平解放等内容,遂被天津警备司令陈长捷指为"散布谣言,动扰军心,破坏城防"。1949年1月23日《中央关于对天津〈大公报〉〈新星报〉〈益世报〉三报处理办法给天津市委的指示》载:"《新星报》反共反新政协反苏言论甚露骨,以不许其复刊为妥。"

③ 天津真善美报社的社址时在哈密道。1948年12月13日天津《大公报》载《津〈真善美报〉罚停刊三天》称:"中央社本市讯:警备司令部顷奉'华北剿总'代电略称:十一月十六日,天津《真善美报》'内幕新闻'栏,载《沈阳撤退惨况纪详》一文,披露'匪方'布告八项,不仅动摇民心,且涉'为匪张目'之嫌……警备司令部依据《戒严法》第十一条第一款之规定,已令该报自十三日起停刊三日,并将严禁再有此类谣诼之刊登。"该报于天津解放后停刊。

④ 国民党天津当局当时对新闻舆论严格控制。1948年12月2日《益世报》载《实行检查新闻 警备部政工处发表四原则》称:"今后新闻界编辑新闻四原则:天津市军事新闻以政工处发表者为准;津市以外各地军事新闻以当地主

管机构发布或中央社稿或与中央社无大出入者为准;军事失利及撤守阵地消息以中央社稿为准;社论不得有侮蔑元首与不利军事或违反国策之文字……此后违反以上四个原则者,该处即视其情节轻重,酌予处分,将可分作劝告或警告或短期停刊或永远停刊。新闻界当提出三点要求:希望政工处指定负责人员于各报编辑期间内——下午8至午夜3时,得随时答复所拟询问事项;政工处不要对各报发出强制刊登之新闻资料;政工处对新闻纸希望只采消极的检查工作。"

⑤ "腊鼓鸣,春草生"是汉代已流传的民谚,反映了腊日敲鼓、驱疫迎春的场景。值腊八之际敲鼓,表达了人们对新年景的美好期望。到了腊月二十三,腊鼓遂被放爆竹所取代。日记作者居住地一带是否有敲"腊八鼓"的习俗,待考。

⑥ 1949年1月6日为腊八节。日记作者把隆隆炮声暗喻为阵阵腊八鼓声,反映了其置身于战争氛围中的复杂心态。1949年1月2日至6日,国民党天津守军环城碉堡工事主阵地前沿第一线的据点,均被东野攻城部队摧毁。1949年1月7日《益世报》载:"中央社本市讯:津市自6日晚9时,又闻紧密炮声。津警备部政工处当晚10时半发表战报称:6日晚9时许,西营门外杨庄子外围,有'匪一部'用坑道战术企图向'我'接近,经'我军'发现后,即以重炮猛予轰击,将'匪'坑道摧毁,'匪'仓皇逃逸,'我军'正续予炮击,并严密监视'匪军'行动中";"津警备部政工处昨下午4时半发表战报:……自4日夜,'我'大园村据点方面,'匪'第1纵队第1师被'我'击退后,5日夜半后,纠集残部,复向该据点接近,但中'我'预设之地雷约10余发,故市内曾有极大轰炸声。此次毙伤'匪'约150余人,迄6日晨,犹见火迹斑斑,遗物甚多。'匪'遭此打击后,复以炮火轰击。"

⑦ 指炮火等火源。

⑧ 指因爆发战争才不得不安装栅栏门,但这种栅栏门在炮火面前,能管多大用呢?纯属自欺欺人,只是一种心理安慰罢了,因此,肯定是花了冤枉钱。

⑨ 即位于南开区西广开的六合市场一带的"新三不管"地区,与位于南市的"三不管"地区相对而言。

一月七日 星期五

共党仍无反应,和平不抱乐观,但国内各界人士对此事仍在诚意拥盼之下追促着①。

津市外围战火更炽,大战即现目前。共军更用"国际间禁止的毒瓦斯弹",残毒"国军"②。共军"阴毒行为,殊属可憎"。和平之光,只此一闻,即有二阻也!

邵、马③至[我]家谈,小西关④、白骨塔⑤等地,俱以[已]落弹,房塌民丧,鬼哭神嚎。小立于南大道⑥,即见含泪无归之小男、妇女,在盲窜着。小道子⑦亦相继划为战区。现市内已呈现慌乱状态。

室内打乒乓球之声⑧,早混于巨炮之声之中。隆隆的炮声无一时之隙暇,造津市未有之记录。马路上逃反⑨者碌碌,实有人海沧桑之感也!

闻今日提前戒严⑩。津市人民之大劫,早晚是怕不易闯过吧!这才叫真的打上了。

闻津市外围已有二[支]纵队围攻着,今日,大战之幕真正揭开

解放区人民大力筹集军需、储备军粮,源源不断地支援天津前线的子弟兵。

了。炮声震得[家中窗户]玻璃"刷拉"乱响。人民又纷纷用纸条糊[贴]玻璃,以防弹丸[导致玻璃]爆裂伤人。书笔[至此]时,闻一弹已打入[城]防内。⑪

昨日,才算把栅栏门安上,今日,即用上了。

[今天下午]四五点,街上之戒严岗,即已安排,就是[位于]胡同的小栅栏门也提前关闭了。战时的空气,这叫才算面临于兹了。

津市人民度过此大劫后,能幸而免死者,可谓"半仙体"也!

物价沸昂。玉米面[每斤的价格]又至十圆,白米[每斤的]价十五圆,白菜全[都]十一圆一斤了⑫。这问题虽算严重,可是也被列到第二层了,因为生命、财产即在一眨眼之间了。

报载,平津共军围困之兵力,已在十二[个]纵队以上,有五十万人的样子⑬。最可怕的是[原来围困]北平的兵力,现已完全集汇于津市。北平市民谈话之资料,均以津市之困围为主,犹之于前者。津市报载:"北平之危也!"

只[在]西营门城防,共军已有两[支]纵队围攻⑭。七八万人攻

浩浩荡荡的华北人民支前队伍

破一个据点,已算够[有]威胁了。

从午后三时许[开始],重炮即隆隆地"怪叫",一炮顶一炮地响个不休。同时,不时地还夹杂着机枪声,使人民之心魄俱碎,其它〔他〕[如]东、北、南各据点,倒还松宽些。想许共军是想在〔从〕津市之西防突破而入吧⑮!那[么,居住在]西头⑯的人们,可要叫苦连天呀!

晚上,在什么怀谦小学⑰召开家长会议,商讨出人担任担架[员]事宜。身临前线,[抬]担架[运]死人,可谓九死一生。闻商妥雇员一人,须[支付]叁佰圆⑱。因不分昼夜,随召随往,以命换钱,故以此价也!

[晚]九时许,炮声益烈⑲。闭目借想,若除夕之将临,花炮喧天,人乐观年。此则不然,大炮代替了"两响"⑳,机枪活似鞭炮。再有,大枪[放枪的声音]、手榴弹[爆炸时]之杂乱[声],像坠木[声]之响炮[声]。这更是新年的幻想曲了。

注释

① 日记作者对和平的认识,显然是受到国民党当局宣传战的误导。当时,天津各界人士呼吁国民党当局停止内战、促进和平的声音不绝于耳。如:1949年1月5日《益世报》载《向双方呼吁停战》称:"自政府《元旦文告》公布后,各

地纷纷响应,和平气氛弥漫全国。据悉:在《和平文告》前,天津各界于去年十二月中旬即已发动呼吁和平,并于二十九日电致国共双方领袖,义正词严,颇得社会一般人士同情。彼时外国报纸亦曾有记载。兹经觅得原文录之如次:'(衔略)鉴:海内人人厌战,人同此心,心同此理。钧座(先生)本民胞物与为怀,应有同感。年来,阋墙之争,毁坏人民生命财产难以数计,已为人民所不能忍受。战争目的,既系为国为民。今以人民所不能忍受者,强加之人民,则为国为民之说,已失根据,战争持续,实无意义。江河以北未遭破坏之城市,已寥寥可数。平津两市,一为数百年文化古城,一为华北五省工商汇萃要埠,而又有四百万以上之市民喘息余生。眼见大祸临头,不能不迫切呼吁:战争终有了局,和平即是光荣。万恳发大仁慈,即将平津地区先行停止战争,以谋全面和平解决,而免生灵再遭涂炭。馨香祷祝,竚盼德音。天津市工业会、商会、各职业团体绅民李烛尘等八十一人同叩。'"但是,对于李烛尘等的呈请,蒋介石在复电时仍老调重弹,毫无诚意可言,即:"《元旦文告》即可代表政府之态度。刻,和战关键,在于共党,如彼等要和平,即可和平。"(参见1949年1月11日《益世报》所载《和平关键在中共 总统电覆津士绅》)。又据《天津解放纪实》(中共党史资料出版社1988年版)第423页载,蒋介石就平津局势给天津市政府的回电时间是1949年1月7日,内容为:"转李烛尘先生暨联衔诸位士绅钧鉴:亥电悉。中正对时局意见,已于《元旦文稿》恺切申述。此时关键,只共党有无懈谋和之诚意。如其有之,则保安民自有大道,一切均易解决。诸希亮察为幸。"另据1949年1月5日《益世报》载《保全平津》称:"天津各院校教授、讲师、助教二百零九人,为保全平津,发表呼吁联合。签名参与者计有:南大丁洪范、袁贤能等一百零四人,北洋陈荩民、刘泗滨、鲍文蔚等五十一人,女师学院齐国梁、李庆典等二十八人,河北工学院赵玉振、王翰辰等十八人,育德学院一人,法商学院刘世爵、张铸时等七人。兹志原文如下:'自平津战事发动以来,当局一再声称:保卫地方具有决心。天津警备司令陈长捷将军元旦致词,亦强调为保障二百万市民生命财产,将不惜任何牺牲以赴之,并有今后将逐渐向外拓展,以战火不及市区为原则之语。

是诚我人民馨香祷祝,感戴无既者也。但吾人默察情势,殊难乐观。'国军'自撤入市区以来,积极准备巷战,事实昭然,有目共睹。且'国军'困守围城,外无应援,孤军苦斗,如何是了?一旦巷战爆发,势将与城俱尽。陈司令致词中,为激励士气,亦谓必要时,将效法朱可夫将军防守斯大林格勒之精神,逐屋抵抗,寸土必争。然则津市二百万人民之命运如何?不言而喻矣。夫苏联为御外敌,不惜焦土抗战,出于万不得已。至今日中国,纯属内战,非德苏战争可比,亦未闻政府有焦土戡乱之说,其理明甚。果不幸而逐屋抵抗,寸土必争,则平津将成一片焦土。试问此是非军政当局保卫平津之本意?同人等窃以为,'国军'旨在保民,首重舆情,战争决策,亦唯有以人民祸福为准的。前日报载,张垣'国军'循人民请求,作有计划撤退,所有工矿均未破坏。如此举措,明爽果决。傅总司令仁人用心,令人无限钦敬。平津为华北精英,世界名城,其重要在张垣上奚止百倍?'国军'既肯保全张垣于前,何独不可保全平津于后?同人等忝为知识分子,深觉无谓牺牲,贻害民族,无补于事。当局贤明,想有同感。用特联合呼吁,请当局速运睿策,免平津四百万人民于浩劫。如必欲一战,亦请突围转进于市区三十里外平原旷野,杀敌致果,庶几符合陈司令战火不及市区之原则,而达到保卫平津之真正目的。愿军政当局,本为国为民之至意,俯纳刍议。市民幸甚,同人幸甚。'"

② 这是日记作者受到国民党当局恶意宣传后形成的重大误解。此载耸人听闻,绝非事实,断不可信。对于此载,应旗帜鲜明地予以戳穿,大可不必对此回避或遮掩。已知此载据当时报章而来。1949 年 1 月 7 日《益世报》载《津保卫战第四日 四郊有激烈接触》称:"津郊战事,由 5 日夜迄 6 日晨,渐趋炽烈。东、西、南、北四郊,均有激烈接触。'匪军'炮兵,已进入战场。大园村阵地,昨晨'匪'发炮达七百发之多,并使用'催泪性瓦斯'。津南郊灰堆情况陷混沌,该方'匪军'攻势甚为执拗。据军方发言人称:'天津保卫大战,已逐渐展开'。"文中提及的"催泪性毒瓦斯""催泪性瓦斯",也称"毒瓦斯弹"。不过,这一报道属于一面之词,1949 年 1 月 7 日《申报》载《津周边战斗加剧》称:"中央社天津六日电。津郊自四日展开激战后,炮火益趋猛烈。据警备部政工处发表:

四日夜,津西'我'大园村据点方面,'匪'第一纵队第一师被击退后,五日夜半,复纠集'残匪',向该据点接近,触我预布之地雷十余发,毙伤'匪'一百六十余人。'匪'受此打击后,乃以大炮向我阵地轰击,并不顾人道,发射'催泪性毒瓦斯',向我猛扑。我最前线之碉堡守军八名'中毒牺牲'。"显然,这是国民党当局为了造成民众恐慌而进行的恶意宣传。当时,国民党天津守军已成瓮中之鳖,胜券在握的人民解放军不可能使用这种武器。况且,天津当时还有很多外国人(各国领事馆仍设在天津),外媒对平津战役期间的报道连篇累牍,敌我双方如任何一方使用这种武器并对民众造成有效伤害的话,也不可能不被传播出去并造成舆论影响。恰恰是穷途末路的国民党军队在此前的辽沈战役和此际的淮海战役中,不止一次地使用过包括毒瓦斯弹在内的毒气。据刘亚楼撰《防空防毒指令(一九四八年十月七日)》载:"锦州作战期间防空的基本任务是不使敌机低飞轰炸扫射,并力求击落敌机,在敌人如果使用毒气时,保证部队不受警〔惊〕慌和危害……据侦察所得消息,东北敌人准备在沈、长、锦三城市战斗时使用毒气,这方面我军应有所准备。主要是纵、师两级司令部应注意利用时间,对部队说明毒气在有组织有准备的对付情况下,并不那样可怕,尤其国民党今天的条件,更要将抗战时期日本军队企图以毒气对付我们,但并未使我军遭到任何大的损失之事实,向部队说明不应对毒气发生恐惧;同时还应告诉部队在敌人施放毒气时(敌机投弹、炮打炮弹或其它〔他〕方法)简单的对付方法(参照'东总'九月间通报及你们自己过去经验),更要说明猛烈向敌前进是防空防毒的有效办法,最基本的注意点是不要因敌施放毒气而引起惊慌影响战斗的进行,更不要因宣布或实施防毒的注意事项而引起战士精神上的不安,以致影响战斗情绪。不要说敌一定要会放毒气,而要说明有备无患以防万一。"(《刘亚楼军事文集》第166—167页)。另据1949年1月17日《天津日报》载《胆敢一再放毒轰炸"杜匪聿明"将受严惩"傅匪作义"等应当记取》一文揭露:"新华社陕北13日电:拒不投降并施放毒气的头等战犯'杜匪聿明',将受到人民解放军的严厉惩罚。'杜匪'直至本月七八两日,尚主使美制国民党飞机十余架,向包围

'杜匪'的人民解放军阵地大回村东北的刘楼之左岩、梁井、张小庄、张小楼、张老庄、李明庄一带，滥施轰炸，并投掷大量毒瓦斯弹，使解放军战士多人中毒。由于解放军对敌人的防毒事先预有戒备，故皆立即治愈。在这之前，在上月二十七日，'杜匪'即曾向解放军放射催泪性三七化学抛射弹，当时亦有解放军战士七人中毒。"此前的1949年1月9日，《冀鲁豫日报》刊载"新华社淮海前线电"称："该弹名催泪性三七化学抛射弹，长十八点八公分，弹体灰色，系国民党国防部联动总部兵工厂所制。经验表明，解放军的战士们并不害怕敌人的毒气，如同他们不害怕敌人的飞机、坦克一样。敌人的野兽行为只是使解放军的指挥员战斗员增加对于战争罪犯们的仇恨。"杜聿明后在撰写的回忆文章《淮海战役始末》一文中，也坦白了这一罪行，并称之为"窒息性毒气"。1948年12月19日，国民党空军总司令部第三署副署长董明德携蒋介石关于指示杜聿明突围的来函。函称，"这次突围，决以空军全力掩护，并投射毒气弹。如何释放毒气，已交王叔铭派董明德前来与弟商量具体实施办法。"并提及此为"窒息性毒气"。杜聿明"即找第三处处长邓锡洸来商讨，拟定陆、空协同防毒突围的计划。董说：'黄兵团这次用了毒气弹，部队被消灭后，共军即广播出来。放毒是违犯国际公法的，所以这次决定以空军放毒，掩护你们突围。'并规定毒气弹为'甲种弹'，其他弹为'乙种弹'，计划中只写甲种弹、乙种弹，而不写毒气弹。我问董：'用的什么毒气？'董说：'催泪性的。'我说：'这有什么用？为什么不用窒息性的呢？'董说：'窒息性的太严重，还不敢用。'董并规定陆空联络各种符号后，我即交舒适存和邓锡洸拟陆、空协同突围放毒计划……函中我还无耻地请蒋介石要求美方支援大量'面包篮炸弹'，准备屠杀更多的人民。"1949年1月7日，杜聿明"急电蒋介石，九日预备轰炸，十日，投'甲种'弹（即毒气弹）掩护突围。"（参见全国政协文史资料研究委员会编：《文史资料选辑》第21辑第104—157页，中华书局1981年版）。另外，国民党"徐州剿总"前进指挥部第三处第一科上校科长张干樵在回忆文章《关于国民党军使用毒气弹的情况》一文中也提及董明德前来"传达蒋介石以空军施放催泪性毒气弹支援突围的计划。"该文称，"一九四九年一月九日正式开始行动,空军在陈官庄西北面匆匆投下毒气弹,使邱、李两兵团乘势占领了三四个村庄。解放军的损失情况不详。"(参见全国政协文史资料研究委员会《淮海战役亲历记》编审组编:《淮海战役亲历记——原国民党将领的回忆》第105—106页,中国文史出版社1996年版)。

③ 即邵景云、马载田,日记作者的同学兼邻居。

④ 即小西关大街一带。小西关大街位于天津西头永丰屯一带,东南起新德胡同,西北至芥园道,约于1780年成路,后因距"小西关监狱"较近而得名。直隶总督袁世凯改革直隶狱政期间,委派天津知府凌福彭创办于天津老城西关营门外教军场一带,营建"天津罪犯习艺所",于1904年落成。此监狱后虽屡有更名,但津人常俗称之为"小西关监狱",甚至以"小西关"三字作为此监狱的代称,周边地区也被泛指为"小西关"。

⑤ 白骨塔位于西门外西广开的四马路(1952年改称广开四马路)东侧,原为收殓掩埋穷人尸骨之地。清代城西一带多为乱葬坟岗,荒冢遍野,遍暴白骨。此塔建于清乾隆十五年(1750),八层八角,因收掩白骨,故名。塔内供神像。1917年,该塔被洪水冲毁,后获重修。塔周空旷人稀,遂成刑场。1920年后,陆续在此地建房成巷。白骨塔后被包围在居民区内,原有功能丧失,1966年被拆除。

⑥ 十九世纪末,南大道即已形成,为天津旧城西南一带的主干道之一,故名。南大道东段曾名赵家窑大街(抗战期间改称雷鸣远大街)。天津解放时,为东北野战军从西线攻入市区的主要路线之一,时为土道。1953年统称南大道。

⑦ 西沽附近的西沽大街东南侧,曾有地名曰"小道子"。其原为坎坷不平的土道,1938年前后建房成巷。但日记作者提及的小道子,也可能是靠近津西城防一带的地名,待考。

⑧ 日记作者在课余闲暇时,有在家中与家人打乒乓球的爱好。

⑨ 因躲避兵乱等灾祸而逃往他处。

⑩ 此处所指的戒严,即国民党天津市警察局在宵禁基础上实施的交通管制。1949年1月8日《益世报》载:"津市当局为适应当前需要,已自7日起将宵禁时间提前于每晚6时开始。又,津市警局为临时需要,于7日下午4时半

临时鸣放汽笛,施行交通管制。8日晨7时起,将继续施行管制。"早在1948年秋,天津就已实施宵禁、戒严(参见《益世报》1948年10月3日所载《宵禁时间改订》、1948年11月24日所载《戒严期间注意事项》、1948年12月15日所载《津今起提前戒严》等文)。1948年12月19日《益世报》载《津市治安有把握》称:"关于交通管制,决定两项办法:一为交通管制办法,规定:各机关工厂商号工作人员外出时,均须佩带臂章(宽12公分,白布制,写明所属机关工厂商号名称及佩带人职别,加盖印信图章编列号数),佩带人必须同时携带身份证备查;一为紧急交通管制,规定:除维持治安之军警宪稽查处人员,作战部队除勤务人员外,任何人一律不得外出,绝对禁止通行。"

⑪ 苏进撰《天津攻坚战中的东北野战军特种兵》载:"在东面,炮2团2营1月7日配属7纵19、21两师,扫清东局子及附近据点。东局子兵营筑有3米多高的围墙,有碉堡和铁丝网,墙外有3米多宽的壕沟,里边的房屋比较牢固,房与房之间有交通壕相连。战前,国民党军队又加修了水泥碉堡群和地下掩蔽部。敌以1个加强团的兵力固守东局子,企图以此作为天津外围防御的一根支柱屏障津东。战斗从7日拂晓开始,炮2团2营和队属炮兵密切配合,以准确的炮火轰开围墙,炸塌突破口附近的碉堡。接着,又向围墙内射击,敌人死的死、藏的藏。敌86军军长刘云瀚在给天津警备司令陈长捷的报告中称:'阵地中弹近千发,工事被摧毁,人员伤亡过半。'经过与退缩工事内的敌人的激烈争夺,战斗至15时结束,守敌877团大部被歼。炮2团3营配属8纵24师肃清民权门外敌据点,夺取津北窑地。此时,我远程火炮没有展开,炮2团3营火力未能压制住敌纵深炮兵火力。敌集中津东20多门火炮向我3营阵地射击。3营虽有伤亡,仍英勇作战,直至战斗胜利结束。"

⑫ 1948年12月底,天津物价已飞涨,每天的牌价总赶不上实际售价。1948年12月31日《益世报》载《粮食涨势益烈》称,"昨日粮食,以沪、青、平,俱倾向坚昂……各货上涨激烈,涨势颇为汹涌。"

⑬ 东北野战军入关前,将所辖的野战独立师分别编入各纵队(军)。一个主力纵队(军),通常辖4个师、12个团,加上配置的炮兵、工兵等,兵力约四至六万

人不等。东北野战军进关部队包括12个纵队的48个师,总兵力约63万人。其中:38军兵力59,523人;39军兵力59,378人;40军兵力58,775人;41军兵力49,362人;42军兵力47,279人;43军兵力63,478人;44军兵力47,675人;45军兵力48,082人;46军兵力45,110人;47军兵力54,588人;48军兵力40,712人;49军兵力50,555人;特种兵部队兵力约3万人。

⑭ 东北野战军第1纵队(即38军)、第2纵队(39军)作为攻取天津的两支主力部队,当时确实部署在津西、津西南一带。对此,天津市民都已传开,并无秘密可言。当时,国民党天津当局的情报工作尚属有效,其耳目遍设天津各处。因此,其对解放军在城防外的驻扎情况应该有所了解。

⑮ 当天,东北野战军第112师334团7连攻击天津守军设在通往小稍直口的三庆门(俗称小西营门)外、西营门内的碉堡群。天津警备司令部副司令秋宗鼎指挥炮兵,对杨柳青至天津西门大道上所有村庄及射程二三十里的地区进行昼夜不停的骚扰袭击。

⑯ 对天津西马路迤西地域的俗称。泛指西门外、西北城角以西、南运河南岸、墙子河东岸之间的广阔区域。包括西关、西营门、西大湾子、小西关等区域。明永乐年间天津建城时,这里已是水运要道,码头、集市、货栈集中,既是商贸集散地,也是人文荟萃地,有水西庄、辅仁书院等文化教育设施及稽古寺(寺内有铃铛阁)、吕祖堂等寺庙。1918年后,因运河裁湾取直,形成西大湾子、梁家嘴等较为繁华的居民区。

⑰ 怀谦小学创立于1917年。1946年后,校址在"西门南小新街后2号",时有学生三四百名。

⑱ 此处所载,应指金圆券。

⑲ 当晚,天津警备司令部司令陈长捷召集开会,谈及"华北剿总"传来的情报,即:在北平附近,发现大批共军向天津移动。陈长捷等据此判断,共军大部队将移向天津西南地区进攻,遂将天津守军中的炮兵云集天津西南地区,妄图顽抗到底。

⑳ 花炮的一种,也称二踢脚。

一月八日 星期六

晨,大哥回家言,闻修建城防①的工头传说,整日的炮声完全是共军的"盲轰"。"国军"只镇静地在壕中卧伏着,沉着应击,并无多大损伤。

战鼓一宵未停②。想象前线的军士们,正在时时地潜伏[在城防附近的各个]地方,[不惜]流血[地伺机发起]攻击。他们把生死早置之于度外。我们呢?更不应贪生怕死了。不过,在未死之前,有何作为?还应尽力去作。你想,如果不死的话,那么,以后还会用[得]着的。倘若死了,什么都完了,有与没有,不都是一样么?不

天津城防被天津警备司令陈长捷吹嘘为"天津大堡垒化"

过，年轻的人们，一点[儿]还没享受，竟遭此大难，是乎[心]宽些？比不得年老的人们。

栗肺的炮声，会使你恐怖的，但你须以沉默怡乐的心情，去抵抗它。不然，于此恐惧中，再加上自己内心矛盾的恐惧，那你[就会]更痛苦了。

国民党当局和天津守军设置的碉堡，分布在天津各处。

津市自[一月]四日起，已展开保卫战。今天已至第五日。市周边早已激展攻防战③。

晨九时许，闻[天津]已戒严④。

"物价之轮"仍不停地运转着。[一斤]玉米面，今晨已突破十一圆。西头如意庵⑤闻已落弹，距吾家不算远吧。趁早快作防备。

津市为防止金融激动，昨午后起，由执法队⑥侦拿买卖银元之奸商。天灾人祸，老天爷也不开眼，发作起来，冷风逼身。兵士们防守之坚[艰]困，试想而知吧。

《孤村情劫》⑦读了三天，[至]今午后才看完。

电台⑧介绍《大公报》⑨社评：离城防附近，落弹遭难的人们，在颠沛流离着，这是战争所给与，无所埋怨。望市民们站在患难相共、甘乐与同之线上，慷慨地伸出手来救援吧。不知道何时同样的遭受，会支配到你的命运上呢？！

闻东局子一役，与"匪"一致命打击，"毙匪"七千余⑩。西营门一战，"匪"亦死伤两千余众⑪。共党之死首，"国军"代为埋葬者达两千

中正门是天津守军城防工事之一

之数⑫。

奇怪！每逢到旧历年前十余日，即忽然想起自己年龄的问题，恐惧日月之轮转。尤其今载更使我惋惜的，是十九岁的孩子将做不到了。廿岁就成了大人似的，虽然是一岁之差，但惯例就是这种糊涂的幻想。不怕，十九岁也称为十几岁的小孩子，其实离廿岁不是很近吗？这问题，一般人可就顾及不到了。尤其生于此乱世，生命存续，尚在无可预定之中。既恐此长岁之关，而又痛悲此难策〔测〕之命运。人生之凄凉，孰过此乎？

注释

① 1948年6月，'华北剿总'司令傅作义调陈长捷担任天津警备司令后，为加强和扩充城防工事，成立天津城防构筑委员会，计划在原有城防基础上，增建135个火力据点，并配建明暗碉堡，还在城防周围布置地雷网。1948年底，天津战事日紧，陈长捷下令征用10万民工，从1948年12月中旬至1949年1月上旬，每天强派劳役。凡指派出工但无劳动能力者，需出钱雇工顶替。民工在工地上自备工具、干粮和饮水，并遭天津守军士兵威逼。此举不得人心，市民怨声载道。其工程质量因之难以保证。

② 东野攻城部队正在扫清天津外围的守军据点。其中，117师351团2营指战员，攻击和平门外三元村据点及其西南地堡群。1949年1月9日《益世报》载："'匪'第2纵队第4师，第1纵队第1师，自7日晚起，以密集队形向'我'西营门外南北辛庄外围据点波浪式猛扑，经'我'以火海战术还击，'匪'

伤亡在3000人以上。'匪'复以炮火掩护步兵冲锋，激战至8日中午，犹未停止。'我官兵'愈战愈勇，'匪'虽以猛烈炮火掩护，终未免重大损失。自8日午起，'我空军'临空助战，'匪'之攻势转趋沉寂。傍晚，'匪'又纠合残部，再向南北辛庄猛犯，经'我'忠勇守军奋勇反击，迄晚9时，'匪'被'我'全部击溃"；"综观天津外围全盘战局，主力战业已展开"。另据苏进撰《天津攻坚战中的东北野战军特种兵》载："津东北的王串场是敌人在民权门外的重要据点。这里的工事被敌称为'模范工事'，多次供其它防区敌军参观。这里的守敌也自信这些工事'固若金汤'。为了打掉敌人的狂妄气焰，鼓舞部队攻坚作战士气，8纵决定先敲掉它。8纵首长1月7日给特司首长打电话，要求在宜兴埠试炮的炮3团3营给予支援。1月8日8时5分，3营开始对王串场之敌，行炮火准备。该营的150榴炮初试锋芒，大显神威，发发炮弹在敌人碉堡群中爆炸。随着震天的巨响，敌人的水泥碉堡被炸塌。9时30分，步兵发起冲锋，11时战斗结束。3营顺利完成实弹试炮任务，同时，支援步兵全歼守敌26师76团2营300余人……打下王串场之后，'特司'组织炮2团的干部到现地查看射击效果，发现王串场的工事纵深较大，是由数个水泥碉堡群构成，每群的一个母堡与数个子堡之间以地下交通壕相连，旁边有地下掩蔽部，都用水泥和石块砌成，碉堡群外有多道铁丝网和雷区。看过之后认为，这里的工事比以往任何一次战斗遇到的都强。根据这个新情况，炮兵的攻坚战术、技术都作了相应改进。"从日记作者所居西北角一带至上述炮击地域的距离均不足10公里，因此，日记作者对于来自天津城区东北一带的炮声听得也比较清楚。

③ 国民党天津当局在顽固抵抗中，为拓宽城防线内的预备阵地，由陈长捷下令，在西营门河北第三监狱附近的南运河南岸（长数公里、宽50米以上）地带，强拆民房、商铺，名曰"扫清地界"。此举使不少市民流离失所，无家可归。1949年1月4日，天津市参议会代表杨云青(1月9日的日记中则写为杨云清，而在相关档案资料中也载为杨云清)、米少丰、康相九(有著述也载为康相久)等携带书面建议赴警备司令部向陈长捷请愿。1月4日《益世报》载

《陈司令俯顺舆情 采纳参议会建议》称,陈长捷针对其建议,提出的解决办法共计十条,包括:"关于郊区民房决予以保护,且曾令饬所属,非万不得已不得拆除,尽量避免使人民流离失所,如确因作战需要非拆除不可时,亦必先期通知住户,以便私有粮食物品及时迁出,在迁出途中并予以保护及交通上之便利;难民进入城防,卡哨如有非法勒索行为者,一经查明,当予严惩,并已派政工人员及宪兵随时查究;对于已迁入市内之郊区民众之食宿安顿,当商由市府设法救济;市内间有少数部队或散兵有强拆民房情事,业已严令纠正,如有必须借用民房者,亦必须会同保甲办理之,并已从事查究;关于征用民夫及物资,已会同市府组织供应委员会,各军区设置军民合作区站,各区设区分部,负责军队供应事宜;市内如有构筑工事之必要,亦决不拆毁市房之院墙,市外如有此需要,亦当商请房主同意,再行拆毁;对于散兵游勇,早经统筹,有收容办法严格收容,必使市上散兵绝迹;对于清真寺教产,司令部方面决本一贯尊重宗教之原则,严禁各部队占用或破坏;军队占用学校系临时性质,一俟战况好转,即行迁让,以免影响学生学业;关于作战不得已而破坏人民之不动产,其补偿办法,当予市府详商规定。"陈长捷说得比唱得还好听,但却敷衍了事。以上多为空头支票。实际上,国民党天津当局并未切实维护和平、有效保护市民利益。

④《益世报》1949年1月8日载《宵禁提前六时开始》称:"津警局定8日晨7时宵禁解除后,开始施行普通交通管制,凡佩有臂章者,仍可照常通行。"

⑤ 1936年出版的《天津皇会纪念册》载:"如意庵,位于天津城厢西二里许,不知其建筑时代,亦先年之名刹。"清道光《津门保甲图说》中的《西门外图说·第三》已标有其所处方位,即坐落在永丰屯一带的吕祖堂东。如意庵清末曾为"天后行宫",1897年在此举办天津皇会活动时,失慎被焚,1898年后即已改为学堂。日记作者所指,并非特指这座寺庙,而是对如意庵大街及其附近街巷的统称。如意庵大街时为位于西关大街、南大道、铃铛阁大街和吕祖堂前大街之间的一条准东西方向的马路,东南起栖流所胡同,西北至芥园道,中与署前街、常家胡同等街巷相交。约1897年成路,因路东段时有如意庵而

得名。

⑥ 舒季衡撰《国民党军统局在天津的特务活动》载:"1945年10月间,天津警备司令部稽查处成立后,为经常在街道巡逻、缉捕匪盗、检查行人等,由警察局、宪兵团、稽查处三方派员组成的'军警宪联合巡查队',派稽查处督察朱云峰任队长。1948年陈长捷任天津警备司令时,将该队改组为天津警备司令部统一检查组,保密局特务孙逸贤任组长,在城防各出入口增设检查哨,检查出入商旅和物资。围城时,又改称'天津防守司令部执法队'。""1948年夏,傅作义主持'华北剿总',任用'山西派'陈长捷为天津警备司令。保密局为适应这一变动,即派山西籍特务李广和、李俊才二人为稽查处正、副处长……1948年,国民党政府着天津金融管理局查辑〔缉〕黑市倒卖黄金、白银、美钞工作。经磋商,批准由稽查处代办,查缉人员可得百分之二十奖金。李广和见有利可图,调用特务约二十多人从事这项工作,金融管理局仅派出陈大鹏、钱瑞本二人为联系人。李广和乃籍职权之便,大搞劫掠黄金美钞勾当,引起社会舆论愤慨,警备司令陈长捷将李扣押法办。"(据天津市政协文史资料研究委员会编辑:《天津历史的转折——原国民党军政人员的回忆》第198—199页,1989年印刷)。《益世报》1948年8月6日载《金融管理局发表美钞案破获经过》称:"金管局昨发表大美钞黑市案破获经过:天津警备司令部稽查处接获密报,马厂道二三□号韩人李桢鲁系中外事业社职员,有暗中勾结西人,经营金钞黑市,组织严密,行动谨慎,成交数字相当庞大。"其在侦查过程中滥用诱惑取证的方法:"由金管局设法开具本票,交稽查处干员试行诱买。"1948年10月16日晚,天津金管局金钞查缉小组,再如法泡制,破获国际性金钞案。据1948年10月26日《益世报》载《国际性大金钞案》称,此次共抄获黄金254两、美钞5320元,落网者包括法籍、比国籍、西班牙籍、苏联籍外侨和乌克兰流亡者等人。

⑦ 苏联小说。原名《我是劳动人民的儿子》,卡达耶夫著、曹靖华译。日记作者看到的版本,可能是1946年由辽宁中苏友好协会出版的,厚134页。

⑧ 这家广播电台应为官办且传递国民党天津当局声音的主流媒体。天津当时

的官办电台有中央广播事业管理处天津广播电台（时设在"南市华安大街99号"）和资源广播电台（时设在"罗斯福路197号中央无线电器材公司天津营业处楼上"）。关于天津市民使用收音机的问题，国民党当局控制颇严。1948年12月16日《益世报》载《管制收音机办法 警备部订定实施》称："警备司令部顷遵照'华北剿总'指示，订定《天津区无线电收音机暂行管制办法》，兹将该办法节录如次：用户应于两月内向天津电信局登记，并由警备司令部盖戳；无线电厂商应加入公会，向该部电信监察科登记，凭准购证出售；市民欲购收音机，应填具申请书，请警备司令部核发准购证；有下列情形之一者，得随时纠正或没收其机件及传讯其户主：收听'奸匪'广播者、改换收音机路线作发射之用者、未经核准而利用收音机作报发之用、无登记证者、与所报登记证不符者；检查人员执行任务时，应先出示身份证明文件，以履行职务，否则，可扭警备司令部法办；外侨收音机，亦依本办法规定办理。"1948年12月25日《益世报》载《商店扩大器 随时播新闻》称："津市警察局奉令，电传各分局管界内之各商号，凡有扩大器者，饬令设于门外，形如广告式样。为使市民明了现时战况，随时播放电台报告，即日起实施。如各商号一时做不到，先由发售无线电商号即刻实行。"

⑨ 天津大公报社的社址时位于"一区罗斯福路241号"。1949年2月27日，其天津版更名为《进步日报》。

⑩ 东局子一战虽然是一场硬仗，但此载明显夸大事实。东局子位于今天津市河东区东北部，月牙河西岸、成林道以北，此地原有清同治年间所建天津机器局东局，故名。44军130师388、390团和44军132师395团于1949年1月7日至1月8日攻打东局子及其以南的义顺窑地域。此地时为国民党天津守军86军293师877团驻地。经过反复争夺，877团士兵被打得丢盔卸甲、四散奔逃。《东北野战军第四十四军第一三二师第三九五团关于东局子突破失利的战斗总结（一九四九年一月）》载："东局子是敌津东坚固外围据点，每隔30米左右修一地堡，四周有围墙、外壕、铁丝网、绊马索、鹿砦、地雷……为敌津东屏障，敌八七七团驻守于此。"（参见天津市档案馆编：《城市解

放系列丛书：天津解放》第 168—169 页）。解放军"为取得攻津之跳板"，遂向盘踞在此的 877 团发起冲击。

⑪⑫ 尽管解放军指战员在位于西营门一带的扫清外围和攻城战斗中伤亡较大，但截至当天的这个统计数字，并不可信。西营门一带攻城战的最终伤亡数字，参见后文注释。

一月九日 星期日

　　津市之治安,已至战时形态下。今日虽未戒严,但路上之行人鲜有①。西南城角②,根本无论何人,不放一隙,全为广仁堂③之驻兵坚守着。想象南大道为西营门[通往天津市区的]必经之要路,故[防守如]此密严也。

　　再有,其它〔他〕的通街要口,亦完全堵闭,并加"麻袋土",以巩其坚。行人们可费了事了,走路可太不方便了。像庆云后④、大经路、河东⑤等处,[行人]如果没有一些[可兹]证明[的证件],出入那是难上难呢。这才叫战态的不定式呢。电车也没有出来,[假如]出来[的话],也走不了。

　　津市的空气,是紧张了。闻河东、中山路建德里⑥等处,亦相继落弹。人民为之凄嚎。遭难!噫!

　　街上[店铺]大部都上了门板了,买么没么。

　　闻东局子、八里台等地,已被共军攻入战〔占〕守,我想,[这]不确实吧!⑦

林彪(中)为中共平津战役前线总前委书记

中共平津战役前线总前委成员聂荣臻、林彪、罗荣桓(左起)

平津战役总前委三人会议场面。这三张照片应为一个场景下的三个拍摄角度。

又闻[位于]东局子[一带]的第一道防线,为警备旅⑧坚守,因见"一窝风"的共军海潮般地涌入,[警备旅]因少经验,措手不及,而被攻入。后经"国军"某团围攻,又将共军"歼灭""逐出"。其说不一,[我也]没问[问清楚]。

又闻林彪已坐阵[镇]杨柳青⑨。

津市参议员,为了民众的吼声,想先到杨柳青求见林彪⑩,再到傅[作义]司令[处]议和。无非请求双方暂时停战,有何条件尽请提出,以保护津市二百万的生灵,勿再遭受涂炭。

闻蒋总统将发第二次《文告》,大概是对自己的"进出"问题细详阐述。据闻,在[蒋]总统辞职后,和平才有商谈之可能。

阅《民国日报》⑪[得知]:[蒋]总统将往台湾小休。[天津]和平问题有新进展:代表津市人民和平呼吁的四参议员杨云清、丁作韶等⑫,今已出发,赴杨柳青面见林彪后⑬,再返平,谒傅作义将军。

[在]东局子,自予共军一大致命打击后,[东局子]已无再守之必要。"国军"已主动撤离⑭。

[天津市政府明令],公务人员禁止请愿,否则,将以《戒严法》⑮[中的规定]严惩不贷。又有信[儿],[对天津]公、教人员,将加发一月薪金,按一月之倍数⑯[发放]。

古城[北平的]市民对津之战可[说是]甚为注目,多[以此]为谈语资料。每逢凌晨[天亮后],报贩一喊,[市民]则争先恐后地抢买[报纸],首先看的目标,即天津的战况。

阅报。小立片刻,即见[在]西马路[上]逃难的人民络绎不绝、扶老携幼⑰。三轮车上,载满被褥、粉面等物。难民们面容憔悴,眶痕〔满〕盈泪,惨不目睹。

"香油!"今闻小贩呼喊,一斤已至一百一十二圆;白菜每斤已超过二十余圆。肉类呢?

这几天的睡眠可太充足了。[晚]九十点钟,就睡眠。[转天]早晨九点才起。十二小时的休息,占了一天的时间的二分之一了,似乎有点浪费了。以前[每天]不足四小时的睡眠,现在足可以补过来了。夜间过得太长,也不好。无味的梦,不知做了多少,一个跟一个地[作]梦。梦是心头想。

[关于]灯火管制[的消息],亦在报[纸]上[以]大字[标题]刊载。[国民党天津当局采取的]应变之措施,亦"为着人民之利益",[在报纸上]刊登着各种应付之方法。

从午后至[下午]四时,炮无一发,宁静已极,若大难之已末。众人还以为[是]四参[议]员请愿及[蒋]总统避台之效呢。

岂知,至[下午]四时过,炮声再度重欢了[18]。先前之态,早已落在九霄云外。

晚上,飞机群于空[中]飞个不休,想必[是]往前线助战[的]。瞬间即有轰声,想此定是飞机落弹了[19]。[居室门窗上的]玻璃为之三[山]响,实有危险之可能。故用棉门帘将上面的玻[璃]窗掩护了。

今晚,机枪[声]响得格外火炽。[挂在居室内墙上的]蒋先生的肖像,[差]不离也"请"下来吧[20]。这些恐怖的声音,都是[从]西边[传来的]。其实,[两军在]东、北、南咸有接触。[只]不过,听不见[这三个方向的枪炮声]罢了。没法子,我睡我的觉,你"嗒嗒嗒"你的。

注释

① 早在1949年1月3日东北野战军开始扫清天津守军外围据点之际,陈长捷

就已下令：每天入夜后，市民必须持特别通行证，方可通行；责令在全市加派宪兵和警察岗哨；春节前后，严禁市民燃放鞭炮、敲锣打鼓。

② 位于西马路和南马路交口一带。天津老城的城墙已于1900年八国联军侵略天津后被强行拆除，但是多年后人们提及原老城一带的地名时，仍因袭旧称。

③ 位于天津老城西南角外的社会慈善机构。以救助贫困孀妇、收养和教育无依无靠的孤女为主。广仁堂由直隶总督李鸿章等倡建于清光绪四年(1878)，房屋280间。天津战役期间，此地被国民党天津守军占据，成为抵抗解放军的据点之一。天津解放后，被人民政府接管，为今天津市儿童福利院前身。

④ 天津南市慎益大街庆云戏院后身一带，俗称"庆云后"。后以此为地名。

⑤ 天津历史上所称的"河东"，指金钟河以南、海河沿岸以东的沿河地区，包括原奥租界、意租界等地域。

⑥ 中山路东南侧的东四经路一带，曾有建德里。

⑦ 八里台位于天津老城迤南约八里处。日记作者之所以仍对国民党天津守军抱有幻想，是因为他被国民党当局的宣传战洗了脑，中毒不浅。

⑧ 1948年8月，国民党"华北剿总"批准天津成立保安旅，经费、兵源由天津当局自筹。至1948年12月，保安旅共征募约8000人，组成三个团，遂经南京国民政府国防部照准改称警备旅。旅长由天津警备司令陈长捷兼任。在天津战役中，警备旅被消灭。

⑨⑩⑬ 迄今尚未发现林彪坐镇天津杨柳青的文献记载。对于此说，暂且存疑。2010年3月19日《天津日报》第20版《聚焦西青·副刊》所载晨曲撰文的《平津战役杨柳青轶事(八)·两个坊间传说》中称："有不少人传说，在解放天津的战役打响前，林彪曾经来过杨柳青，但他没住前线指挥部，而是住进了距此不远的刘家胡同9号院……这个宅院至今保存完好。"但这个记载并未指明林彪来杨柳青的具体时间，迄今也未发现天津市参议会所派四代表见到林彪的文献记载。《林彪、罗荣桓、刘亚楼到达指挥位置孟家楼致中央军委电(1948年12月7日)》称："我们于今晨到达蓟县以南二十里之孟家楼，此

地距北平、天津、唐山各一百八十里。"平津战役前线司令部设在位于蓟县盂家楼村西部的一处富户宅院内,林彪居此宅的东次间内(面积约12平方米)。1948年12月30日,平津战役天津前线指挥所(也称指挥部)进驻天津杨柳青,刘亚楼任司令员。平津战役天津前线指挥部位于药王庙大街一处宅院内,此宅原为戴家钱铺。另载,因躲避国民党军队所派飞机的轰炸,刘亚楼于1949年1月6日夜将办公地临时迁至位于杨柳青镇以南三公里处的东桑园村两个院落中(参见2010年1月22日《天津日报》第20版《聚焦西青·副刊》所载晨曲撰文的《平津战役杨柳青轶事(三)·在躲避敌机轰炸的日子里》,待考)。1949年1月12日,平津战役前线司令部作战办公室从蓟县盂家楼移驻至通县宋庄。"平津战役前线司令部旧址位于通州城东北约6.8公里的宋庄村中心。原属该村王姓私宅。民国时期所建。此宅为东向三合院,二进院落,面积约为700平方米。属典型的华北乡间民居子母院。"据中共北京市委党史研究室、北京市文物局编:《红色寻踪——北京革命纪念地指南》第126页,中共党史出版社2004年版。亦有称此地为宋庄温家楼的记载,似不确。

⑪即《天津民国日报》。该报社的社址时设在"一区罗斯福路373号",其董事会时设在"一区陕西路292号"。

⑫1949年1月3日,天津市参议会议定:推派代表四人出城,向解放军求和;公推参议员丁作韶、杨云青(即杨云清)、康相九、胡景薰(也载为胡景熏,待考)为代表;请议长杨亦周速向陈长捷疏通并希其同意;本议定事项暂作保密。1月5日,陈长捷称,已通知四代表出城,但不负责其安全。杨亦周称,派代表出城已获军方批准,速与广播电台联系,请予广播。广播内容为:天津市参议会将派代表四人,手持白旗为标志,出城向解放军讲和,希沿途不得开枪,给予照顾。1月8日下午,四代表在守军护送下,徒步至宜兴埠过夜,1月9日到达津西南位于大南河一带的东野49军145师师部,等候面见刘亚楼。

⑭天津守军失守东局子,是不争的事实。国民党当局没有脸面承认,只好在新闻媒体上玩文字游戏,但日记作者仍不加分析地照单全收。1949年1月10

日《益世报》载《津郊战斗益趋惨烈》称:"'国军'主动撤离东局子后,对于该区仍以重兵控制。昨午,'国军'搜索队,又复接近东局子,继续监视共军行动。"可见,国民党天津守军仍在虚张声势。

⑮ 1948年5月19日,南京国民政府修正公布施行《中华民国戒严法》。该法共13条,规定宣告戒严的法定程序,即:在战争或叛乱发生时,经行政院会议议决和立法院通过,由总统宣告对于全国或某一地域施行戒严;在"情势紧急"时,经行政院呈请,总统亦可宣告戒严,然后在1个月之内提交立法院追认。戒严地分为警戒地域和接战地域两种。该法规定了戒严时期接战地域内的内乱罪、外患罪、妨害秩序等10种犯罪。对于这些罪名,军事机关可自行审判或交法院审判。戒严地域内的最高司令官可命令停止集会、结社、游行、请愿;取缔言论、讲学;禁止罢市、罢工、罢课;可以拆阅邮信、电报甚至予以扣留或没收等。据该法规定,国民党天津当局可置市民基本权利于不顾,任意采取违背市民基本人权的非常措施来维持统治秩序。

⑯ "中央社1月8日电:行政院八日第三十四次会议决议:迩来各地物价波动,全国文武公教员、工、兵、警生活困苦,且值新年,准照一月份标准,各加发薪津一个月,以示体恤。"这次会议还作出决议,从1949年1月起,调整文武人员待遇,即:"依1948年11月份计算方式,共分一、二、三、四区及特区。其中,第一区增加二十五倍"。天津属第一区。

⑰ 津西郊区民房被国民党天津当局以"扫清地界"为由强拆,导致大量居民流离失所、大批商户损失惨重。"西马路逃难的人民"中,应包括这些居民、商户。

⑱ 1949年1月10日《益世报》载:"中央社本市讯:警备部政工处发表:津郊战斗愈趋惨烈,'我'、'匪'双方,在东西两线展开白刃肉搏战。'我'以充沛火力,旺盛士气,歼'匪'无算。'我高级指挥官、部队长'均在火线亲自指挥,故士气益为振作。8日夜,'匪'第一、第二两纵队,以主力分由南运河南北两岸,向'我'大、小园村阵地猛烈进犯,反复猛扑十余次,结果均被'我'击退。自八日晚以来,'匪'以密集部队人海战术,由南仓、北仓向'我'柳滩、丁字沽

之线猛扑,被'我'迎头痛击。炮战竟夜,'奸匪'甚众。津东范家堡之线,自8日下午电讯联络中断后,迄9日午,战斗已告终止。据统计:自天津保卫战展开以来,'我'所获战果:东局子方面'奸匪'五千以上,范家堡方面三千以上,大、小园村附近至少在六千以上,总计当在一万四五千人。'匪'受此严重打击,为企图报复,复调集其炮兵纵队,携炮百余门至天津周边,企图大举进犯。惟8日之夜,'我炮兵'发挥威力,确知'我军'炮弹多落'匪'炮阵地,'匪'目为精锐之炮兵,已被'我'消灭甚多。欲图再逞,恐已无能为力。"1949年1月10日《益世报》又载:"津警备部政工处昨午发表战报:天津保卫战第六日战状如下:(1).西营门方面:八日夜二时起至九日晨六时止,'匪'第一纵队以人海战术,凭南运河,向南'攻犯',同时,第二纵队凭子牙河'进犯','我守备军'据沿河坚强工事,沉着抵抗,弹无虚发,更以集中炮火,配合机枪,'击毙伤匪'至少在五千人以上,'匪'不支退去。(2).李七庄阵地,'匪'以波浪式战术彻夜猛犯,'我'以密集机枪扫射,将其整个压制,未敢再犯……(4).'我西面阵地'大园、小园庄之线,由于英勇'国军'之冲杀,连续收复大小据点十余个,刻正对峙中。"

⑲ 1949年1月6日,天津警备司令部以程升堂的名义给蒋介石发特急密电,请速派飞机群对位于津郊的解放军各驻地实行战略性轰炸。解放军对此有所防备,且相继"击落敌机两架"(《天津城上红旗飘(增订本)》第182页),但也造成人员伤亡。电文称:"'匪'以七个纵队,紧围四郊。杨柳青有'匪'兵团司令部及一、二两纵队司令部;杨柳青东[面的]马家庄,有'匪'第三纵队司令部;军粮城有兵团司令部。津东郊李明庄、程林庄、徐庄子、津南吴台子、蔡家台子、李七庄以南各村,已均被'匪'驻满。恳饬空军迅派四引擎机群,携带大重炮弹,连续对'匪'行以战略地区轰炸。并令与陈司令直接联系,以收指臂之效。职程升堂叩。"程升堂即蒋介石特派至天津督战的高级视察员程子践。

⑳ 指蒋介石。当时,天津市民在家中张挂蒋介石画像的情形并不鲜见。

一月十日 星期一

昨夜〔晚〕,自十时许,更听到惨烈的炮轰声.重炮隆隆,〔致使居室门窗〕玻璃"假假〔戛戛〕"三〔山〕响。"嗒嗒嗒"地乱〔声〕的机枪〔声〕,几乎惊碎了你的心房。奇怪的是,随着"咚"的炮声的前奏曲,后面紧跟着像众车急驰的声音——"咕噜咙咙〔隆隆〕",再加上"当啷啷"的怪声。一时,炮声翻空,若阴风之怒吼①。伤心惨目,有如是耶!

大概至夜三时许,奇惧声渐寂。至〔今日上午〕八时许,重有零星的炮声。至十时前,响应着昨夜的怪声,卷土重来②。

昨电台新闻:东西炮声惨烈,南北稍作寂寂。津市的战争,刻已至惨烈的阶段。双方有时曾到〔进行〕白刃肉搏战。同胞们自相残杀,何必呢?! 闻自〔津城〕保卫战六日来,共"击毙匪众"达一万四千余。"匪方"冲锋数十次,均遭严重打击,〔致〕惨痛创伤③。

记得在《兵车行》〔中〕有这几句:"信知生男恶,反是生女好。生女犹得嫁比邻,生男埋没随百草。"这就是说,战〔争〕世〔界〕中,人

解放军设在天津城防外的炮兵阵地。其炮火在天津战役时发挥了巨大威力。

民的涂炭,尤以男子危险最大④。此前车之鉴,今世焉不犹此?

观报,亦是和电台报告的一样,不过稍加融通也(东西线已[发生]肉搏战)。莫怪在脚行胡同⑤口,见一辆跟着一辆的洋车,满载着行李、面粉、什物。甚至一辆洋车上坐四口人:母亲一手抱着婴儿、一手搂的〔着〕包袱,车箱子上坐着一对四五岁的"无知垂髫"。看来是仓促投奔的样子。

后来才知道,原来,小西关、如意庵[大街一带]亦准备毁房舍、烧屋子。人民只得落荒而逃,没办法!看看前线军士之格斗,真当果敢之钦。为着消除"敌人"之潜[藏的战]线,不得已而为之。人民又何奇之也?这才叫军民打成一片呢。一起遭殃!

闻附邻怀谦小学已被划成难民收容所了。[在]西门脸[儿]⑥小立,见人民异常稀少。[听到有人在]叮当乱响地喊着:"买两块!卖两块!大头⑦二百四!"投机而不畏法之商人,还一小群、一小伙地活动着。

电车[公司]只出了几辆[电车]。白车也是不挂小车⑧,且乘客异常稀少。

[胡同附近的]小栅栏、大栅栏,环环相套,致使马车不能行使,连[去]厕所也受了连累了⑨。三四天未曾拉过粪。[这]可道[倒]好,[身体内部]简直成了现成的粪场了。

戏听不见了,电影也看不见了。但是,炮声时时叫你听着,逃难的惨剧,刻刻地叫你看着!

《晚报》⑩载:昨八时许,"国军"所发的有尾声之炮弹,系榴弹炮。该弹爆炸后,由里面曾包裹着[的]若干小炮弹,陆继爆炸,故有"咕噜噜"的声音。

几天来,"国军"方面战斗虽称得利⑪,但长久恐也不能确保。从古至今,死守孤城者,绝无转胜之可能,只[有]全军尽没之一途。果如此者,巷战必不可免。而我市民为生命计,不得不先有"应变"之准备。⑫

学校今天也没去,听说[赴校的道路]也不好过,[读书是]读不到了。

午后,炮声已见沉寂,若续若断。

自战乱休课以来,学校的书本,根本是没摸,因为要费头脑的。那不荒废了么?处

解放军炮兵战士正在做突破天津城防的战斗准备

此非常时期，也不算吝浪⑬。家中旧存的几本古东〔董〕小说，都一遍两遍地看过来了。对小说之写法、叙情，甚得之于胸，甚而于梦境中，尚有小说之资料在渺幻着。

再有，报纸是每日必看的，似乎有习惯之养成。因战时之新闻，[如果]不知者，心睹〔堵〕也。

[家中]杂志也是[被我]翻阅一空，每遇有惊笔之处，必设法记之。有生僻之字，必以字典问之。说旁的不行，迩来对文学的兴趣，是浓厚了许多，进步自不必说。这点[儿]工夫，总算不白下吧！

书报看得太多、时候观得太久，也会使头脑吃累。这两天，脑子又感疲倦昏乱了！

[晚]九时半，于炮火[声的]沉没〔寂〕中，[飞]机群又赴津西线侦炸。片时，投弹有十枚之多，旋旋而回。至十一时，又闻炮声矣⑭！

[在家中的]北屋内，晚上，置二箱于窗前，上覆板门〔门板〕盖之，上置粉面、衣服、什物。灯泡，以旧日[所存]之防空罩遮蔽。室内充满了战时的空气。这样，于枪林弹雨中，或许有些保障？

注释

①②⑭《益世报》1949年1月11日载：1."津郊西线'国军'，为完成一种聚歼作战计划，曾将西营门外之三元村及北辛庄部队主动撤离。复于9日下午，故将西部城防一角撤开，暴以防守空隙，'流共'不觉，竟以其一师兵力，挟炮猛烈攻入。'国军'见'流共'被诱入阵地，轻重火器，一齐射击。当时，毙共有一千余名之多，仅有小股突围，向西逃逸。'国军'乘胜直追，并与和平门外守军互相配合，于10日晨，先后将西线外部重要据点三元村、北辛庄收复"；2."9日午后，津郊西部及西南郊八里台附近，'流共'挟炮进犯。河北关上一带民房，曾遭殃及。'国军'榴弹炮阵地，立即以猛烈炮火还击，隆隆巨响，'犯共'

震慑。入夜,'国军'炮火益炽,'流共'炮火遂即平息";3."津警备部政工处,昨午发表战报:9日夜,'匪'以两团兵力,在西营门外大园村以西杨庄子附近集结,企图再向'我'大园村进犯。经'我前方警戒部队'发觉,立即集中炮火予以制压,'匪'全被打垮。嗣'匪'又图增扰,向'我'猛扑,连续十余次,均被'我'猛烈炮火击退,'匪'死伤无算。'我阵地'屹立无恙。经八九两日炮战之经验,确信'我军'炮火能予'匪'以极大压力。'匪'虽亦有炮兵,但因炮身陈旧,炮弹不炸,故'匪'每以炮火掩护步兵攻犯时,遭'我'巨炮猛击,立趋消沉。'匪军'因之失去掩护,畏缩不敢再进。故保卫天津,'我炮兵'发挥威力极大"。

③ 参见一九四九年一月九日日记中的注释⑱。

④ 日记作者借唐杜甫《兵车行》中的诗句,发泄对战争的不满。从更深的层面分析,生女虽然能嫁比邻,但男人都已被埋没随百草,嫁比邻也就成了空想。在战争环境中,生男生女都一样难逃悲惨的命运。

⑤ 天津时有多条以"脚行"为名的胡同。据《天津地名志》所载,据日记作者居所较近的一处脚行胡同,位于距日记作者居所两三公里之外的河北大街南段东侧(南运河北岸的三官庙大街以北),1882年形成。但是此处提及的脚行胡同,不大可能如此之远。在1月15日的日记中,作者也提及脚行胡同。笔者判断,这条脚行胡同应地处西马路以西,距西门外大街、西关街均不远。

⑥ 围绕天津城厢的东马路、南马路、西马路、北马路这四条马路(1901年前曾分别为城墙,并分别设有东门、南门、西门、北门)沿街的商铺,都曾称"门脸儿",西门脸儿即指西马路一带。

⑦ 1949年1月11日《益世报》载:"银元'大头'升至三一五圆,'小头'二五〇圆"。1949年1月12日《益世报》载:"银元极俏利,'大头'由三五〇经四〇〇升至四二五圆"。镌有袁世凯头像的银元,俗称"袁大头""大头"。当时,因金圆券贬值严重,信用丧失,银元在民间重受青睐。"小头"也称"孙小头",是民间对镌有孙中山头像的银元的俗称。

⑧ "白车"即白牌电车。如乘客较多时,可在电车车尾加挂拖车,以增加载客量,

日记作者称之为"小车"。

⑨ 日记作者等居民使用的是位于居所附近的旱厕，因此，掏粪工必须及时将掏挖出的粪便用马车运走，才能确保该厕所能够正常使用。由于当时在该厕所附近设置了多处栅栏，致使粪便车难以靠近该厕所，也就不能正常实施掏粪作业，如此连续多日，势必导致该厕所内外粪便四溢，难有立锥之地。

⑩ 即《天津民国晚报》。

⑪ 日记作者明显受到国民党当局的蛊惑。1949年1月10日，陈长捷主持召开天津警备司令部周会。转天《益世报》以《坚决抵抗到底》为题刊载消息称，陈长捷在会上，"即席就周来津郊战况及'我'、'敌'态势，阐析綦详。兹志要点如下：(1)周来战事，我们推进保垒于远方，士兵在非预设之阵地带，以血肉之躯，与'敌'狂炽炮火相周旋，倍极英勇，克尽'我革命军人'爱护人民、保卫地方之天职。犯津之'匪'，除第六与第十一两纵队尚未发现外，'林匪'十二个纵队，几以全部强攻天津。因'匪'以绝大兵力到处钻隙而进，以致敌炮火仍激射市区，可见，'匪'对津市人民与产业，实毫无顾惜。连日，中纺各厂及资委会各厂，均因遭炮击而致停工。即市区以内，因敌炮击而引起火灾者，亦有多起，商民人等均有伤亡。幸赖'我'救护措施迅速周密，故市容尚未形十分惨状，此实应感谢'我服务警备与消防之军警各员兵'之忠勤厥职。(2)一周来，'我军'损耗不及两团，而'匪'之第七、九两纵队，已失其战斗力，第一、二纵队大量炮兵亦被'我'炮击，伤亡惨重，攻势顿挫，未能再击。'匪'照此继续长期消耗，实于'我'为有利。现'匪'第三、四、五纵队又从唐山及平郊等地前来加入战斗，'我军'估量形势，已进入预设的坚强城防工事地带，自较野堡阵地当更形有强力。唯是战火将遍及市郊，即市中心亦有落弹危险。'共匪'不惜倾其全力，残民以逞，实令人痛心。(3)今日政府谋和至诚，仍未被接受。津市人民代表躬赴火线，为民请命，可见津民如何迫切盼望和平。而'共匪'忍置天津二百万市民生命和产业于不顾，争城以战，杀人盈野，以求快意。'我军'为克尽其守护地方、忠爱人民之职责，只有坚强抵抗到底，即令'匪'再以顽强力量侵入市内，亦誓必逐屋消灭之。但愿'共匪'有爱惜津市之一分

诚意,能应人民之请求,不炮击津市、不侵入市区,则本军可不予追剿,以待和平之成功云。"犹如困兽犹斗一般的陈长捷极尽吹嘘之能事,率意轻狂、恣肆妄断,其似是而非的判断多为错判。实际上,天津的形势对国民党天津守军极为不利,与陈长捷所言恰恰相反。不过,陈长捷作为天津守军代表,虽然其言论有很强的误导色彩,但对于不明真相的天津市民来说,仍颇具迷惑性、蒙蔽性甚至是煽动性。

⑫ 日记作者能有如此深刻的洞察力,颇令人叹服。估计这些观点与其父对日记作者的影响有关。

⑬ 似为"放浪"或"孟浪",有放纵不受拘束之意。

一月十一日 星期二

徐二爷①在不断地被人喊着。这年头,当保甲长②的,也到〔倒〕忙了起来。一会[儿],保甲干事③告诉[居民]今天再出两人,一会[儿]……[也]别说,一般没有知识的人们,现在居然被时局之宣〔渲〕染,也[被]训练出什么开会呀、集合呀[的能力了]。

晨至西马路④阅报后,便至邵、马(两同学)处问询。闻昨午[开始,市民过]金钢桥⑤,没证章不放行,故而没过去。反正[去]学校[之事],是有一答〔搭〕无一答〔搭〕了。

因为一个栅栏门[的开闭问题,邻居之间]还闹了许多吵子。人哪!简直是想不开。

报载:[国民党天津当局在]本市维斯理堂⑥,昨招待记者,[让记者]参观投诚之共军。渠等并言,"恨自己交下了枪太晚了"⑦。

午后,第二批补[发的面]粉,闻已发到。忙往配售店去挨个儿。片刻,即人山人海了。等了半天,去了好几个人,使了个花遭〔招〕,才[把面粉]取了回来⑧。

解放军战士冒着炮火突破天津西线城防外的某处义地

解放军战士击落国民党当局派来支援天津守军的飞机

白天无战争,飞机则嗡嗡地窜个不休。机枪扫射声、大炮轰击声,刻隐刻现。⑨[在]南大道[上]观此者,夥矣!

屋内黑暗异常,心中觉得万分郁闷。[写]书法[所用的毛笔]握离吾手,将近半载矣!总想重拾旧念,奈一闻炮声,念头即消。生命难保,何心习字乎?

文凭等证件,亦欲包裹一处,预应变时却荒⑩也。

闻西关街、一福居⑪等处之墙角,一小块已遭弹粉〔焚〕毁者。哦![此地距家仅]两三步之遥,诚属伪惊者。既生处于乱世,只听天由命而已。为了防弹准备之自惧,还跟家里反了意见。

《晚报》载:津市四参议员丁作韶等,今日已返津,将[此次]走赴之情形,报告市参议会⑫。四议员系步行出入险境,于枪林弹雨中,为津二百万市民和平奔走,不顾生死,殊属可钦。闻至对方[控制区]后,由对方某参谋长代表接见,并对四议员之果敢精神甚为赞许,对[参议员]提出的为保全津市人民生命的安全[问题],亦甚为同情,并希望四议员对和平仍继续奔走。闻今后,丁作韶将偕副议长杨亦洲⑬再赴奔走。据四议员对记者谈,"和平之可能性,已达二分之一"⑭。我们市民但盼如此,只希望早日实现,恐待尸骨盈野时,和[谈]已晚亦!

晚七时半,[从西面传来的]机枪[声],响得要命,如身临其境⑮。为万全计,屋内不得不整理一下。[因之]弄了一身土、一身汗。还预备[钻到]床底下[躲避,因此也把床底下整理了一下]。闷坏了"徐老二",一个亚胡嘿⑯!

今晚可倒热闹,东西酷战,是一出双加料的战斗剧。阴惨的飞机[飞过时],在院内就可"观光"哩⑰。

注释

①②③ 保甲制是民国时期通过户籍编制施行管制的统治制度。若干家编作一甲,若干甲编作一保,"连保连坐"(也称"联保连坐")。甲设甲长、保设保长。保还设保办公处,有正副保长及民政、警卫、经济、文化干事各一人。保长兼任保国民兵队队长和保国民学校校长,实行政、军、文"三位一体"。抗战胜利后,南京国民政府又使保甲制进一步"军事化""警察化""特务化",将其与国民党军队和警察结成一体,"使每一保甲长均能兼政治警察之任务",竭力通过保甲长控制民众。但推行保甲制却收效不大,一般公正、开明人士多不愿担任保甲长等职务,而一般不肖之徒又多以保甲长有权有势、有利可图,百般钻营。因此,保长、甲长及下属的干事通常由当地的土豪劣绅、顽劣之徒等把持。天津解放前夕,保甲制备受市民非议,这与天津当局实施"连保连坐"措施有关。参见《益世报》1948年4月17日载《维护治安新措施 每十人连保连坐》及1948年5月5日载《连保连坐变通办法》、1948年6月4日载《联保连坐 月中实行》、1948年8月10日载《市民连保连坐 即日开始办理》等文。"徐二爷"即日记作者居所一带的甲长。

④ 西马路沿街设有阅报处。日记作者经常到位于西马路沿街或北马路沿街的阅报处阅报。

⑤ 日记作者在位于中山路月纬路一带的天津"市商"就读,金钢桥是其上下学必经之路。

⑥ 维斯理堂当时坐落在"滨江道201号",亦称天津基督教会滨江道堂,由美以美会(后称卫理公会)创建,1913年建成,1995年拆除,1996年在山西路与哈密道交口处重建新堂。

⑦ 国民党当局当时不择手段地蛊惑民众。对于此类记载,应予高度警惕。不能排除所谓的"投诚之共军"是国民党当局上演的带有表演成分的闹剧。1991年版《平津战役》载有《平津战役人民解放军损失统计表》,其中载明:天津战役中,失踪人员479人。2001年版《天津通志·军事志》载有《天津战役解放军指战员伤亡统计表》,其中载明:天津战役中,失联络377人、被俘2人。

⑧ 1949年1月9日《益世报》载《美粉存量甚充沛 津市配粉有富裕》称:"美经合署及美援会天津办事处宣称;为供应天津配售计划,于两月内运抵大沽面粉四万五千吨、小麦一万八千吨,现经进行交涉,增加三船食粮,将使十二月、一月、二月份之配售不惟充足,且有富裕……小麦一万零七百四十二吨已运抵天津,可保证目前平津之用。"但同日《益世报》所载《平津的两大严重问题 失业问题与食粮问题》中的表述却不乐观,认为天津的粮食供应问题很严重。该文称:"平津是两个消耗的都市,食粮存底素来不丰。过去,尚有外边的接济,自从被围困以后,外边的接济断绝,立刻就捉襟见肘。首先是北平的粮价飞涨,接着是天津。日来,由于京沪粮价也一致猛涨,大钞[由]飞机载来平津,平津的粮价更步步上升。姑以天津来论,[1948年]十二月三十日:兵船面粉零售价,每袋高至五百四十圆;小站稻米每斤十一圆;最关平民生活的玉米面,每斤八圆。升斗小民,惶恐万分。今后呢?除非对外交通恢复,食粮的价格,将必与日俱进,会有一天到了'米珠薪桂',这是必然的,用不着惊奇……失业问题与食粮问题,交织起来,就是平津四百万市民的生活问题。这两个问题的严重性超过一切。若是这两个问题没有合理的解决,平津的前

途是很暗淡的……我们知道,当局已经注意到这平津四百万人的生活问题,并且一度有派机二十架由津空运面粉到平之说。这种消息,至今还没证实。纵令是事实,区区二十架飞机,能运够北平吃的吗?飞机运去的面能到一般平民[手中]吗?有钱的人才能有面吃,没钱的人是没面吃的。在一般人失业情形之下,钱又哪里来呢?因此,就是有飞机送面,一般失业的生活问题还是得不到解决,何况天津的面还不够天津吃的,又哪有余力运给北平人吃呢?《新星报》[1948年]十二月三十日北平电话[称],北平于青岛存积面粉甚多,决自下月起开始空运,每日由运输机十架往返平青三次,每次可运五十余吨,每日一百八十余吨。又津存粉一千六百吨,'剿总'已允许日内全部空运来津。这当然是个好消息,但望能实现。实现了,问题还是问题。[要让]问题得到解决,必须解平津之围。"

⑨ 苏进撰《天津攻坚战中的东北野战军特种兵》载:"在西面,炮1团1、3营和迫击炮团2营5连[于]1月11日配属1纵6团,拔除西营门外张八坟东侧地堡群。为避免暴露基本阵地,迫击炮团令5连在原阵地右后方250米处,于10日夜间以4个半小时另筑一阵地,并[于]当夜进入。11日16时战斗开始,榴炮、野炮、迫击炮同时开火,地堡被炸开,铁丝网飞上天,被引爆的地雷和炮弹响成一片。仅1个小时,战斗胜利结束。迫击炮团5连首次使用120迫击炮射击,边打边摸索操作方法,除试射两发是远弹外,其余24发都落在地堡与障碍物上,打塌地堡两个。步兵称赞说:'打得好!'"而关于1月11日的战况,国民党当局仍在借助舆论,天真地编织谎言,制造"国军英勇无比"的假象。1949年1月12日《益世报》载:"津警备部政工处昨午发表战报:津郊东西两面,连日均有炮战,西面尤为惨烈。'匪'以人海战术,向前冲扑,赖'我将士'用命,忠勇当先,终将'匪'击溃。11日晨3时以后,'匪'以两团兵力,逼近城防。'我守军'沉着准备,待至五十公尺附近,指挥官号令一发,数百挺机枪齐射。顷刻间,'匪尸'堆压,无一生还。但'匪'仍不悔悟,每半小时,冲锋一次。最后拂晓一次,尤为惨烈,人数约为两三团,利用地形前进。经'我炮兵'轰击,并掩护'我步兵'冲杀,'匪'又死伤过半,胆寒而退。此役,

'我'步炮协同一致,联络迅速,射击准确,故能收此丰功伟绩"。"津警部昨日下午五时发表战报:(1).津郊西营门外之'匪',八、九、十,三日以来,经'我军'严重打击后,其一、二纵队已溃不成军。故 11 日由晨迄下午 3 时止,战况沉寂。'匪'似在调整补充,企图再举。惟'我方'士气旺盛,'匪'如再犯,必仍受惨重打击;(2).'我军'某某两部,向西营门外大、小园村外围,各派出战斗小组,向'匪'搜索。'匪'望风披靡,不敢应战,俘'匪'一名,获冲锋枪二支。'我战斗小组',以任务已达,即返原防;(3).'匪军'自'我'实施火线喊话以来,军心极为动摇,连日'向我投诚者'颇众"。1949 年 1 月 12 日《益世报》又载:"中央社本市讯:津警备部政工处消息:11 日下午 4 时,'匪'以一师以上之兵力连续向'我'大、小西门间'国军'阵地'猛犯',以人海战术波浪冲锋,前后猛攻七次,先后均被'我'击退,'匪'伤亡二千余人,被'我'生俘甚多。其他战利品无算,现正清查中。"

⑩ 似有逃荒之意。却,"退也"。如:退却、却走等。

⑪ 西关街即西关大街。西关大街东起西马路,西至西关外大街,顺接西营门大街,中与横街子、巨德里、烈女祠、故物场大街、栖流所胡同相交。因与城西门相接,加之附近设关收税,故名。简称西关街。沿街多店铺、作坊,曾为西门外一带的较繁华街道。一福居似为位于西关街附近的一家食品类店铺。

⑫ 即天津市临时参议会。当时,其议长室、副议长室、秘书长室均设在"一区兴安路 185 号"。

⑬ 即杨亦周(1900—1969)。1948 年 6 月 9 日,杨亦周当选为天津市临时参议会议长。杨亦周是否亦名"杨亦洲",待考。

⑭ 1949 年 1 月 10 日,刘亚楼向出城前来谈判的四代表提出如下条件:陈长捷和下属官兵必须无条件投降;陈长捷所属军队一律放下武器,不得损坏;保证陈长捷和官兵的私有财产不予没收;保证陈长捷和官兵降服后的生命安全;限令在 24 小时内要有明确答复,过期即行炮击。为了迷惑天津守军,刘亚楼下令,要求解放军从由津北发射重炮,并派前线司令部警卫团从北面实施火力侦察。此计策使天津守军误以为解放军攻城指挥部设在津北。1 月 11

日,四代表返城,《民国日报》《大公报》《益世报》等均予以重点报道,并介绍中共方面和平解放天津主张、四代表声明等,并配发照片。陈长捷误认为解放军攻城指挥部和主攻方向都在津北,便急忙下令将重兵调往津北方向防守。此处所指的"晚报载",即《天津民国晚报》所载。

⑮⑰ 38军112师334团3营,攻击位于胜利门外四座坟地一带的守军碉堡群。解放军攻城部队又攻占位于子牙河南岸自来水蓄水池附近和位于西营门外的国民党天津守军据点,且已接近城防线,最近处只有100米左右的距离。以下报道虽然把"国军"捧上了天,但大有掺杂使假之嫌。1949年1月12日《益世报》载《津西郊昨夜激战》称:"10日晚间至11日晚8时,炮声疏稀,市民均稍觉宽慰。不料至11日晚9时,炮声又起,且极密之机枪声间以步枪声亦充耳可闻。据悉:共军昨晚曾以人海战术,两度向西头'国军'袭击,守军在炽烈炮火掩护下勇敢抵抗,空军亦自基地赶来助战,至十时许,'来犯'共军已被击退。"1949年1月12日《益世报》载:"中央社本市讯:津警备部政工处11日11时发表:11日晚,'国军'已于津西大园村与西营门之间,再度造成辉煌胜利。该方面'匪军'以一师之众,自11日傍晚8时起,向'我'大园村及西营门之间,分数段以人海战术猛冲,展开激烈搏战。自8时起至8时半止,'匪军'先后猛冲达七八次,双方短兵相接,拼杀惨烈,'匪'终未得逞。8时半,战斗最猛烈阶段,'我铁鸟部队'飞临战场上空,立即对'匪'猛施轰射,同时,照明弹大量放出。陆上炮兵亦配合猛击,于照明弹强烈光芒照耀下,'国军'炮空配合对'匪'密集炸射达半小时。结果,该一师之'匪军',乃尽成糜烂状态。据陆空联络机上,俯视战场,但见自大园村迤西营门之线,堆积'匪尸'狼藉不堪。陆上炮兵利用照明弹视察所得,亦同。此一师'匪军',殆无一生还,已无续放一枪之能力"。"中央社本市讯;津警备部政工处11日午夜发表:津保卫战展开以来,首有'东局子大捷'。继该次重大胜利后,11日晚,'国军'又于西营门大园村之线,再度获得'第二次大捷',士气益趋旺盛。各界闻讯,亦振奋异常,指挥官对步空炮之密切配合,发扬最大威力,极感欣慰,已急请层峰,分予奖励,奖金一二日内即可发下。同时,津参议会、总工会

等单位,亦连夜决定,于12日展开扩大慰劳。当此一战斗,'国军'于全盘胜利中结束后,当晚10时至11时,'匪'为掩饰败迹,曾续有一部'潜窜'战场,抢运被毙'匪尸',经'国军'发觉,又予炮击,'匪'复受重创。"

⑯此处为调侃。"徐老二"似为日记作者自指。日记作者上有哥哥,可能排行老二,故自称"徐老二"。"一个亚胡嘿",即"咿呼呀呼嘿"的转音,为常见于民歌中的加强语气助词。

一月十二日 星期三

津西西营门,昨双方并斗激战,伤亡惨重①。"国军"方面,以陆、空双管齐下,予共军以重大打击,并于大园村②获捷。

大局,日内即有新的发展。张治中、孙科昨谒[蒋]总统,商谈和平事宜。其他要人亦日日为此碌碌奔走。五日内,定有圆满的披露。期待着吧③!

津市议会,为保全六十万劳苦界的苦胞,要求戒严要有定时,否则,他们就要饿毙了。[国民党天津当局]今日已有反应,从今晨起,开始解除普通交通管制。

这两天,气候还算不错,今日F38度④。

解放军战士向天津城防发起冲锋

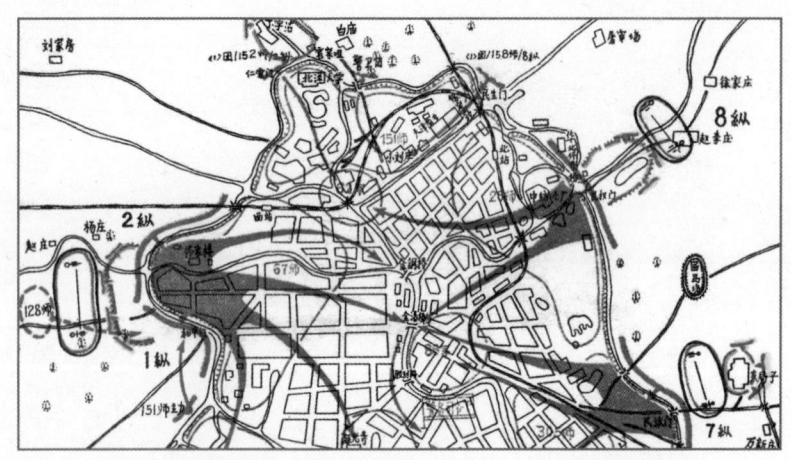

天津战役期间解放军在天津城防西部、东部和东南部的进攻路线要图

物价之高涨,迄未停止。白面,每袋已逾千圆;鸡蛋,每只价贰拾伍圆;猪肉,贰佰多块一斤。赴菜市一看,简直吃不起。有两月没闻肉味了⑤。

白天总是沉寂。一到黄昏,炮声即源源光临,尤以今天打得最激烈、声音最近。⑥大概"匪军"正在猛扑了。真倒梅〔霉〕!"匪军"往西边攻,大概[认为西边]好欺缚〔负〕。[我家的位置]偏偏离城防又这样近,在院内即闻流弹之声、"飞子[儿]"搜搜〔嗖嗖〕[之声],令人胆寒⑦。洁〔解〕手都没洁〔解〕好,叫[栅栏门]销门闹的⑧,赶紧提袴〔裤〕跑回家来。

晚七时半至八时之间,激战益烈。机枪[声]如雨点[声一]般,趁着巨声的炮雷,半小时内,"匪军"猛扑过数次。⑨因听机枪[之声时而]顿停而知。

[晚]九时许,飞机腾空,想又是["国军"]"英勇"的侦炸了⑩。看明天的报纸吧,人是少死不了!

注释

①⑥⑦⑨ 1月12日拂晓前,在津西、东、南三个方向的城防阵地一带,大多发生战斗,尤以西营门附近的战斗最为激烈。解放军后攻占在西线城防外盘踞的天津守军62军67师一个连兵力的据点。苏进撰《天津攻坚战中的东北野战军特种兵》载:"迫击炮团3营8连和炮4团3营分别于1月12日、13日配属7纵,扫除[津东]民族门外围据点……1月12日和13日,各炮兵连陆续进入阵地。为了防备敌炮和敌机的袭击,在炮兵进入阵地之前,我们指派炮4团的两个'100加炮连'占领临时阵地,随时准备压制敌炮。高炮1团各连早在几天之前就展开战斗队形,高炮1营集中展开在津西,负责掩护'前指'、炮兵阵地和攻城突击部队;高炮5、6、7连分散展开在东、西两面,负责掩护重要水闸、桥梁和炮兵阵地。各炮兵团建制的高机(炮)连,也在炮兵阵地附近展开,准备对付低空的敌机。"另据1949年1月13日《益世报》载:"共军昨自东、西、南三个方向分向津市区盲目发炮,津市区多处落弹,尤以河东为最,且有数处因而起火。西北城角及女师学院等地均落有流弹。"同日《益世报》载《津郊东西两线战斗情况》称:"警备部政工处发表:(1)天津保卫战,12日已为第九日,'林匪'初作大言,五日内'侵入'天津,战斗延续二十余日来,'林匪'始终未能望见天津城防面目,其'狂言'早已不攻自破。自本月8日'东局子大捷'以后,保卫津市各线官兵斗捷,异常兴奋,磨砺以须,静待'顽寇就歼'。11日晚,又有西营门外之大捷,'歼匪'达两师之众,陆空步炮,密切配合,使'匪'更形'丧胆'。故12日竟日沉寂,'匪'度'我'将主力已全置西线,其他三面必极空虚,遂于12日下午4时复选其最精锐之四个团,分别由东局子程林庄,向'我'浙江公墓、广东公墓、地窖等阵地,以炽烈炮火[进行]波浪式猛冲。殊不知'我各线守军'均系忠勇无比之硬汉,'匪'虽发炮五百余发,但经'我忠勇守军'沉着应战,激战一小时许,卒予'匪'以重创。某地,'我'只两排兵力,猛烈打击'残匪','匪'伤亡惨重,遗尸遍野。'我阵地'

亦全为炮火所毁。某排官兵苦战至仅余六名,仍死守阵地不退,待援军开到,始合力出击。以此种喋血苦斗精神,终将四团之'匪'全部歼灭,'匪'伤亡达万人以上,并被'我'生俘'匪'官兵百余人,卤获战利品甚多。'匪'受此打击后,以为'我主力'已移向东方,乃又于下午6时,再'犯我'西营门外大、小园村。不意,'我军'东西两面,正在举行'杀匪竞赛',两线个个争先,'匪'又受一次血的教训。'来犯之匪',系林彪第一纵队最精锐之一个师,仍用人海战术,作波浪式冲击。'我'以重炮、机枪配合作战,但见机枪火舌齐发,巨炮怒吼,'匪尸'乱倒,'歼灭'殆尽。是时,'匪'第二线预备队,拟进入阵地应援,亦被'我炮兵'阻击,死伤甚重,乃'狼狈溃退'。自天津保卫战开始迄11日止,已'歼匪'五个整师,此役又有一师余众,'被我歼灭',统计'匪'已'被我消灭'六个整师尚有余云。(2)11日,西营门外大、小园村之役,'我防守部队歼匪'二师之众,获得保卫战中之'第二次大捷',已志昨报。兹悉,此役'我军'掳获'匪方'文件及重要物品甚多,中有'四平突击队'队旗一面。根据检获物件,知前(11日)晚,'犯匪'即系'林匪'最精锐之第一纵队第一师,已全部'被我歼灭'。东北之四平街,即系该师所攻陷,当时曾获得'林匪'之荣誉奖章,并赠以'四平突击队'之荣誉名号。该师装备极佳,此次'被我完全歼灭','林匪'如丧左右手,故内心恐惶异常,士气更趋不振,且已久顿城下,附近村庄食粮均被吃光,而交通不便,大批食粮又无法运到,故'匪方'士兵生活至苦,每日只以高粱米充饥,且难得一饱。兼之弹药缺乏、兵心厌战。'匪'干部虽以漂亮口号'欺骗'士兵,'高压手段强迫送死',但经'我'前线喊话之启示,深感总统寻求和平之苦心及我方优待俘虏之诚意,故一遇机会,即携械投诚。日前,陆维祥连长率部起义,已经'我'优予安置,并介绍与各界晤谈。12日,又有两部官兵因'愤匪残暴',继陆连长之后,毅然又携械来归。据谈,'匪方'军心已完全瓦解,'林匪'进退维谷,情形至为踯躅[踟蹰]难安。"

② 大园村、小园村、南辛庄均在西营门外南运河以南和墙子河以西一带,此地曾名霍家台。天津解放前夕,此地多为园田。后改称三元村。今当地仍有以"大园""小园"为名的街区。

③ 此为报载所言的和平幻影。国民党当局并无和谈诚意,却无端指责中共方面,制造了很多麻烦。这也给国统区的居民造成了很大误解。

④ 为华氏温度,相当于3.3℃。

⑤ 当时,天津物资匮乏,物价天天噌噌地上涨。但是,气数已尽的国民党天津当局已无计可施、回天乏术。1949年1月12日《益世报》载:"昨日各业市场,仍甚沉寂,客商俱乏活动模样,赴市交易者殊为冷落,进出颇为零星。而市气则以沪价轩昂,金钞黑价趋高,人情力图逞强,所有售户悉属于周转金融之家,凡资力充沛者,俱已将货品封存,待时再图销售。粮食续升,惟杂粮市场以交通不便,交割不甚容易,市况极为萧条。兵船粉初开八〇〇圆,次为八二〇,旋跌至八五〇圆,犹无人出手。小站稻米尚平,开一七及一八圆。元玉米一六圆。秫米一七圆。元豆一四圆。食糖已三日无市。"该报记者于1949年1月11日在旧法国菜市外调查的结果与商品牌价相比,大相径庭,遂感慨道,在这里的摊位上,"价钱真是可观,不但角票无用武之地,就连一圆的票子购买力也接近于零,零售兵船[牌]面粉一袋九百七十圆,炮车[牌]面粉九百五十圆,比较每斤廿二圆的小米、大米每斤二十圆,真算便宜。猪肉每斤带皮二百圆,很少人问津。每斤三十圆的咸菜却大走红运。小得吓人的鸡蛋每个三十八圆。三块豆腐干,值十圆。美国奶粉零售每斤三十圆,实在便宜,购买的人争先恐后。花生米,十圆买二两。假使你如有闲,把这些价钱换算成法币,恐将骇人听闻了。"

⑧ 日记作者的住宅在一个胡同内。为战时安全,居民们商议集资购买材料,在胡同前设置栅栏门。晚上,要定时在栅栏门上加锁,即锁门。而公厕则在栅栏门外。

⑩ 1949年1月12日8时20分,天津市长杜建时、秘书长梁子青急电南京(限二小时到),请求速派空军飞机助战,其电称:"现津市攻防战自上月16日起,将近一月。本月4日起,'匪'以主力围攻九日。在此期间,'林匪'除第六、十一纵队外,余十个纵队,更番出动,以人海战术,连续猛犯。'我军'凭城防抵死拼拒,异常激烈。各官兵振奋效死,以战待和。但孤军困守,虽可勉撑,恐日久终有最凄惨之一日。渴望'我公'转给主管,迅派大量空军助战,藉以延缓危机、促成和谈有利条件为祷。"

一月十三日 星期四

旧十二月十五日①。

险！

在执笔[写日记]的时候，心中未免有些恐惧。站在院中，正对面的大烟囱，简直是"要命鬼"。[此处]原为义大染厂旧址②，现因被"国军"所占，作为修械场，并架好大炮，以作防御。这样可不要紧，无形中成了共军开炮的目标。

东野第三纵队某部梯子组和爆破组战士正在向天津城防靠近

解放军战士趁着炮弹爆炸后形成的烟雾向天津城防突进

昨晚八时余,三道桥③附近住宅,即落一弹。[弹]由院尾穿入,打到北房门道上,当将门道击碎。屋内亦被震塌。室内老夫妻亦遭压毙,血流如注。院内[玻]璃窗[上的玻璃被震碎后]横飞,无一完整者。惨哉!按此炮弹之来,系由"匪"企图射击"义大"④之烟囱而至[致]。这不能说不危险。少微,弹一近[的话],吾院中即有相同之惨剧发生。搬家吗?唉,魂灵早在枪弹之下啦!不知何时即叫你上西天哪[呐]!

"共匪"林彪部下,第一纵队第一分队⑤系其最精锐之部队(前四平街⑥即由其攻陷者),昨亦遭"国军歼灭"。晚七时至八时之间,"匪"伤亡惨重,达数千人。东西两线最烈。昨为津市保卫战之第九日。这几天内,共歼"匪众"有六个师之多。津四参议员前天又赴"匪区"呼吁,请勿集中炮火于市内,以保二百万市民之安全与津市仅存之工商业。共方已允考虑通知前线各部队照办。四议员于昨日才回归津市,报告于议会⑦。

今日[天气]温和,室外华氏四十度⑧。

玉米面,昨晚涨至贰拾元[一斤],[但至]今晨,竟抢购不着了。年头一不齐〔济〕,街上的卖果仁饼⑨的,就应市了。

天夕将近五时,于室内正阅《民国晚报》,见津市昨[有]市民被流弹所伤,呈报地方法院检验者竟达五十六名。想其他之情形,定超过此数目,惊恐不已⑩。

话还未尽,忽闻"嗖咣咣"的一声,像炮弹爆炸于附近似的⑪。急忙出门观,出[家门],[出胡同]拐弯,见隆[浓]烟滚滚,结果重于[此前]高升店后⑫[被轰炸的情形]。人民忙的〔着〕救火、救人,因未起火,又将水[桶]抬回。见一堆人在围着,听[说],里面一小女孩面部已被炸坏。不愿再看此惨剧,刚想拨步而归,见二人由胡同中拉出一人,因[仅]见[其]后背,未露何伤,[所以不知其伤情如何]。闻里面死伤了不少人。这才叫居在火坑里了!

王家骏⑬言,正看见黑乎乎的一[枚]炮弹从房上[飞]过去,爆炸[点],[与我们现居住所]之[距]离,皆不过十数丈、几胡同之隔。可谓到了九死一生之地步。今日才真正的经[历]着[了]。心中多少有些怨恨与惧畏了。此时,大家对着义大染场⑭的烟囱破口大骂:"它是炮弹的目标""众人的'要命鬼'"。所以,七保⑮联合与其交涉,[要求]立即将烟囱毁除。对方答应先暂时停工。

[晚]六时许,又闻"咣[咣]"的两声,比方才更近了。[在屋内]听了半天,外面并未发生大乱。⑯这时,栅栏门早已[关]上了。[家中]四个人都在北屋搭[着的木]板下避着了,[这还]多少保点险哪〔呐〕!

家家的灯火大部都[熄灭了],[周围陷入]黑暗了。这时,希望有"地印〔窨〕子"[可躲]了。上哪逃?[家住]鼓楼⑰[一带]的人还往这里逃拉〔呢〕!干脆闭着眼等死吧!

晚上的战事没有昨日的烈爆。[晚]八时之际,几乎沉寂了下去,但天不作美,风又呼呼地吹了起来⑱。片时,南面有机枪声;片时,西边[的枪声]又起来了。简直搞不清。老佛保佑着,枪弹[和炮弹]别落这里吧!

注释

① "旧十二月十五日",也即农历腊月十五。
②④⑭ 日记中也称之为"义大染场"。义大染厂时位于"西关街大酒缸胡同19号"。曾生产"金钟青""三义蓝""福利多"等品牌的布。据1945年4月6日伪天津市商会编制的《部分工厂基础调查表》载,天津义大染厂于1941年8月成立,投资额50万元,工人67人,为合资企业。其主要生产设备包括:化硝池7个、锅炉、化学炉各5个、汽机3个、旋床、轧细机、曹达(纯碱)锅各2个、吹风机、打碎机、发电机各1个。厂内设施还包括医药室、沐浴室、工人宿舍、职员宿舍、体育场等。已知至1946年,该厂经理仍为陈泽民。
③ 三道桥位于西关大街、南大道之间,也即西马路西侧、南台子以东、二道桥以南一带。二道桥、三道桥原均为天津旧城护城河上的桥梁,南台子即护城河堤的一部分。1900年后,城墙被拆,护城河亦被填平。此地形成里巷后,即以护城河第三道桥的桥名为地名。
⑤ 即第1纵队第1师,新番号为第38军第112师。
⑥ 即吉林省四平市。
⑦ 1949年1月11日下午,参议员丁作韶、杨云青、康相九、胡景薰在陈长捷等授意下,第二次出城与刘亚楼会面,希望解放军准允天津守军携带武器撤出城防。12日下午,四代表返回市内,向陈长捷转达刘亚楼即将开始总攻的通牒。陈长捷仍穷凶极恶地叫嚣,要"效法斯大林格勒战役,逐屋抵抗",决心"与阵地共存亡","必要时把天津全部烧毁"。
⑧ 相当于4.4℃。

⑨ 天津民间多称花生为大果仁,如"果仁张"即是。通常认为,果仁饼为掺入碾碎的花生米之后制成的饼状食物。但出现于"年头不济"之时的果仁饼,缘何还不如玉米面值钱?褚凤亭撰《忆童年生活》载:"沦陷期,老百姓生活极其困苦,只能吃配给的杂合面和带皮的高粱面。后来,这些东西也没有了,改吃豆饼、果仁饼(即用黄豆或花生仁轧去油,剩下带皮的渣滓准备作肥料用)当作主食,因粮食中无油性……"可见,此处所言的"果仁饼",即用花生粕制成的渣子饼,也即饲料。人们不到万不得已时,是不吃这种所谓的"果仁饼"的。

⑩⑪ 1月13日,国民党天津守军城防遭到人民解放军猛攻,西营门一带城防一度被突破,天津守军疯狂反扑,但未能夺回原有的主阵地。天津守军67师派出一个营的兵力,当晚企图抢夺南运河南岸土堤上的水泥碉堡。经反复争夺,天津守军被歼过半,其余逃反。从1月3日至1月13日,解放军共计攻占天津守军设在津城外围的据点18处(其中西面6个),共歼敌4800余人,基本实现扫清外围的战斗部署和攻城准备,形成对天津市区的紧缩合围圈,为突破天津城防创造了有利条件。刘亚楼命令"特司"炮兵于1月13日上午、中午、下午分别对天津东、南、西三个方向展开炮击。1月13日下午,杨亦周、李烛尘求见陈长捷,劝他按共方限定的"24个小时放下武器"等条件行事,以免津城遭战火。陈长捷却声称:"战局是十分严重,仗是没法打了,维持不了几天了。我已和傅先生通过多次无线电话,他命令我坚守。听说过几天会有办法。军人是要服从命令的。"

⑫ 西门南二道桥子一带有商号曰高升店。高升店位于连升店(连升栈)西侧。"高升店后"为日记作者住宅附近的一条胡同。

⑬ 日记作者的同学或邻居。

⑮ 即七个保的建制。若按1934年国民党"中政会"第432次会议决议、由南京国民政府行政院通令各省市切实办理地方保甲的相关规定,十户为一甲、十甲为一保。七保大概有700户。

⑯ 苏进撰《天津攻坚战中的东北野战军特种兵》载:"1月13日9时开始,展开在东、西、南三面的各炮兵部队,先后开始试射。结合试射,对突破口附近的

坚固碉堡和危害较大的纵深目标进行破坏射击。为使敌人不易判断我炮兵部署和便于观察,'特司'规定:上午东面打、下午西面打、中午南面打,试射逐连进行,同时,各方向要指定一个炮兵连准备对敌炮战。担任直接支援的炮兵,为不过早暴露阵地位置,试射都在总攻当天进行。东面的炮3团3营,结合试射,以1个'150榴炮连'轰击了民权门附近的几个钢筋水泥碉堡。8纵参谋长黄鹄显在指挥所里用望远镜观察了射击效果,他在日记上写道:'发发炮弹命中,给敌人物质上予以摧毁、精神上予以打击。'西面的炮4团1、2营和炮6团1营,分别对中原公司、西站、寿丰面粉公司、南开大学等制高点进行了试射,并对敌护城河前的4个碉堡及西营门附近的第三监狱、自来水厂等敌据点进行了破坏射击。"

⑰ 鼓楼位于天津城厢中部。此处所指,应为鼓楼地区。

⑱ 1949年1月13日,天津刮北风,风速9.1米/秒(相当于风力5级),此为当月极端最大风速。1949年1月,天津平均风速为2.4米/秒,刮北风的天数为20天。据《天津气象资料(1890—1960)》第301、303、306页。

一月十四日 星期五

往日都是白天沉寂,晚上[炮声]激烈。今天可倒好,从晨七时,即轰轰作响。①[这种担惊受怕的日子]是过惯了的,不希奇。

赴西门脸[儿]观报,行至高升店后,[看到]五具大小尸体,被席被等物盖着。此即昨

1919年1月14日,刘亚楼发出天津战役总攻命令。

日遭难者也。见胡同内房屋已有坍垣者。闻[他人说]:竟见死者有七八口之多,尚有未抢出者。此重弹不知伤了几家。闻遭难之家,只剩下一男孩略受轻伤,总算留了一个根恒。言之不尽酸感。

马路上,电车还是仍旧开着。"叮当"的声音、"五福"喊的声

音②,仍然连接不断。不过,逃难的人们,可增加了许多,甚至连洪兴店后③的人们,有几家还正在搬运呢。

"三轮!"

"[去]哪儿?"

"一百伍。"

"干脆一百圆。"

"上车!我去帮您搬行李。"

"就在这了。"

——[这些对话,就像]一幕话剧!使你的心立刻碎了。

见报载:昨,市民遭炮弹[轰炸而]伤亡者,达百之多。南大④、七厂⑤[一带],更有大的伤亡。一、二、三、七、十一等区⑥,皆有弹吃。昨日六时至七时半,"共匪"自西北方,向市内民房盲射。又载:昨日午后五时许,"匪军"以重炮盲射⑦。"国军"当予

解放军抢搭浮桥,冲过天津护城河。

解放军战士攻入天津市区纵深地带

正在天津城防护城河上架桥的解放军工兵部队战士

以重炮还击,始见沉没〔寂〕。人民奈[何]你什么了?天哪!

闻财政局⑧已落弹、北门西⑨已落弹。电车[公司]为〔因〕之中止[运营]。行人皆惊鼠而归。各街要路口,早已不通。闻昨日,南市⑩上午曾一度[实施]地域[性]的急紧管制。

至[中午]十二时,炮声益烈,机枪亦像没魂似地要命[地]响[个不停],超过先前晚上酣乱之记录。⑪

忽听紧急戒严的笛声响了!又不通行了!此时,又听一弹爆炸声,仿佛又落在邻近了!恐惧吗?!

[在]家中,自己也捣了鬼了。不知[住]北房好,还是[住]南屋好。[住]哪也不好![全家人]都在北屋的炕上铺板下躲着。屋里[被遮蔽物]挡得黑洞洞的,像是风雨不透似的。其实,这有什么用?闷得几乎出不来气了!好歹地吃了两口午饭。还是到南屋来吧!先豁亮是真的,管一会儿死活呢?现在往哪搬?哪儿安全?[哪]不落炮弹?生有处,死有地。愁也没用。

书[写至]此时,巨炮隆隆。[打在了]市内!附近的爆炸声简直是不断了!不知何处又在演着像昨日[一样]的惨剧了!⑫

解放军"特司"所属坦克部队正在向天津市区开进

假如要是幸运的话,此大劫过去后,此篇日记,足令后人发指![现在]能记事情的孩子们,将来足可以[用今日事]说古了!

将至[下午]

五时,正[是]昨日发生爆炸的时候。闻"帕帕帕帕"〔啪啪啪啪〕声,近如面前,不知何处所发,简直就像[在]后院[发出的]声音一样。⑬

晚上七时许,炮声倒没有白天[剧]烈。手枪声,时在目前,大概就是[从]义大染厂所发。继闻巨炮声若巨雷,听之发指。莫非变了不成?

[晚上]八时许,火光冲天,弹药[味道]扑鼻。继之,外面有人喊:"西关街恒合酒店⑭着火了!别睡觉!当心些了!关电盒!"在廿分[钟]以前,即没电了。[也]许是电源绝了。时,明月浩空。火光渐消,约廿分钟已无。于此时,心中不由擅〔颤〕惧起来。以理智与精神克服之,始稍安定。

至十时许,四边炮声已无。万想不到的[是],义大染场,刻刻地发出震耳惊魂的巨炮[声],"飞子[儿]"亦不断地在上空飞过。"油油"〔嗖嗖〕的声音令人恐惧。

奇怪,今天晚上为什么四周没有大战?遍遍〔偏偏〕地在吾家[附近]出来〔现〕一个虎口?直叫人莫明奇妙〔莫名其妙〕。难道义大染场里住的是"共谍"?你想,只此一地方,焉能动乱"大天津市"?

那么,四周为什么不响炮呢?这时,刻刻地万籁俱寂。片时,遂又恢复巨炮中〔声〕。⑮莫非真的变化了?但是市内并没发生大乱哪〔呐〕!猜不透是怎样的一回事了。

此时,早同天琪攒⑯到床下呆着了。受洋罪!油灯置于地上,微露小光,[室内]更显惨淡了。这时,吾心到〔倒〕[平静了],胆大了起来。唉!这个年头,叫我们年青人给赶上了。在里边,那〔哪〕睡得着?攒出去,拿了日记本,心惊肉碎〔跳〕的,七歪八乱地写了这些个。我认为这样地记载事实,才逼真、才有价值呢!

这时已[夜里]十二点多了,忽又闻飞机声由远而近了。但[在]

"义大"[附近发出]的炮声仍是不断,对〔与〕飞机仿佛没有关系。这时,飞机亦未[实施]轰[炸],但吾心已有些惧吓了。飞机来回地盘旋,[发出的声音]忽隐忽至。这时,到底不知是凶是福。盼着忍过这一宵,明晨便知分晓了。这时,仍有忽续忽断的枪声,不知是[在]"义大"还是[在城]防线[一带]。才叫不可思议了!写至此,又闻数"飞子[儿]"穿空而过。脑痛眼乏的我,写不下去了。炮声又寂了,飞机又来了!恶意吗?![17]

注释

① 苏进撰《天津攻坚战中的东北野战军特种兵》载:"14日就要开始总攻了,炮兵部队已做好一切准备。工兵、坦克、装甲车也都先后进入各自的待机位置。这天清晨有薄雾,不久雾散日出。从观察所里可以清楚看见,尖刀连的勇士们已进到护城河前几十米的冲击出发地,步兵架桥队已把苇子桥、梯子以及爆破器材运到突破口附近。此时,参加天津战役的34万指战员都在等待总攻时刻的到来。8时刚过,突然在东南方向飞来两架敌机。配置在津保公路两旁的我高炮[1]团1营迅速开火,两架敌机被击落。这是我高炮部队首次实行营集火射击取得的好战果。"据《天津战役研究》第293页载,这两架被击落的敌机为"P51野马式战斗机"。

② 有可能是"五福"牌的商品名(如香烟、纺织品等)。

③ 即位于洪兴店后边的居民区。时有商号"鸿兴泰记",位于"西关街路北110号",是否为洪兴店,待考。

④ 对南开大学的简称。该大学时称国立南开大学校,校址时在"八里台卫津路84号"。其北院地址时在"六里台卫津路80号"、东院地址时在"一区迪化道甘肃路转角"。

⑤ 即位于河北小于庄(今天津北站外万柳村大街与中纺前街交口迤南的沿街

两侧)的中国纺织建设公司天津分公司第七厂。1937年抗战爆发前夕,华新纺织公司被日商强购,改称公大七厂。抗战胜利后,被中纺公司接管,称中纺七厂,简称七厂。1949年1月14日,人民解放军对盘踞在中纺七厂的国民党天津守军发起炮击。经40分钟激战,歼灭天津守军第78团第3营。当天下午5时许,中纺七厂起火。天津市临时参议会议长杨亦周给天津市长杜建时打电话称:"中纺七厂已起火,仗还要打下去吗?绝不该再进行了!你应立即找陈长捷说说。"

⑥ 1945年抗战胜利后,南京国民政府接收天津,天津行政当局改划市区区界。从1946年起,市区由原来的八个区划为十个区,即新增第九区、第十区。1946年,又重新勘界天津市、天津县。市界为:东至东局子、万新庄;南界陈塘庄、李七庄;西邻王顶堤、穆家庄;北抵宜兴埠。1947年,又划出第七区一部分,增辟为第十一区。1947年7月19日《益世报》载《津增设第十一区 李鸿翔任区长》称:"津市府前以本市第七区辖境辽阔,决划分两区。业经勘定,由西门起,经西南角、南门、南门外大街至海光寺为界址。东北部仍属第七区范围,西南部划归增设之第十一区管辖。府方昨已派定李鸿翔为首任第十一区区长,负责筹备。新区公所将设在杨家花园龙华圣教会旧址内,下月一日当可成立。"西关大街时为第七区与第八区的交界路。日记作者的住所很可能地处第八区,也就是西关大街以北、西马路以西的某片居民区。

⑦ 盲射战术,即向目标方向进行不瞄准的压制射击,主要作用是压制敌方火力,掩护友军完成战术动作(移位、撤退等)。也可理解为漫无目的地射击、炮击。据天津党史研究专家王凯捷先生介绍,天津战役期间,人民解放军在实施总攻之前,炮兵部队向市区发射的炮弹大多拆除了引信。这样,既能减少或避免对天津市内居民区造成伤害,也能对国民党天津守军起到相当大的震慑作用。

⑧ 《天津通志·财税志》载:"1945年,抗日战争胜利后,成立天津市财政局,接管伪财政局。局内设秘书、视察、会计、人事、统计5室和5个业务科。科(室)下设股,共有298人。财政局下属机构,有按区域分设的9个税捐稽征、5个

屠宰场（附肉市办事处1处）、催征警1队。1948年10月，地政局撤销，并入财政局，设地政处办理地政业务。另在天津市政府内设会计处，负责市财政总预、决算及财政资金收支、审核、审批工作。"日记作者之父时在天津市财政局工作。天津解放后，新成立的天津市人民政府财政局仍将办公地"设在中山路金钢桥旁原天津市财政局旧址"。

⑨ 北门西即指北马路以西一带。

⑩ 南市泛指位于南门外大街以东、南马路以南、和平路以西的部分街区。早年俗称"卫南洼"，因地处城厢以南，故称"南关市场"，简称南市。

⑪ 苏进撰《天津攻坚战中的东北野战军特种兵》载："[1月14日]9时20分，前线指挥部下达了炮兵开始破坏射击的命令。顿时，500多门大炮从各个方向对预定目标轰开了。在西营门方向支援1纵2师突破的炮1团1、3营和迫击炮团2营，严格按照射击计划的次序，首先用重迫击炮对城墙外的障碍物进行破坏射击，对[天津城防]城墙后的火力点进行压制射击，约20分钟。接着，是野炮和榴炮对突破口及其两侧火力点进行破坏射击。30分钟后，停射5分钟，检查对突破口的破坏程度。接着，再进行20分钟的破坏射击。两次破坏射击，在突破口位置上，将城墙轰开了一道30多米宽的豁口，摧平了一个大型钢筋水泥碉堡，突破口附近的火力点和障碍物基本摧毁。野炮7连一炮发射45发，命中43发，二炮发射45发全部命中，六炮发射31发，命中30发。迫击炮5连发射20余发，全部落到地堡群及障碍物上，打塌了两个地堡……支援2纵4师突破的炮5团1、2营，虽然当时北风横吹，爆烟严重地影响射击修正，仍较顺利地完成试射，并在试射中摧毁1个碉堡。担任轰开突破口的3个榴炮连，按时在指定的城墙位置上开出10米和5米宽的两道豁口。炮6团1营协同1纵炮兵团，在1师突破正面的右翼，对敌侧方火力点进行破坏射击，摧毁了4个碉堡。在津东、津南配属7、8、9纵攻城的炮兵，也按计划打开了突破口。各个方向的炮兵，在这次破坏射击中，大胆运用抵近射击的战术，很成功。大部分野炮和部分榴弹炮巧妙利用地形，推进到距敌前沿600—800米左右，直接瞄准射击，提高了命中率，简化了射击指挥程

序,充分发挥了炮火威力。全线的破坏射击持续1个半小时,提前完成任务。在我强大炮火轰击下,敌人'固若金汤'的城防工事崩溃了,敌人的火炮被压制得无法还击。1月14日11时许,各突击方向的纵队指挥所发出了压制射击的信号,所有火炮一齐向护城河对岸敌前沿阵地实施3分钟的急袭。我各路突击部队随着隆隆炮声,在硝烟弥漫中以排山倒海之势勇猛地向突破口发起冲击。按照协同作战计划,由步兵架桥队负责爆破、搭梯和架设轻便浮桥;队属工兵负责扫雷和架设徒步桥;工兵紧跟在突击营之后,负责大面积扫雷和架设供坦克、炮兵通过的重型桥。为掩护架桥,一部分炮兵、坦克、装甲车及步兵重火器向突破口两侧进行抵近射击,另一部分炮兵压制敌炮兵;同时,还准备一旦架桥失利,派坦克或装甲车冲下护城河,以车体充当桥墩。在尖刀连通过护城河登上对岸冲入突破口时,直接支援炮群向纵深延伸火力200米。为掩护突击营巩固、扩大突破口和向纵深发展,直接支援炮群和迫击炮向纵深实施递加100—500米的压制射击,远战炮群向纵深500—1000米敌人可能反突击的地段和集结位置行拦阻和集中射击。与此同时,一部分炮兵继续向突破口两侧射击,压制敌炮兵、坦克、装甲车,部分直接支援炮兵准备进城参加巷战。各方向突破前沿的战斗进行得十分激烈。在西营门方向,当突破口刚刚打开,担任中央突破的2师4团突击营,在炮1团暂停射击观察效果时,看到左邻突击队扫雷开辟通路而竖起的红旗,由于求胜心切而误认左邻已开始冲击,遂令尖刀连提前于10时50分发起冲击。该尖刀连的提前冲击,牵动了西面其他部队的行动,右翼1师的突击部队也跟着发起冲击,战况更加复杂。此时,1纵首长当机立断,决定支援1纵的炮兵提前向敌纵深延伸射击,拦阻敌人的反突击;支援2纵的炮兵仍按原计划射击。'特司前指'立即指示各炮兵观察所严密观察敌人的行动,及时准确报告突击部队的进展情况,并命令炮4团和炮6团的'100加和150榴炮连'猛烈压制封锁突破口的敌纵深炮兵,支援1纵、2纵的坦克先后赶到护城河前,以直瞄射击打掉封锁突破口的敌暗堡火力点。经过一番激战,2师和1师的突击部队连续击退敌人10多次包括有坦克和装甲车配合的营规模反突击,于 11 时 15 分到 30 分最先把红旗插上天津城头。在 2 纵 4 师突破正面上，炮 5 团于 11 时 30 分完成对突破口的射击任务。当突击队爆破成功后，又以 3 个榴炮连转移射向，根据尖刀连竖起的红旗，进行延伸射击。另 3 个榴炮连有效地压制敌纵深阵地和装甲列车。在步兵抗击敌人反突击时，炮 5 团及时支援，发发炮弹在敌群中爆炸……8 纵 24 师在民权门方向突破的战斗打得十分激烈……我炮火破坏射击刚刚结束，突击营爆破组即进行连续爆破开辟通路，紧接着突击营迅速在护城河上架起轻便桥，仅用 3 分钟的时间即突破民权门，将红旗插在城墙上。我突击营进入突破口 300—400 米之后，隐蔽在纵深工事内的敌人，在山炮、榴炮、重迫击炮的支援下，先后向我发起反突击。敌人用纵深炮火和两侧的火力拼命封锁突破口，企图拦阻我后续部队，压制我炮阵地。24 师突击部队在突破口附近打退敌人 20 余次反突击，终于打开和巩固了突破口。在这段时间里，炮 2 团和炮 3 团 3 营对敌人展开激烈炮战，炮 2 团 9 连阵地落炮弹最多。该连葛指导员中弹牺牲，很多同志带伤坚持战斗，直至把敌炮完全压制住。炮 2 团还适时派团参谋长组织前进观察所进到突破口侧翼城墙上指挥，轰击敌残存火力点，拦阻反扑的敌人，支援步兵巩固和扩大突破口……步兵发起冲击之后，担任远战任务的炮 4 团，以西面的 1 营向突破口纵深实施两次延伸射击，掩护步兵向纵深发展；同时，以西面的 2 营与东面的 3 营以及炮 6 团 3 营，从东西两面对南开大学、中原公司、寿丰面粉公司……法国桥等处的敌炮阵地、兵营、观察所和指挥所进行反复压制……我们的炮弹直接命中了海光寺附近的敌警备司令部。"

⑫ 苏进撰《天津攻坚战中的东北野战军特种兵》载："我军西面、东面和南面各突击部队，于 14 日 13 时半前，都突进去了。在炮火支援下，后续部队源源通过突破口进入市区。为保证大批后续部队和炮兵、坦克入城，工兵 1 团在敌火下连续作业，完成了扫雷、架桥任务。工兵 2 营用 3 个小时在西营门架起 1 座 21 米长的铁轨桥；工兵 3 营用 5 个小时在民族门架起 1 座 18 米长的铁轨桥；工兵 1 营在民权门用两个小时修复原有的水泥桥，填平一段外壕，

架起1座浮桥……'特司'所属炮兵支援步兵突击,巩固和扩大突破口的战斗,持续到14日16时结束。14日黄昏,炮1团5个连,炮2团5个连,迫击炮团2、3营的5个连,陆续进入市区支援纵深战斗……"

⑬ 苏进撰《天津攻坚战中的东北野战军特种兵》载:"配属各主攻部队的坦克连,分别于14日15时左右进入市区,以排或单车行动,支援纵深的战斗,起到了'活动堡垒'和开路先锋的作用。坦克1连伴随1师和2师的二梯队进入市区,一路上打掉许多街头路口的碉堡,为步兵开道。当2师6团穿过鼓楼南大街进至新旅社时,敌人凭恃坚固建筑物和密集火力阻止我步兵前进。步兵数次爆破未成,我两辆坦克用炮轰和装甲撞击,把大楼冲开一个大窟窿,步兵紧跟着冲进去,全歼了守敌。"

⑭ 1937年《天津电话号簿》》载:"恒合西栈酒店,西关大街路南";"恒合酒店,西关大街坐南"。1948年天津《电话号簿》载:"恒和西栈酒店,西关大街164号"。据此判断,"恒和"即"恒合"。另,酒店旁胡同位于南大道西段南侧、掩骨会以东,其以"酒店旁"为胡同名,很可能是以该酒店为参照物。

⑮ 苏进撰《天津攻坚战中的东北野战军特种兵》载:"支援2师5团的坦克,于14日22时攻占胜利桥后,迅速进至海河以东,支援该团于民族路歼灭了敌86军军部,并迫使敌约1个团的兵力投降……坦克2连在南运河以南支援6师。他们伴随步兵消灭自来水厂守敌后,与步兵交替前进向纵深发展。当前进到海光寺附近敌一个指挥部时,步兵遭到敌在建筑物上的多层火力猛烈射击,严重受阻。此时,坦克2连指导员张云亭乘一辆轻型坦克冲在最前面。他一边指挥坦克来回冲击,多次接引步兵,一边亲自操作火炮协同机枪手压制敌火力点。由于夜间观察困难,他将头探出顶盖外指挥射击,掩护步兵夺取了敌人据守的建筑物,但他不幸中弹英勇牺牲。"

⑯ 同"钻",下同。

⑰ 1949年1月15日《大公报》载:"津城全市,14日完全陷入炮火笼罩下,大战终日。市内20余处起火。"1949年1月14日至1月15日解放军总攻天津期间,对于西线战况战果,可参阅《天津通志·军事志》第八篇第四章《天津战

役》(第555—584页)。另在1991年版《平津战役》等战史资料中,张竭诚著《峥嵘岁月》、李少元著《硝烟征程》、彭仲韬著《烽火春秋》等解放军指挥员回忆录中,王凯捷著《天津方式》、陈德仁编著《天津战役研究》等学术专著中,均记载较详,亦可参阅。囿于篇幅,此处不再转引。

一月十五日 星期六

这一宵的罪可受够了。身上歪得处处痛,脖子[上]也起了一个小疙瘩。今晨六时,忽醒,身上发冷。又闻飞机嗡嗡而至,继闻附近[有]炮火声。①

奇怪!四边无声呀。咬牙上床[接着]睡,忍了一个多小时,天亮了。

出去。人往南大道探探,见[设在]南大道[一带]的栅栏门都开了。行人靠边。碌碌的炮车声②[响着],[身着]灰绿[色军装]的军队[战士]在开进着。

哟!进来了!

这夜有了这样的变化。祝福!不管一会儿怎样,先夺〔躲〕过近头的炮火了。奇怪的[是],昨夜,炮火之邻近,现在不用说,也了然了。"义大"[一带],昨晚那是人家③在把持了。[当时听到的]帕帕〔啪啪〕的枪声,[也]许是发炮的号令吧。

余亦至南大道观看,果然,[有]靠[马路]两边散步行走[者],

徐天瑞日记(1949年1月15日)

锐不可当的人民解放军占领天津警备司令部

亦有站住者,与"国军"[的着装]无二,只[是军装上]无符号而已④。民人随便通行。说也奇怪,这时,你看每个市民的面上,到〔倒〕露出笑容了。

　　[上午]八时许,舅爷来谈:从昨晚九时许,[解放军战士]即进来了,[喊]老大娘开门。他们几间房全住满了[解放军战士]。呆了一宵,谈了一宵。[解放军战士]毫无恶意。⑤

　　义大染厂当时即被占据了。听说[天津城防]东边[的天津守军]不交枪,[双方]还在打着了。

　　怪不得昨天傍晚六时许,闻有飞机[轰鸣声]而未[实施]轰炸呢。大概[是国民党天津当局的]大员们[乘飞机]逃之夭夭[了]吧。愣说确保平津[不失]?!

　　从三余里⑥观完后,见胡同里的住民,才从地窖中爬出来。[见地窖]里面有被褥,才知人们敢情都这样的受罪了。

昨闻之巨炮声,原来即在南大道文德煤厂⑦路口安置[的大炮发出的]。系由共军向东[轰]击[发]射。

今日才安心地吃午饭。外面听不见炮声了。我们也变成解放区的同胞了!⑧

昨日一晚上,市内不知死伤多少无辜的市民。午饭后,邵、马[两同学]来找,互道惊吓。全是前后邻落弹。因[他们都躲]在壕内,幸未损伤。

遂一同至马路[上]观光,先到脚行胡同,门已大开。中兴、鼎盛⑨等处,均遭炸毁。又闻西关街派出所⑩[内],被抢一空。又转到西马路,不多共军足迹,惟墙壁上满贴着大小不等的传单。路上[已被]拆[折]断的电线,横竖乱飞,甚至电车线亦多有毁断者,因无电而不妨碍交通。

走至西南城角,观共军过队者,人山人海。抬头见一片焦土,好不惨然。德利香、德利成、永安茶庄、天一香⑪早已四壁皆空,焚如平地。刻,德利香未倒的门上的房架,还在燃着,但里面只剩下两面破墙了。自票房⑫未被烧外,直至赵家窑口⑬,皆淹〔陷〕火坑之中,损失

1月15日上午,解放军战士冲进天津警备司令部

盘踞在天津市内各处的国民党守军官兵纷纷向解放军投降

颇重,造津市未有惨痛奇观。[看到]道上[躺着的]死尸,倍加惨感,不忍目睹。⑭

共军由西往南马路走,气吁喘喘〔气喘吁吁〕,劳乏已极,相对而行。往西走的是被俘的"国军"。[俘虏们]背着行李等物,被逐随着⑮。双方擦肩而行,各不相顾。此时,心中不由生出一种不可思议的感慨。昨天的现在,同今天的现在,仿佛是一场梦似的。人民的立场根本没改⑯,可是,双方的"同志们",其心绪之不同,可想而知了。这时,一个共军还说着哨〔俏〕皮话:"抱着元宝跳井,舍命不舍财。"听了[这话],又使你……

[俘虏]队伍中,也掺杂着炮车、坦克车。后面跟着[的]就是担架队,由四人抬着一伤者,浑身是血,面色白黄,凄痛已极![俘虏队伍]从早晨至现在碌碌不闭〔停〕。"国军"被虏的大概不少吧![他们]身上都穿着大衣。不知把他们怎样发落呢⑰?

都说津市是福地。现在[的情形],把[说这种话的人的]嘴给堵上了。人民这才由火线上跳过,逃出九死一生的境界。南大道、西关街、小新街、天升店后、养病所⑱均落弹,几乎把我家给包围了。但我毫无一厘之损。这不是吉人天相吗?这一宵的"罪笼子",还是首次试尝呢。

1949年1月15日下午3时,新华社发出急电,宣布天津解放。各报陆续刊载了这篇通稿。

天夕，复至南大道观光。被俘之"国军"直往西灌，里面[有其家属，因此，俘虏队伍中]包括男女及小孩。共军随着[走]。[这种情况]少有。

又见壁上贴着《中国人民解放军平津前线司令部布告》，向人民约法八章。其内容不外保护人民，[如]：希各[原]国民党公务人员各守岗位，在民主政府未接收之前，应将文件等物依旧保存，接收后，[对他们]量才录用，凡有一技之长者，便不难有容身之处。对各学校及慈善团体，益加格外保护；对私人之公营事业，亦予以保护；对国民党政府所属之事业，如邮政、铁路、银行、企业，概归没收，除持枪反抗之反革命分子外，一律不加检举捕获，接收后，有功者赏、有罪者罚。无[罪]大恶极者，决不罚征〔征罚〕；不遵上项规定、令谋捣乱者，一经查出，则严惩不贷。至于[解放军]军士们，决公买公卖，以不扰民为原则，不动民间一针一线。[《布告》最后写道]："勿信蜚言谣语为要。切切此布。一九四八年十二月二十二日。司令员林彪、政治委员罗荣桓[19]。"

今天的电仍是没有，大概[输电线路]已遭炸断。不但〔仅〕[如]此，水源也绝了，从昨天[起]，就没挑水。晚七时许，飞机又来了，下了"四个蛋"[20]。

注释

[1] 苏进撰《天津攻坚战中的东北野战军特种兵》载："在巷战中，由于敌我短兵相接，遮障、建筑物多，野榴炮兵的使用受到限制，迫击炮团全部参加巷战，一直打到东、西两面突击部队胜利会师。该团7连在战斗中英勇顽强，表现尤其出色。该连于14日12时最先紧跟24师70团突击营在民权门方向进入突破口，支援突击营打退敌人的连续反突击。后又协同我突破口外的炮

兵,支援突击部队打退敌人来自中纺七厂、铁路宿舍和长江造纸厂三个方向约1个团兵力的反突击。当败退的敌人钻进中纺七厂顽抗时,7连以两门迫击炮猛烈轰击敌人,炮弹发发命中,迫使敌人投降。解决中纺七厂之敌后,7连又转隶二梯队71团向纵深攻击,一直支援该团于15日5时30分占领金钢桥。""支援1师的坦克,于15日拂晓支援该师2团和3师部队,共同歼灭了据守耀华中学之敌43师部及其1个团和1个炮兵营。尔后折回,沿墙子河北岸向西进攻,支援步兵歼灭了海光寺之敌92军一部和94军留守处。""迫击炮团1营和炮5团的5连,于15日9时也进入市区,其余炮兵部队在原阵地再次进行压制。此时,步兵突击队报告"发现中原公司顶层还有敌人频繁活动"。根据1纵司令员李天佑的指令,炮4团用1个'100加炮连'精确瞄准急袭中原公司的最高层。""15日5时,我军东、西两面进攻的部队在金汤桥、金钢桥胜利会师。8时攻占敌人核心据点海光寺兵营,10时攻占敌警备司令部。15日16时,战斗全部结束。"

② 常见战史记载称,在天津战役中,解放军参战的大口径火炮538门、坦克30辆、装甲车16辆。不过,此与苏进撰《天津攻坚战中的东北野战军特种兵》一文所载并不一致。此文称:"坦克参战的数量不多,配属于主要突击方向的主攻师,每师配属1个排3辆坦克。当时主要考虑市内筑垒据点和障碍物多,坦克分散使用,可伴随突击部队,及时消灭敌人的街垒火力点,引导步兵前进。"其中,在第一主攻方向配属"中、轻型坦克19辆";在第二主攻方向配属"中、轻型坦克10辆"。以上共计29辆。此文又载:"装甲车有16辆由'前指'掌握,用于战场侦察、指挥与运输,其余14辆,重点部署于南面助攻方向,防敌向南溃逃。"可见,装甲车约计30辆。

③④ 指化装的解放军战士或中共地下党人士。他们有的虽然穿着国民党天津守军的军服,但军服上并无其标志。全市中共地下党员时有1564人。其中,原属冀中区、后属华北局系统的地下党员915人。中共地下党市民系统还组织由约700人参加的纠察队,组成5个大队、17个中队,上街维持秩序,配合接管市内要害部门。

⑤此处记载表明,1949年1月14日,集结在天津城防西线外的解放大军一举攻克天津城防后,有部分解放军指战员强突至天津老城厢一带后,并未再向纵深地区进击,而是就近分散到居民家中休整。这个情况,在其他史料(包括回忆文章)中尚未得见。笔者判断,此举并非解放军战士擅自自主,而是在执行上级命令。当时,从西线攻城解放军战士如潮水般涌入,由于过于拥挤,难以有效隐蔽。虽然解放军战士对天津市区情况普遍不熟悉,但却群情激昂,并存在争功心切的因素。这也形成我军在明处、敌人在暗处的被动挨打局面。往往为拔掉一处暗堡或火力点,要付出很大代价。为减少在深入天津市区过程中的无谓伤亡,西线部队指挥员遂下令,要求部分战士在扫清所处位置附近的敌人威胁后,在确保安全的前提下,就地休整。这是颇具大局观的战略思维和因地制宜的战术调整。笔者这一判断可从以下原始文献中得以验证:1.毛泽东为中共中央军委起草的给东北野战军司令员林彪和政治部主任谭政的电报——《对孤守工厂区敌军可劝降以减少破坏(一九四九年一月六日)》载:"我们所顾虑的是工厂区,如果敌人占据工厂顽抗,我军必须歼灭该敌,即使工厂有所破坏也不要顾惜。但是,如果天津其他区域的敌军均已解决,仅剩下工厂区的敌军而又有可能采用劝降方法解决,则应试图采用劝降方法,以便减少破坏。"(中共中央文献研究室、中国人民解放军军事科学院编辑:《毛泽东军事文集》第五卷第469页,军事科学出版社1993年版)。2.毛泽东为中共中央军委起草的给东北野战军司令员林彪的电报——《中央军委关于攻击天津时解决占据学校敌军的办法致林彪电(1949年1月6日)》载:"攻天津时除应注意工厂区外,还应注意学校。如果敌人占据学校顽抗,非用战斗手段不能解决时,自应使用战斗手段,即使有所破坏亦在所不惜。但如果使用劝降方法亦能解决时,则应使用劝降方法,以免〔便〕减少对于学校的破坏程度。"(《平津战役》第236页,1991年版)。3.《刘亚楼关于天津作战经验教训的报告(一九四九年一月)》载:"先分割后围歼,先吃肉后啃骨头。锦州战役所以解决得那么快,就是因为我分割战术使用得很好,当时我二纵、七纵、九纵都很好地贯彻了这一分割战术,天津是有200万人口

的大城市,敌以13万兵力防守,好似小孩子穿大棉袄,到处都空着。我军以绝对优势之兵力进攻这种城市,是最便于用分割战术的,因此,必须发挥高度的勇猛穿插的分割战术。先头部队遇到坚固房屋和据点时暂时不必进攻,只让部队看管起来,主力则继续向前绕过穿插,才不会把后面的部队堵住,妨碍整个部队的进展。后续部队如遇前沿部队不前进时,应另找道路,从侧面穿插前进。我军要作到突破前沿后,无数小部队穿墙越顶,像水银一样无孔不入,把敌人搞得稀烂,把敌人防守不过来的地方都看守起来,然后再来攻击坚固的据点或房屋,对这种坚固据点,如能乘敌溃乱时占领,则占领之,否则,不要莽撞,可先把它包围起来,然后,经过侦察布置,实行四组一队的方法夺取之。这样,来〔先〕攻一点再攻一点,以至全城扫清。据范汉杰说:锦州战役中他最怕的就是这种分割战术。这次天津作战中,我全体团、营、连、排长,必须高度地发挥这种敌人最害怕的穿插战术,这就要求指战员有计划、有策谋、勇敢沉着,要求指战员的独胆精神,如果天津纵深中我们能真正掌握这一条,就能很好地取得胜利……作战部署是采取东西对进,拦腰斩断,先南后北,先吃肉、后啃骨头的打法。根据这一点,我主攻方向选择在敌薄弱部分(次等部队守备的中国式民房区)。我大多数突击部队都在突破前沿后,不立即攻下前进道上的强固据点,只用少数部队监视,主力则用穿墙越顶的办法绕过强固据点向前猛插,因而很快就打通了走廊,把城市的广大地区占领起来了。结果使敌整个防御配系很快就被插烂了,各个据点陷于孤立和混乱。然后,敌强固据点,一部分是经过有布置、有组织地夺取的,大多数是由于感到抵抗已无前途而投降的。我攻击部队少数单位则没有贯彻这一打法,而去碰硬钉子,结果拖延了时间,发展迟缓。这就再一次地证明分割战术在进攻大城市作战中,是最基本而且最有效的各个歼敌的办法。也正是由于使用了这种打法,天津战斗解决得比较快(29小时),伤亡不很大(约20000人),而且许多敌人曾经设防的工厂、学校也免于破坏。"(《城市解放系列丛书·天津解放》第149—150页)。

⑥ 三余里位于南大道附近。如1932年3月4日天津《益世报》载《失业贫民到

处皆是 本市两月内冻毙七十余名》称,"西头南大道三余里冻毙贫民一名"。

⑦ 文德煤厂即文德煤栈。时在"西头南大道街三益里16号"。

⑧ 关于1949年1月15日天津的天气,当时在津居住的美国人格蕾丝载:"今天是北方最美丽的冬日之一,长空万里,碧蓝晶莹,阳光分外明媚。不过,窗外来自西伯利亚的凛冽寒风仍在呼啸着,门窗在寒风中颤巍巍地抖个不停。街道上空旷无人,只有地上的垃圾在狂风中被吹得忽东忽西。"据《格蕾丝:一个美国女人在中国(1934—1974)》第145页。

⑨ 中兴、鼎盛均为日记作者居住地附近的商号。宋蕴璞辑《天津志略》载,北门西有中兴号,为鞋业商号。1937年《天津电话号簿》载,中兴号位于西关大街。1948年天津《电话号簿》载,"中兴号位于西门外大街115号"。

⑩ 西关街派出所原属国民党当局成立的天津市警察局第十一分局管辖,时位于"西关大街16号",与第十一分局第一分驻所合署办公。

⑪ 德利香、德利成、永安茶庄、天一香均为位于西南城角一带的商号。德利香为糕点食品店(建筑为三层)、天一香为糕点店。20世纪30年代,德利成为干货店,以炒货籽食为主,后称德利成花生庄,时位于西南城角9号。1948年天津《电话号簿》载,"永安号茶叶庄,北营门内"。而1937年《天津电话号簿》载:"永安号茶叶店,北营门内石桥"。作者所指永安茶庄,可能是"永安号茶叶庄"设在西南角一带的分庄。

⑫ 非指售票房,而是业余戏曲爱好者"作为演唱排练及碰头聚会的场所"。"票友们的结合,就形成了票房",天津历史上的票房,"地点多在侯家后、西城根一带"(参见姚惜云《天津时调的演变》,《天津文史资料选辑》第14辑第164页)。20世纪40年代中期,天津时调演员屈振庭(1893—1972)曾在天津西南角南大道三余里开办曲艺票房,与票友们应约走票(即受邀演出)。日记作者所指的票房,亦位于天津西南城角一带,具体方位和名称待考。

⑬ 赵家窑是明代在天津城外西头所建官办砖窑之一。由赵家窑派生出的地名有赵家窑大街、赵家窑胡同。

⑭ 苏进撰《天津攻坚战中的东北野战军特种兵》载,1月15日,"在战斗进入尾

声时,我带着'特司前指'的几名同志,驱车从西营门进入市区。当时,我们最关心的是察看我军炮火的射击效果。在西营门突破口,我们看到口子开得很成功,炮弹把4米高、2至5米厚的城墙从顶向下1米半开1个近40米宽的豁口,塌下的土正好铺成便于突击部队通过的坡道。突破口两侧的碉堡都被摧毁,突破口后面的开阔地上,布满敌人的尸体和散乱的枪支。进入市区,可看到街头路口的街垒、地堡被我直瞄火炮和坦克炮轰塌。敌人据为观察所的高层建筑顶部,多被炮弹命中。几位群众指着被炮弹击中的中原公司顶层说,'解放军的大炮打得真准,我们亲眼看到头几发炮弹就打中了它,里面的敌人纷纷逃命。'几处空旷场地上的敌炮阵地,布满弹坑,被炸毁的汽车和火炮,还在冒着缕缕青烟。一路上走走停停,不断被俘虏队伍和障碍物挡住去路,我们只好沿着我坦克碾压过的道路前进。待我们赶到敌警备司令部时,敌警备司令陈长捷等已被押走了。"

⑮⑯ 人民解放军占领天津后,将守军俘虏集中起来,相继押解至平津战役指挥部驻地(平津战役指挥部已由蓟县孟家楼迁往北平通县)等地,但也有少部分俘虏被暂时关押在天津市内。刘亚楼撰《回忆天津战役 更好地学习毛泽东思想》载:"对天津市的接收工作,华北党组织也进行了充分的准备。从天津市军管会和党政机关,到区的、街道的一套组织机构、人选、办公地点,都预先作了具体安排。战斗结束前,就准备好了十二万俘虏住的地方和吃的东西。天津市的工人、学生,在天津市地下党的领导下,进行了坚决的护厂、护校斗争,保护了各种工业、文化设备不受敌人破坏。"《天津城上红旗飘(增订本)》第9页,天津人民出版社1962年编辑、出版。

⑰ 这是日记作者的臆测。他对天津解放这个事实,一时间尚未反应过来,仍存心理排斥。但是,其站在国民党当局一方的立场尚未改变,绝不意味着"人民的立场根本没改"。

⑱ 南大道、西关街、小新街、天升店后、养病所均为日记作者居住地周边的路名、商号和公共设施(养病所即医院别称)。南大道、西关街,参见前文注释。
1.小新街在西关大街东段以南,南起南台子胡同,北至连升店后,原为臭水

沟,于1890年填沟成土路,1983年更名为小新巷。2."天升店后"是位于西马路以西、西关大街以南的一条胡同。据当时的天津地图标注显示,"天升店后"位于"连升店后"的西侧。"连升店后"是日记作者居住地附近的另一条胡同。1937年《天津电话号簿》载,连升栈位于西关大街。连升栈即连升店。3."养病所"即养病所大街,南起南大道,北至大新巷,因清光绪年间广仁堂设医疗养病所于此,故名养病所大街,或称养病所路,也简称"养病院",1985年改称康福里。

⑲ 1948年12月22日,以东野司令林彪、东野政治委员罗荣桓的名义发布《中国人民解放军平津前线司令部布告》,共八条,也称"约法八章"。这是日记作者观看了该布告后凭记忆摘录的要点,虽与该布告的原文词句多有不符,但也比较明确地反映了该布告的大意。该布告原文可参见《天津接管史录(上卷)》(中共党史出版社1991年版)第49—50页。

⑳ 前来袭扰的飞机应为仍盘踞在天津周边的国民党军队派出的。"四个蛋"即四枚飞机炸弹之意。

一月十六日 星期日

今天①[上午]十点多,始起[床],以补昨日之惊乏。

早晨,仍闻轰轰声。[后获知],原来是穷人们皆到[原]西营门阵地[一带],拾到剩下的大料②及铁丝网[上的铁丝]等。因之有触地雷者。③唉!人为财死,鸟为食亡。

解放军占领金钢桥

闻法界盛锡福④[一]带,被焚炸之[状惨矣,牵连株累],情亦堪[悯]。盖因"国军"[当时]且战且走,而毁之也。天津市不知有几[处]发生巷战也。目前,物价仍旧。[我]想,过几天大致就绪后,即有变更也。反正,谅商人[胆子再大],也不敢[再]涨价了。

解放军占领金汤桥

坏了!金圆券⑤贬值了。一枝糖葫芦廿圆。现洋[一圆,折合金圆券]一千多圆,从下午[开始]抽风了。奸商终究是奸商,投机多晚亦是投机,造谣更[导致]涨物价。[如到]西

人民解放军攻占海河两岸,相继会师于金汤桥、金钢桥。

马路略走一过,足使你胆坏魂奇〔胆丧魂飞〕——白面[一斤],向你要四千[圆],烟卷一盒一百四十圆、煤油十圆一两。

再看各处的标语、传单,五光十色,内容不外是辱骂蒋介石、打倒蒋介石。油漆漫画亦露面了。真快!街上又人山人海了。事变人也变,使你难以琢磨。

闻平市昨午后三时,亦解放了⑥。平津[之间],日内即可通车。

今天天夕,[胡同内的]自来水[水管已被]修理好了。[居民因]抢水而起之小纠纷,触目皆是,形成抢水不给钱的局面了。晚上,听后院[某居民家中使用的收音机播放的]电台播音⑦,[播出的内容是]关于兑换币制的布告⑧,但听不清楚,心中闷闷。电线还没修理。昨日,电车公司已开始修理电车线了。

有黑就有白,有祸就有福。先前总是埋怨为什么总是西边⑨[战事]激烈,一旦[解放军]进来了,西线⑩之附近,炮火则先停止了。其它〔他〕先前安宁之地,因"国军"之退,则发生巷战了。这样所遭的祸,不是更大吗? 河东一带,[如]再晚一天,想象我[虽居住在西边,但]也[将]身临"阎罗殿"了。

注释

① 据《天津气象资料(1890—1960)》第 54 页载,1949 年 1 月 15 至 16 日的最低气温为零下 8.3℃。
② 指木质、铁质等材质的大块建筑材料。
③ 苏进撰《天津攻坚战中的东北野战军特种兵》载:"正当天津人民欢庆胜利的时刻,我工兵部队又胜利完成了排除市区内外及交通线上残留的大量地雷和危险障碍物的光荣任务。"
④ 天津盛锡福是以经营鞋帽驰名的老商号,总号位于今和平路东口的渤海大楼底商。此地原称法租界,简称"法界"。
⑤ 金圆券是南京国民政府于 1948 年 8 月 23 日开始发行的一种纸币。国民党当局以金圆券一圆折合法币三百万元的比率收兑法币,并用以强制收兑民间金银外币。收兑率为纯金一市两折合金圆券二百圆、纯银一市两折合三圆;银币每枚折合二圆、美元每元折合四圆。金圆券一圆的含金量为 0.22217 克,但不

能兑现。金圆券并无现金准备，发行又无限制，致使币值猛跌、物价暴涨。天津解放后，人民政府用人民币作价，陆续将金圆券收回，禁止其再流通。

⑥ "平市"即对北平市的简称，下同。解放军解放天津之际，傅作义派出代表和谈接受和平条件等事宜，并初步达成协议。但此时尚未宣告北平解放。

⑦ 1949年1月15日，解放军接管当时位于南市华安大街99号的中央广播事业管理处天津广播电台，成立天津新华广播电台，并于当晚6时开始播音。天津新华广播电台连续播放天津市军事管制委员会《告天津人民书》和人民解放军入城《约法八章》。日记作者收听的电台节目，即天津新华广播电台的播音。

⑧ 1949年1月16日，天津市军事管制委员会以主任黄克诚、副主任谭政、黄敬的名义，连续发布《布告(金字第一号)》《布告(金字第二号)》《布告(金字第三号)》(后分别载于1月18日《天津日报》)。在以上这三个《布告》中，对于发行和流通钞票、兑换国民党当局曾发行的金圆券等货币以及兑换外币、金银等，分别做出规定，以期通过整顿金融秩序，尽快稳定物价。

⑨⑩ 西边、西线，均指由原国民党天津守军在西营门一带设置的西部城防。此为解放军攻城战打响后的一个主要突破方向。据东野38军原政委梁必业回忆："平津战役发起后，第一纵队(38军)紧急由廊坊调到天津西郊一带，委以主攻天津重任，与第二纵队(39军)并肩突破守敌西线城防体系。李天佑和梁必业被赋予统一指挥两大纵队的职权。当时，他们面对的守敌不但武器先进，而且战斗经验丰富，突破西线战斗成为一场残酷的攻坚战。第一纵队牺牲了2024名优秀指战员，占天津战役牺牲的烈士将近一半。团级干部牺牲了7位，占天津战役中牺牲的团级指挥员一半以上。其中最为惨烈的突破西营门战斗中，1300位指战员献出了宝贵生命。第三师第二团的一个连，为保护居民的安全，没有使用迫击炮和手榴弹，增加了许多伤亡。战斗结束后，全连仅剩下20多人，连长也牺牲在战场上。"(据2006年4月8日《今晚报》所载《谈起牺牲战友 老将军落泪了》)。据此可见，突破西营门的战斗是一场硬仗，是一场啃硬骨头的血战。已知在天津战役中，解放军共牺牲4106名烈士。

一月十七日 星期一

风。

晨起,听说挑一挑水要[价]三十圆,简直要反了。金圆券也要擦屁股了①。[一斤]玉米面涨[幅]也不到两倍,怎么[一挑]水就涨到十倍?这是[从]哪里说起?昨日,恨不[得]把[手上的]票子全花净。可是今天没票子[了]。这少少的屑碎费用,就[是]拿不出来。笑话!

早晨,仍闻有炮声,不知何故。闻昨日,共军政工人员已到[各单位实施]接收了。今日即照常上班了。

白米一斤一百八十

天津进步学生正在墙上张贴欢迎解放军进城的标语

圆。前两天,[如果手上]有个三百[圆]、四百[圆]的,还能买点东西。现在好了,[只能]买几斤玉米面。听说是因为金圆券要不流通了,因之哄起。总之,这是非常时期。此局面绝不能长久。[一旦]长了,人民真的活不了了。这才叫"胡说八道"了、"做怪梦"了。

因电仍未来,非常烦躁。故,[各家联合]烦[请别]人,将[胡同]南边的[电]线接好。[为此,各家共]凑了三百多块。好大的数目!前两天[还值钱],现在是"臭钱"了。

1949年1月15日,天津市人民政府发布的《布告(第一号)》。

今日才见报纸,是老开的《民国[日]报》改为《天津日报》,今为创刊号②。电车[公司]从今午后即出车了。因街上军队扰扰,尚难畅通。

今日午后,各保由共军干部召集人民大会,每家各出代表一人,只念讲一张《布告》③,即行解散。人民总算熬到像乡市之所闻了。

见共军《布告》[中],关于币制事[的规定为]:金圆[券]从即日起停止流通,一律改用东北流通券、长城流通券及冀、热、察、辽等币④。不过,其中亦有"一比一"与"一比五"之分。总之,金圆券绝不能当即不用,因之有物价之高涨,今日钱色之畸变。想一般穷苦同胞准有措手不及而至断口者,因拿几百元买不出来东西。不但如

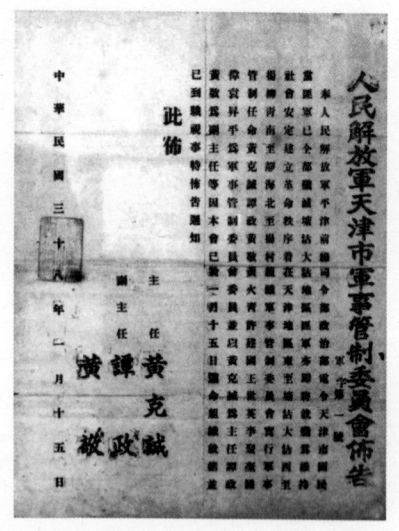 

1949年1月15日，天津市军管会发布的《布告(第一号)》。　　1949年1月17日出版的《天津日报》创刊号

此，除西马路一带外，各商店铺户皆四门紧闭，且无人问津。

联络网⑤传来消息，明晨十时赴校，[校方]有事[向学生们]报告。不用说了，[肯定与天津解放事宜有关]。今日，才听见无线电的播音⑥，心中才愉快些。民宅大部全驻[解放]军了。我家正在[紧]急预[备接纳解放军入驻之事]了。没法办！

注释

① 当时，金圆券严重贬值。日记作者形容金圆券就像用来擦屁股的手纸一样一文不值。

② 《天津日报》是在接管《天津民国日报》等基础上，于1949年1月17日创刊的，由于与原《天津民国日报》开版相同，固有"老开"一说。

③ 可能是指1949年1月15日发布的《中国人民解放军平津卫戍司令部布告（卫布字第1号）》。该布告内容共计七条，即："本部奉令卫戍平津，为确保平津卫戍区革命社会秩序之安定，特颁布以下各节，仰中外各界人士一体遵照：1.本军保护一切人民的生命财产，望各安生产，严守人民政府及平津两市军事管制委员会、警备司令部所颁发的一切法令与规章，切勿妄信谣言，自相惊扰；2.国民党、三青团及一切反共反人民组织，即日宣布解散，停止任何活动。该组织人员依人民政府及平津两市军事管制委员会之规定，进行登记，交出一切证件、电台及武器，倘有隐匿不报或潜谋活动者，一经查获，定予严惩；3.一切残散敌军官兵，立即就近向我人民解放军缴械，本军予以收容，宽大处理，倘有滋扰情事，当予严惩；4.严禁破坏工厂、仓库、公共建筑、交通设备及抢劫、窃盗、放火、暗害、造谣等一切破坏行为，违者严惩；5.任何人不得隐匿、包庇与我军有敌对行为之人犯及一切暗藏破坏分子，不得私藏武器、弹药、电台、军用品，违者法办；6.各国侨民必须遵守人民政府、平津两市军事管制委员会及警备司令部所颁布之一切法令规章，本军对守法外侨，当予保护；7.我军政人员，均须严格遵守人民政府法令及我军三大纪律八项纪律，并受卫戍纠察总队之约束，违者依纪律制裁。"

④ 中国人民银行天津分行于1949年1月16日成立，1月17日挂出兑换金圆券的比价，开始兑换金圆券。"冀、热、察、辽"，即指河北省、热河省、察哈尔省、辽宁省。

⑤ 由日记作者和部分同学建立起的消息网。

⑥ 即天津新华广播电台播出的节目。

一月十八日 星期二

风。

补昨。闻新华社电台急电①：晨五时半，解放塘沽②。

今晨九时赴校，因电车[公司管理方要求]非持人民券③不能乘坐[电车]，只得步行。至校后，见尚未被焚④。

因[校方]只召集的是高级男女同学，故人数不算多。师生能见面，真是不容易。同学[们]彼此亦互相问惊，总算大部未遭危亡。[不过,]亦有一二个不知下落者。

主任至，便召集集合了。[主任]报告：解放后有文教委员会⑤干部来校调查，办理呈报事宜，故，召集大家，将桌椅搬运原处，

天津解放后，大批解放军战士向天津市区进发。天津守军俘虏同时被押出城外。

解放大军雄赳赳气昂昂地行进在天津市区街道上

《东北日报》刊载的天津成立人民政府、军管会和解放塘沽的消息

解放军战士入城时，身背宣传画，宣传《三大纪律八项注意》。

点验计数，分组进行工作。

上午，连点心都没吃。这样[的话]，[到下午]二点也不准回家，遂同马载田溜之大吉了。

金圆券兑换人民券之办法，今已公布。[其办法为：]以金圆[券]六圆兑人民券一元；本市设有兑换所，但须[兑]五百圆以下者；其他公务人员、学生及贫苦人民，并有优待办法，但须有证明函者。另有各种边区票之兑换比例，兹不赘记。

自[家门口的]电灯线改过后,[居室内]显得格外光亮。

还差十天,就过旧历年⑥了。要是好年头的话,现在的街上,不知[会是]怎样的繁盛[景象]了。年货、年供⑦、年画足[够]使你欣赏的了。今年不知怎的,把它已忘得死死的了。是的,为了炮声之作祟、为了解放之仓促、为人[了]物价之飞涨、为了时期之非常。这样不要紧,先前,为借着新年的节关多赚几个钱的小贩们,现在他们是失望了。还别不知足,如果至今仍不解放的话,住的房屋,想早也[已]塌平了。即或晚点[解放]的话,那也要过"送死的除夕"了。

注释

① 天津新华广播电台播发的新华社电讯。

② 宣告塘沽(含东大沽、西大沽、新河、新港)解放的时间为1949年1月17日晨5时半。"新华社平津前线十七日电:人民解放军今日上午五时半占领华北重要海港塘沽,守敌十七兵团侯镜如部乘船由海上逃窜。天津与塘沽的解放,使华北傅作义'匪军',只剩下了北平一座孤城。北平和全华北解放的日子,即将到来。"截至1月17日下午4时,人民解放军入塘追击战才结束。此役歼敌3400名(其中毙伤440名、俘虏2960名),解放军指战员牺牲455人。据《天津战役解放军指战员伤亡统计表》(《天津通志·军事志》第581—582页)载,在天津战役(包括解放塘沽战斗)中,解放军共伤亡23799人。其中:牺牲4106人、伤19214人、失联络479人、被俘2人。据《天津战役人民解放军装备消耗表》(《天津通志·军事志》第582页)载,此役共消耗各种炮弹88972枚、各种子弹2499342发、手榴弹43783枚、炸药20925吨、爆破筒1268具。关于天津战役中歼敌情况:据人民解放军空军司令部供稿的《有关天津战役的重要资料》(《天津城上红旗飘(增订本)》第182页)载:"歼灭敌正规军计有:天津警备司令部及特务营一个整营、两个军部、十个整师,特种

部队三个团、四个营。地方军队：两个支队、一个警备旅、二个团、一个大队及县保安中队等。打死打伤敌11270人、生俘敌119441人(内：将级军官28人、校级军官411人)。总共歼灭敌人130711人。"而据《天津战役歼灭国民党军统计表》《天津战役俘虏国民党正规军将级以上军官名单》(《天津通志·军事志》第580、583—584页)载，天津战役中，共歼灭国民党军130977人。其中：毙伤11270人(正规军9933人、地方军1337人)，投降2772人，俘虏116935人(包括国民党正规军将级以上军官25人)。

③ 由中国人民银行发行的钞票，简称人民券。1949年1月16日《天津市军事管制委员会布告(金字第一号)》规定："中国人民银行所发行之钞票，是全国解放区统一流通之本位币……除中国人民银行及冀南银行与东北银行发行之钞票外，所有各解放区发行之其他各种钞票，均不得在本市计价流通。"

④ 日记作者就读的学校校舍未被炮火焚毁。

⑤ 天津市军事管制委员会设有文教部。

⑥ 即春节。

⑦ 过春节时使用的供品，也写为"贡品"。

一月十九日 星期三

天津市军管会最初设在原法租界公议大楼(今解放北路与承德道交口西北侧)

天津市军管会后迁入位于鞍山道的张园旧址办公

电车线大部已抢修完毕。[电车票的票]价自己〔重新〕定出,均以人民券为单位。白、紫、红、绿、花[牌电车的票价,均]每段一元,黄、蓝牌[电车的票价,均每段]二元①。

因金圆券已公布准确的兑换的比例,一般奸商即无趁火打劫之余地。故,今日物价为之大落(从昨日午后即行回落)②。仅说玉米面,[一斤的价格]自五百圆落到五十圆(指金圆券);白米[一斤的价格]自一百五十圆落到九十圆;银元[一圆与金圆券的比价]

天津解放后,尽快恢复秩序、实现繁荣民主,成为工作重点。

天津市军管会关防(木制)。其军管范围:东至塘沽、大沽,南至静海,西至杨柳青,北至杨村。

自二千多元圆到一千多圆③。均是回跌一倍的样子。[即便是]这样,比先前的物价之原价还增加一倍半呢。[这]还总算差不多,不像前两天[那样]"说梦话"了。

今天,[父亲下]狠心,花大洋④一圆卖肉不到三斤⑤。一晃一个多月没闻肉味了,今日一见,能不垂涎吗?这两天赶紧的"大吃八喝"吧。往后,恐再不容易像从前的那样享受了。也该受点苦了。

注释

① 在天津市内行驶的电车,曾分为7条线路,以颜色区分,即:白牌、紫牌、红牌、绿牌、花牌、黄牌、蓝牌。

② 据1949年2月《天津市军事管制委员会接管部金融管理处关于天津市区肃清金圆券工作总结》载,1月17日至1月20日,按照"1:6"兑入金圆券10215万圆,占29%。此时,天津市场货币流通极为复杂,包括人民券、冀钞、

东北钞、长城钞、边钞、金圆券(亦称蒋券)、银元(亦称白洋)等。市场一般交易均以金圆券计价,大宗交易则以银元计价。因牌价5天未动(1月17日至1月21日),市民对"敌币"或拒用或抛出,致使天津物价不稳。从1月16日开始,天津物价飙升三至七倍,至1月21日,才降至最低水平。

③ 以上仍按金圆券计价。

④ 即银元。

⑤ 另据1949年3月《天津市财政局接收工作总结(节录)》载:"生活待遇问题:在接收期间,按照规定,对'旧人员',每天每人小米7斤折价发给(共10天),一般人员尚感满意。但对科长以上的'旧人员',未予发给。"

一月二十日 星期四

F40°①。

闷坐无聊,遂又以写字来"蹉跎岁月"。午后,王树年②送信,告诉学校有团体兑换金圆券的利益。遂又找邵、马[两同学],三人同往学校办理手续。因自家并无多少金圆券之存续,余额乃代邵景云所领,连马载田亦代其所领。因限价,每人只五百圆也。今日交款,后日始能赴校取人民券。

路人行走扰扰,挨肩接臂,甚而骑车反感累赘,不如走着好。共军的宣传队,在悬挂毛主席、朱德[画像]的汽车上,"破

天津解放初,广播是重要的宣传渠道。图为天津新华广播电台播音员因陋就简,坚持播音。

天津新华广播电台初隶属于天津日报社,1949年5月18日更名为天津人民广播电台,地址仍在南市华安大街99号,1954年迁址至卫津路后,原址大部分被改为职工宿舍。

1949年1月17日《天津日报》刊载的天津新华广播电台节目表

喉"的歌唱,且有音乐为之顶替。③一时人山人海,颇有气泄不通之[意]味也。

物价今仍落。玉米面[一斤的价格]已至三十五圆,"银大头"④[一圆与金圆券的比价],自最高价两千圆落至五百多圆。好大的差头!先前要是卖了,现在再买进来,这是[可赚]几倍的利益。可是,谁又有这个后眼呢?这是奸商的思想,不许虑及。

[天津市人民政府]财政局⑤也办理优待公务员兑款的手续了,并且还有特别的利益:每人允许兑换[金圆券]千圆⑥。这样,兑换的利益除增一倍外,而其数字又加一倍,更是利上加利了。[财政局的]职员们这几天都是在忙着移交的工作,连饭都不能回家吃。至于留用的问题,至今仍未有确实的反应。大概是用不了这些

天,大部分是要被淘汰的。编余的这些人,是给介绍职业,还是自谋其出路呢？这就不得而知了。

看看家中还有[够吃]两个月的食粮,不至于断对[顿],稍放些心。这时,[也]不得不放宽些心。死里逃生,还不算幸运吗？曾记得在炮火最炽烈的时候,全家祈祷说:"只要把这次大劫闯过后,以后吃糠也甘心了。"回盘⑦了以前的话,现在是得要知足了。

闻解放军士[兵]言:"如果十四[日]的晚上,不攻克津市,那就要重炮、火箭炮⑧齐发了,津市不难淹[毁]于'一扫光'了！"这样看来,津市还算不幸中的大幸了。这时才醒过味来——当天晚上[闻到]的硫磺味,大概是"德利香"正被火箭炮猛击[造成的]了。

[原国民党]天津市市长杜建时⑨、[原国民党天津]警备司令陈长捷、[原国民党第62军军长]林伟俦及各[原]正副军师长均被活俘(闻陕北电台报告)⑩,即今"淮河战役"⑪的国民党某师长邱清泉⑫已遭击毙,因已发现尸体,故肯定的宣布也。

注释

① 为华氏温度,相当于4.4℃。
② 日记作者的同学之一。
③ 当时居津的美国人格蕾丝也注意到在解放军战士中盛行歌舞的情形,但她却不像日记作者那样对解放军战士热衷在天津街头唱歌一直抱有偏见。她不这么认为,是因为她看到这种以往罕见的嘹亮歌声和欢快舞蹈进了课堂后,对孩子们产生了潜移默化的积极影响,并体察到这是一种积极的变化:"每天都有大量歌舞,孩子们都特别喜欢。八路军（特指解放军战士,下同——引者注）把秧歌教给全城所有的孩子。这种舞很像芭蕾一般,都是[把]一首歌用具有不同意义的舞蹈动作表达出来,诸如从河中挑水、插水

稻、播种、采棉花、脱谷等。孩子们回家后,我们家里便充满了踩着舞蹈节奏的脚步声和歌声。我的小儿子,一边模仿着铜钹敲击的声音,一边做出一副战士上战场的样子,满屋子跳着秧歌。与此同时,我的女儿在练习充满激情的、表现革命发展过程的歌舞,舞蹈动作包括农民在田地里播种和收割的动作,还有芭蕾舞般的战士冲锋陷阵的动作。所有动作都非常优美,同时,也是一种强度很大的运动。有一部分国民党战俘被关在'老帝国剧院'内。有一回,我路过剧院时,看到了他们——几百人坐在剧院外面和解放军一起唱革命歌曲。晚饭过后,天时尚早,八路军战士以班为单位,在街头聚集,由领唱兼乐队指挥领着大家唱歌。空气中充满了他们朝气蓬勃、精力旺盛、欢快无比的和谐气氛。经过一条又一条满是正在放声高歌的解放军战士的街道,实在是一种难得的人生经验。"据《格蕾丝:一个美国女人在中国(1934—1974)》第155页。文中所指"老帝国剧院",位于小白楼一带,亦名平安电影院,今天津音乐厅前身。

④ 即银元,俗称"袁大头"。

⑤《天津通志·财税志》载:"1949年1月15日,天津解放。天津市人民政府财政局在接收原天津市政府会计处、财政局、田粮储运处、地政处及原财政局下属各稽征所、屠宰场等单位的基础上,经天津市人民政府批准,于同年2月12日成立。其职责是:负责天津市地方财政预决算的执行与管理,市属各单位的行政供给,各项财政制度的制定与监督执行以及征收农业税等项任务。地址设在中山路金钢桥旁原天津市财政局旧址。首任局长宋景毅,局内机构设秘书室、人事室、一科(主管财政制度、天津市预决算)、二科(主管会计事务)、三科(主管规费、契税、农业税的稽征管理)、四科(主管机关总务),共有161人。其中,留用人员123人,进城干部38人。市局下属单位有地政处和供应处:地政处主管天津市城市及农村的土地测量、登记、使用审批及房屋土地产权登记管理,共有187人,其中,留用人员180人、进城干部7人;供应处主管天津市各部门粮煤供应,下设5个仓库,另设10个招待站,以接待过津军政人员,共有105人,其中,留用人员92人、进城干部13人。"

1949年10月，市财政局迁至"第一区花园路"。

⑥ 以上仍按金圆券计价。

⑦ 有回过头来盘问、清点、检查之意。

⑧ 天津战役期间，敌我双方均配备火箭炮。但这种武器很可能大多配备在队属炮兵中，因此苏进撰《天津攻坚战中的东北野战军特种兵》中，对此并无明确记载。《东北野战军第三十八军第一一二师关于天津战役战术问题初步总结（一九四九年二月十日）》载，"攻克三庆营门外围碉堡群之战斗……我以三三四团三营七连为突击队，军属野炮连1、师属山炮营2个连，化学白炮1，团属迫击炮4门，营属重机枪3挺，火箭炮1门，按1小时之炮火准备，先行试射破坏与制压。""纵深战斗之缺点……突击结合组织火力不足。三三四团三连在向胜利门扩展战果时，始终没有使用炸药，特别是当时火力故障情况下，更应注意发扬炸药威力，当时轻重机枪发生故障不能迅速解除，突击时以手榴弹为主，火力不强，后以火箭炮打退敌反冲锋，敌人士气锐减，我得以迅速推进。"（《天津解放（1949.1.15）》第157、160页）。关于国民党天津守军配备火箭炮的情形，从刘震回忆录中可见端倪："天津战役中，全歼守敌天津警备司令陈长捷以下官兵十三万。我三十九军共歼敌二万八千余名（俘敌师长李学玉等五名将级军官，缴获山炮十四门、野炮十七门、60炮一百六十七门、追击炮五十门、火箭炮九门、各种枪一万多支，以及大批弹药器材。"刘震：《刘震回忆录》第307页，解放军出版社1990年版。

⑨ 天津解放前夕，杜建时所居市长官舍，位于"十区烟台道71号"。

⑩ 天津听众当时可能还听不到来自陕北电台的播音，似为由天津新华广播电台转播的来自陕北电台的消息。

⑪ 应称淮海战役。

⑫ 邱清泉于1947年任国民党整编第五军军长，为"徐州剿总"第2兵团司令。1948年参加淮海战役，1948年11月驻守徐州，1948年12月弃城西逃，在永城、徐州、萧县一带被华东野战军第1纵队包围。1949年1月10日，邱清泉在陈官庄一带突围未果，举枪自尽。初有其被击毙之说。

一月二十一日 星期五

解放军指战员在天津战役中获得的立功锦旗

今天是旧历腊月二十三。往年[此时],糖瓜祭灶①的呼声已惊片〔遍〕了大地,今年确是死沉沉的,毫无点缀的表现。是的,这种无意[义]事而[且是]通俗的陋习败俗,该溟〔泯〕灭了。

这两天,[国民党军方所派]飞机的"侦炸工作"已不见影踪了。各戏院、"杂耍院"②皆于今日照常营业,不过只准演日场。[这一]情况见[载]《天津日报》。

此假期③因处于炮火声中,顾命不及,焉有上进之余心?今稍有安定,故又生求进之欲,毛笔字这两天是没歇手。又拟在此一周内,将《初级商业簿记》④,略习一遍,以收温故知新之效。否则,一[位]明[明]是商业学校会计科的学生,对所学的簿记会计[知识],毫无根据,吞吞吐吐,未免使人笑话,也失去学商的意义,对将来的前途亦颇俱[具]妨碍。

近两日,拟再画两张炭画,将室内的空壁处填补,[使之]美观。

物价仍落,白菜每斤二十五圆⑤了。日后一天比一天交通畅达、货物流通,还有大落之可能。但银元[与金元券的比价],今午则见上涨。

天津解放后,中纺二厂动力部职工抢修输电线路,为尽快恢复生产创造条件。

天津解放伊始,天津铁路管理局旅行服务所的"餐膳收据"上,暂将国民党统治时期平津区铁路管理局使用的法币、流通券改成人民券、东北券。

注释

① 在中国传统年俗中,值腊月二十三日,祭灶神(或称送灶神)。常用外形为扁圆型、南瓜状的糖制品(俗称"糖瓜")供奉。因有"二十三,糖瓜粘"之说。祭灶之后,开始筹备迎接春节事宜。因有"糖瓜祭灶,新年来到"之说。

② 即杂耍场,也称杂耍馆子、杂耍园子。"杂耍"即指曲艺。
③ 指学校放寒假。
④ 日记作者就读"市商"期间的教科书的一种。即《初级商业簿记教科书》。此为《立信会计丛书》中的一种,全一册,由陈文麟、施仁夫编,潘序伦校,发行量较大。已知有商务印书馆发行和立信会计图书用品社发行等多种版本。
⑤ 仍按金圆券计价。

一月二十二日 星期六

闻金圆券兑换人民券,比价改为"八比一"。从今晨起,各兑换所即贴出新的比价表,物价因之渐涨①。人民解放军对人民的信誉在哪里?②

平市至今仍无大战。但被挤〔扼〕喉的孤城,被围得早就风雨不泄了。共军的几百口〔门〕大炮,叠叠相对,准备射击,只要轰然一响,想平市即成焦土矣。

闻傅作义日夜工作于飞机上,其用意可知矣。又闻共军为不侵犯平市内各国的外

天津解放伊始,解放军战士看管被缴获、待接收的物资。

天津战役结束后,停放在天津街头的装甲车。

天津解放伊始,被缴获的汽车停放在街头,有待接收。

国使馆计,将使困攻之计。长此不打,[北平]自灭矣。③人民之水深火热,则超出津市千百倍。"第二长春"④之无愧乎?

邵景云来说,校内兑款手续,仍未完毕,因在东南角⑤遇朱毅⑥而知,大约明日即差不离了。又闻校内作报到的手续,离旧历年还有五六天,难道还开学吗? 不会的,现在是寒假的期间。

[天津市人民政府]财政局至今才发表留用人名,另行召集谈话,所知道的[财政局]四科共十七人,只留用五名。万幸父亲也被录用⑦,好歹先解决了吃饭的问题。前天的个别谈话是大有关系的。这时,被裁人员的心理,想像是郁闷的了。

二十四,扫房舍⑧。今天也应了[时]点,草率地掸了掸,去去浮土就得了。

注释

① 1949 年 2 月《天津市军事管制委员会接管部金融管理处关于天津市区肃清金圆券工作总结》载:1 月 22 日至 25 日,按照"1:8"的比价,兑入金圆券

8995万元,占5.8%,按照优待比价,兑入7000万元。当时,市民所持的金圆券,迅速涌入兑换所,市场普遍拒用金圆券,即便是使用,也高于兑换牌价。人民券成为主要计价单位。因金圆券贬值猛烈、金融贸易结合不够、市场管理松懈,导致银元活跃、物价上涨。1月22日,"金圆券的物价较1月21日上升50%,人民券的物价也伴随上升16%"。

② 日记作者认为,天津军管会更改金圆券兑换人民券的比价,目的是尽快肃清金圆券,但未充分考虑市场承受力,导致市场物价起伏。据注①所引史料表明,此举似有操之过急之嫌。

③ 1949年1月20日,傅作义已接受和平解放北平、改编军队等条件。

④ 辽沈战役时,东北野战军曾围困长春,但围而不攻。1948年5月23日至10月19日发动的长春围困战,也称长春战役,是中国共产党领导的"第一个大的围城战役"。"东野"最终占领长春后,宣告辽沈战役第一阶段取得胜利。

⑤ 即天津市内的东南角地区,即东马路与南马路交口一带。

⑥ 应为日记作者的另一同学。

⑦ 天津解放前后,天津市财政局四科,主管机关总务。机关总务,即总管包括勤杂事务在内的机关内部行政事务。据判断,日记作者之父在市财政局从事的可能就是后勤保障工作。其父是比较安分守己、任劳任怨、经验丰富且与国民党当局政治关联度较小的小职员,因此属于比较早被顺利录用的"旧人员"。由于对"旧人员"的留用、处理等问题比较复杂,直到1949年1月31日,天津军管会才制定《天津市委关于对旧人员处理问题的决定》,内容共分九条。其中包括:"一般做技术工作之中,下级职员或有专门知识经验之人员,除特务分子外,均可留用改造。个别特务分子,其专门科学经验为我们所必需,亦可把问题弄清,戴罪立功,监视其工作;服役人员可留用一部,其过多冗员,则分别遣散,其生活困难者可给予贷款,助其转业或资送回家。"1949年3月《天津市财政局接收工作总结(节录)》载:"旧人员具有以下四个条件者,针对我们工作的需要,予以留用:1.精通业务,无政治背景,群众

反映尚好,并且愿为人民服务、接受领导、服从法令者;2.在解放时曾做过保护档案、资材工作,并在交代中积极忠实者;3.出身清白之青年;4.系地下关系者。"日记作者之父得以留用,至少符合其中第一条的要求。

⑧ "二十四"指腊月二十四。此为春节前夕民俗之一,即"腊月二十四,掸尘扫房子",也有"二十五、扫房土"之说。

一月二十三日 星期日

　　愈观《养生保命录》,愈增余一份恐惧。悔之晚矣！不！悔之不晚。每天在夜间的睡眠里,不知都做了多少的恶梦与美梦,恐怖的、甜密〔蜜〕的。梦是心头想出来的。故当每晚竭力清其心思,清淡、恬淡,始能忘掉一切呢。是的,在没有负担家庭生计的时候,心田中只有一个单纯的假〔遐〕想,没有忧薪虑米的愁念,心坎上只有意念着快乐憧憬的迷梦。遥想以后的幸福感伤,这些……

　　我想,每个尚在学校求[知]识而未涉入社会的青年,都是这样思及的,绝不会猜错的。想以后负担于家计、身处于社会的时候,那时,你的脑子将徘徊[不定],不知有多少可虑的问题会发现了,绝不是现在的这样单纯。所以说,这时的享受过程,是最舒郁〔畅〕的、轻快的、美丽的,但时过境迁,此时光怕不久长吧。况余已将近于二十岁,与社会相交之高楼,已快上到三楼[了]吧,[大概]再离几层阶,就上去了。所以,这更是一个极短又极宝贵的一刹那。来！余诚心地接受吧、悠享吧。

解放军指战员在天津战役中获得的立功锦旗

昨晚睡觉前,因赤身于不大暖温的室内沐浴,致使今日的不愉快——打浅喷〔嚏〕、流鼻涕,总流讨厌的稀汤,但是,唯一的报酬就是痛快些。

读一些杂志类的刊物,里边的内容多夹裕〔寓〕于文艺小〔描〕写方面,到〔倒〕引起我阅览的性〔兴〕趣。这里见到的净是美丽描〔妙〕幻的名词,像憧憬、怅惘、惆怅、踌躇、蹉跎……等一类的。以前总以为这是败俗的、不值钱的"盖丑词"。不论这篇的文体如何,只要表面丰韵,便有供人读的价值。现在细思,不可再〔有〕像先前〔一样〕的那种看法。学问是无穷的。由通俗中才能显出佳趣,掀露出了诗境。况这一类的文词,确实是美妙的,不见得只在白话描写文中有它的价值。即在文言文中,设法的挟〔夹〕杂它几句,亦未为不可,或者愈显生动漂征〔亮〕、别开生面呢。所以,余近来在这样的词句上,特别加以搜罗,诚心记忆,以收丰效。

自从这本日记开始〔记〕的时候,记录的篇数,〔与以前所写的日记相〕比,他〔它〕增加了数倍,不知那〔哪〕里放着这些话,单等着他〔我〕发泄。而且还是毫无准时地写着。笔尖墨小〔少〕,算是尽了最大的义务,天天陪伴着我这[双写个]不停的手,在发泄着他〔我〕心中的郁思、问题、解答、醒后、感触、杞忧……

先前还是因为战争的琐记,特为繁杂众夥。现在是清净了,但还不可思议的思潮,又一涌而出了。连自己也不知写的是什么、想得是什么。甚至晚上临睡前,刚刚的躺在床上,忽然想起今天的事,应当记载的那一件漏了孔〔空〕,甚至明天的事、今天还没去做的事,早就编好[了]的词句,预备去写、现在即刻去写。不知这种奇趣何以养成?是好还是坏?是神精〔经〕了吧!

终因衣服已经脱了,[人已在被窝内,而日记本不在手边。如果]赤身外出[去拿日记本的话,由于屋内]是冻冷的,[对感冒的痊愈肯定是不利的,只好作罢。因此,]才焦急地留到明晨去写。

不但如此,还有个新的收获:在动笔之前,预先有个盘旋,该写什么。可是一到开笔的时候,竟自忘了先前的计画,随笔

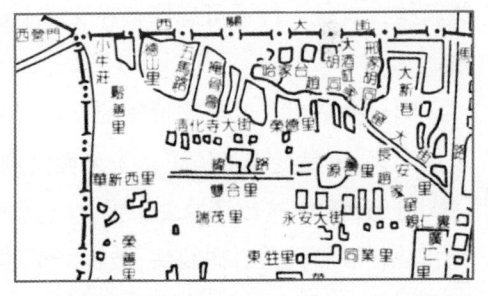

1952年天津地图中,有对西关大街和大酒缸胡同等地的标注。

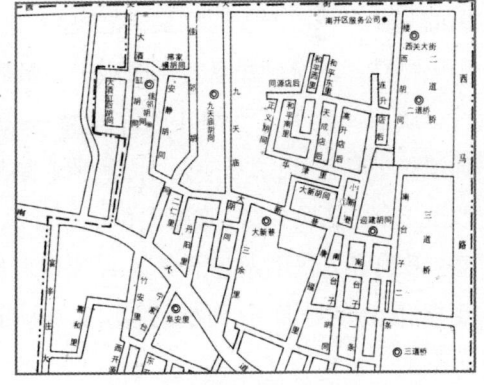

1998年天津南开区西门南街道地图中,仍标注有大酒缸胡同、高升店后、三余里等日记作者提及的地名。

即出,虽不敢称为洋洋乎数万言,但那种不加遐思、抚笔而出的精神,实当之无愧了。这也许是个意外的收获吧。在练习写作上,建立了一个极大而深切的基石。有半层〔成〕把握的实现了。就是余在写作的方面,能够把心中的思所[索],能够抄缮于无遗。这就是从前未有之果,亦不负素往所诉之苦衷。还记得,在"高会一"①的时候,曾写过一篇文章,题目是《写作的重要性及如何增进自己写作的能力说》,在那时候就播下了这种今日[富有]呈〔成〕效的种子。想起这,真是一件不可忘掉、在文学上经自己建立了一大柱石的事。

叫兑换货币、改革比价闹的,物价从昨天就又恢复回涨状态了。今天,更是变本加厉了。玉米面又到七十、八十[圆一斤]了②。[这]可怎么好?按经济原理来推,这是恐怕人民手持金圆券拖延不兑、耽格〔搁〕时日、有碍政法,故提高兑换比价,好叫市民以损害利益的心情、争先恐后地抢兑③。

[国民党]政府从前每日发表的布告、文告,[内容]不外保护人民的利益……政府俱〔具〕最大之决心……企望着,为……努力,为……牺牲,望全国民众暂忍时艰……最后[的]光荣仍是我们的……政府又改革了不知几次的国策——兑换金圆券、金银、证券,强迫……利益呀!"八一九"限价④呀!结果闹得一塌糊涂……遂又改变方针,兑换金银、改革比价……什么仍须私有,卖了买、买了卖。政府和人民倒做起了交易,结果政府反成了富贾,[成了]囤积、倒把、居奇的奸商了,而小民们反变[成]了乞求无应的小贩了。这……

过去,[国民党当局说的话]简直是放屁。宇宙、社会、政府,没有直[真]的,都是说得天花乱坠,结果都是一败涂地,闹到不可收拾的地步。这些[遭受]损失的担子，还是负在穷民的双肩上⑤。

即使拿自己作比方，亦何漠〔莫〕不如此？练这个、学那个……结果是一无所成。先前，全是做着持舵憧憬的美梦，以后却又弄了"一嘴屎"。就是这样，社会与人类是一样的，不过只是静物与动物、物质与文明、有生气与无生气、长久与短时的区别罢了。

我写了这一大段，似乎过时了。可是这个真理是任[何]人不可否认与溟〔泯〕灭的。这是一种逻辑的伦理、心理、社会科学，在一存一续间，就会理会得到的。以上文章的写法，就是反扑〔返璞〕法，写出来特别有力量而[且]生动，感人入〔至〕深。今乃实验之。

现在，[能]吃[上]大米饭、肉菜，实[在]算[是]不错了。过年[时，也]不过如此吧⑥！但顾及〔忌〕以后的生活，[以后]在吃食方面，恐怕不能如此随意的丰润了吧。

报载，共军文教部⑦于廿一日假新学中学⑧告〔召〕开全市中小学校长、主任等联谊会议。其中，决定事宜有：废除党义、公民、军训、童子军训等反动课程；废除训育制度，各校除训育主任外，其余照常任职，训育员暂归教务处；并拟提前开课，于夏历新正月初六日，定为开课的日子。

天夕，观报毕。

[位于]西马路的银元、布匹[交易]市场，早把你给围得水泄不通了。"一三""一三五"……也不知是什么钱，胡要！把物价又给烘〔哄抬〕上去了。

[安徽]蚌埠、合肥等地亦解放了。淮河、安徽地[区]，亦临"危境"了。国民党蒋总统，暂为退职，避居一时，由李宗仁暂代总统职，但终又遭共党的驳斥。⑨

长〔掌〕灯时，邵、马[两同学]至，报告明日起[学校]即照常上课。新年⑩放假五日后,继之上课,所有书籍,除被废除的外,一律仍按照功课表照常携带赴校。这是邵景云于校内呆了半天,听曹先生报告的。听说霍连富⑪也是地下工作人员,连朱永祥⑫,学也不想上了,同他[一起]要在人民政府一[里]服务了。真正万也想不道[到]的事,竞[竟]会实现了。离着[新]年这样近,还上学,真讨厌!

　　脑病仍不断地纠缠着我,自作自受,又有何法?这几天又是晕乱得了不得。尤其是晚上,在煤熏的屋子里⑬,简直有说不出的难受。偏偏今天又伤风起来,[头]痛、[头]晕目眩、打涕喷[喷嚏]、流稀鼻涕、流眼泪。这些,我全没问⑭。这种病态,还是第一次遭遇呢。

注释

① "高会一"似为日记作者对高级会计专业一年级的简称。日记作者此时可能已是天津"市商"会计专业二年级的学生。
② 日记作者仍习惯参照金圆券计价。
③ 此为日记作者对人民新政权制订的金圆券兑换政策的误读。
④ 1948年8月19日,南京国民政府实行"八·一九"限价政策。同年11月,这一政策宣告失败,导致物价失控、金融失调。
⑤ 日记作者将人民新政权和国民党政权的金融政策混同起来分析评价,有失公允。
⑥ 从1949年1月15日天津解放至春节,仅有半个月的时间。党和政府在接管中,努力安定社会、建立正常秩序。从打扫战场、收容散兵游勇,到修通水电、恢复交通秩序,仅用约一周的时间。同时,筹集调运2.8亿斤粮食进城,对灾民和失业人员急赈600多万斤小米。设立28个摊贩市场,330家批发粮商、近500家磨坊恢复经营,市区普遍设立面粉代售点,供应面粉近千万斤,每人每次限购5斤,确保居民过年都能吃上饺子。1月24日,全市80%商业门

店恢复营业。

⑦ 即天津市军事管制委员会文教部。

⑧ 位于大沽北路,1953年改称天津市第十七中学。

⑨ 1949年1月21日,在人民解放军节节胜利的强大压力和各界纷纷呼吁和平的强大舆论下,蒋介石被迫以"因故不能视事"的名义,宣告"引退"。根据1946年12月25日由国民大会通过,并于1947年1月1日由南京国民党政府颁布的《中华民国宪法》第四十九条规定:"总统缺位时,由副总统继任,至总统任期届满为止。总统、副总统均缺位时,由行政院院长代行其职权,并依本宪法第三十条之规定,召集国民大会临时会,补选总统、副总统,其任期以补足原任总统未满之任期为止。总统因故不能视事时,由副总统代行其职权。总统、副总统均不能视事时,由行政院院长代行其职权。"时任副总统李宗仁遂代理总统职务。由于蒋介石暗中操纵,李宗仁"代总统"一职徒有虚名,实为傀儡。但李宗仁仍抱有侥幸心理。1月22日,李宗仁表示愿以中共所提八项条件为基础开展国共和谈。其确定的和谈指导原则为:"和谈必须建立在平等的基础上,绝对不能让共产党以胜利者自居,强迫我们接受不体面的条件;不能同意建立以共产党为统治的联合政府,应建议停火,在两党控制区之间划一条临时分界线;不能全部接受所谓'八条',而只同意在两政府共存的条件下讨论'八条'。"其核心即"划江谋和"。中共中央充分认识到这一点,因此在开展和谈时,予以揭穿,并要求解放军加紧进行以战斗方式渡江的准备。

⑩ 指春节。

⑪ 日记作者的同学或天津"市商"教职员工。

⑫ 日记作者的同学。

⑬ 当时天津尚无集中供热设施或燃气管道。一般市民家中,基本上都靠生炉子烧煤取暖、做饭。另据《天津气象资料(1890—1960)》第54页载,1949年1月23日的最低气温为零下7.5℃。

⑭ 未理会、未采取措施之意。

一月二十四日 星期一

伤风仍未愈,鼻酸泪流,手绢早为之沾湿。有点小病就不好受!早八时,偕邵、马[二同学]步行至校。到达后,院内早已由校长讲上了。教员、职员们,也都齐齐地站在右边。同学们有的拿着歌篇子——《没有共产党就没有中国》。大概是一个共军的干部,戴着绿帽子,背着一个布包,里面装的是报纸,正在跟关先生①谈话。这样,我才敢断定的。[学校]东院门口,还有个武装同志站岗。

同学[们]好像几年不见似的,谈作一团。台上的讲话似乎只对头几排[的同学]陈述似的。好容易一阵掌声,校长的"翻饼"演讲才告一段落。

继之,教职员代表徐建平

天津市人民政府印(铜制)

先生②上台也演讲一套:"首先声明,我不见〔是〕共产党员,也不是地下工作〔人〕员。不过,在国民党的迫压下、〔在〕资产

解放军占领国民党天津市政府所在地,即大沽路原英租界工部局(俗称戈登堂)。

财团阶级的缚束下,不干〔敢〕喘一口大气,而人民们那时内心中早已盼望着解放光明的到来。很短的时间中,果然实现了。现在我可以大声地说话了、可以坦白地指责以往了……。"

〔他〕讲完后,又由寿主任③上台报告事宜。这时,王运新④也由外面进来了,面上仍是笑嘻嘻的,不知以后该任何等的职务了。

寿主任〔说话时〕的声音小,简直听不见。〔这〕更给后面的爱说同学造了机会,干脆任什么也没听见。完事还得问头里的小同学。听说考是不考了。等〔居住在学校里的〕难民集中〔到〕礼堂后,各教室的桌椅〔就能被同学们〕各自运回。明日八时半,即照常上课了。在我的心里,根本没问⑤。

解散后,同学们纷纷领所兑的款项了。我落〔下〕了六十圆。一想一会儿还不知有什么工作了,还是三十六召〔计〕走为上策吧!

午后二时半,骑车赴外祖母处送点〔儿〕米面、肉、糖、菜、钱……好过年哪!〔外祖母〕要是有个儿子〔的话〕,〔还〕至于这样吗?

至大丰福〔浮〕桥⑥,数辆汽车急驶,尘土迷离,难睁二目。〔从外祖母家〕返回时,也带回了些红豆子、绿豆子、大仁果⑦。这〔来回〕两

天津解放后,天津市人民政府办公地设在原国民党天津市政府所在地。

趟,闷得我一身汗。感冒因此好了,也未可知呀。

回想刚一进[外祖母家]门时,见老人独自兀坐,颇有凄凉之状,使我生出无限的感慨。唉!人生就是这么一回[事]呀!

谣言说,飞机已抛下传单,说二十八号⑧轰炸天津,并叫津市人民赶紧逃出天津⑨。你想能有这样的事吗?果真的话,这是企图着什么呢?看着大年三十⑩的赐予吧。

关于北平种种的谣言,又是乱说不一了。别的都不能信,反正大批的共军由津市开往北平是真的。

注释

① 在"市商"供职的教职员工之一。
② 徐建平即徐维藩,天津教育家徐克达之侄,毕业于河北省立法商学院,为律师,原在天津育才商职学校任教。天津解放前夕,徐建平已被派往天津"市商"任教,后参与该校的接管工作,继任天津市第二十六中学校长。
③ 天津"市商"的教务主任姓寿。
④ 王运新毕业于南开大学经济系,时为天津"市商"教师。参见一九四九年一月三日日记中的注释⑥
⑤ 即没有理会、没有上心之意。

⑥ 大丰浮桥为天津西头跨南运河的桥梁,北接西站前街,南通大丰路。1917年后建成浮桥,因位于大伙巷北口,也称大伙巷浮桥。1952年,大丰路拓建,改建成混凝土桥,更名为大丰桥。

⑦ 天津人对花生的俗称。

⑧ 1949年1月28日,即除夕当天。

⑨ 此为苟延残喘的国民党当局对天津市民采取的宣传战手段,目的是在天津制造恐慌。

⑩ 即腊月三十,也即除夕。

一月二十五日 星期二

F36°①。

风。

今晨,骑车赴校。一路顶风,搜熬〔愁煞〕人也!

第一时〔堂课〕是统计〔课〕。书是讲不了〔了〕,〔因为〕根本没有几个〔同学是〕带着书〔来〕的。无非是聊聊。

〔统计课的老师〕陈先生说:"从前,共产党与国民党本全是在孙中山先生革命下的志同道合的同志,在民国十三年至民国十六年②的当中,才发生了中间隔膜的变化。按理说,国父③所创的'三民主义'之首,在于民生问题,而里面〔除〕包括平均地权、节制资本外,还有一个国民党忽略的〔问题〕,〔就〕是耕者有其田。而'三民主义'根本就是共产主义,故,共产党就是根据此而组成的。④国民党还是共产党孕育出来的呢。自民国十三年至十六年⑤,因两党的意见不合,遂行分裂。共党便在江西省、县立下根据地。其时,党中的人物还是很少,范围也小,很遭国民党的歧视。〔国民党〕遂以'匪'

天津市长黄敬(左)与天津战役中的战斗英雄祁凤海、李青山交谈

称之。民国十七年⑥,蒋[介石]命张学良为'西安剿匪司令',剿灭共党,但[思想认识]先进的张学良,认为中国唯有统一,才有永久的和平。[张学良]遂要求与两党言和,但遭[到]了[国民党]中央强硬派分子的驳斥。遂演出〔爆发〕了西安事变。及至蒋介石被释放后,[国民党当局]对共党又稍变了态度。'匪'字渐渐地糊没〔模糊〕了。这时,共党仍在坚决地进行组党工作,号召军队,改革政治,由十七年至二十五年⑦的中间,历尽万艰,由江西省叠叠的〔跌宕地〕迁至陕西。两万多里的迁[移里]程,其中间之苦辛奋斗,可想而知了。这时,日本便有意地挑战,加以侵略,[后对中国]一再地压迫,遂于二十六年⑧七七事变[后],才发生了全面抗战的命令。'中央军'确实是留了不少的血。可是,共产党亦同样地洒热血、抛头颅,与国民党共歼日寇,亦曾建立了显著的功绩。中国的胜利,决不是单靠中央

在天津战役中立功的"英雄连队"获赠"打开天津大门"奖旗

政府的片面,而大部的成份仍有共党在内。于此中间,胡宗南的队伍,根本没参加作战,一直地开到延安四周,监视着共军。这种小气的手段,足显出蒋[介石统治的南京国民]政府的独裁了。[抗战]胜利以后,正是一九四五年(民国三十四年)。共党仍企图〔谋求〕着与国民党谈和。遂开了政治协商会议。[会议]里面所定的内容,使本党⑨人士大为不满。致又在'二中全会'[上],将政协[会议的决议]完全推翻⑩,遂不履行。尤其[是]硬性派的陈诚,更不主和。共党见[国民党]'中央'对和谈毫无诚意,遂也只有以奋斗求和平。一年中,一半在战争,一半在调处,最后,还是决裂了。这时,蒋介石便决然了全国总动员的所谓《戡乱令》了。你想,国民[党]有着二百万的精锐部队、一百万的收编部队,总起来,兵力超出了共党数倍之多。故觉得剿灭共党,具有十成的把握。况又有美援,所谓机械化的队伍,更是共党比不及了。当新一军⑪、新二军⑫开到东北的时候,共军只有节节的退后。但他有苦干的精神,终有反攻的可能。当时,全国人民及一般民主风派的人士,对此亦大为不满,遂造成民气〔心〕的向背,结下了国民党堕落的种子。再加上国民党裙带政治的腐败、资产阶级的作祟、贪污风气的养成、军纪的散漫,更是[导致]国民党失败的一个大原因。于是,共产党由败势转为胜势,不但夺回失地,两年的战绩,[使得]东北、华中、华北[地区],无一不在共军所辖的范域了。国民党因政治的腐败、人事的摩擦,而遭今日的失败。私心自用的落场,不明显耳?现在我们津市亦被解放了,由黑暗中瞧见了光明。并不见[得]我们以后就不能穿好的衣服,白面、大米就吃不上了。因为,我们是都市里的居民,比不得乡间的生活。因先前共党的兴起是在乡村中,为适合环境,衣食故而粗糙。我津市人民,绝不像此也。不过也得行为检点一下,不要有过分的奢滛[13]。至于'清算'[这]两个字,听了不要怕,不是任何[问题]都在'清算'的圈子内。他'清算'的是官僚资本,而我们中产阶级、小资本家,还要受到保护了。我们还有助长生产的责任,只靠"低产阶级"的农人,焉能成呢? 看看国民党离毁灭的坦途,以〔已〕日复一日地逼近了。大料也不出一年,即全行垮台了。那时候,中国才能成为真正的统一民主国家。而现[在]的共军的野战军,他们大部都是自愿投军的乡民,也可以回家务农、从事生产了。只留下一部[分]正规军队,预[为]巩守[的]军力就够了。"

第二时〔堂课〕,是代数[课],也是没讲书。[代数课的老师]郭先生说:"学校一共来了四个干部,都跟校长、主任及工友谈过话,我也在教师身份上,做过个别谈话,被详述询问校

庆祝天津解放时,游行队伍中的秧歌队边走边唱。

中的组织及师生活动的情形,遂坦白地一一说出。希望你们以后若被询问时,也要实话实说,不要七编〔拼〕八凑。〔否则〕,倒显得有什么弊窦似的。以后的军训班〔课〕及公民班〔课〕,改讲报纸〔上的内容〕,但在先生们没有灌输新的知识之先,也不能胡说乱讲,最好不必乱问。你们的问题,就是我的问题。最好到了这种班〔课〕上,大家彼此把所有的这几天报纸搜集一起,研究传观为妙。昨日,为了兑换款项事,王主任本想让各位导师负责发放,结果,反遭华干部⑬的回驳说,'现在〔正〕废除训育制度,一切活动皆可由学生本身自行处理了!'此一时彼一时!"

〔郭先生〕继〔续〕说:"现在这几天的上课,仍是补上学期〔课程〕的不足,因为驻军响炮,耽误了许多日子。上到除夕,〔再〕休息五天,点缀点缀新年。〔从〕正月初六起,照常上课,上到阳历二月二十日停止。即为本学期的终了。从〔阳历〕二十一日至二十八日,休息八天,算为寒假。从三月一日起,便是第二学期的开始了。"

第三堂〔课〕是〔由原来的〕军训〔课〕改的"讲报堂"。因无先生〔来讲〕,而闹了一班。

第四堂〔课〕是英文〔课〕,〔英文课的老师〕王先生也被要求讲些话。于是,〔他〕讲了些经济上的名称。因《新民主主义论》,

庆祝天津解放的彩车,行进在位于罗斯福路(今和平路)213号的亚西实业银行旁。

王先生早已看过，故对此种学说可以表达。唯心论、唯物论、辩证法等，一一为之解释。美国是民主国家，为什么又称帝国主义[国家]？中国为什么称半殖民地半封建思想[国家]？他用内外科、中西医治病[的]浅近例子，说得都很透彻。

直到四时⑮下课[后]，[与几个同学]商量好了，下午歇了，自行放假了。并且，明日起又举[实]行代表制度了。

伤风今已痊愈大半，鼻涕也不稀流了。白天，头[脑]也清楚了。[也]许是昨天流汗之功。不过，到了晚上，又有些[头]晕。相信这两天晚上，头晕目眩的乱象，已达痛苦的最高潮。但我还能忍受，别人的偶尔感到不舒服、头晕，与此相比，绝不能达于万一。

就这样的下去吗？不![要有]进展，还要活下去。前途是光明的，我要奋斗，社会是需要我的，还要高兴地续延下去。我还有大无畏的求知的心与竞争的心理，决不能自弃而落后的。这种病症，一定要医治的！

从昨晚[开始]，[在]各民宅[里暂]住的共军，都已搬走了。⑯听说[他们要]开到北平去。虽然说他们不扰民，但是多少给人民也添了不少的麻烦。没法子。

就拿前天晚上说吧。[住在]后面[院子里的共军]也是助兴，每天的歌声是不断的。忽然，"帕帕帕[啪啪啪]"的一排子弹走火了！这要是伤了人呢？！

注释

① 此为华氏温度，相当于 2.2℃。

②⑤ 1924 年至 1927 年。

③ 1939年11月,在国民党五届六中全会上,林森等12人提议尊称孙中山为中华民国国父。1940年3月21日,中国国民党中央执行委员会常务委员会批准此案,并发表声明,"宜表尊崇"。

④ "'三民主义'根本就是共产主义,故,共产党就是根据此而组成的"之说,并不准确。三民主义的发展过程分为两个阶段,即"旧三民主义"和"新三民主义"。三民主义是"孙中山提出的中国资产阶级民主革命的纲领。1905年他在《〈民报〉发刊词》中阐明了民族、民权、民生三个主义,主张同时进行民族革命、政治革命和社会革命,推翻清朝封建专制制度,建立资产阶级共和国。但初期的三民主义(即旧三民主义)还没有一个彻底反对帝国主义和封建主义的纲领。后在俄国十月社会主义革命胜利的影响和中国共产党的帮助下,孙中山确定了联俄、联共、扶助农工的三大政策,并于1924年《中国国民党第一次全国代表大会宣言》中,重新解释了三民主义。旧三民主义从此发展为以三大政策为实质的新三民主义"。辞海编辑委员会编:《辞海》第六版缩印本第1602页,上海辞书出版社2010年版。

⑥ 1928年。

⑦ 1928年至1936年。

⑧ 1937年。

⑨ 指国民党。

⑩ "二中全会"即国民党六届二中全会。1946年3月18日,周恩来在重庆中外记者招待会上的谈话中说:"在政治协商会议之后召开的'国民党二中全会',我们曾寄以很大的希望,但'二中全会'的结果实令人失望。因'二中全会'的决议动摇了政治协商会议的决议。国民党内为数不少的顽固派利用'二中全会'通过了很多重要的违反政协决议的议案。这不足为怪,而可怪的是这两个会议的决议既如此相反,却都是在蒋主席主持和领导之下通过的。"

⑪ "新一军",即国民革命军陆军新编第一军,曾参加印缅抗战,后为国民党军队五大主力之一,号称"蓝鹰部队""天下第一军"。1946年,孙立人率"新一

军"进驻东北地区,后由潘裕昆任军长。1948年,"新一军"在辽沈战役中被歼灭。

⑫ "新二军"应为"新六军",即国民革命军陆军新编第六军。1944年,南京国民政府为加强中印缅战区的军事力量,合编组成"新六军",由廖耀湘任军长。1946年,"新六军"抵东北地区参与"剿共",1948年10月在辽西大虎山地区被全歼后撤销番号。

⑬ "奢滛"中的"滛"字,为"淫"字的异体字。"奢滛"似为对"骄奢淫逸"一词的简写。不过,此处仅有奢侈、奢靡之意。

⑭ 这位姓华的干部,可能是天津军管会文教部驻"市商"的军代表。

⑮ 即第四堂课。

⑯ 当时居津的美国人格蕾丝对解放军在天津市民家中居住以及白天操练的情形有所记载:"自那天(1949年元月15日)起,我们便有充足的机会去观察这支神奇的军队……最多的时候,全城的驻军人数达40万。他们有进有出。有的调往南方,很快便有其他部队来接替他们。他们并没有壁垒分明地驻扎在军营中,而是分散地住在民众中间。有空房间的家庭,几乎都住上了解放军。我们认识的大多数人家里,都住着或住过解放军。当然,不是很多人都喜欢解放军来家里住,但是也没有多少怨言,也没有任何人能对解放军的行为有什么不满。他们好像都非常友好、礼貌,天性善良。军队内无偷窃现象,也没有酗酒、嫖娼的。任何去妓院被抓住的士兵都会被枪毙。我听一位美国人很沮丧地说,这是他听说过的第一支不淫乱的军队。这支军队就像麦考莱形容的克伦威尔的军队那样:'在此独一无二的军营内,听不到任何咒骂声,看不到任何酗酒者或赌博者,而且,经过长期的军人统治,平民的财产及妇女的名誉均被视为神圣之物。'……每天早晨五点半,有大约十分钟的时间,街头从一头到另一头,便会响起持续的警哨声。随后,这个地区所有的解放军都到与我们两房之隔的空地上去晨练、唱歌。他们每天都这样开始。没有工作、没有训练的日子,他们会在空地、操场或体育场上活动。有打篮球的;有跳高跳远的;有像猴子般在杠子上荡来荡去的。在民园体育场内,他们修建

了各式各样的工事和新奇的装置,用来做逾越、躲闪、隐蔽等训练,并用来提高他们的平衡能力和敏捷性。观看他们所能做的各项运动、跳远的距离和各种体操动作,真的让人眼界大开。他们从不停移动的狭窄、光滑的木板上过来过去,在滚动的原木上走来走去。他们还练习爬越高墙,爬到顶端后,便从上面纵身跳下来。"参见《格蕾丝:一个美国女人在中国(1934—1974)》第154—155页。

⑰ 居津美国人格蕾丝的11岁次女爱莲,也记得解放军进入他们所居天津常德道地域时的相关细节,但她一点也没觉着解放军战士给市民添了麻烦,而是亲眼看到了解放军战士在市民家里帮助做家务的种种细节:"解放军战士住进了人们的家里。他睡在过道或任何可以睡觉的地方。我们家没住解放军战士,但是可能有一个连以上的战士住在我们这条街上。他们所做的第一件事就是扫院清洁、整理各种东西。我便问,怎么不给我们家安排一个战士来?我们家也有过道有地方住。是不是因为我们家有个外国人啊?因为我从街上来回走的时候,常常看到这些士兵多么有用,所以我也想要一个。他们帮人们扫院子、生火,还照看孩子。我看到他们很多人都抱着孩子或推着婴儿车在街上来回走。一天,我经过一户人家门口,看到这家的当家太太正要出门,嘱咐抱着她孩子的士兵说:'记住,你要在这个钟点喂吃的,那个钟点做那个。'我们从来都没见过这样的事儿,谁都不相信。他们只待了很短的一段时间,但是,靠军纪、靠与民众打成一片,他们赢得了民心。你可以嘴上空谈,不停地空谈,但是最重要的仍然是与民众真正打成一片。他们对任何东西都是有借有还,凡是损坏的都会赔偿。周围的孩子们都把他们当做英雄看待。我们到体育场去看他们攀爬、操练、练习跨过自己搭建的摇摇晃晃的竹桥。他们这是在为南下做准备。体育场里满是观看解放军训练的小孩。下一场大的战役到来之前,他们在这里休整了几个月。天气转暖后,他们便离开了。"参见《格蕾丝:一个美国女人在中国(1934—1974)》第153—154页。

一月二十六日 星期三

今日是旧历腊月廿八,还差两天就过年了。看看街上买卖的情绪,绝没有新年的风味①。是的,人心死了,对此忘掉了,而也感不到兴趣了。"二十八,白面发"②,一般人还是多少地点缀了些。

金圆券虽还有几天的限期[才作废],但市面上大部不流通了,自比价降至"一比八"后,一般商民又自己将金圆券再行贬价,[以]"一比十"折合。到今天,兑换所的比价大概也是"一比十"了③。

天津解放伊始,军管干部接收仓库物资。

庆祝天津解放的游行队伍

天津解放后，开军车的解放军战士在天津渤海大楼前合影。

晨十一时，赴东门北育林堂④，买一盒补丸，价三十圆（人民券），预从今晚[开始]服之。

眼看已到过年了，除给六百圆移交费外⑤，至今一无所给，竟说解放了，肚子还是官的吗？谁好？要不，今年是个富裕年哪！可是又说回来了，炮火哪[呐]！

自己[给自己]放了一天假。邵景云来找[我]，[因]我[正睡觉]，也没[能]见面。[后来我去]找他，[他]也没在家。总旷课也不是事，预明晨骑车[到学校]走一遭吧。自从伤风[开始]的那一天起，头便晕起来，晚上尤甚。在[家中的]北屋里，简直难受得要命，赶紧到南屋。[因南屋是]气温较寒的地方，[伤风]才好了大半。祈祷服药后，从速奏效吧！

注释

① 1949年1月28日制定的《天津市军事管制委员会决定1月份工厂技术机关等工薪办法》中，附有1月26日物价表：大米（斤），10元；兵船粉（袋），650元；小米（斤），8元；玉米面（斤），6.50元。

② 春节前夕的民俗之一。也有"二十八，把面发"之说。

③ 1949年2月《天津市军事管制委员会接管部金融管理处关于天津市区肃清

金圆券工作总结》载,1949年1月26日至2月4日,按"1:10"兑入金圆券6157万元,占1.8%。此为肃清期,优待比价于1月27日停兑。由于春节将至,根据商民习惯,从正月初一至正月初五前,市场休业。因此,1月30日,各代兑所全部撤销,仅留8个兑换所及中心组坚持兑换,并设流动兑换组,到偏僻地区巡回收兑残余的金圆券。

④ 位于东门外东马路一带的一家药店。

⑤ 可能是日记作者之父所供职的天津市财政局以移交费名义发放的补贴。

一月二十七日 星期四

昨天晚上,才头一次吃药,是可纪念的。反倒惹起祸来,反倒勾起一片春心。本来没有想什么,而现在自己正在竭力地避免这些个。不想在今晨七时,天还不亮[之际],又做起怪来,吻一个丑女,致使又吃了亏。这是什么缘故呢?当时,就像真事,毫无所知。片时,又[清]醒又朦胧。等到知觉清醒时,又恨又悔①。可是没有法子。回想,如果这是实际的事,早就呕心的〔恶心得〕远远了。怎么在梦境中的心理,会突变呢?是的,知觉错乱了。可是,[怎么]会做梦呢?矛盾了。反正这是不好的现象。大年廿九的糟改②。

这张被广为传播的"金汤桥会师"照片,是天津解放后在解放桥上补拍的。

昨日旷了一天课,今天该上学啦!

第一时,代数[课]。[课上]真讲[教科]书了。我呢,也没书、也没问[问同学]。中午放学时,寿主任召集大家讲话说,"虽然解放自由,也得有范围,不要尽情胡闹,

1949年天津解放后,市民迎接人民解放军入城。

想来就来,想走就走。这样也太失规矩了。就是[学校里]新来的[接管]干部③也不赞成的。过两天,他④也要给你们讲的。"话可〔虽〕是这样说,[但]一般同学照旧是[自己随意]放自己[的假]。下午看吧,[班上的同学]不知还剩几个。

闻北平已解放,双方正在讲解条件。⑤刻[下],[平津之间的]交通已允沟通。平市人民已有至天津者,因其处的物价低,故金圆券又成为他们交换的利益。津市金圆[券]兑换的黑市,又起来了⑥。

不久,毛泽东就会至北平主持联合政府等事宜。参加者有社会贤达、共产党[方面的人士]、国民党的李济深等。[联合政府]果能实现后,则津市现在的情况,又成为过渡了。期待着吧。

晚上,与天琪打闹,似乎已成了习惯,以后要避免些。这不是一种娱乐,对体面、身心的修养,都有妨碍。

明日就是旧[历]三十、[也是]度除夕的日子,又称春节。虽为旧习,亦在国人渐进淘汰之途,但仍在吾人脑海中旋盘着,短时间[内]难革除⑦。不过,津市民众,受过此次炮火的劫激〔击〕,对它早

南开大学师生敲锣打鼓、载歌载舞,欢庆天津解放。

已死[心或]淡[然]了。不像往年[那样]的有生气了。[腊月]廿九的对子②,你看还有吗? 新年是什么?! 不就是红红绿绿、悬灯结彩、香烟缭绕吗? 可是现在却鲜见了。年能从哪看出来? 就是气象焕然[和]物质的享受而已。人心一沉,对此就不顾虑了。所谓年呢,也就半想半忘了。

可是,岁月是无情的,按旧习,明天是增岁的日子。现在还不能否认,转[念一]想,人总归[一]死,而[死]期无定,又何必以岁计数呢? 这不过[是]做一个提醒生命续延的界限,警惕你一生掩〔湮〕没的回忆而已。所以我说过,年是愁虑的、悲哀的。

明日唯一值得纪念的,就是它是一个"解放年"——解放后的第一个新年。因解放空气之改变,所以,对它又[有了]一个看法了。借着新年的福光,我们企望看着一个新生的降临。

目前,对新的知识,应当灌输了。为适合新社会、新时代、新潮流而竞争,姑[且]不论党的立场,求知是正当的进取心。

注释

① 指梦遗。似与日记作者服用补药有关。

② 大年二十九,即腊月二十九。"糟改"一词为京津一带的方言,有讽刺、挖苦、戏弄之意,但也含着编排、作践、恶搞等意。

③④ 当时,天津军管会文教部已派军管干部入驻天津"市商"实施接管,1月25日的日记中称,"学校一共来了四个干部"。尚不知其是否为前文提及的那位姓华的干部。

⑤ 当时,北平和谈进展顺利。1949年2月1日,毛泽东为新华社撰写述评《北平问题和平解决的基本原因》载:"南京国民党反动政府,对于北平的和平解决采取什么态度,是值得注意的。国民党中央社于一月二十二日发表傅作义将军的文告,该文告称北平的和平解决,是为了'迅速缩短战争,获致人民公议的和平,保全工业商业基础与文物古迹,使国家元气不再受损伤,以期促成全国彻底和平之早日实现。'一月二十七日,中央社又发表南京政府国防部的文告称:'华北方面,为了缩短战争,获致和平,借以保全北平故都基础与文物古迹,傅总司令作义曾于二十二日发表文告,宣布自二十二日上午十时起休战。平市国军大部当即遵从总部指示,先后撤离市区,开入指定地点。共军已有少部开进市区。绥远、大同两地亦将实施休战。'战败了,一切希望都没有了,比较好的一条出路,是军队离城改编,让人民解放军和人民政府和平地接收城防和市政,这是北平问题和平解决的基本原因。为什么天津不肯这样做呢?难道天津的'工业商业基础与文物古迹'不应当保全吗?难道天津的'国家元气'应当受损伤吗?为什么一月二十二日应当'促成全国彻底和平之早日实现',而在一月十三日就不应当,而令天津的和平解决不能实现呢?基本的原因是傅作义将军还想打一打。天津打败了,二十九个钟头内十几万人解除武装,陈长捷、林伟俦、杜建时等一齐被俘,北平孤立了,毫无希望了,决心走第二条路,和平解决北平问题的可能性从此产生。解放军十五日攻克天津。十六日,林彪、罗荣桓、聂荣臻三位将军即和傅作义将军的代表邓宝珊将军、周北峰将军成立了和平解决北平问题的基本协议,往后数日又成立了细节方面的许多协议。周北峰将军是在一月八日由张东荪教授引导出城和林彪将军等谈过一次的,这回出城是第二次。和平地解决北平问题的基本原因是人民解放军的强大与胜利,难道还不明显吗?北平人民,包括劳动人民、资产阶级及绅士们在内,一齐渴望和平解决,又是一个原因……北

平和平解决的又一个原因,是近二十万的国民党军队除少数几个死硬分子外,从兵士们到将军们,一概不愿打了。天津失守后的傅作义将军代表了这种情绪,下了出城改编的决心……南京政府为什么也同意这样干呢?这是全国革命高潮和国民党大崩溃的表现。他们不得不同意,就像他们不得不同意以共产党的'八个和平条件'为谈判基础一样。在全国人民的逼迫下,他们孤立了,他们的二十万军队已经这样做了,他们无法不同意。"据《人民日报》1949年2月3日所载。

⑥ 1949年2月《天津市军事管制委员会接管部金融管理处关于天津市区肃清金圆券工作总结》载,北平市的物价偏低,因按优待比价兑换金圆券,遂发生暗市(即黑市),造成兑入金圆券减少。1949年1月26日,暗市比价为"1∶8",1月27日达到"1∶5"。因市民手上存有金圆券者寥寥无几,加之春节来临,此局面对天津市场影响较大。

⑦ 民国年间,淘汰春节这一传统民俗的类似声音,屡见不鲜。不过,春节是深入人心的重要节日,这种民俗也是无可替代的,不仅大家都自觉不自觉地应时到节,而且官方也不得不给予重视,否则会影响社会稳定。就像如今一样,年年都有喊春节没劲的,但年年的春节还都会热热闹闹地过一番。对于过不过春节、怎样过春节这些话题,每逢春节,都不免吵吵嚷嚷、争论不休。这也是每年春节期间的一个组成部分。

⑧ 对联俗称对子。根据传统习俗,腊月廿九,要张贴春联等"八大红",即以红色为主调的八种迎春装饰物,以图新年吉利。"八大红"包括:门神、春联、春条、斗方、吊钱、窗花、年画、用绢绸等编织的工艺品。在春节民俗中,有"二十九,贴倒酉"之说。

一月二十八日 星期五

除夕。

F44°[①]。

想不到在我长到廿岁的时候,会赶上解放[后]的[第一个]除夕,不管对我们是凶是吉,这究竟是个可纪念的日子。忆自解放津市以来,迄已半月,接收工作尚称就绪。不过,对各机关团体的新年酬报,太不平等。这样,未免失去解放、平等、自由的原则。也许[这]是非常时期的突[兀状]态,以后,走入正常之途后,一定会公平的了。按[说],现在还能过

天津中纺二厂职工庆祝平津解放

热烈欢迎人民子弟兵

这个新年,还可以吃点[儿]好的食物,就应该满足了。不然天津如再晚两天解放的话,那么,还有没有今天过年的机会?似乎有点渺茫了。又还恐畏什么呢?[应该庆幸的是,生命随着]岁月之增长。倘若劫毙于炮火中,那么,你的寿命尽头,不[就]只是十九岁吗?知足吧。

早晨骑车赴校[时],在我的心里[这样地]想[着]。

除夕上课的心情是罕见而有价值的,满愿意尝受一下它是[什]么[滋]味。二则,为着理发目的而来。不想,昨日下午,已宣布今日休假。同学稀稀[拉拉],来者多为昨午逃课者。等理发师吧。半天没来,嗳![过]年[图]新,非得理发吗?想不开!还是回家吧。[家]门口担挑的理发[匠理一次发],都管你要四十圆。要反!买斤玉米面才六圆。[理发匠如果]这样干一天,还要发财了。

津市新华广播电台,为庆祝除夕起见,另设一台,自今午后四时起、[至午夜]十二时止,广播各项娱乐节目,有十二种之多。天津杂耍艺人、平剧②、秦腔、评戏③[等],均有所表演。这[可为]精神苦闷、久未欣赏播音之市民提神、畅心、助兴不小,实为难得之举也。

今日天气这样温畅④,不愧新年之风。什么年,不都在[贴着的]对子、吊钱[上]表现了吗?现在,你看十家有九家似若不闻,毫无显示,显应着民心之改变。可是年呢?也就随它而消失了。

晚上唯一的点缀,只有些散碎的花炮声。与先前隆隆的炮声,是[完全]两样了。一个清脆,一个惊惧,是欢乐年,还是哭丧年?

今年的晚上,还算添了不少的声色,电灯仍旧是明亮的,不过无线电[广播]有些声微了。美中不足的是,自己头脑的晕痛,恨不得时时地受清风的吹醒。[在]院中的小立,是我唯一的调剂。听说,南门外⑤很热闹。几年来的除夕,都是闷在家中,空守夜间,未曾外出[过]一次。由炮火里蹿⑥出了的新年,它的光彩,不值[得]我尝受一下吗?

于是,南门外便成我除夕[晚]出游唯一的征途。遂出了家门,行至三余里,见家家敞门,院内有的明亮、有的鲜红,还不失新年的余威。难道他们不知道这几天抢案的迭生⑦吗?忽然,一阵锣鼓声,继又闻一群孩子们在喊:"好王八!"想必是要高跷了⑧。南大道靠西南园⑨这边还有电,再往东走,就是黑暗世界了。这里有三个画铺,[出售的]"小洋画""上海画",大概是头年[没能卖出去]的余货吧。

到了西南城角,又光明了。"天一香"临时又盖起一间屋,开始营业了。"德利香"只搭了一个门架,[就开张营业了],但还是死[气]沉沉的。[这里遭轰炸后产生的焦]糊味[儿],至今未消。电车早已一辆辆排好,不行动了。看样子是依次地收进电车公司里。

再往前走,又渐渐黑暗了。我不尽地像散荡游魂似的,往前走,[到]南门脸[儿],串串的明灯,照如白昼,是我又鼓起了提神的勇气。况且,刚才

天津解放初,工宣队到东亚纺织公司慰问工友。

一群小孩子手提灯笼、口唱童谣的恍见,早使我[在]惊喜[中感到]神奇了。

再一拐弯,就是南门外大街,果然[看到]灯笼、火把,实有"太平年"之新气象。你看,鱼灯、车灯悬挂空中,更点缀了新年的艳丽。[路]两边的商贩,忙不顾暇地照应他的顾客。行人是接肩碰臂,络绎不绝。再听鞭炮声、两响声,交[织]成一片。此时,你[如果]合上双睛,审念现态,不是一曲很好的新年交响乐吗?谁说今年这[个除夕夜]是死沉的,这不充满了活泼的空气吗?

报贩又在狂喊着"李宗仁回电毛泽东,组织联合政府"的消息。许多报贩都拿着《北平新报》⑩、《东北日报》⑪,在喊着:"五圆一张"。我未舍得买。再拐过弯,就是"大舞台"⑫,继续沿着走,就到夜市了。[这里]也同南门外一样的热闹。有买有卖。卖鞭[炮]的[吆喝着]:"十圆一把"。糖堆[的售价则是]十圆三枝。增兴德⑬一带,成了买卖银元的晚市场,不亚于白天西马路[那里]的状态。好容易才挤了过去。

燕乐戏院⑭在关[着]门。丹桂戏院⑮虽然开着门,但未开演,悬灯结彩,无人参观。见牌子上写着:"封台大吉,正月初一开市"。再见里面的戏台上,一堂桌椅,上面罩着粉面绣花的台面,焕然一新,实堪嘉睹。大概这是[正在]晾台吧。

路上的青年男女们,边走边谈,[在]灯光照耀下,更显示出他们每个人脸上的春色。他们正做除夕的迷梦了。可是我呢?现在还是清醒的,而来观这些活动的影戏了。

过了南市牌坊,就到"美琪"⑯了。

[这趟走得已]不近了,回去吧。遂从"上平安"⑰的一支路[返回],通达到南马路,又归向正途回来。脚步踉跄,有些乏累了。南

门⑱得到此光明后,又转入黑暗世界了。街上的景色不愿记录了。回家后,已是[晚上]十点多了。一个多小时的散步,就成了这一段有意义的除夕游记了。

吃点[儿]瓜子、喝[儿]点水,稍微定定神[之后],见对过[邻居家的]屋[内]华亮耀目,大供万神。[如此]"腐败"心坎,使我笑破胸肝。

"大发财源的糕干!"[卖糕干的商贩]又出现了。想[要是这么喊下去],一宵也不会清净了吧。这样,我的心不像先前[那样]把新年看[得]那么死[气]沉[沉]了。[假使]你不过[年],[也]会有人享[受]到[过年的乐趣]的⑲。

今晚的小游,确实的含了不少的诗意。看看[表],已[晚上]十一时半了,喝光[了]药,该睡觉了。

注释

① 为华氏温度,相当于6.6℃。另据《天津气象资料(1890—1960)》第15页载,1949年1月份的极端最高气温出现在1月28日(即除夕当天),为12℃。

② 1928年至1949年,北京改称北平,京剧也随之改称为平剧。

③ 评戏是评剧的俗称,1935年正式使用评剧这一称谓。

④ 1949年1月份,天津的天气总体上以晴天为主。全月累计晴天日数为20个,阴天日数仅为5个;月日照时数为183.3小时(上旬56.4小时、中旬57小时、下旬69.9小时);月日照百分率为61%;月平均总云量为2.6。据《天津气象资料(1890—1960)》第293—294、298—299、317—318页。

⑤ 指南马路以南的南门外大街一带。南门外大街北起南马路,南至南京路,中与多条道路相交。

⑥ 蹿,有"向上或向前冲"之意。

⑦ 当时对趁火打劫、明抢名夺等抢案的处置,天津市公安局态度鲜明,措施有力。1949年1月16日,天津市公安局以局长许建国、副局长万晓塘的名义,发布《命令(公字第一号)》。其中,第五条的内容为:天津市公安局第"二[分局]、二十分局发生抢案,各分局应严加注意与防止,如已发生,应立即制止镇压。对一般市民,予以教育说明,如以后有一切类似行为,决以严办;对首要分子扣押,请示处理;对特务破坏分子、流氓分子有意破坏秩序者,立即逮捕严办,以维持社会秩序"。

⑧ 在传统高跷表演形式中,有演员饰演"王八精"这一角色。"王八精"也称"乌龟精"。

⑨ 20世纪40年代,西南园浴池位于西南角一带。近年来,位于南开区南大道29号的浴池,仍沿用西南园浴池这一老字号。

⑩ 《北平新报》于1946年11月12日复刊,至1949年2月11日终刊。

⑪ 《东北日报》为中共中央东北局的机关报。1948年12月12日起,迁至沈阳出版。1954年8月31日停刊。

⑫ 也称南市大舞台。位于南市荣吉大街。初为旧式茶园,后为配有转动式舞台的剧场,设池座833个,廊座设条凳,楼上包厢共89个(可容纳712人)。为南市一带诸多戏院中规模最大者。天津解放后,因属危房而被拆除。1952年,被改建为大舞台小学。

⑬ 增兴德羊肉庄时位于"南市东兴大街196号"。

⑭ 即燕乐戏院。位于南市荣吉大街,天津什样杂耍场之一。曾名燕乐茶园、四海升平茶园、燕乐升平茶园、燕乐戏院。俗称"西燕乐"("东燕乐"时位于河北于厂街一带)。天津解放后曾称红旗戏院。

⑮ 即丹桂戏院。位于南市平安大街,可容纳600余名观众。曾名丹桂茶园、丹桂电影院。天津解放后,曾名大众戏院、南市新闻影院、南市影院。

⑯ 即美琪电影院。位于荣吉大街口(门牌号曾为"和平路552号"),曾名天仙茶园、下天仙茶园、下天仙戏院("上天仙"位于东门外袜子胡同)、天仙舞台、大新舞台、新明大戏院、樱花馆等。抗战胜利后,改名为美琪电影院,也称美琪

影戏院,时设在"一区罗斯福路178号"。天津解放后,由中国人民解放军二十兵团接管。1954年改名人民剧场。

⑰ 即上平安戏院。位于南市东兴大街北口路东,有1200个座席。曾名天喜茶园、上平安电影院。抗战胜利后,改演戏剧。1952年被接管后,改名为长城戏院。

⑱ 南门外大街与南马路交口处。

⑲ 1949年春节,大部分天津市民过了一个平安年、舒心年、欢乐年。除夕前后,市民纷纷以演出、聚餐、晚会和游行等多种形式欢庆天津解放后的新生活。"打一千,骂一万,别忘了三十晚上那顿饭"。孩子们如果吵闹着嫌解放后第一个春节的年夜饭不丰盛,大人们就会说:"别闹了,以后就好了,已经解放了,好日子终于盼来了。"

一月二十九日 星期六

初一。

F47°①。

昨晚②约三时许,忽下起雨来,大概是天暖的关系,不然就应瑞雪兆丰年之[时]点了。六七十岁的老年人也没有见过[往年]除夕

天津解放伊始,街头庆祝气氛热烈。

下过雨。③说句迷信话,这是"国家之不祥,人怨天哭"啊!

早晨还没等我起[床],邵景云就到家[中]拜年来了④。虽然青年人对此[有]"腐败"[意味]的礼节,不愿履行,但一般家长却偏偏地督促着。因此,常常的会闹出口角来。我自己不知怎么的,一沾此事,把肚子会气得鼓鼓的。虽竭力避免,多少也难逃辩争之途。这就等于中国刚胜利,就实行民主,时候太早,不但无益,反倒有害了。一般老人的[头脑中],封建余毒是不易洗涤[去除]的。再等几十年吧!

铁路职工庆祝平津解放

解放军在天津街头宣传时受到欢迎的场面。图中寰球旅社即寰球福记大旅社,时位于西南城角194号。

午后,王家骏来找[我]。略坐片刻,遂一同至文荣⑤处、[马]载田处、[邵]景云处,各作贺年的旧习。这是无可耐〔奈〕何的事啊!

[下午]三时许,与邵景云赴南市东兴市场、中原公司、天祥[商场]、劝业[场]⑥,大走一遭。五洲药厂⑦一带、正中书局⑧、文化会堂⑨[已被]烧得更是精光无存。⑩归[家]时,已五点半了,[感觉]双脚如云,疲倦已极了!

注释

① 华氏温度,相当于8.3℃。

② 1949年1月29日凌晨。

③ 天津气象史料载,1949年1月29日,天津降水量为1.4毫米。其中:一小时最大降水量为0.4毫米,发生在当日凌晨三点、五点;十分钟最大降水量为0.2毫米,发生在当日凌晨两点十九分。据《天津气象资料(1890—1960)》第122、125、128、192页。

④ 提神、畅心、助兴的花炮声替代了先前让人提心吊胆、担惊受怕、心有余悸的隆隆炮声。"天津不解放,春节都过不上";"天津如再晚两天解放的话,哪还有今天过年的喜庆?"这都成为春节期间人们互道问候时常说的庆幸语、祝福语。

⑤ 日记作者的另一个同学。

⑥ 当时,中原股份有限公司总店、天津劝业场、天祥商场均位于"一区罗斯福路";中原股份有限公司分店位于"一区滨江道"。

⑦ 应为对五洲大药房的俗称。20世纪30年代,五洲大药房已设在法租界梨栈大街(后为和平路的一段)。五洲大药房时位于"一区罗斯福路"。

⑧ 正中书局天津分局时位于"一区罗斯福路23号"。

⑨ 天津市文化会堂时位于"一区多伦道东口"。此地为原皇宫大戏院旧址,天津沦陷期间,曾更名为"浪花馆"。1948年4月24日,在"天津三四月份市政讨论会"上,国民党天津当局在讨论"三十七年度天津应行建设事项"时,已有设立天津市文化会堂的提议。1948年9月20日《益世报》载《市府传声筒——文化电台将成立》称,天津文化电台将于10月1日成立,"属于天津市文化会堂,是市府宣传机构之一,设于罗斯福路世界新闻广播电台旧址,但于多伦道文化会楼上另设专台专线。以为广播教育文化节目时使用。该台成立后与其他电台不同之点是,每日下午,划出一定时间来,报告市府或所

属各局处的重要消息、报告文化会堂业务和作各种教育文化专题讲座,并每隔相当时间,即由各局处负责人向市民作工作业务的总报告。"1948年9月,曾在此创刊《天津文化》半月刊。

⑩ 苏进撰《天津攻坚战中的东北野战军特种兵》载:"在我军发起总攻之前,党中央和毛主席曾有指示,攻城部队在战斗中要设法保护好工厂、学校、医院、仓库,尽量使天津市的建筑少受炮火、炸药的破坏。战后看来,由于我炮兵射击时注意避开上述地点和射击准确,除中纺七厂因有敌人顽抗,遭我炮击起火损失较大,敌核心区的海光寺、中原公司及突破口附近的建筑物遭到炮击外,其它建筑均无大的损坏。"

一月三十日 星期日

初二。

半夜五时许,就被挑水进财[的卖水者]扰醒,唉!这种迷信的旧习,何时才能驱除?继闻花炮震耳,所谓年头年尾就在这里表现吧。跟着,"大发财源的糕干!"[卖糕干的商贩]又喊个不休,真叫你半晌也不得安眠。讨厌!

位于西营门一带的天津战役烈士纪念碑

今日,《天津日报》始出刊。这里的社论、新闻,电台里早报告过了,所以,勿庸再细观了。①中共对国民党特刑庭释放日本战犯冈村宁次②,作坚决之反对,以训令式的句子,命令国民党诸先生们,立刻捕获[冈村宁次],交与中共处理③。我想,这是一个笑话。你想,可能吗?

不过,国民党方面为何释放冈村[宁次]?[这]倒是一个严重而可研究的问题。想事实绝不只如此的简单。依中共方面推策〔测〕,国民党要装备日本,残杀中国。这种按"党争"的心理推想,也是合乎于理的。总之,到底是什么企图与阴谋?那我们[就]猜不透了!

[新闻媒体]又发表共党所提出的[和谈]八项条件④,国民党先生们也接受。[正在]北平的傅作义将军也参加了此项活动。目前,北平是没有战争了,因这[里]是未来"联合政府"的组织基地。在这八项[条件]之中,[只]有交出战犯的〔这〕一条,是最值得考虑的。为首[的战犯]就是蒋介石。据中共发言人谈,蒋介石已弃职逃回奉化,不久即有逃遁美国的可能,请[国民党]中央的先生们赶紧捕击头号战犯,才能达到言和的第一个步骤,否则,决以纵犯论,决不始宽

设在东局子一带的天津战役烈士纪念碑

参与收殓和掩埋天津战役牺牲烈士的民兵

〔姑宽〕……你想,〔这〕可能吗?

按这一条,双方的言和可能就要告吹,想大战还是避免不了的。再者,国民党还有很大的力量,绝不是一朝一夕所能毁灭的。不过,目前人心之厌战,倒是个确实的证据。如果双方各就信义与利害〔的话〕,则和平之谈判,仍属可能。否则,只偏重一面之利,〔致使〕他面之主权完全断送,也是绝不可能的。这样的谈判,是惆费时机〔枉费心机〕的。再者,双方的宣传战,都有点过火。这里,似乎失去党的体面,未免显得太小气了。

而我们人民呢?虽在人民解放军严明的纪律下生活着,还是存着一部〔分〕怀疑的〔和〕恐惧。这种忐忑的心理,想每个同胞,都在觉感而郁闷着,只有在自己的肚子里消化它。在日记本上可以发泄一点。

共产党的干部,接〔皆〕能〔以〕吃苦耐劳,实事求是的精神来论,〔这是〕值得我们效法和表扬的。黑总是黑、白总是白。不过,在他〔们〕的文化活动上,实在〔是〕差得太远。这是美中不足的地方。这不过是一般低级干部的现象。高级干部也是知识分子的结合,是因为他们接受的训练太深刻了。这不能不说是共产党的成功。〔这也是〕任何党派绝不能追及的。

注释

① 正月初一,《天津日报》停刊。1949 年 1 月 30 日,《天津日报》载文《万民欢度解放年》,介绍天津市民庆祝春节的喜庆场面。新华社后以此文为基础,发出电讯《天津二百万市民除旧迎新 欢庆解放后第一个春节》(载 1949 年 2 月 5 日《人民日报》第三版)。2 月 5 日、7 日、9 日,《人民日报》又载《天津市民欢度春节》《拜年贺功唱歌演剧 解放军和人民一起欢度春节》《庆祝胜利欢度

春节 平津地区军民联欢》《天津市府暨区干部春节慰问军干烈属》等消息。尽管华北人民政府提前发出春节放假一日的通告（载1月27日《人民日报》），但天津各工商企业仍按旧例,放假"歇三"。人们在贺年时,都把春节当成"津城换新天"的分水岭,发自内心地拥护中共政策和接管措施。

② 1945年11月,中共方面在延安公布战犯名单,冈村宁次(1884—1966)被列为第一号战犯。1946年解放战争全面爆发后,在蒋介石授意下,冈村宁次被秘密聘为国民党当局的国防部高级军事顾问,与国民党当局开展反共合作。其间,远东国际军事法庭多次要求公审冈村宁次,但蒋介石却对其百般包庇。1949年1月27日《申报》载:"前日本驻华派遣军总司令冈村宁次大将被诉战犯一案,业于昨日经国防部军事法庭提冈村再审后,宣判无罪……宣判后仍还押战犯监狱。本案尚须呈报中枢最高当局核定。"国民党当局的国防部审判战犯军事法庭作出的《三十七年度战审字第二十八号》判决书中,宣称:"被告既无触犯战规,或其他违反国际公法之行为,依法应予谕知无罪,以期平允。"此判决滑天下之大稽,令海内外一片哗然。

③ 据新华社电讯:"中共中央发言人于1月28日发表声明,严令南京政府立即逮捕不久前被国民党军事法庭宣判无罪的日本战犯冈村宁次,同时,逮捕主要的国民党战犯。此一要求乃是国民党政府同意中共领袖提出的'八项和谈条件'之基础。"国民党当局代总统李宗仁遂下令逮捕冈村宁次,但冈村宁次却被秘密送上船,逃回日本。

④ 1949年1月14日,毛泽东发表《关于时局的声明》,对蒋介石于1949年元旦发表的《新年文告》再次予以驳斥,并指出:为迅速结束战争、实现真正的和平、减少人民的痛苦,中国共产党愿意与南京国民政府及其他任何国民党地方政府和军事集团,在下列'八项条件'的基础之上进行和平谈判:1.惩办战争罪犯;2.废除伪宪法;3.废除伪法统;4.依据民主原则改编一切反动军队;5.没收官僚资本;6.改革土地制度;7.废除卖国条约;8.召开没有反动分子参加的政治协商会议,成立民主联合政府,接收南京国民党反动政府及其所属各级政府的一切权力。

一月三十一日 星期一

初三。

F42°。①

上一本日记,是一年的记录,里面有局势演变的特写、一年来的备忘录。这本日记,虽足够一百页的厚本,只是一个月的记载。

在这仓促的[一个月的]时间里,确〔却〕有这[么]些资料。它的价值是更大、更可记忆的。这里有天津解放的经过、解放年的象征、民心之改变,处处都使你有回观的价值。

午后一时许,偕邵景云,骑车观光[原]城防外[被]破坏之情景,[兼]与[之分享]心得。首先出发的地点是西北角文昌宫②,经过大夥巷③,直达大丰福〔浮〕桥,没有过桥,便转向,左[转]湾〔弯〕。再抬头看,正是寿丰面粉公司④。[公司]大门闭着,大概"歇三"了。简直走,就到了芥园,[我们骑车]冲上了胜利桥⑤,见有两兵士把守桥口,恐过去后,不好回来。这是通杨柳青的大道,只在堤上观光就够了。

华北解放纪念章

城防外一[大]片,[都]是平坦的破砖碎瓦的地带,一望无边地迷〔弥〕漫着,大概这就是西营门被烧之地吧。缕着堤走,看看[原]炮楼都已坍塌,无几个存者。到了西义所⑥,四周的围壁成了"盘丝洞",屋顶上成了"窟窿营"了。看样子,不知中了多少[枚]炮弹了。里面的犯人幸已早已〔被〕释放,否则,随[着]炮[弹的炸响],早就宣判他[们]的死刑了⑦。

再往前走,就有了阻碍物。[这]地方的砖瓦,早已布满了。人们一车一车地在搬运着。子弹[或子弹壳]满地皆是。河沟里,皆藏了无数的弹丸、炮弹、手榴弹,大小俱全。人们在一筐一筐地担着,不知归私还是交官。

[我们骑车]转过一个[河]湾,就是中纺六厂⑧了。[厂]门口高搭彩棚,以兹庆祝春节。一群"高跷",从对面过来了,敲着、跳着,[耍高跷者]穿着彩衣。看旁边维持[秩序]的人,都带着工人[们使用]的白色证章,证明这是工厂里[派来]的。

1949年1月31日,人民解放军在北平举行盛大入城仪式,庆祝平津战役胜利和华北地区解放。

[再往]尽头[骑],[就]没意思了。圈回来,再沿旧路向前走,向右转过了桥,就是李公祠堂⑨了。看那棕红色的大墙还苍老地存在着,并未受到损坏。不过,[这个]地方的"石王八"⑩,差不多都没了。只留下几个半碎的[石]狮身子。这地方,[我]有四五年没来了,[但]还不感到生疏。翻回来再走,就是炮挡⑪了。一堆一堆的碎红砖,早已零乱不堪了。

唉!这半圈。只是每道城防,即〔均〕遭此[次战役的]破坏。头道城防之凄惨,当不喻而知〔不言而喻〕了。

[我们]不愿从四方坑[一带]⑫回去,仍围着[原]城防走,到南开了、南门外了、南关下头了、海光寺⑬了,万全道⑭了。[至此],[便可]远远地便瞧见中原公司⑮了。在这平坦的道上骑车,是多么轻快,比刚才可便利多了。青年馆⑯已改成了文化机关了,有军队驻守着,使我们不能入内。遂从罗斯福路⑰沿着被焚的中正书局⑱直驶东马路、北马路、西北角。呀!整整[绕了]一个蛋圆形的圈子。这一趟,有廿里路吗?要是来回[步行]走[路的话],恐怕天黑也到〔回〕不了家吧。天津市四周的西南外圈,[我们已]观光得[差]不离了。东北[方向的城防]离着太远了,不便去了。

这一次骑车的经验与技术,在这[犹如]"长征"的路上,更老练了。又[开]阔眼界,又练骑车,真是两全其美。[回家后],把车放好,看看已[下午]三点四十分了。

[下午]五时半,陕北广播[电台]记录新闻宣称,古都北平今日始告正式解放。傅作义将军作了接受毛泽东主席[提出的]"八项条件"的榜样,共党军队已开入[北平]市内。驻防平津[一带的]廿万"国军"主力,已退往市外共军的指定地点⑲。

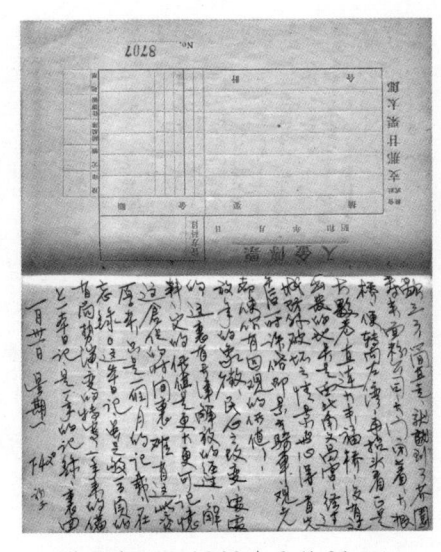

徐天瑞日记(1949年1月31日)

[根据]双方的磋商,一个月后,将"国军"改编为人民解放军。平市的各部门、学校、工厂、文化机关等,暂时维持现状,不准破坏。至于傅作义的个人方面,先前虽被列为"战犯",然而有此领导和平之作风,予以将功折罪,以后如仍奋[起]奔[走]人民利益为前途,则人民对他印象还……⑳

注释

① 华氏温度,相当于 5.5℃。
② 今文昌宫民族小学前身。曾为文昌祠、文昌宫。1827 年,在此建辅仁书院。1906 年起,相继在此地设天河师范学堂、直隶第一师范学堂、河北省师附小

第一部、文昌宫小学、八区第二十五小学、西北角小学、西北角回民小学等。文昌宫大街东起大丰路、西至小石道大街，1995年后拓建成芥园道；文昌宫胡同位于文昌宫大街南侧。

③ 大伙巷北起大丰路、南至太平街，长300米左右，宽6.6米。附近另有小伙巷。曾为回民聚集地，今均已不存。

④ 指寿丰面粉公司所属的第二分厂。20世纪30年代，"三津寿丰""三津永年""民丰"三家面粉公司合并为天津寿丰面粉股份有限公司，下设三厂，即：原"三津寿丰"为一厂（总厂），位于天津意租界河岸（今博爱道一带），生产"桃牌"面粉；原"三津永年"为二厂，位于大丰桥右侧，生产"鹤鹿牌"面粉；原"民丰"为三厂，位于梁家嘴子，生产"斗牌"面粉。天津解放前夕，据守寿丰二厂的国民党天津守军第151师所部，被东野39军115师345团指战员一举攻克。

⑤ 因位于天津西头胜利门一带而得名。

⑥ 应为习艺所。所指应为位于西营门外、南运河南、芥园自来水厂和教军场（也称教场）以西的原河北第三监狱。天津罪犯习艺所创办于清末，后相继改称天津监狱、天津地方模范监狱、直隶第一监狱、河北第三监狱等，俗称"小西关监狱""西头监狱"。解放后相继改称天津人民法院监狱、天津市监狱、天津市第一监狱，1997年拆除后易地重建。其遗址在今红桥区红旗路和芥园道交口处的天津市人民医院一带。今天津市人民医院对面，仍有名曰"习艺所南街"的路名。

⑦ 天津解放前夕，关于在河北第三监狱内羁押、服刑的犯人被释情况，可参见《益世报》所载的以下消息：1948年11月25日载《假释令颁到津》、1948年12月10日载《放宽假释尺度》、1948年12月13日载《假释名册已制定 共六百五十四名》、1948年12月18日载《积极释囚》、1948年12月23日载《律师请法院释放重刑囚》等。另据1949年1月7日《益世报》载："西头第三监狱，五日，曾落炮弹四枚，将房屋炸破，幸未伤人。"

⑧ 即对中国纺织建设公司天津分公司第六棉纺厂的简称。1945年抗战胜利

后,南京国民政府当局接收日本在津控制的纺织企业,组成中国纺织建设公司天津分公司,下属7个纺织企业,即中纺一厂(原裕丰纱厂)、中纺二厂(原公大六厂)、中纺三厂(原天津纱厂)、中纺四厂(原上海纱厂)、中纺五厂(原双喜纱厂)、中纺六厂(原大康纱厂)、中纺七厂(原公大七厂)。中纺六厂地处天津市区西南的万德庄徐胡圈以西,李纯祠堂以南,今南开区西湖道与南丰路交口一带。此地原称中国跑马场(也称华商马场、中国竞马场),周围多为荒地。解放后相继为天津市第六纺织厂、天津市玻璃纤维总厂。

⑨ 所指即原江西督军李纯祠堂,也被误称为李公祠(李公祠应指位于海河北岸李公祠大街的李鸿章祠堂)。李纯祠堂位于今南开区白堤路82号。解放后改为天津市第三工人文化宫,近年经整修,改称"庄王府"。

⑩ 此为俗称。在较高规制石碑中,碑座有赑屃外形者。清高士奇《天禄识余·龙种》载:"俗传龙子九种,各有所好。一曰赑屃,形似龟,好负重,今石碑下龟趺是也。"

⑪ 为隐蔽火炮搭建的掩体。

⑫ 今鞍山西道中段北侧,曾有地名称作"四方坑",与日记作者所指方位相当。

⑬ 明代天津建城时,南门(也称南关)城外,仅有一条土路,名南关街(后俗称南关老街)。1901年,天津城墙被拆除后,在南关老街东侧辟新路,称南关大街。其尽头,大概在原服装街(今已拆改)街口一带,迤南称南关下头。1932年后,又逐段向南辟路,至多伦道口,称南门外大街,再向南,称海光寺大街。

⑭ 万全道为东北起河北路、西南至土场路(今新兴路一带)的一条与南京路交叉的道路,北段原在日租界内,称伏见街,1946年,取河北省万全县县名为路名。

⑮ 中原公司建筑主体六层,另有高约6米的尖塔,是周边标志性建筑。天津解放后改称天津百货大楼、天津百货公司,方位在今和平路与多伦道交口东南侧。

⑯ 青年馆时设在"第一区迪化道52号",全称为"中国国民党中央执行委员会青年部天津青年馆"。此地为原三民主义青年团天津支团部旧址。1948年3

月,该馆筹建委员会第一次会议召开。1948年9月14日《益世报》载,青年馆被称为"天津青年之家",定于9月15日正式开幕,设文化部、康乐部、服务部。贾文波撰《天津战役亲历记》称:"1949年1月初,陈长捷为便于对警备旅的控制,命警备旅参谋长代行旅长职务,令该旅旅部及直属连队,由跑马场转移至迪化道青年馆,与城防司令[部]近在咫尺。"张秀芳整理《有关天津战役的两组档案资料》(《近代史资料》总101号)中,有"市区警备指挥部(率由各团抽调之三个连)位置于迪化道青年馆附近"的记载。可见,城防司令部、市区警备指挥部均指天津警备司令部。刘谷主编《晋察冀革命文化艺术发展史》载,天津军管会文艺处所属的"第一宣传队——华北群众剧社,在罗斯福(后改为和平路)旁迪化道(现鞍山道)青年会馆(国民党三青团天津团址)住下";"第二宣传队——华北军区文工团,也入驻在迪化道青年会馆"。可见,青年馆也称"青年会馆"。另据胡孟祥主编《何迟自传》称,1949年1月15日早晨,由何迟任队长的第三宣传队,"穿过了罗斯福路(现和平路),进入迪化道(现鞍山道),找到了青年馆。一路上,我们看到了激烈巷战留下的痕迹。有的墙上布满了机枪和步枪的弹痕,有的楼房窗户支离破碎,路边还偶然出现'中央军'士兵的死尸,耳旁还断断续续地传来零散的枪声,甚至突然之间冒出个国民党士兵象惊弓之鸟似的狼狈逃窜。"

⑰ 以美国总统罗斯福的名字命名。罗斯福路原地处天津日租界和法租界内,分别称旭街(有南旭街、北旭街之分)和法租界二十一号路。1946年1月22日《益世报》载《津变更路名》,文中称,天津市政府工务局希望将旧日租界旭街、旧法租界二十一号路改称罗斯福路,并征求公众意见至2月10日。此后才正式公布使用新路名。1953年1月31日,天津市人民政府决定将罗斯福路更名为和平路。

⑱ 应为正中书局。正中书局创办于1933年,是国民党当局官办出版机构,总局设在南京。其在上海、杭州、重庆、北平、天津等地设有分局。天津正中书局(或称正中书局天津分局)时处罗斯福路与多伦道交口一带。姜德明《难忘三联》载,天津正中书局"占的是日本大丸商店的原址,门面宽广,大玻璃橱

窗。"其遗址所在地在今胜利公园一带。

⑲ 1949年1月31日,"华北剿总"总部、第4兵团部、第9兵团部及8个军部、24个步兵师、1个骑兵师、特种部队、非正规军等,总计25万人,全部开出北平城外,听候改编。1949年2月3日,人民解放军举行北平入城仪式,宣告持续64天的平津战役以人民解放军的完胜而告终。《平津战役人民解放军主要战绩统计表》和《平津战役人民解放军损失统计表》载:在此役中,俘虏、毙伤、投诚的国民党军共计52.1万人;人民解放军指战员共伤亡39444人,其中,牺牲7030人。据1991年版《平津战役》第723—724页。另载,平津战役中,"解放军指战员共牺牲7057人"。据《天津战役研究》第308页。

⑳ 以下残缺。

附 录

天津战役中牺牲的解放军团级指挥员生平事迹小考

从 1948 年底开始至 1949 年初结束的整个平津战役中，中国人民解放军共牺牲副团职和副团职以上指挥员 16 人。其中，13 人是在天津战役期间牺牲的。

这 13 位烈士被誉为天津战役中的"十三棵青松"。他们都是久经沙场、骁勇善战、足智多谋的将才。他们的卓越军事才能为天津战役的伟大胜利打下了基础、创造了条件。他们为正义流血、为和平献身、为人民捐躯，可赞可叹、可敬可佩、可歌可泣。他们赤胆忠心的英雄事迹惊天动地，值得后人铭记。天津人民也永远怀念他们。

《平津战役人民解放军团以上干部烈士名录》中[①]，分别载有这 13 位烈士的生平简历[②]：

长征[③]，32 岁，安徽省泗县人，1938 年 4 月入伍，1938 年 7 月入党，四野 45 军 133 师[④]398 团主任。

陈仲凯，33 岁，湖北省英山县人[⑤]，1930 年入伍，1931 年入党，四野 47 军 139 师 415 团副团长。

兰芹[⑥]，31 岁，四川省仪陇县人，1933 年入伍，1936 年入党，四野 47 军 139 师 417 团副团长。

王谷，32 岁，河北省曲阳县人，1937 年 7 月入伍，1937 年入党,四野47军160师作战科科长。

吴志玉,38岁,安徽省六安县人,1929年入伍,1935年入党,四野47军160师478团团长。

纪云悌,27岁,河北省沧县人,1938年入伍,1939年入党,四野司令部通信科科长⑦。

范鲁,29岁,河北省永年县人,1936年2月入伍,1937年4月入党,四野38军司令部侦察科科长。

李跃德⑧,29岁,山东省沂水县人⑨,1938年2月入伍,1939年1月入党,四野38军114师340团参谋长。

王甫连⑩,33岁,江西省瑞金市人⑪,1932年5月入伍,1932年2月入党,四野39军司令部通信科科长⑫。

陈中义,36岁,河南省璜旧县人⑬,1931年11月入伍,1935年4月入党,四野39军115师供给部部长。

李惠民,29岁,河南省内黄县人,1938年8月入伍,1938年12月入党,四野39军117师350团参谋长。

杜存典,26岁,河北省平山县人⑭,1938年入伍,1940年入党,四野39军117师351团团长。

马克正,29岁,安徽省怀远县人,1937年入伍,1936年入党,四野39军152师454团副团长。

据《东北野战军领导机构和名录(1948.8—1949.3)》载,1948年8月,东北野战军(简称"东野")和东北军区奉命分离后,分别称东北野战军、东北军区的司令部、政治部、后勤部。野战部队归为东北野战军建制。东北野战军辖2个兵团,共12个步兵纵队,还包括炮兵司令部、炮兵纵队、铁道纵队及12个直辖师。1948年11月,按照中共中央军委规定的统一序列,各野战军的纵队改称军,各兵团及军、师、团均按统一序号排列,团以上部队番号均冠名"中国人民解放军"。1948年11月下旬,东北野战军所属"司、政、后"各机关随军入关作战。

不过,东野各级指挥员在实际作战和往来电报中,仍以使用旧番号为主。其中虽有习惯性使然的因素,但更重要的是,新旧番号杂糅,容易引起指挥偏差或调动失误。当时,东野全军仍处在战斗状态中并积极进行入关备战。大战前夕,更动全军番号,过渡期过短,缺乏心理准备,应属大忌。因此,这个决策应予商榷。实际上,更动番号在东野并未贯彻实施,也可视为暂缓施行。

中共中央军委也充分认识到了这一点,就在天津解放当天的1949年1月15日,"中共中央军委根据中国人民解放军的发展和战争形势的变化,深感各野战军冠以军区地名已不适合形势变化的需要,因此,决定把各军区所属的各军改为按序数排列:西北、中原、华东、东北野战军依次改为第一、第二、第三、第四野战军。战略决战结束后,各野战军先后进行了整编"⑮。

已知这个决定是以电令的形式下发的。《中国人民解放军军史》载,根据中共中央军委于1948年11月1日发出的《关于全军组织及部队番号的规定》,"东北野战军的各纵队、师、团等在辽沈战役后,即改为中国人民解放军某军、某师、某团。其余各野战军或野战部队由于正在作战等原因,均延至1949年二三月间才正式改变称号。1949年1月召开的中央政治局会议,确定人民解放军各野战军将向长江以南和两北进军。这样,野战军以地名区分就有一定的局限性。为此,中央军委于1月15日致电各大军区、各野战军:'估计今年战争的发展,去年,戌东电⑯,规定各野战军冠以军区地名已不适合,兹决定改为按番号顺序排列如下:西北野战军改为第一野战军,中原野战军改为第二野战军,华东野战军改为第三野战军,东北野战军改为第四野战军。"根据上述命令规定,人民解放军各部队开始进行整编。'"⑰

那么,东野是何时改称四野的呢?

叶青松撰《中国人民解放军 70 个军番号的由来》载:"1949 年 3 月 7 日,东北野战军发出通报:'顷奉中国人民革命军事委员会 1 月 15 日命令:西北野战军改为第一野战军,中原野战军改为第二野战军,华东野战军改为第三野战军,东北野战军改为第四野战军。我东北野战军自三月十一日起开始启用新番号。今后东总改称四野总(本军范围内称野总,本军范围外称四野总),第四野战军司令部称四野司(野司),政治部简称四野政(野政),后勤部简称四野后(野后)。'"⑱1949 年 3 月 11 日,根据中共中央军委命令,东北野战军改称中国人民解放军第四野战军⑲,简称四野。

以上 13 位烈士均属第四野战军,但其牺牲之际,所在部队番号仍称东北野战军。其时,尚无第四野战军这一称谓。

根据以上所载,可对这 13 位烈士的生平基本情况做一个总体性统计:

1.籍贯:河北省 4 人⑳,安徽省 3 人,河南省 2 人,湖北省、四川省、山东省、江西省各 1 人。

2.牺牲时所在部队的番号:2 纵(39 军)5 人、10 纵(47 军)4 人、1 纵(38 军)2 人、8 纵(45 军)1 人、"东野"司令部 1 人。

3.牺牲时的军职:副团职 6 人(包括副团长 3 人、团参谋长 2 人、团政治处主任 1 人)。正团职可以确定的有团长 2 人。对于以下 5 人的级别,即:东野司令部通信科科长 1 人、军通信科科长 1 人、军侦察科科长 1 人、师作战科科长 1 人、师供给部部长 1 人,尚不

能肯定是正团职还是副团职。根据通常逻辑，均应为正团职。㉑

他们都是中共党员。其中，吴志玉烈士的军龄最长，为20年。他们的牺牲时间都在1949年1月1日至1月15日这个时间段内（关于其具体牺牲时间，参见后文详考）。

他们曾历经血雨腥风，但立场坚定，百折不回；他们曾在战场上大智大勇，每个人都有一段传奇故事；他们曾战功卓著，都是从枪林弹雨中冲出来的钢铁战士。他们的壮烈牺牲，是我党我军军事人才、政治人才、专业技术人才的重大损失。

这13位团级指挥员牺牲的噩耗传出后，全党全军深深为之痛惜。他们与众多为天津解放踊跃效死、以身殉国的指战员一起，被授予革命烈士这一光荣称号。他们的崇高革命品格和大无畏的革命献身精神是大家学习的榜样。他们牺牲后，有的被就近安葬在天津多处革命烈士公墓内，有的则安葬在其所在部队驻地一带，如，陈仲凯烈士、兰芹烈士的遗体初葬在大兴县采育镇一带。而安葬在天津的烈士遗骨，后被迁葬至天津烈士陵园等处㉒。其中，部分烈士遗骨分别迁葬至华北军区烈士陵园（位于石家庄市中山西路343号）。

天津市烈士陵园（位于天津市北辰区铁东北路5998号）"革命烈士纪念馆"中的基本陈列为《丰碑永驻——天津战役革命烈士事迹》展览。其中，展陈部分烈士生平事迹，可见长征（即苌征）、陈仲凯、兰芹、王谷、吴志玉、纪云悌、樊鲁（即范鲁）、李跃德（即李耀德）、李惠民、杜存典等10位烈士的简历和照片，不包括王甫连（即王甫廉）、陈中义（即陈忠义）、马克正等3位烈士的简历和照片。而在该馆内设置的电子书阅读器中，载有全部13位烈士的简历和照片。

平津战役纪念馆（位于天津市红桥区平津道 8 号）"英烈业绩厅"中，在题为"烈士壮举 光耀千秋"的烈士生平展墙上，载有以上全部 13 位烈士的简历和照片。在平津战役纪念馆"英烈业绩厅"中以"平津战役烈士英名录"为题的英烈名录墙铭文中，镌有全部 13 位烈士的姓名和籍贯。2014 年清明节前后，平津战役纪念馆制作以"无尽的思念"为主题的流动展牌 24 块，包括在平津战役中牺牲的 22 位英烈和两个英烈群体的事迹。其中，包括苌征、兰芹、王谷、纪云悌、范鲁、李耀德、李惠民、杜存典等 8 位烈士的生平事迹和照片。

华北军区烈士陵园官网（www.hbjqlsly.net）"网上祭奠"网页，载有其中 8 位烈士的简历。其中：配有苌征、吴志玉、陈忠义、王甫廉、李惠民、马克正等 6 位烈士的照片，而未配陈仲凯烈士和兰芹烈士的照片。该网站未涉及以下 5 位烈士的简历，即：王谷烈士、纪云悌烈士、范鲁烈士、李耀德烈士、杜存典烈士。

华北军区烈士陵园全称为"中国人民解放军华北军区烈士陵园"，于 1954 年 8 月 1 日落成并对外开放。陵园内辟有烈士墓区，分别安葬着大革命时期、抗日战争时期、解放战争时期及抗美援朝期间牺牲的 316 位革命烈士遗骨（生前军职均为副团职或副团职以上，另有白求恩墓、柯棣华墓），且分别建有墓碑。2011 年，该墓区获维修改造，"改造后的烈士墓区，由原敞开式改为封闭式，统一了烈士墓的外观"②。烈士墓区说明牌载："烈士墓区分东西两个区，三幢中心碑（装饰碑）东西呼应，将两区连成一个整体。烈士墓规格大体一致，花岗岩碑身、汉白玉碑心。墓身为全封闭拱形，青石覆盖，底座正面刻有红五星。墓区四周翠柏围墙、绿草如茵。"各烈士墓的外形均呈灵柩状，墓身一端的碑身上镌刻烈士简历。其中就包括以上 8 位烈士的墓和墓碑。

笔者在华北军区烈士陵园烈士墓区现场查勘得知，东墓区安葬烈士 160 位、西墓区安葬烈士 156 位。不过，各墓碑均无编号定位。

其中：芪征、陈仲凯、兰芹等 3 位烈士的墓和碑分别位于东墓区内；吴志玉、王甫廉、李惠民、陈忠义、马克正等 5 位烈士的墓和碑分别位于西墓区内。经比对可知，这 8 位烈士墓碑上所镌碑文，与华北军区烈士陵园官网所载的这 8 位烈士简历内容基本一致（个别稍微有异）。又经华北军区烈士陵园史料室主任娄月女士确认，这 8 位烈士的遗骨相继安葬于该陵园后，未曾迁出过。另据该陵园所藏《天津市民政局烈士灵柩转送护照》（参见本文附录）载，马克正、陈忠义、李惠民、王甫廉等 4 位烈士的灵柩于 1956 年从天津迁葬至华北军区烈士陵园。那么，芪征、吴志玉、陈仲凯、兰芹等 4 位烈士的遗骨是何时又是从何地迁葬至华北军区烈士陵园的呢？尚未看到原始文献中有关于其迁葬过程的记载。而除此之外的另 5 位烈士的遗骨、生平资料等，并未保存在该陵园，因此并无墓碑。那么，这 5 位烈士的遗骨是否迄今仍安葬在天津呢？

在民政部优抚安置局主办的中华英烈网（www.chinamartyrs.gov.cn）"烈士英名录"网页中，可搜索到其中 10 位烈士的简历。其中：芪征、吴志玉、王甫廉、陈忠义、李惠民、马克正等 6 位烈士有照片，而陈仲凯、兰芹、王谷、杜存典等 4 位烈士无照片。但是，未能在该网上搜索到纪云悌、范鲁、李耀德等 3 位烈士的情况。另外，在中华英烈网"纪念设施"网页中，还设有天津市烈士陵园子网站，在其中的"部分英烈介绍"网页上，可搜索到杜存典、陈忠义、王谷等 3 位烈士的简历和照片。

笔者经缕析已见史料发现,这13位烈士生平中的一些重要细节,如姓名、籍贯、年龄、军职、所在部队番号和牺牲时间、牺牲地点、牺牲原因、最初安葬地遗骨迁葬情况等,多存语焉不详、似是而非或史载相左、著述抵牾等情形。以下试对这13位烈士的生平脉络逐一考证,以慰英灵。

注释

① 中国人民解放军历史资料丛书编审委员会编:《平津战役》第725–726页,解放军出版社1991年版。由于以平津战役为书名的书籍较多,以下简称其为1991年版《平津战役》。冷静撰《雄师战天津》一文所附《平津战役中牺牲的解放军团以上干部》中,列有除陈中义(即陈忠义)之外的12位烈士生平简历,经比较,其内容与《平津战役人民解放军团以上干部烈士名录》所载基本一致,只是将李跃德写为李耀德。《军事历史》2006年第11期第10页。

② 以下依照《平津战役人民解放军团以上干部烈士名录》中的开列顺序。其中,烈士的年龄既有可能是实岁,也有可能是虚岁。

③ 另载其姓名为苂征,其军职也被记载为团政治处主任或"团政治部主任""团政治主任"。参见下文。

④ 1948年11月17日,东北野战军第1纵队至第12纵队依次改称中国人民解放军第38军至第49军。通常情况下,每军辖4个师。

⑤ 另载为湖北省礼山县人。参见下文。

⑥ 另载为"蓝芹"。参见下文。

⑦ 另载为三科科长。参见下文。

⑧ 另载为李耀德。参见下文。

⑨ 另载为山东省临沂县人。参见下文。

⑩ 另载为王甫廉及"王蒲廉""王浦廉""王菁廉"。参见下文。

⑪ 另载为江西省瑞金县人。参见下文。

⑫ 另载为三科科长。参见下文。

⑬ 另载为陈忠义,其籍贯另载为潢川县或"璜川县"。参见下文。

⑭ 另有河北省平乡县人和"河北省咸县人"两种记载。参见下文。

⑮ 韩广富、曹希岑主编:《中国共产党历史上的1000个为什么》上册第458页,中共党史出版社2006年版。

⑯ 即11月1日。戌,假借为地支的第十一位;东,1日的韵目代日。

⑰ 中国人民解放军军史编写组编:《中国人民解放军军史》第3卷(1945年9月—1949年9月)第322页,军事科学出版社2010年版。该电令原载《中共中央文件选集》第18册第34页。

⑱ 《军事史林》2012年第7期。

⑲ 王鸿宾等主编:《东北人物大辞典》第2卷下册第1947-1948页,辽宁古籍出版社1996年版。

⑳ 1928年,直隶省改称河北省。王谷烈士、纪云悌烈士、范鲁烈士、杜存典烈士均生于1928年之前,因此他们出生时,出生地均属直隶省。

㉑ 刘亚楼撰《第四野战军参谋工作综合报告(一九四九年四月二十二日)》载:"野战军各级司令部的组织状况:'八一五'后,进入东北的是由几个战略区来的部队,故当时在司令部的组织形式与内部分工上都不是统一的。当时总部是将作战、队列合在参谋处(一处)下的一科,教育则另成立处(曾有一个时期是在一处下设教育科),大部纵队则是将作战、教育、队列均合在一科内。到一九四七年春双城第一届参谋工作会议后,野战军内大部分的纵队和师、团司令部的组织才开始逐渐趋于统一。直至去年春在哈尔滨召开的第二届参谋工作会议上,拟定了野战军的编制表,才将野战军各级司令部的组织形式和内部分工在全军范围内完全统一起来……关于参谋干部评级问题:参谋人员不安心工作是长期存在着的现象。原因很多,其中一个重要的原因,是由于参谋人员的待遇问题未得到适当的解决。部队中的指挥干部既有明确的等级区分,提升也比较快,在待遇上也有了一定的标准。各级司令部

(政治部)的参谋(干事),则由于机关工作中对干部的质量尤其熟悉业务技能等要求,往往长期抑留于机关工作中的原岗位上,而且没有等级区分,在政治和物质待遇上未能定出适当标准。比较注意这方面的部队,则有时依部队首长的主动个别地解决了一些问题,但这仅仅是零碎的而且不经常的,待遇(尤其政治待遇)问题之未能适当解决,在相当大的程度上影响着参谋人员的工作情绪。哈尔滨会议上,我们曾较详细地讨论这一问题,并提出了一个建议,经呈请军委批准,在部队中试行评定参谋人员的等级……目前我军还没有实行等级制,当了多少年的参谋还是参谋,师一级的科长和总部一级的科长同是科长,管理科长和作战科长也都是科长;特别在机关工作中通常是提拔得相当的慢,以及一般军事干部文化水准有限,某些干部拿去做参谋工作受到限制,因而难以广泛地实行参谋人员与指挥人员轮番对流等等原因,使参谋人员长久地停留在原来岗位上。有时候间他相熟的担任军事指挥员的同志比较起来,就更感到做参谋工作的人爬不起来,因而产生了'参谋工作可以做,但是不要做久了'的想法,只能把参谋工作作为一个过渡的锻炼过程的想法。因此,部队中通常是新提拔的参谋人员比老的参谋人员安心些、积极些。在老的参谋人员中,不安心工作的、要求改行的、当一天和尚撞一天钟的现象仍然相当普遍。根据东北的经验,在实行了评级后,有了某些改善。然而,由于未能实行广泛的轮番对流,仍然不能解决这个问题。"空军《刘亚楼军事文集》编辑组编:《刘亚楼军事文集》第184-185、189页,蓝天出版社2010年版。

㉒ "天津战役牺牲的烈士,曾于解放后一度安葬在不同地点。第1纵队第1师400余名烈士安葬于1949年1月底动工、3月14日落成的'陆军第38军烈士陵园'(曾是当年西营门外主战场,解放后命名为南开区烈士路),其他烈士分别安葬在北仓公墓和西青区烈士陵园;第2纵队烈士安葬在'陆军第39军烈士陵园'(曾是当年和平门外我军主要突破口,位于红桥区邵公庄);第7、8、9纵队及第6纵队17师和第12纵队34师牺牲烈士,均安葬于北仓公墓;在宁河、塘沽、汉沽等地牺牲的第7、8、9、12纵队烈士,则分别安葬在以

上地区的烈士陵园。20世纪70年代初,安葬于南开、红桥、北仓的烈士遗体经火化后,骨灰迁到天津市烈士陵园(水上公园西门东侧)。2006年清明节前,安放在此的所有烈士骨灰(包括被日军抓到本国的劳工和建国后牺牲的烈士骨灰)迁移至新建成的位于北仓第一殡仪馆旁的天津市烈士陵园。同时,原南开区38军烈士陵园和红桥区39军烈士陵园内陈列的文物和烈士兵遗物,也一并迁移到天津市烈士陵园。"据王凯捷著:《天津方式》第232页,中共党史出版社2007年版。

㉓ 田娜、解保童撰:《华北军区烈士陵园墓区改造完成》,《河北青年报》2011年3月28日。

一、苌征烈士生平事迹小考

1949年1月,东北野战军45军133师398团(原番号为东北野战军第8纵队22师65团)政治处主任苌征,在天津战役中壮烈牺牲。

苌征烈士的安葬地为位于石家庄市的华北军区烈士陵园。其墓和碑位于该陵园烈士墓区的东区内,具体位置在东区东部南起第二排左四(或右十一)。碑文内容为:"苌征同志,中国人民解放军原东北野战军一三三师三九八团政治主任,安徽省泗县人,一九三八年入伍,一九三九年加入中国共产党[①]。历任政指、总支书、政教等职。一九四九年解放天津战斗牺牲,享年三十二岁。"

苌征烈士

东野 45 军指战员攻克天津民权门突破口后,军司令部作战科、通讯科、侦察科人员合影。此照已由通讯科翟连祥捐赠给平津战役纪念馆。

华北军区烈士陵园官网载有芣征烈士照片和碑文,但称其曾任"总书记"。中华英烈网"烈士英名录"网页所载内容与之一致,也称之曾任"总书记",且称芣征生于1917年。

不过,碑文中提及的"政指、总书记、政教",均为简称。"政指"即设在连队的政治指导员,"政教"即营级的政治教导员。而"总书记"这个称谓,很容易引起误解。《天津通志·军事志》载:"芣征,东北野战军第 8 纵队 65 团政治处主任……历任战士、文书、党总支书记、政治教导员等职"②。据此可见,"总书记"即党总支书记。

天津市烈士陵园"革命烈士纪念馆"中的烈士展牌上,所载芣征生平比较详细,即:"芣征,一九一七年出生,安徽泗县长宗圩人,一九三八年四月考入延安军政大学,原为我中国人民解放军第四野第四十五军一三三师三九八团政治部主任,一九三九年七月加入中国共产党。抗大毕业后留在抗大二分校,曾历任指导员、组织干事、党总支书记、营教导员、敌工部部员、政治干事、团政治处主任等职。抗日战争时期,曾转战于敌后晋察冀军区。解放战争对期调入东北,参加了锦州、辽西、东北夏季攻势;杨杖子战斗中积极勇敢,自己带着四连,脱离团的主力,猛追逃敌,将敌全歼,俘敌一百多人,缴获了大量火炮、枪支、弹药。一九四九年一月十三日在天津战役攻打民权门外围战斗中身负重伤,于十七日光荣殉职,时年三十二岁。"

平津战役纪念馆"无尽的思念"流动展牌上,所载苌征生平与上文基本一致。文中称其军职为东北野战军第8纵队22师65团政治处主任,并称其原名"苌献敬",还提到其父,即:"他的父亲苌宗商是一位思想进步的开明士绅,曾长期支持我党的地下工作,并于1942年加入中国共产党。抗日战争时期,他始终认为只有投靠坚决抗日的共产党,才有出路。于是,毅然命婚期已定的独生子苌

1949年1月15日上午,东野45军指战员突破天津民权门后,继续攻克国民党守军设在宁园一带的防线。

征去延安抗日军政大学学习。"

华北军区烈士陵园藏有一份关于苌征烈士纪念碑的碑文抄件,是1949年2月15日以398团全体指战员名义撰文的,碑文全文为:"苌征同志,原名苌献镜,现年三十二岁,安徽泗县苌家圩人。民国二十七年参加八路军,同年七月加入共产党。曾历任指导员、组织干事、党的总支书记、营教导员、团政治处主任等职。苌征同志为人胸量宽怀,自幼献身革命,十余年来,积极工作、埋头苦干,出生入死,艰苦奋斗,忠于革命。抗日时期,曾转战于敌后晋察冀军区。抗日战斗胜利后,调赴东北时,因'蒋贼'卖国殃民,发动内战,烈士为求人民解放,曾参加东北夏季攻势两次[及]杨杖子战斗、攻打锦州、辽西围歼战等解放东北的战役。东北全获解放后,挺进华北,转战平津,于一月十五日解放天津战斗中,[在]民权门前,不幸身负重伤,十七日十七时,光荣为民捐躯。谨撰碑文,以志永铭。东北人民野战军第三九八团全体指战员谨撰。中华民国三十八年二月十五日(公元一九四九年)。"

平津战役纪念馆"英烈业绩厅"中的烈士生平展墙上,所载苌征生平却与前文稍有别,如:称其加入中国共产党的时间为"1938年7月",称其牺牲时的军职为"东北野战军第8纵队第55团政治处主任"。该记载有误,第55团即第7纵队19师55团,新番号为44军130师388团。

其姓名常被写为"长征"[③]。笔者经考证,确认此为误植。

苌征烈士之父苌宗商

苌征之父的姓名为苌宗商,为安徽省泗县的开明士绅,是中共党员、离休干部。

芡宗商(1897—1976),原名锡琏,又名路沙,字宗商,泗县大庄区芡圩人。早年就读于"南京上江实业学校"④。1921年毕业于泗县甲种师范讲习所,后任大庄小学校长,1926年被推举为泗县第七区西段团防派驻所(在大庄)团董,以防匪保民。1929年任第七区自卫团(在四山)团总,攻剿土匪,深孚众望。芡宗商受中共地下党员王侠民、陈欣然的影响,逐渐倾向革命。1930年泗县石梁河农民暴动失败后,芡宗商设法暗中将被捕的泗县行动委员会书记丁超伍释放。七七事变爆发后,芡宗商认为,"只有跟随坚决抗日的共产党,才有出路,于是毅然命婚期已定的独生子芡征(原名芡献敬)去延安抗日军政大学学习(后任人民解放军四野某团政治部主任,解放天津时牺牲)。"1940年3月,在皖东北开展抗日革命工作的张爱萍、刘玉柱,引荐芡宗商任苏皖边区淮北财粮处副处长。芡宗商经过长期革命陶冶,抗击日本侵略、救国救民的意志日益坚定,1942年1月加入中国共产党。当年底,调任泗灵睢县县长。当地帮派头子,多系芡宗商的亲友。芡宗商以独特身份对其分化瓦解,并清除恶霸、歼灭伪军、壮大武装,奠定泗灵睢县濉南区抗日民主根据地的基础。1944年,芡宗商任泗灵睢县县委书记,抗战胜利后任淮北七专署副专员,解放战争时期相继任鲁中渤海支前司令部粮食部副部长、南下干部大队队长、江淮二专署第一副专员、华东支前司令部蚌埠储运处处长、皖北粮食储运总处处长、皖北行署财政处副处长等职。1950年任长江水利委员会下游工程局局长,1955年任南京浦口下关护岸工程指挥部副指挥,1956年任长江流域规划办公室秘书长。后任黄河下游工程局局长、安徽省视察室副主任等职,1975年离休回泗县定居。病逝后,安葬于泗县城东公墓。⑤

"苌"为姓氏之一

《辞海》载,苌音 cháng,其意,一为植物名,一为姓。《诗经·桧风》:"隰有苌楚。"苌楚亦作"长楚",又名阳桃、猕猴桃。苌弘,亦称"苌叔",春秋时周大夫⑥。

苌姓源出有二:一是姬姓。周敬王大夫苌弘食采于苌(故地在今河北固安西北),其后子孙以邑名为氏。二是蜀之夷侯有苌氏。苌姓分布较广,约占全国人口的 0.0018%。陕西、河南两省多此姓,约占全国苌姓人口的 97%。另有姓苌伯者,系自姬姓⑦。

前文提及的"泗县大庄区苌圩",也称"苌家圩"⑧"苌圩子",今称苌圩村。苌圩村今属宿州市泗县瓦坊乡(西与大庄镇相连),苌圩村周边还有小苌庄、苌郭庄、苌庚、埝苌村等带有"苌"字的地名。

搜索互联网所载可知,泗县一带姓苌者,也不在少数。民国年间,苌家声首修《安徽泗州苌氏宗谱》(1912 年泗州已更名为泗县),后由苌祥修续修,有 1993 年铅印本一册。安徽泗县苌氏字辈中,有"国、克、学、锡、献、祥"等。苌宗商原名锡琏,为"锡"字辈,苌征为"献"字辈,符合其辈分的起名顺序。另外,泗县人苌献常也是受苌宗商影响于抗战期间参加革命并入党的。据 1944 年报载:"大庄区的组织部长苌献常同志,自愿将家里四支广枪献给独立团。"⑨据此判断,苌献常(也被载为苌献长)与苌征为同辈。

将苌征的姓氏搞清楚是考证其生平的重要前提。尽管苌楚亦作"长楚",但并不意味着作为姓氏时,"苌"字与"长"字可以通用。

既然苌征之父的姓名为苌宗商,后人也就没有理由、没有必要将苌征的姓名生生写为"长征"。

而天津市烈士陵园"革命烈士纪念馆"中涉及苌征生平时所称的"安徽泗县长宗圩人",亦属不确。尚未发现安徽泗县有地名曰"长宗圩"或"苌宗圩"。只有属于泗县瓦坊乡的苌圩村。

苌征烈士原名

《安徽省志·人物志》《泗县志》中,均载苌征的原名为苌献敬。⑩但苌征的原名也被记载为苌献镜。

1.许开章撰《淮水长流丰功永存——怀念苌宗商》载:"七七事变后,宗老毅然将婚期已定的独生子苌征及其表侄周士桥送往延安抗大学习,可见其爱国热忱非同寻常。1938年初,宗老任国民党泗县四区区长。执政一方,为政清廉。1939年6月,在灵璧县长许志远部下任财政处长。7月,张爱萍、刘玉柱等由豫皖苏边区来到皖东北,途中,宗老为他们提供方便。刘玉柱同志在回忆文章中写道:

东线攻城解放军攻占天津民权门

'离开许志远处,我们前往泗县东南的魏营子(双沟北)盛子瑾处商谈,途经张大路,沿濉河岸向芡圩子方向前进。途中遇到芡宗商,这个人很开明,儿子、女婿都参加了革命,当时他是许志远的供给处长。我们遇到他,他给他夫人写了信,介绍我们到他家(芡圩子)住宿。'""他的独生子芡征和侄儿芡献长都为革命献出了宝贵的生命。""芡征,原名芡献镜,后任我四野某团政治处主任,解放天津时牺牲,墓葬在石家庄烈士陵园。"⑪

2."芡征,原名芡献镜,后任中国人民解放军第四野战军某团政治处主任,解放天津时牺牲,墓葬在石家庄烈士陵园。"⑫"石家庄烈士陵园"即对华北军区烈士陵园的俗称。

3.许开章等撰《泗灵睢抗战中的芡宗商》载:"1937年七七事变后,国民党泗县县长黎纯一在共产党员戴纪亢、朱伯庸、许步伦的推动下,赞同抗日。这对芡宗商也是个鼓舞。同年年底,他毅然同意独生子芡献镜(后名芡征)及表侄周士樵往延安抗日军政大学学习,可见其抗日热忱非同一般。"芡宗商的"独生子芡征任解放军第四野战军一八七团政治处主任,在解放天津战役时牺牲,葬在石家庄华北烈士陵园。侄子芡献长在1946冬战斗中献身。"⑬

前引芡征烈士碑文中,也称"芡征同志原名芡献镜",且为已知较早的记载。那么,芡征的原名是叫芡献敬还是叫芡献镜呢?仅据以上所载,尚难确证。芡献敬、芡献镜均为芡征原名的可能性,或许也不能排除。对此,仍需查考。

芡征烈士何时何地牺牲

有记载称芡征牺牲于抗日战争期间,显然不确。

1."1939年3月,中央决定张爱萍同志为豫皖苏省委书记。6月初,他亲自去路东了解情况。7月初,张爱萍同志要刘玉柱做助手。他们带着彭雪枫司令员写给盛子瑾专员的的亲笔信,经宿县,越过津浦路,东进皖东北,做盛[子瑾]的统一战线工作。张爱萍同志身份是八路军高级参谋。刘玉柱身份是新四军游击支队政治部秘书。他们从灵北张大路步行,在走向泗北大庄集二区区署的路上,巧遇芡圩子进步士绅、许志远部军需处长芡宗商,谈起他儿子芡征参加八路军牺牲、自己成了我军烈属的情况。"⑭

2."1939年7月初,张爱萍决定再赴皖东北……张爱萍等行到灵璧县北张大路镇附近,遇到了一位胸飘长髯的长者。经许合璧介绍,才知道老人是许志远[部]的供给处长、当地的开明士绅芡宗商,属泗、灵一带团派人物,代表中小地主利益,主张抗日。老人见了张爱萍等,显得格外亲热。交谈中,张爱萍才知道老人的小儿子芡征参加了八路军,前不久牺牲了。张爱萍、刘玉柱深为同情,并表示慰问。"⑮

芡征(二排右一)抗战期间在八路军任组织干事。此照摄于1944年。已由其生前战友张振宇提供给平津战役纪念馆。

3."有的书上描写,芡宗商是胸飘长髯,衣着黑衫,骑头毛驴。父亲说起他:'是个大地主,民团团长,儿女都是共产党。小儿子芡征参加了八路军,不久前牺牲

华北军区烈士陵园内的苌征烈士墓碑

了。他对抗战有贡献。'"⑯

而《天津方式》一书在介绍苌征时则称:"战前,他深入基层连队,做深入细致的战斗动员工作,号召指战员以自己的模范行动,夺取军政双胜利,把红旗插上天津城头。攻击敌据守的民权门防线战斗打响后,他跟随突击队奋勇向前,在敌人组织的多次轮番反冲锋面前,镇定自若,指挥部队打退了敌人的一次又一次反扑。在向纵深穿插进击时,不幸牺牲在进攻道路上。"⑰

在天津战役期间,苌征所在部队集结于国民党天津守军东线城防之外,因此,苌征牺牲于突破民权门一带的战斗中是可以肯定的。

《天津通志·军事志》载:"苌征……1949年1月13日,在攻打天津民权门的战斗中,率部全歼守敌,不幸身负重伤,光荣牺牲。"⑱

不过，对解放军东线部队于 1 月 13 日攻打民权门外围的战斗情况，尚未见到具体记载。在已见著述中，只对解放军于 1 月 14 日发起天津总攻后，攻打民权门的战况记载较详。如："133 师 398 团于 15 日 0 时 30 分进至王串场时，发现长江造纸厂之敌正向 135 师部队反击，该团先头营迅速占领有利地形，参加阻击，连续打退敌人多次反冲击。当进至铁路宿舍时，遭敌暗堡火力射击，伤亡较大。战士们实施连续爆破，炸毁了五个地堡，为部队打开了通路，并内外夹击，于 3 时攻占铁路宿舍。5 时，又对中纺七厂守敌发起攻击，经 30 分钟激战，歼敌 78 团第 3 营。"[19]而另一记载也较为具体，即："45 军担任主攻的 133 师确定 397 团为主攻团，398 团为助攻团，399 团为第二梯队。助攻团 398 团从民权门进城行至王串场时，发现长江造纸厂守军正向 135 师反击。立即参加战斗，支持 135 师巩固住突破口。398 团行至铁路工人宿舍时，遭守军炮击，伤亡较大。此时，担任主攻的 397 团予以配合，实施内外夹击，炸毁守军 5 个地堡。3 时，攻占了铁路宿舍。5 时，又在中纺七厂和民权门间，遇守军攻击。我炮兵连，经 40 分钟激战，牺牲 64 人，全歼守军 78 团 3 营。"[20]

关于攻打民权门时的详细战况，可参见《天津通志·军事志》第四章《天津战役》所载[21]。相关回忆文章还有任思忠（时任 45 军 135 师政治部主任）撰《突破民权门》[22]等。但以上所载均未提及苍征。

梳理前引资料可知，苍征牺牲地点和时间，尚存三说，即：一是 1949 年 1 月 13 日在攻打天津民权门的战斗中负重伤后牺牲；二是 1949 年 1 月 13 日在攻打民权门外围的战斗中负重伤，后于 1949 年 1 月 17 日牺牲；三是 1949 年 1 月 15 日在民权门前负重伤，后于 1949 年 1 月 17 日 17 时牺牲。

其中,1949 年 1 月 17 日 17 时牺牲之说,据苌征烈士碑文所载而来。这一记载是迄今已知的最为明确的表述。笔者认为此说应予采信。

苌征烈士牺牲时的军职

关于苌征牺牲时的军职,《平津战役人民解放军团以上干部烈士名录》《团以上干部烈士名录》中,均称其为"四野 45 军 133 师 398 团主任"[23]。两个版本的《第四野战军团以上干部烈士名录》中,均称其为"四野 45 军 133 师 398 团政治处主任"[24]。《天津通志·军事志》则称其为"东北野战军第 8 纵队 65 团政治处主任"[25]。另载,其时任"东北野战军第 8 纵队第 22 师第 65 团政治部主任"[26]。

在以上表述中,除对其所在部队的新旧番号表述有所不同之外,其军职还有"团主任""团政治处主任""团政治部主任"之别。而前引华北军区烈士陵园官网所载苌征烈士碑文中,则称其为"团政治主任"。

中国人民解放军从 1927 年南昌起义开始,即设立政治机关。政治部、政治处均为中国人民解放军政治工作的领导机关,通常在旅级以上部队或单位设政治部,在团或相当于团一级的单位设政治处。各级政治机关在上一级政治机关和同级部队党的委员会、政治委员的领导下,负责管理所属部队党的工作,组织进行政治工作[27]。

"团主任""团政治主任"均为行文并不规范的简称或俗称。而将团政治处主任这一职务写为"团政治部主任"的情形并不少见，虽然不大容易引起歧义，但芣征生前军职，当为团政治处主任。

另外，《天津通志·军事志》第723页所载芣征烈士简历中，所配照片应为陈仲凯烈士照片。由于此处所载将二人照片搞混，在此后的出版物中已造成以讹传讹的后果。

注释

① 另载，芣征于"1938年4月参加新四军，同年7月入党"。《天津方式》第231页。

② 天津市地方志编修委员会编著：《天津通志·军事志》第723页，天津社会科学院出版社2001年版。该书第721-723页分别载有在天津战役中牺牲的这13位团级干部的生平简历，并均配有生前照片。

③ 以下资料均载其姓名为"长征"：一是《平津战役人民解放军团以上干部烈士名录》，中国人民解放军历史资料丛书编审委员会编：《平津战役》第725页，解放军出版社1991年版；二是《第四野战军团以上干部烈士名录》，戴常乐、刘联华主编：《第四野战军(修订本)》第293页，国防大学出版社1996年版；三是《第四野战军团以上干部烈士名录》，戴常乐、刘联华主编：《四野档案：第四野战军》第318页，国防大学出版社1998年版；四是《团以上干部烈士名录》，第四野战军战史编辑委员会编：《中国人民解放军第四野战军战史》第875页，解放军出版社1998年版；五是冷静撰《雄师战天津》所附《平津战役中牺牲的解放军团以上干部》，《军事历史》2006年第11期第10页。

④ 似为南京上江公学，今南京六中前身。1905年，安徽旅宁公学更名为南京上江公学，后相继改称安徽旅宁中学、南京安徽公学、南京安徽中学等。

⑤ 安徽省地方志编纂委员会编：《安徽省志·人物志》第171-172页，方志出版社1999年版。《泗县志》所载《芣宗商》一文中的内容与之基本一致，参见泗县地方志编纂委员会编：《泗县志》第645-648页，浙江人民出版社1990年

版。

⑥ 辞海编辑委员会编:《辞海》第六版缩印本第202页,上海辞书出版社2010年版。

⑦ 参见袁义达、邱家儒编著:《中国姓氏大辞典》第1027—1028页,江西人民出版社2010年版。

⑧ 《泗虹合志》卷三《水利》第23页。《泗虹合志》成书于清光绪十三年(1887),"泗虹"即对泗洲、虹县的合称。清乾隆四十二年(1777),迁泗州州治于虹县,虹县并入泗州。1912年,改称泗州为泗县。

⑨ 《保卫家乡准备反攻力量 泗、灵、睢干部参军献枪》,1944年11月14日《拂晓报》。

⑩ 《泗县志》第646页;《安徽省志·人物志》第172页。

⑪ 泗县县委党史办公室编:《濉河烽火》第326—327、331页,安徽人民出版社1991年版。

⑫ 朱文根著:《李任之传》第72页,解放军出版社1994年版。

⑬ 安徽省宿州市政协文史和学习委员会编:《宿州文史资料》第1辑第112页、116页。2000年印刷。"华北烈士陵园"即指华北军区烈士陵园。

⑭ 李久胜撰:《以斗争求团结——皖东北的统一战线工作》,中国新四军和华中抗日根据地研究会编:《铁流(2)——新四军统一战线工作专辑》第267页,解放军出版社2000年版。

⑮ 江苏省委党史办、盐城市委党史办联合编写:《剑指江淮:抗战时期的张爱萍》第40、42页,人民文学出版社2005年版。

⑯ 张胜著:《从战争中走来——张爱萍人生记录》第40—41页,中国青年出版社2009年版。

⑰ 《天津方式》第231页。

⑱ 天津市地方志编修委员会编著:《天津通志·军事志》第723页。

⑲ 中国人民解放军天津警备区编:《解放天津》第115页,天津人民出版社1988年版。

⑳ 陈德仁编著:《天津战役研究》第36页、38页,天津古籍出版社2003年版。
㉑《天津通志·军事志》第564—565页。
㉒ 星火燎原编辑部编:《星火燎原丛书(8)·平津战役专辑》第289—295页,解放军出版社1987年版。
㉓ 1991年版《平津战役》第725页;第四野战军战史编辑委员会编:《中国人民解放军第四野战军战史》第875页。
㉔《第四野战军(修订本)》第293页;《四野档案:第四野战军》第318页。
㉕《天津通志·军事志》第723页。
㉖《天津方式》第231页。
㉗ 参见《辞海》第六版缩印本第2435页。

二、陈仲凯烈士生平事迹小考

东北野战军 47 军 139 师 415 团（原番号为 10 纵队 28 师 82 团）副团长陈仲凯，1949 年 1 月在天津战役中壮烈牺牲。

陈仲凯烈士的安葬地为位于石家庄市的华北军区烈士陵园。其墓和碑位于该陵园烈士墓区的东区内，具体位置在东区东部南起第一排左十（或右十一）。碑文内容为："陈仲凯同志，东北野战军二十八师八十二团副团长。湖北省礼山县人，一九三〇年参加工农红军，一九三一年加入中国共产党。历任班、排、连、营长，政治教导员等职。一九四九年解放天津战役牺牲，享年三十三岁。"

陈仲凯烈士

华北军区烈士陵园官网载其碑文，但称其曾任"政治指导

解放军冲过天津城防护城河

员"①。中华英烈网"烈士英名录"网页所载与之基本相同,也称其曾任"政治指导员",并载其出生于1916年。

平津战役纪念馆"英烈业绩厅"中的烈士生平展墙上,载其生平,内容与上文基本一致,但称其为湖北省英山县人。

天津市烈士陵园"革命烈士纪念馆"中的烈士展牌上,载陈仲凯生平,内容与上文基本一致,但也称其为"河北省英山县人",并称其牺牲其前的军职为"中国人民解放军第四十七军一三九师三五五团副团长"。河北省并无英山县,英山县应属湖北省。"河北省英山县人"这一记载无疑为误植。而关于"一三九师三五五团"的情况,笔者多方查询也不得要领,认为此载可能有误。

47军139师下辖415团、416团、417团。1948年12月,139师随军入关后,驻扎大兴、廊坊地区,担负阻击北平一带国民党军的任务。当时,盘踞北平一带的国民党军,有向天津突围的可能性。平津战役结束后,139师于1949年4月从固安一带启程南下作战。而355团(原番号为3纵队8师22团)和356团、357团则均属40军119师。尚未发现陈仲凯曾任355团副团长的文献记载。

华北军区烈士陵园所存档案中关于陈仲凯烈士的《碑文》载,其为"湖北省李山县人"。查湖北省并无"李山县",此应为礼山县之误。在该碑文文后的《附注》中载,其所在"部队番号现在是四十七军一三九师四一五团,即原来八十二团。是否用现在番号,还是用天津战役时的番号？该同志的碑文原来番号不详,经回'〇九五七'干部的去信后,才了解到,计划将原碑文补充。"查"〇九五七"即中国人民解放军〇九五七部队,是陈仲凯生前所在部队415团后来的代号。

关于陈仲凯生平中的籍贯问题,已知有湖北省礼山县和湖北省英山县两说。

百度百科网站(http://baike.baidu.com)列有"陈仲凯"词条,载其籍贯为湖北省礼山县。

已知以下记载均称其籍贯为湖北省英山县,即:《平津战役人民解放军团以上干部烈士名录》[2]、《团以上干部烈士名录》[3]、《平津战役烈士名录》[4]、《天津战役中牺牲的团职干部》[5]、两种版本的《第

华北军区烈士陵园内的陈仲凯烈士墓碑

四野战军团以上干部烈士名录》⑥。《天津方式》称陈仲凯为"湖北英山县人，1930年参加红四方面军。"⑦

查礼山县为旧县名。1933年，南京国民政府划湖北省黄安、黄陂、孝感、河南省罗山等4县边陲，建立礼山县。1952年，礼山县更名为大悟县，今属孝感市。而英山县原属安徽省（1931年至1932年，工农红军一度将英山县改称为红山县，并建立红山县苏维埃政府）。1932年，南京国民政府将英山县划归湖北省管辖，今属黄冈市。大悟县与英山县之间相距约257公里。

笔者浏览《大悟县志》（湖北科学技术出版社1996年版）、《英山县志》（中华书局1998年版），尚未发现其中有对陈仲凯生平的记载，而湖北省英山县民政局1990年编有《英山县民政志》，但笔者尚未看到此书内容。

对于陈仲凯的籍贯，仍需查考。不过，陈仲凯牺牲时的年龄为33岁，也即生于1916年前后。当时，不仅尚未出现礼山县县名，而且英山县当时仍属安徽省。

关于陈仲凯牺牲时的具体时间和牺牲原因，已知《天津战役中牺牲的团职干部》所载较为明确，即："陈仲凯……1949年1月14日，在解放天津时，遭敌炮击，光荣牺牲。"⑧

关于陈仲凯牺牲后的安葬地，尚存两说：

一是大兴县采育镇一带。该镇时为139师师部所在地。贺庆积（时任47军139师师长）在日记中载，1949年1月16日，所属部队仍在大兴县采育镇。1月18日，"兰芹、陈仲凯二同志的遗体已运回，停在庙堂里。"1月22日下午，"开追悼会，悼念在天津前线牺牲的兰芹、陈仲凯二位同志。"⑨郑文翰（时任47军139师415团政治处主任）在1949年1月21日的日记中载："下午，移到长子营。晚，为纪念陈仲凯同志写一追悼文。"1月22日"下午，准备追悼会事。3时，即到采育镇去开追悼会，到全师连以上干部及士兵代表等数百人。会直开到黄昏，送陈、兰二同志灵柩入墓地。"⑩日记中提及的"陈、兰二同志"，即陈仲凯烈士、兰芹烈士。

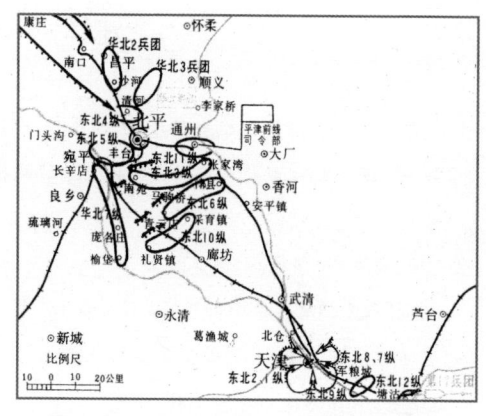

天津战役期间，解放军东北、华北各纵队在平津一带部署的示意图。图中标有采育镇。

二是河北省固安县柳泉镇一带。其中的详情见载《颜德明致华北军区烈士陵园管理处函》(参见本文附录)。颜德明时任139师副师长。该函写于1962年1月。

采育镇今属北京市大兴区，位于大兴区东南部，西北面与长子营镇毗邻，南隔永定河与固安县(今属河北省廊坊市)相望。固安县柳泉镇政府驻地柳泉村位于固安县城南9公里处。采育镇至柳泉镇的距离约58公里。

据贺庆积、郑文翰日记载，陈仲凯烈士、兰芹烈士的遗体葬于大兴县采育镇一带。此说是可以采信的。那么，其遗骨是否后迁葬于固安县柳泉镇，又迁葬于华北军区烈士陵园呢？对于这一迁葬过程和迁葬时间等情，仍需查考。

另外，《天津通志·军事志》第723页所载陈仲凯烈士简历中，所配照片应为苌征烈士照片。

注释

① 该网站上并无陈仲凯烈士照片。陈仲凯烈士照片见载于《天津通志·军事志》第723页。但此载与天津烈士陵园及平津战役纪念馆陈列的陈仲凯照片有异。

② 1991年版《平津战役》第725页。

③《中国人民解放军第四野战军战史》第876页。

④ 平津战役纪念馆编:《走近最后的决战——平津战役参战将士访谈录》第632页,天津人民出版社2002年版。

⑤《天津通志·军事志》第723页。

⑥《第四野战军(修订本)》第294页;《四野档案:第四野战军》第318页。

⑦《天津方式》第227页。

⑧《天津通志·军事志》第723页。

⑨ 贺庆积著:《贺庆积回忆录》第416—418页,白山出版社1994年版。

⑩ 郑文翰著:《郑文翰日记·解放战争时期(1947.1.1—1949.12.31)》第277页,军事科学出版社1998年版。

三、兰芹烈士生平事迹小考

1949年1月,东北野战军47军139师417团(原番号为东北野战军第10纵队28师84团)副团长兰芹在天津战役期间壮烈牺牲。

其安葬地为位于石家庄市的华北军区烈士陵园。其墓和碑位于该陵园烈士墓区的东区内,具体位置在东区东部南起第一排左九(或右十二)。碑文内容为:"兰芹同志,东北野战军二十八师八十四团副团长,四川省仪陇县人,一九三三年参加工农红军,一九三六年加入中国共产党,历任文书、参谋、股长、科长、副团长等职。一九四九年一月解放天津战役牺牲,享年三十一岁。"

兰芹烈士

华北军区烈士陵园官网载其碑文。中华英烈网"烈士英名录"网页所载与之基本一致,并称兰芹生于1918年。

平津战役纪念馆"英烈业绩厅"中的烈士生平展墙上,所载其生平与之一致。

平津战役纪念馆"无尽的思念"流动展牌上,载兰芹生平事迹较详,所载其生平与前文基本一致,但增加了一些细节。如:"辽沈战役的黑山阻击战中,兰芹指挥部队英勇冲锋反击,在高家屯战线的最后一个制高点——101高地上,与国民党精锐部队展开激烈的肉搏战,最终成功夺回失守的阵地";"兰芹刚刚新婚的第三天就惜别了妻子,奔赴了前线,谁知这一走竟成永别";"1949年1月14日,在与其他几名指挥员在天津前线东野一纵一个指挥所观战、学习攻坚战经验时,不幸中炮牺牲。天津战役总指挥刘亚楼得知此事,也十分难过"。

天津市烈士陵园"革命烈士纪念馆"中的烈士展牌上,所载其

解放军向天津市区纵深地域突击

生平简历与前文有异:如称其为"四川省陇县人",并称其牺牲前的职务为"中国人民解放军野战军第四十七军一三九师三五七团副团长"。

查四川省并无陇县,陇县为陕西省所辖县。陇县位于关中平原西部、陕西省宝鸡市西北,古称陇州,因靠近陇山而得名。四川省只有仪陇县。仪陇县位于四川省南充市东北部。仪陇县与陇县之间的距离,超过860公里。因此,"四川省陇县人"之说,当为误植。而对于"一三九师三五七团"这一记载,笔者经检索史料,认为应属误载。在前文(即《陈仲凯烈士生平》一文)中已指明,357团应属40军119师。尚未发现兰芹曾任357团副团长的文献记载。

第四野战军第一门户网站(http://www.4yjd.cn)"军魂"栏目所载其生平简历称:"兰芹(?—1948),四川省仪陇县人。1933年参加工农红军,1936年加入中国共产党。历任文书、参谋,抗日战争胜利后赴东北,历任东北民主联军股长、科长、副团长等职,东北野战军第十纵队二十八师八十四团副团长。1948年在东北黑山阻击战战斗中牺牲。"显然,此载将其牺牲时间搞错了。

《天津战役中牺牲的团职干部》载:"兰芹……1949年1月14日,在解放天津时,遭敌炮击,光荣牺牲。"①

在相关史料中,其姓名既被写为兰芹,也被写为"蓝芹"。

除《平津战役人民解放军团以上干部烈士名录》中的记载称其姓名为兰芹外,以下史料也载其姓名为兰芹,即:《团以上干部烈士名录》②、《平津战役烈士名录》③、两种版本的《第四野战军团以上干部烈士名录》④。

而载其姓名为"蓝芹"的著述较多,如:

1.梁兴初撰《黑山阻击战》中,有"二十八师师长贺庆积同志……又指令八二团二、三营,统由八四团团长蓝芹同志指挥"的表述。⑤此后,梁兴初撰《黑山阻击战》中,又有"二十八师贺师长……又令八十二团一、三营,统由八十四团副团长蓝芹同志指挥"的表述。⑥梁兴初时任第 10 纵队司令员(后为 47 军军长)。"八十四团"即东北野战军第 10 纵队第 28 师 84 团。

2.在《颜德明致华北军区烈士陵园管理处函》中,均写为"蓝芹"(参见本文附录)。

3.王子健撰《激战在"九二"高地》中,两次提及"副团长蓝芹"。⑦该文反映的是 1948 年 9 月黑山阻击战的战斗场面。王子健时任 28 师 84 团 2 营副教导员。⑧

4.《13 棵轻松》载:"第 84 团副团长蓝芹(四川仪陇县人,1933 年参加红军,1936 年入党,牺牲时 31 岁)。"⑨

不过,在梁兴初撰《辽西大战风云录》中的同一表述,又改为"令八十二团一、三营统由八十四团副团长兰芹同志指挥"。⑩而郑文翰(时任 82 团政治处主任)在日记中,在提及兰芹时,则分别记载为"八四团副团长蓝芹同志"和"陈[仲凯]、兰[芹]二同志"⑪。

将兰芹与"蓝芹"这两个姓名混用的情形,还出现在贺庆积(时任东北野战军第 10 纵队 28 师师长)的回忆文章和回忆录中。

贺庆积撰《黑山阻击战》载:"担任城东高地前沿指挥的八十四团蓝芹副团长命令二营,把营部人员全部调上阵地,参加战斗……炮火准备之后,82 团 1 营和 84 团 2 营 5 连,在鲁团长和蓝副团长指挥下,分三路向 101 高地发起冲击。"⑫而贺庆积后在回忆录中的《黑山阻击战纪实》一章中,则分别改为"兰芹副团长""兰副团长",即:"担任城东高地前沿指挥的八十四团兰芹副团长命令二营把营部人员全部调上阵地,参加战斗……炮火准备之后,82 团 1 营和

华北军区烈士陵园内的兰芹烈士墓碑

84团2营5连,在鲁团长和兰副团长指挥下,分三路向101高地发起冲击。"[13]文中提及的"鲁团长",即时任82团团长的鲁赤诚。

经缕析史料可知,不论写为兰芹还是写为"蓝芹",所指均为同一人。其在黑山阻击战中,一战成名。"蓝芹"的记载多出自回忆文章,但这些回忆文章在后来再版或结集出版时,又有将"蓝芹"修正为兰芹的情形。

天津市烈士陵园、平津战役纪念馆的基本陈列中和华北军区烈士陵园碑文、《天津通志·军事志》等记载中,均明确记载为兰芹。在平津战役纪念馆官网(http://www.pjcmm.com)中的"英烈风采"网页上,也能查询到"兰芹 四川省仪陇县",但查询不到"蓝芹"。

而在靳建新等编著的《黑土·热血·太阳——辽沈战役黑山阻

击战纪实》(辽宁人民出版社1998年版)中,则多处记载为"副团长栾芹""栾芹副团长"。

笔者检索《仪陇县志》(四川科学技术出版社1994年版)、《仪陇古今人物录》(仪陇县政协文史委员会1998年版),尚未发现兰芹之名及对"蓝芹""栾芹"的相关记载。

虽然"蓝""兰""栾"均为姓氏,但笔者判断,"蓝芹"似为对兰芹之名的误植。"栾芹"则不足为信。对于兰芹之名应予采信。

关于兰芹牺牲后的安葬地,尚存两说。由于在前文(即《陈仲凯烈士的生平》一文)中,对此已有所提及,此处不再赘述。

注释

① 《天津通志·军事志》第723页。
② 《中国人民解放军第四野战军战史》第876页。
③ 《走近最后的决战——平津战役参战将士访谈录》第635页。
④ 《第四野战军(修订本)》第294页;《四野档案:第四野战军》第318页。
⑤ 红旗飘飘编辑部编:《解放战争回忆录》第225页,中国青年出版社1961年版;叶剑英等著:《伟大的战略决战》第107页,解放军文艺出版社1961年版。
⑥ 叶剑英等著:《星火燎原(28)》第76页,解放军出版社1982年版。
⑦ 中国人民解放军六九一九部队政治部编:《胜利的战斗》第169、171页,湖南人民出版社1962年版。
⑧ 王子健生于1924年,1938年参加八路军,同年加入中国共产党。曾任八路军120师连指导员、东北野战军营教导员。参加过辽沈、平津、西南等战役,后任兰州军区副政委。据廖盖隆编:《中国人名大词典·当代人物卷》第100页,上海辞书出版1992年版。

⑨《天津方式》第227页。

⑩ 辽宁人民出版社编:《将军的足迹》第170—171页,辽宁人民出版社1986年版。

⑪《郑文翰日记·解放战争时期(1947.1.1—1949.12.31)》第275、277页。

⑫ 星火燎原编辑部编:《辽沈战役专辑》第313页,解放军出版社1988年版。

⑬《贺庆积回忆录》第181—182页。

四、王谷烈士生平事迹小考

1949年1月,东北野战军47军160师(原番号为东北野战军第10纵队独立第8师)司令部作战科科长王谷在解放天津战场上壮烈牺牲。

涉及王谷生平的常见记载

《天津战役中牺牲的团职干部》载:"王谷,东北野战军第10纵队独8师作战科科长。河北省曲阳县人,1937年入伍,同年入党。历任连长、参谋等职。1949年1月14日,在解放天津时遭敌炮击,光荣牺牲。"[1]平津战役纪念馆"英烈业绩厅"中的烈士生平展墙上所载王谷简历,与之一致。在该馆"英烈业绩厅"中的烈士遗物展柜中,藏有其遗物三件,说明牌称之为"王谷烈士的笔筒、手章盒、毛笔"。

中华英烈网"烈士英名录"网页载:籍贯为河北省曲阳县的王谷,生于1917年10月,为"四野一二〇师作教科科长"[2],1949年1

月牺牲于天津战役,其安葬地为"华北烈士陵园"。不过,在华北军区烈士陵园官网上,并未搜索到王谷的姓名。

天津市烈士陵园"革命烈士纪念馆"中的烈士展牌上,对王谷生平的记载较为详细,即:"中国人民解放军四十七军一六〇师司令部作战科科长,一九一五年生于河北省曲阳。一九三八年入伍。为追求真理和革命道路去延安抗大学习,同年加入中国共产党,历

王谷烈士

任连长、作战科科长、团长等职。曾转战于东北、华北地区,在和敌人战斗中,表现了共产党员应有的坚定和顽强。一九四七年在击退反动分子向我牡丹江军区司令部进攻的战斗中,英勇无畏,荣立战功。王谷同志对党的事业一贯忠心耿耿,埋头苦干,是党和人民的优秀战士,一九四九年在解放天津的战斗中,不幸光荣牺牲,时年三十四岁。"

《曲阳县志》卷十八《革命烈士名录》载明,王谷为曲阳县下河乡下河村人。③而在平津战役纪念馆官网中的"英烈风采"网页上,可以查询到两位姓名均为王谷的烈士姓名,其一为"河北省屈阳县",其二为"河北省不明"。"屈阳县"显然是曲阳县之误。

另外,在两种版本的《第四野战军团以上干部烈士名录》中,均将王谷姓名误植为"五谷"。④

梳理已见的相关记载可知,王谷的生年有1914年、1915年和

1917年三说,牺牲时的年龄,一说34岁、一说35岁。其入伍、入党时间,也分别有1937年说和1938年说。

王谷曾就读三所学校

天津市烈士陵园"革命烈士纪念馆"中的电子书阅读器中所载王谷生平,与该馆内的王谷烈士展牌所载内容基本一致,并称其于"1937年考入国民党中央军校七分校"。在中华英烈网"纪念设施"网页中的天津市烈士陵园子网站上,也称王谷于"1937年考入国民党中央军校七分校"。

"国民党中央军校第七分校"即中央陆军军官学校第七分校,也称黄埔军校第七分校。据《国民党中央军校第七分校概况(1938—1945)》载,该校于位于陕西省凤翔县,1938年1月筹办,3月29日正式成立,5月,校部迁至西安城南王曲镇,陆续编成第十五期四个学生总队(甲级生于1939年2月毕业,乙级生于1939年8月毕业)。1938年8月至1939年1月,陆续招生逾万人,编成第十六期七个学生总队。另设特别班团队若干。其间,有学生投奔延安。⑤《黄埔军校第七分校同学名录》中未载王谷姓名,尚不知其就读该校时的所在班级和离校时间。

平津战役纪念馆"无尽的思念"流动展牌上,载王谷生平,即:"王谷(1914—1949),河北省保定市曲阳县下河乡下河村人。时任人民解放军10纵独8师司令部作战科科长。乳名王宗魁。读书期间,受五四运动和先进思想的影响,积极参与学生运动。当局为加强统治,镇压学生运动,逮捕所谓闹事学生。他为表斗争毅志和斗争决心,更名为王折起,即'不屈不挠,折而再起'之意。1937年七七事变后，他毅然放弃学业，投笔从戎，未来得及同家里的妻子和两个心爱的女儿告别便奔赴延安，进入延安抗日军政大学军事班学习，同年加入中国共产党。这时，[他]又更名为王谷，即'置自己于山谷最低点，再逐渐向真理、向胜利高峰攀登'之意。此后，虽然屡次经过家乡，但都因战事为重、革命事业为先，从未探望过家乡亲人。只是寄过一封没有来信地址的信，称：我在外边'生意'很好，请勿挂怀。在解放东北的战役中，多次荣立战功。随后，王谷率部入关作战，参加平津战役，承担着包围北平的任务。在围平期间，参谋长张申对他说：'老王，到了你家乡门口了，你回家去看看吧！'他果断地说：'全国就要解放了！待全国解放以后再说吧！'1月14日，王谷奉命到天津前线第1纵队观摩天津作战，不幸被敌人炮弹打中，[被]火速送往廊坊后方医院，因伤势过重，抢救无效，光荣牺牲，献出了年仅35岁的生命。"在该流动展牌上，还配有一幅说明文为"河北省曲阳县王谷烈士墓"的照片。

另据林蔚良载：王谷生于1915年，老家河北省曲阳县，1937年毕业于保定师范学校，同年加入国民党，考入中央军校七分校。次年，他为求真理。毅然投奔延安，入抗日军政大学学习，并于1938年12月加入中国共产党。毕业后在华北八路军任副连长、正连长、参谋等职。抗战胜利后赴东北，在牡丹江军区司令部任参谋、作战科科长。1948年2月，独立八师成立后，担任独立八师司令部作战科科长。天津战役时，十纵安排独立八师478团团长吴志玉与师作战科科长王谷，到天津战役前线学战法，1949年1月14日，遇敌炮击牺牲，在前线牺牲后，噩耗传来后，师司令部召开追悼会，决定授予王谷为模范党员。⑥

据上文所载可知，王谷毕业于保定师范学校。保定师范学校全称河北省立保定师范学校,位于保定西关,创建于1904年,始称保定初级师范学堂。1909年改称直隶第二初级师范学堂,后称直隶第二师范学校,1928年易名为河北省立第二师范学校。"民国二十一年夏,因共党风潮,明令解散,并改内容为农村师范,定名河北省立保定师范学校。"该校因之简称"红二师"。其学制"实行三三制,前后期各三年",本科六年。1938年,迁校址于保定南门内行宫。⑦

据上文所载可知,王谷是1937年七七事变后奔赴延安的,后入抗日军政大学军事班学习。抗日军政大学全称中国人民抗日军事政治大学,简称"抗大"。

抗日军政大学第三期招收学员1272人,编为3个大队、9个队。其中,第三大队为知识青年大队,另有青年军事队。该期于1937年8月1日开学,至1938年3月陆续毕业,至5月全部分配完毕。在该期学员中,知识青年共计477人,毕业时,其中的党员已发展

解放军战士向天津守军据点抵近射击

至323人。

抗日军政大学第四期招收学员5562人,编为8个大队、43个队,1938年4月16日开学,同年8月至12月分批毕业。该期学员以知识青年为主,共计4655人。其中:训练八路军、新四军和国民党统治区、沦陷区地下党所派干部907人,编为7个队;男知识青年4001人,编为31个队。入学时,这些知识青年中的共产党员仅有530名,至毕业时,其中的共产党员已增至3304名。在该期学员毕业证上,印有毛泽东题词:"努力奋斗,再接再厉,光明就在前面。"毛泽东还亲临毕业典礼讲话。⑧

据此判断,王谷为1938年毕业于抗日军政大学,其为该校第三期或第四期学员的可能性较大。详情待考。

王谷曾在牡丹江军区任职

《中国共产党穆棱历史》载:"1945年8月14日,金光侠、陶雨峰、乔书贵从苏联伯力率抗联部队随苏联红军途经穆棱县各站进入牡丹江市,成立了东北国民军牡丹江军区卫戍司令部,司令为陶雨峰(10月14日[后]为李荆璞),政委为金光侠。8月25日,成立了中共牡丹江地委,书记为金光侠(12月9日为李大章),委员有陶雨峰(牡军区副司令员)、乔书贵……1945年11月上旬,东北国民军牡丹江军区卫戍司令部副司令员陶雨峰,带领第十二团来到穆棱县城(九站),成立了东北国民军牡丹江军区绥东分区司令部,陶雨峰任司令员,王茂才任政委,王亚东(原抗联独立营长)任参谋长(12月上旬任)。军分区司令部设在穆棱县城(1月撤到泉眼河屯),领导穆棱、绥阳、东宁等地的部队(两个团、两个独立营),扩建队伍,开展剿匪,建立绥东根据地……以陶雨峰带领第十二团到穆棱县成立绥东军分区司令部后,第十二团直接归绥东军分区司令部领导。第十二团长是崔相彬,副团长是王谷,教导员是于佑民。内设三个连,还有一个直属连(连长是陶××,150多人),一个直属警卫排(排长是赵××,40多人),全团360多人,驻穆棱县城。同年11月下旬,第十二团叛变投敌,只剩下绥东军分区司令部直属[的]一个连和一个警卫排。"⑨穆棱今为隶属于黑龙江省牡丹江市的县级市。

陶宜民撰《我与东进工作委员会》一文载:1945年10月16日,设在鸡西城内的东进工作委员会成立后,曾派员去牡丹江与李大章取得联系,介绍"东委会"的创建和鸡西周围的敌情,希望得到支持。"李大章确定王谷同志为牡丹江与梨树镇的联络员。"此后,"王谷同志"传递过很多重要情报。⑩此处提及的"王谷同志"很可能就是本文述及的王谷烈士。

牡丹江军区于"1946年1月组成,李荆璞任司令员,隶属东北民主联军。1946年6月,改为合江军区第一军分区。8月,恢复牡丹江军区番号,刘子奇任司令员,何伟任政治委员。辖区在开道(牡丹江市西北)、穆棱、东宁、南湖头(牡丹江市南)之间,1947年8月并入合江军区第二军分区"。⑪因此,牡丹江军区也被称为牡丹江军分区。

另载:"东北民主联军三纵队二支队(田松支队)二团于1946年2月进驻海林。二团团长王谷、政委刘路明、副政委曲波率部驻在这里,组织指挥了剿灭许氏兄弟匪徒和侦察排排长杨子荣等人的智擒顽匪'座山雕'等多次战斗,剿灭了牡丹江市西部地区的国民党'中央胡匪',为建立和巩固北满根据地,取得东北解放战争胜利做出了巨大贡献。"⑫

　　在曲波创作的长篇小说《林海雪原》中，有以下描述："小火车趁拂晓前，尽量减少震动的声响，努力屏住粗壮的呼吸，通过神河庙，向夹皮沟开进。车上的人是从牡丹江省委和军区司令部来的……小火车一声嘶鸣进站了。人群一齐拥过来，迎接着新来的客人。剑波听到白茹兴奋的呼叫，结束了他的沉思，快步跑到车站。首先使他认出来的，是他的同年战友、政治部保卫科长黄毅同志和司令部的侦察科长王谷同志。通过他俩的介绍，认识了省委社会部的阎部长、省委派来的林区工作队长李欣同志和他的十名队员。没等剑波发言欢迎，王谷同志亲切地握着剑波的手道：'亲爱的剑波同志，我带来了司令部和政治部对您和您的小分队的嘉奖令，并带来东北军区发给战士们的奖章。'……十五分钟后，小火车上驮载着十个国民党匪徒打扮的人，后面的一个篷车里坐着阎部长、黄科长、王科长、少剑波和一些警卫人员，向神河庙急驰……阎部长宣读了省委的表扬信……接着王科长、黄科长分别宣读了司令部政治部的嘉奖令和功劳簿……剑波同阎部长，王、黄两科长及小分队的全体干部，细致地研究了下一步的计划，然后交清了俘虏及所有缴获的文件，他们马上就要告别……小火车长嘶一声，载着大宗的战利品，荣耀的奔向牡丹江。"⑬

　　已知王谷、曲波曾率部剿匪。1947年春完成剿匪任务后，曲波随部队编入东北民主联军第一纵队。

　　《海林县志》载："1946年2月，中国人民解放军胶东海军支队进驻海林，编为牡丹江军区第二支队，下辖两个团：一团驻横道河子，约1000余人。二团同支队司令部驻海林，二团约1000余人。1946年6月，撤销二支队番号，支队机关并入牡丹江军区。所属两个团改称为牡丹江军区独立一、二团,独立一团移防宁安。1947年7月,独立二团……编入东北第一纵队第一师。"⑭

王学俭在回忆录《三下关东》第七部分《在开辟牡丹江根据地的斗争中》中载,"我们二支队完成了牡丹江地区的剿匪任务后……1947年1月,我们的一团奉命开赴前线……部队编入一纵队一师(38军)。排以上干部又返回牡丹江,组建训练新部队。我们的口号是当光荣的'兵贩子',向主力部队运送新兵。当时上级[指挥员]说,东北民主联军再组建100个独立团,就可以开始战略大反攻……1947年7月……我们二支队的一、二两个团都编入38军1师……这支部队有从胶东海军支队过来的年青有文化的干部,有牡丹江土改时参军的贫雇农出身的青年农民……为了纪念已故战斗英雄——杨子荣烈士,这个部队仍保留了'杨子荣排'的光荣称号……从一团返回牡丹江的排以上干部和留军区的干部一道……仅用三个月的时间,就组建了新'牡丹江军区独立二团',驻在牡丹江市西郊谢家沟'满池医院'内。军区司令部作战科长王谷同志任团长,钱志超同志任政委,倪春溪同志任政治处主任。我从军区政治部宣传科调去当宣传干事……一九四八年二月六日,牡丹江地区人民子第兵——独立二团的全体干部战士,背负着人民的希望,登上火车,奔赴前方。"⑮

据以上记载可知,王谷曾在牡丹江军区工作,担任过团长、作战科科长等职,是牡丹江地区剿匪功臣之一。曲波曾与其并肩战斗,因此,曲波在《林海雪原》中提及的"侦察科长王谷同志",或许其原型就是本文述及的王谷烈士。王谷后任新组建的牡丹江军区独立二团团长,1948年参加辽沈战役。尚不知其所属部队是否后被编入第一纵队(38军)。

王谷烈士所在部队番号

郑文翰(时任 47 军 139 师 415 团政治处主任)在 1949 年 1 月 17 日的日记中记载:"一早就吃饭。9 时半,到[大兴县]采育镇,参加全师营以上政工干部会议……听说陈副团长仲凯等同志在一师参观攻坚时牺牲,如此事属实,确为一不幸事。听说同时牺牲者有八四团副团长蓝芹同志以及原来我团的王谷同志(现一六〇师一科长),但愿此事不确。明日,当可明白真相。"其又在 1 月 18 日的日记中记载:"陈仲凯等同志之牺牲已经证实,真可算意外损失。"⑯

郑文翰日记中提及的 160 师,属 47 军,原番号为 10 纵队独 8 师。而 47 军 139 师的原番号为 10 纵队 28 师。

据此可见,王谷曾在 47 军 139 师 415 团任职,后调至 160 师任科长,即作战科科长。郑文翰在日记中披露的王谷牺牲原因,即在 1 师(新番号为 38 军 112 师)"参观攻坚时牺牲"。这与平津战役纪念馆"无尽的思念"流动展牌上所载"王谷奉命到天津前线第 1 纵队观摩天津作战,不幸被敌人炮弹打中"之说一致。

那么,王谷曾在 415 团(原番号为 82 团)担任过何种职务呢?未见《郑文翰日记》中对此有所提及。当时,在东野纵队(军)所属的团一级战斗序列中,并无作战科科长一职,但团设司令部,长官称参谋长、副参谋长,下设作战股(或称作训股)等股级部门,负责人称股长、副股长,各配备参谋若干。⑰由于王谷曾在牡丹江军分区有担任团长、作战科科长的经验,因此,其编入 415 团后,在团司令部担任某职的可能性颇大。也有记载称王谷的职务为"第 10 纵队第 49 师作战科科长"。⑱对于这些疑问,均需查考厘清。

注释

① 《天津通志·军事志》第723页。

② "作教科"应为作战科之误。第120师属东北野战军40军,原番号为第3纵队第9师。

③ 河南曲阳县志编委会编:《曲阳县志》第713页,新华出版社1998年版。

④ 《第四野战军(修订本)》第294页;《四野档案:第四野战军》第318页。

⑤ 陕西省西安市政协文史资料研究委员会编:《西安文史资料(第8辑)·国民党中央军校第七分校史料汇编》第1—6、28、125页,1985印刷。

⑥ 六团老兵著:《红色足迹:纪念沈阳军区守备二师成立66周年(1948.2—2014.2)》,2013年10月15日自印本。参见"白发真人的博客(林蔚良)"所载文章《纪念沈阳军区守备二师成立66周年(10)》(http://sllinweiliang.blog.163.com)。林蔚良自称"二师六团四连老兵"。

⑦ 参见庄文亚编:《全国文化机关一览》第347页,世界书局1934年版;保定市人民政府地名办公室编:《地名资料汇编》第196—197页,1984年印刷。

⑧ 参见胡琼撰:《中国人民抗日军事政治大学研究》第14—15、38页,华中师范大学硕士论文,2006年。

⑨ 中共穆棱市委组织部、中共穆棱市委党史研究室编:《中国共产党穆棱历史》第1卷(1919—1946)第406—407页,黑龙江人民出版社2009年版。

⑩ 黑龙江省鸡西市政协文史资料研究委员会编:《鸡西文史资料》第1辑第47—48页,1985年印刷。

⑪ 王通乐主编:《中国人民解放军历史辞典》第343页,军事科学出版社1990年版。

⑫ 本书编写组编:《红色旅游导游词选编》第209页,中国旅游出版社2006年版;程远东主编:《牡丹江导游词》第197页,中国旅游出版社2007年版。

⑬ 曲波著:《林海雪原》第365—367、379—380、383页,花山文艺出版社1995

年版。

⑭ 黑龙江省海林县地方志编纂委员会编纂:《海林县志》第466页,中国文史出版社1990年版。

⑮ 王学俭生于1925年,1942年参加革命,1944年入党,同年参加八路军,曾任牡丹江军区宣传科干事(其间,曾与侦察排排长杨子荣并肩战斗),后任铁道兵报社社长兼总编辑、黑龙江省东方红林业局副局长。《三下关东》一书未见出版,参见"王学俭的博客"(http://blog.sina.com.cn/u/3019459577)。

⑯《郑文翰日记·解放战争时期(1947.1.1—1949.12.31)》第275页。

⑰ 关于东北野战军各团的团司令部人员配备情况,参见《张万年传》所载:"1948年5月,张万年回到连队不久,即被任命为第十二师第三十六团司令部通信参谋。团司令部是一个精干的班子,办事人员也就'四大参谋'和一个书记,一参谋是作战参谋、二参谋是侦察参谋、三参谋是通信参谋、四参谋是管理参谋……随着部队任务的转换,司令部的组织结构也有了很大的变动,成立了作战股、侦察股、通信股、队列股(以后改称军务股)、管理股五个股,每个股都配备了一两个参谋。在不长时间内,20岁的张万年连升两级,被任命为通信股副股长、股长。"《张万年传》写作组著:《张万年传》上册第100、104页,解放军出版社2011年版。

⑱《天津方式》第228页。

五、吴志玉烈士生平事迹小考

吴志玉烈士

1949年1月,东北野战军47军160师478团(原番号为东北野战军第10纵队独立第8师第1团)团长吴志玉在天津战役中壮烈牺牲。

吴志玉烈士安葬地为位于石家庄市的华北军区烈士陵园。其墓和碑位于该陵园烈士墓区的西区内,具体位置在西部南起第四排左二十(或右一)。碑文内容为:"吴志玉同志,中国人民解放军一六〇师四七八团团长,安徽省六安县人,一九二九年参加工农红军,一九三五年加入中国共产党,历任班长、排长、连长、营长等职。一九四九年解放天津牺牲,享年三十八岁。"

华北军区烈士陵园官网载有吴志玉烈士碑文和照片。平津战役纪念馆"英烈业绩厅"中的烈士生平展墙上,所载其生平与上文基本一致。

以下记载虽然与之也基本一致,但涉及一些更为具体的细节:

中华英烈网"烈士英名录"网页中,称吴志玉生于1911年。

天津市烈士陵园"革命烈士纪念馆"中的吴志玉烈士展牌上,称吴志玉于"一九二九年四月入伍,一九三五年三月入党"。

《天津战役中牺牲的团职干部》中,明确其牺牲原因和具体时间,即吴志玉于"1949年1月14日,在解放天津时,遭敌炮击,光荣牺牲。"①

吴志玉的姓名虽见载于其家乡六安的两种地方志书中的人物名录中,但并无具体介绍。②

华北军区烈士陵园藏有《中国人民解放军一六〇师四七八团团长吴志玉同志略历》一份。据该文载:"志玉同志,安徽省六安县人,幼年放牛耕地,一九二九年参加工农红军,一九三五年加入中国共产党。历任战士、通讯员、侦察员、班、排、连、营、团长等职。志玉同志,从十七岁参加革命,在党的教养下,二十年来,经过了无数次的残酷斗争,始终站在斗争的最前线。在抗日战争时期,战斗在太行〔山区〕和冀鲁平原。日寇投降后,挺〔进〕东北合江地区。一九四五年十一月,蒋介石'匪帮'收〔纠〕集了警察、特务和地主份〔分〕子,组织了'中央胡子',遍地骚扰,合江形势极端险恶。志玉同志……在冰天雪地上,带着刚组织起来的工人、农民和关内调来的少数同志,总共不过三五百人,仅有百余枝〔支〕枪的一支人民军队,从松花江打到牡丹江,回兵北上,打到黑龙江,沿黑龙江宽阔地带直捣乌苏里江。在这'四江'之地山区、森林之间,与敌搏斗,开辟与建立了合江根据地,因而获得人民'老虎团'的光荣称号。志玉同志有着高度的阶级友爱和以身作则的优良作风。如,一九四六年冬天剿匪,从集贤到抚远,沿着山区与河川,在那风雪交加、〔方圆〕四百余里无人区的深山密林里,为了完成党所给予的任务。〔由于〕在旷野里过着露营生活,志玉同志冻坏了脚,行动困难,仍坚持了长途跋涉。有时粮食接给〔供应〕不上,总先让战士吃饱。由于他对革命事叶〔业〕无限忠诚和〔起〕表率作用,征服了种种困难,战胜了敌人。仅在东北地区剿匪作战,〔就〕达数十次。在打二道沟、土头甸子、富锦、兴隆镇、绥滨等残酷斗争中,无不表现为人民解放事叶〔业〕英勇战斗的精神。二道沟战斗后,志玉同志以积极求战的精神,配合友军进攻匪巢——土头甸子,虽受到敌人的阻击,但在志玉同志的指挥下,终于支援了友军、消灭了敌人。志玉同志经历了十年土地革命、二万伍千里长征、八年抗日战争及三年解放战争,转战〔在〕祖国瑰丽的原野上,不幸于一九四九年一月十四日解放天津战斗中,光荣殉国,享年三十八岁。"虽然该《略历》并未标明撰文时间,但从行文判断,当写于吴志玉牺牲后不久,应具有较高参考价值。

吴志玉生前战友亓导泉(曾任合江军区"老五团"政委)在《忆合江军区"老五团"》一文中,提及吴志玉在东北时期的生平事迹。据该文载:1945年抗战胜利后,山东军区滨海支队整编后,改为挺进纵队,向东北进军。挺进纵队一支队26团组建营之后,10月开赴北满三江地区,改属三江人民自治军。当年冬,从延安派来的吴志玉在佳木斯加入三江人民自治军,并担任第一团团长。当年末,三江人民自治军改为合江军区,吴志玉改任新组建的五团团长(即"老五团")。此后,吴志玉率队剿匪,屡立奇功,被军区授予"虎旗",俗称"老虎团"。"老五团"后相继属合江军区四支队、合江军区第三

解放军战士攻入天津市区光复道一带

军分区。

另据该文载,1947年,吴志玉曾一度任萝北县县长。不过,查《中国共产党黑龙江省组织史资料(1923—1987)》(黑龙江人民出版社1992年版)以及《东北人物大辞典·第二卷(下册)》(辽宁古籍出版社1996年版)所载《中共萝北县委书记名录》《萝北县县长名录》中,均未见载吴志玉之名。

关于吴志玉在东北期间的任职情况,《富锦县志》中的记载较为详细:"1945年11月,中共合江省工委员会下令,将富锦人民自治军编为三江人民自治军,改富锦人民自治军为二十六团……[合江]省工委、[合江]省军区于1946年4月,在勃利进行了部队第二次整编……1946年5月27日,四支队五团由团长吴志玉、政委苏鉴等带领到富锦驻防。1946 年 7 月,省军区决定二十六团与五团合并,编为五团。建制:3 个营,每营 3 个步兵连和 1 个机枪连。团长吴志玉,政委苏鉴,副政委亓导泉。原二十六团团长杨振魁调绥滨县组织绥萝独立团……1946 年 9 月 20 日至 30 日,中共合江省委、省军区在佳木斯召开合江军政干部会议,进行第三次部队整编……第三军分区包括富锦、集贤、绥滨、同江、抚远……下辖:五团(团长吴志玉、政委苏鉴、副团长薛有良、副政委亓导泉),富锦独立团……集贤独立团……骑兵大队……。1947 年初,驻富锦的五团奉省军区命令,将第三营编到合江警卫团,五团团长吴志玉任警卫团长……1947 年秋,五团奉省委、省军区命令,由副团长孟勇带领到哈尔滨整训,后开赴前线。③

在《抚远县志》中,有两处提及吴志玉剿匪情况。一是:1947 年"3 月 3 日,合江省第三军分区所属五团(俗称老五团)在团长吴志玉的指挥下,追剿尤、刘匪部到抚远,在生德库、浓江小亮口激战后,尤、刘部残匪向饶河方向溃逃。战斗中追剿部队战士牺牲多人。"二是:"1947 年农历腊月三十,由富锦县窜逃出来的尤德荣、刘洪山匪部,开进抚远县,驻屯在生德库、浓江、小河子等处。他们修壕固垒,妄图与共产党对抗到底。农历二月十一日凌晨,合江军分区所属五团三连在团长吴志玉率领下,包围了残匪刘洪山盘踞的生德库村,经过 20 多分钟的战斗,打死土匪一人,俘虏了部分土匪,匪首刘洪山逃走。战斗结束后,有两名被俘土匪因做恶多端被当即枪决。之后,部队又跟踪追击,在长虫山遇到短时抵抗后,所有残匪相继向饶河县辖区窜逃。"④

曾在独 8 师 1 团和 160 师 478 团任宣传队分队长、团政治处干事的唐运修在回忆文章《团长的蜜月只三天》一文中,载有老团长吴志玉的一段剿匪轶事:"1946年12月的一天,在松花江和黑龙江两江汇合地点——三江口……气温降到零下40多度。吴团长带着俄语翻译和警卫员准备穿过国境线,到对面苏联边防军那里,感谢收留我18位伤员。当吴团长路过同江附近的一个村庄时,听到村内枪声和女人的哭叫声。他们火速向村子奔来,看到七八个土匪将一个年轻女人横驮在马背上,往村外南山坡跑去。团长看着这一幕,说声,'不好!土匪抢人啦!'[他]让警卫员和翻译往南山边迂回。他自己操起20响的驳壳枪向土匪开火,打倒两个土匪……团长和警卫员开枪又打倒两名。其余三名土匪拖着女人,已跑到江的对面,奔苏军边防哨所去了……苏军团长弄清吴团长来意和土匪抢劫情况后,热情款待他,并把三名土匪及被绑架的女人交还吴团长,还派兵护送到富锦。被土匪绑架的女人叫李玉珍,是同江附近一个村庄的小学教员,21岁,端庄秀丽,思想进步,曾参加过同江县土改工作积极分子培训,在学习中曾揭发一些土匪的罪行和活动范围。当地土匪对她恨之入骨,千方百计想捉住她。这次进村,正巧把她堵在家里……土匪绑架她后,准备带她到南山土匪窝里,给土匪头子当压寨夫人,如果不从,就打死她。吴团长到富锦后,把三个土匪交给人民政府处理。第二天,把李玉珍送回家……从此,李玉珍就主动的给吴团长写信,既表示感谢,又暗示求爱。信写的多起来,内容也越来越明确……'你是老红军、老干部,又是英雄团团长,我就是打着灯笼也找

吴志玉烈士

不到你这样的人,我还怕你不要我呢。'1947年夏天,吴团长带着部队从萝北剿匪回来后,李玉珍登门找上来了,在团政委的支持帮助下,二人正式订了婚。一个月后,准备结婚时,李玉珍的父母病重,双双卧床不起,为侍奉双亲,只好推迟婚期……1948年是东北解放战争进入决战阶段,为了增加前线的兵力,东野总部决定抽调部分担任剿匪任务的团队,扩编为野战军。吴团长所带的这个团奉命编入野战军,于1947年底开赴吉林前线,参加对国民党正规军作战。吴团长的结婚计划只好无限期推迟下去。"

亓导泉在《忆合江军区"老五团"》中称:"'老五团'与警卫团合并后,吴志玉同志又回到该团任团长。后来编为独立八师,长春战役后又挥师入关,吴志玉同志在天津战役中,牺牲在敌人的炮火之下。"

关于独8师的沿革,有记载称:"独立第八师,1948年2月在牡丹江成立,是由合江军区2个独立团、东安和依兰军分区各1个独立团及牡丹江军区1个独立团合编而成的。该师组建后,立即开赴吉长前线,划归吉林军区指挥,参加'攻长'前的外围作战。先在吉林市西北担负监视和牵制[国民党第]六十军的任务,此后,快速奔向吉长公路,截击与追歼向长春撤退的六十军所部,相继于向家店、小官地、乌拉街、范家岭等地投入战斗,共毙、伤、俘其官兵734人。之后,进至双阳整训。继而,向长春逼近,参加扫清长春国民党守军外围据点的战斗。6月初,长春围困战役正式开始,该师被划入围城部队东地区队,在围城指挥所的直接指挥下,参加了对国民党守军军事围困、经济封锁和政治攻势的全面斗争。围城期间,多次阻击试图突围之国民党军,先后歼灭暂编第五十二师、保安旅、骑兵旅等部800余人。1948年东北全境解放后,该师于12月被改为第一六〇师,隶属第四十七军建制,并入关参战。独立第八师的组织体制是:师长刘子奇、王明贵(后),政委邹衍,副师长蔡久,参谋长章申,政治部主任桂生芳。机关设'司、政、后'三部,辖第一、二、三团。第一团,团长吴志玉,政委李国秀;第二团,团长张耀远,政委王鉴三;第三团,团长郭季芳,政委刘路明。"⑤

另载,独立第8师于1948年2月成立时,"由牡丹江军区机关一部干部和二线兵团的3个独立团及合江军区二线兵团的1个独立团组成……下辖第22、第23、第24团。"⑥据此可知,第22团应为独8师1团的前身。

唐运修在回忆文章《团长的蜜月只三天》中又载:"1948年11月,辽沈战役胜利结束,第四野战军奉命进关,参加平津战役。我四

华北军区烈士陵园内的吴志玉烈士墓碑

十七军从热河绕道,经冷口进关,直插廊坊,截断北平至天津的铁路交通线。我们团攻下廊坊后,又转移到安次县附近的旧州庄,开展临战前的攻城训练。这时,李玉珍来信告诉吴团长,母亲去世,父亲腿伤已好,能够生活自理,不需要她照顾了,要求到部队来结婚。吴团长答应了她的要求。就这样,她千里迢迢来到河北安次县旧州——四七八团驻地。""团政委和参谋长就让管理股帮忙,打扫团长住的那间土平房,还用花纸装裱了墙壁。宣传股王股长亲自写了副大红喜联:'战火中英雄救美人,平津城外喜结良缘'。白纸糊的窗户上,有两个红双喜字,桌子上还摆着花生、糖果,把个小土屋布置得焕然一新、喜气洋洋。晚上,团领导和机关干部陆续来到团长的新房,参加婚礼。李政委发表了热情洋溢的婚礼祝辞……新娘讲话时,却很干脆,只说一句话:'老吴是我的救命恩人。'""他俩婚后三天,上级决定吴团长到攻打天津外围第一线去。临行时,李玉珍再三嘱咐吴团长在战场上要当心……1949年1月14日,四野部队攻打天津战役开始,当攻城部队突破敌人第一道防线,向纵深发展时,敌人的炮火击中团长所在的指挥所,他当场牺牲……1949年1月18日,团长的棺木用刚缴获的汽车运到部队驻地。为了怕李玉珍发生意外,师卫生营派出两名女护士,预先做好她的思想工作,然后陪她参加追悼会……两天后,警卫员把团长留下的遗物——军功章、手表、钢笔、新军帽送给李玉珍……经师批准,[她]正式成为人民解放军的女战士,她决心在战场上替老吴完成解放他的家乡(安徽六安)、解放全中国的遗愿!"唐运修在文中还称,吴志玉"参加攻打天津,不幸中敌炮火,牺牲在战场上。"⑦

亓导泉在《忆合江军区"老五团"》中又称:"吴志玉同志是安徽省六安县人,在红二十五军当过营长,后从延安到东北,在天津牺牲时，只有35岁。"⑧据此推算，吴志玉的生年应为1914年。除此之外，尚未发现采此说的记载。

前引《中国人民解放军一六〇师四七八团团长吴志玉同志略历》《平津战役人民解放军团以上干部烈士名录》以及华北军区烈士陵园碑文中，对吴志玉牺牲时的年龄，均记载为38岁，即生于1911年。笔者认为，此载依据比较充分。

注释

① 《天津通志·军事志》第723页。
② 六安县志编纂委员会编：《六安县志》第725页，黄山书社1993年版；六安地区地方志编纂委员会编：《六安地区志》第755页，黄山书社1997年版。
③ 黑龙江省富锦市志办公室编：《富锦县志》第526—527页，三环出版社1991年版。
④ 抚远县地方志编纂委员会编：《抚远县志(1909—1985》第21、431—432页，中华书局1998年版。
⑤ 朱玺廷主编：《长春市志·军事志》第106页，吉林人民出版社1999年版。
⑥ 高月泽、李明计著：《东北虎——四野东北战事全纪录》第264页，长城出版社2010年版。
⑦ 参见《东北之窗》2004年第11期第43—44页。另，唐雨撰《三天蜜月》一文载《今日科苑》2004年11期第8—9页，文中内容与之相同。可见唐雨为唐运修笔名。
⑧ 佳木斯市政协文史资料研究委员会编：《佳木斯文史资料》第10辑第141—171页，1989年印刷。该文的部分内容还以《从山东到东北——回忆合江军区老五团的战斗历程》为题，刊于绥滨县政协文史资料研究委员会1989年编《绥滨文史资料》第3辑中。

六、纪云悌烈士生平事迹小考

1949年1月,东北野战军司令部通信科科长纪云悌在天津战役中壮烈牺牲。

平津战役纪念馆"英烈业绩厅"中的烈士生平展墙上、天津市烈士陵园"革命烈士纪念馆"中的烈士展牌上,对于纪云悌生平的记载均过于简略。以下三种记载较为具体:

纪云悌烈士

1.《天津通志·军事志》所载《天津战役中牺牲的团职干部》一文称:"纪云悌,东北野战军司令部通信科科长。河北省沧县人,1938年入伍,1939年入党。1949年1月14日,在解放天津时,遭敌炮击,光荣牺牲。"①

2.平津战役纪念馆"无尽的思念"流动展牌上,载有纪云悌生平事迹。其中,称之生于1921年,其牺牲原因是"在天津西营门附近不幸被炮弹击中,壮烈牺牲"。文中还披露了纪云悌照片获得保护的经过。原来,纪云悌牺牲后,"部队为他召开了隆重的追悼大会,会上就摆放了这张照片,供战友们缅怀、悼念。会后,将这张照片交给他的嫂子保存。家人一直都将这张照片视若珍宝,小心翼翼地珍藏着。1963年,纪云悌烈士的家乡发洪水,在洪水即将淹没房子的危险时刻,纪云悌的嫂子放弃家中所有物品,趟着深至胸部的洪水,用双手高举着烈士的照片。把它抢救出来。"

3.平津战役纪念馆"英烈业绩厅"中的烈士遗物展柜中,还存有一张原由纪云悌家人保存的《华北人民政府革命牺牲军人家属光荣纪念证》。该证为统一印制格式,在此基础上填写相关内容,即:"查纪云悌同志在革命战争中,光荣牺牲。其光荣事迹当永为世人所钦敬,其家属亦当备受社会上之尊崇,除依《华北区革命军人牺牲褒恤条例》发给褒恤金外,并颁给此证,以资纪念。主席董必武,副主席薄一波、蓝公武、杨秀峰";所在部队及职务仅填写为"科长";年龄"28岁";籍贯"河北省建国县许家村";入伍年月为"1938年6月";牺牲地点为"河北省天津县";牺牲年月为"1949年1月14日";牺牲情况为"战斗牺牲";安葬地点为"□□□郭装殓";填写日期为"中华民国二十八年二月二十九日"。而关于其革命功绩、家属负责人、填发机关及填发人等项内容,均因字迹漫漶,尚难辨识。

以上所载纪云悌籍贯,值得查考。查建国县设于1939年,原为河间、献县连壤地带及沧县西部等地域,属晋察冀边区冀中区第三专区。1954年,经政务院批准,撤销建国县,将原辖地分别并入沧县、河间县和献县。今沧县崔尔庄镇(曾属献县)许村,位于沧县西,

解放军坦克部队攻入天津市区

也称许家村。崔尔庄为清代文学家纪昀(纪晓岚)出生地。"纪"字作为姓氏时,读音应为"jǐ"。

纪云悌烈士姓名也被记载为"纪云梯"

纪云悌牺牲后,部队为其召开追悼大会时摆放的照片,现存平津战役纪念馆"英烈业绩厅"中的烈士遗物展柜内。照片下方附有毛笔字一行,即"纪云梯同志遗像"。

此外,还有几处记载将纪云悌的姓名写为"纪云梯":

1. 第四野战军第一门户网站"军魂"栏目载其生平简历称:"纪云梯(?—1949),河北省沧县人,1938年参加八路军,1939年入党,抗日战争胜利后赴东北。原东北野战军司令部通信科科长。1949年受所在部队委派,学习天津攻坚作战经验。总攻开始后,当他们在西营门外掩蔽部观察战斗情况时,不幸被敌人炮弹击中,壮烈牺牲,牺牲时 27 岁。"

2.《13 棵青松》中,也载为"东北野战军司令部通信科科长纪云梯"。②

3.《天津战役西营门地区烈士名单》中,共开列 427 名烈士,其中包括"纪云梯"。③

4.《南开区志》中所载《南开区烈士陵园名录》,开列 428 名烈士,其中包括"纪云梯"。④

以上所载"纪云梯"生平,与纪云悌生平重合。据此可知,"纪云梯"当为纪云悌。不过,以上记载也说明,纪云悌牺牲的地点在天津西营门地区。

东北野战军司令部通信科也称第三科

关于纪云悌历任军职,从以下零星资料中可见端倪:

1. 高宪魁撰《在"前总"电台》载,1945 年 11 月,"前总"(东北人民自治军前敌总指挥部的简称)"从沈阳出发时,带队的是科长史笑贻,参谋马可、纪云悌和一个人数不多的通信队"。文中还两次提及"通信科长史笑贻"。⑤据此可知,纪云悌曾任"前总"通信科参谋。

2. 孙树田撰《在东总 3 处工作的回忆》载,1947 年 3 月,他到"东总"(东北民主联军总司令部的简称)第三处报到时,第三处处长为张瑞、第三处政委为朱虚之。第三处下设四个科,"一科负责作战通信;二科负责通信器材供应和维修工作;三科负责组织总部机关及直属单位的有线和步、骑通信;四科也叫总务科,负责后勤供

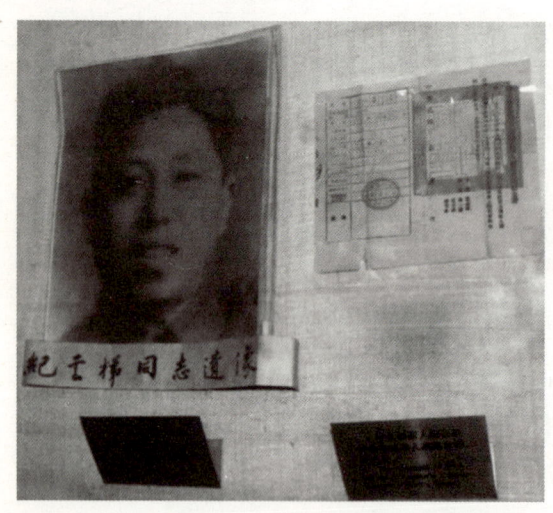

平津战役纪念馆展出的纪云悌烈士资料

应、机关和通信直属队的生活保障工作。"第三科科长为史笑贻、副科长为纪云悌。⑥据此可知,东北民主联军总司令部第三处第三科,即指通信科。

3. 韩韬撰《为了造就和培养通信干部》载,"1947年11月,东北民主联军总司令部通信处纪云悌同志等,从冀东挑选120余名青年学生",到东北民主联军通信学校就读。⑦据此可知,东北民主联军总司令部通信处,即指第三处。

另据《东北野战军机关和领导人名录》载:"1948年8月,东北军区兼东北野战军的领导机关分开,分别称东北野战军、东北军区的司令部、政治部、后勤部。同年11月,东北野战军司、政、后机关随军入关南下。"1948年8月至1949年3月,东北野战军司令部第三处处长仍为张瑞。⑧另查,程明升曾任第三处副处长。

苏静(曾任东北野战军司令部第五处处长)撰《回忆北平和平谈判》载,1948年12月16日,他"向通信处张瑞处长要了一名报务员"。⑨

从以上记载可知,东北野战军司令部第三处也称通信处。纪云悌曾在东北野战军司令部第三处第三科相继任通信参谋、副科长。那么,他是何时升任科长的呢?而其升任科长之后,直至在天津战役中牺牲之时,其所在部门是仍称第三科呢?还是改称了通信科呢?囿于文献资料缺乏,尚难确认。

笔者判断,东北野战军司令部第三处第三科也即东北野战军司令部通信处通信科。有理由认为,至少在平津战役期间,第三科和通信科这两个称谓一直在杂糅使用。因此,纪云悌烈士生前军职既可称第三科科长,也可称通信科科长。

纪云悌烈士姓名还被记载为"季云悌"

刘泮林(1946年担任东总三处一科科长)撰《从东总3处到冀察热辽军区》载:"[1946年]12月17日,国民党军按'南攻北守、先南后北'的作战方针,集中兵力向我南满根据地进攻,第一次以6个师的兵力进犯临江地区。为策应和支援南满保卫临江的作战,我北满部队先后发动了'三下江南'作战。为了指挥方便,'东总'又组成'前总',先在扶余、后到双城建立指挥系统。[三]处领导决定张瑞处长、薛兆达书记和我,还有3科季云悌、王义昭和李松才等,到'前总'负责通信联络组织工作。在'一下江南'时,'前总'带2部电台到扶余,'二下江南','前总'在双城时,就有4部15瓦电台。队长有高宪魁、李家齐、张炳、王进。有线和步骑通信由3科副科长季云悌负责,下设通信队,政指崔中金、副队长孙存宝。"⑩

此文提及的"季云悌"与前文提及的纪云悌,均曾在"东总"三处三科任副科长。可见,"季云悌"即指纪云悌。尽管刘泮林曾与之并肩战斗,不应有将纪云悌姓氏写错的理由,但是,其在回忆文章中依旧"季""纪"不分。可见,多年后回忆往事,难免存在偏差,即便是姓名等关键词,也难以幸免。笔者在他处记载中,并未检索到"季云悌"。

注释

① 《天津通志·军事志》第721页。

② 《天津方式》第227页。

③ 《南开区年鉴(1985)》第374页。

④ 天津市南开区地方志编修委员会编著:《南开区志》第944页,天津社会科学院出版社1998年版。

⑤ 沈阳军区司令部通信部通信兵史编写委员会编:《辽沈决战中的通信兵》第72页,白山出版社1994年版。

⑥ 《辽沈决战中的通信兵》第298页。

⑦ 《辽沈决战中的通信兵》第407页。

⑧ 《东北人物大辞典》第2卷下册第1948页。

⑨ 1991年版《平津战役》第625页。

⑩ 《辽沈决战中的通信兵》第165页。

七、范鲁烈士生平事迹小考

1949年1月,东北野战军38军(原番号为第1纵队)司令部侦察科科长范鲁在天津战役中壮烈牺牲。

《天津战役中牺牲的团职干部》载:"范鲁,东北野战军第1纵队司令部侦察科科长。河北省永年县人,1936年2月入伍,1937年入党。1949年1月15日,在天津攻坚战中,率参谋人员进入市区,指挥部队向纵深突破,遭敌炮击,光荣牺牲。"①

平津战役纪念馆"无尽的思念"流动展牌上,载范鲁生于1920年,牺牲时年仅29岁。《天津战役西营门地区烈士名单》中,开列427名烈士,其中包括范鲁烈士。②天津《南开区志》中载有《南开区烈士陵园名录》,其中开列428名烈士,也包括范鲁烈士。③

平津战役纪念馆"英烈业绩厅"中的烈士展牌上,所载其生平与之一致。

天津市烈士陵园"革命烈士纪念馆"中的烈士展牌上和该馆电子阅读器中,均载有"樊鲁"简历,内容为:"樊鲁,河北省永年县人,一九三六年二月入伍，一九三七年加入中国共产党。东北野战军第三十八军司令部侦察科科长。一九四九年年一月天津攻坚战中，率部队向纵深突破时，光荣牺牲。"从其生平事迹判断，"樊鲁"即范鲁。在平津战役纪念馆官网中的"英烈风采"网页上，能查询到范鲁的姓名，为"河北省永年县人"，但查不到"樊鲁"。在其他相关史料中也查不到"樊鲁"。

笔者判断，天津市烈士陵园"革命烈士纪念馆"中所载的"樊鲁"，似为对范鲁姓名的误植。

范鲁烈士曾任一纵队二师四团一营营长

有记载称范鲁曾任一纵队二师四团（新番号为 38 军 113 师 337 团）一营营长。

《东北民主联军第一纵队第二师第四团》载："1945 年 9 月抗日战争胜利后，10 月，山东军区第二师奉命日夜兼程开赴东北。11 月，抵达后，改为东北人民自治军总部第二师第四团，随后参加了辽西兴隆岭、金山堡战斗。1946 年 1 月，改称东北民主联军总部第二师第四团。6 月，四团在吉林拉法老爷岭担负阻击任务，同一师一团（原六团）并肩战斗……1947 年，四团参加纵队'一下江南'作战……受到总部嘉奖。6 月，四团参加四平攻坚战……6 月下旬，四团与一师一团又并肩作战，奉命南下莲花街打击敌援军。1948 年 1 月下旬，四团参加了围攻新立屯战斗。3 月初，全团参加解放四平作战，一营二连最先突入城内。同年 9 月至 10 月，四团随纵队参加辽沈战役。这时期，四团团长先后［为］于似虎、卢从正，政治委员先后［为］黎新民、于敬山，副政治委员于敬山，政治处主任于敬山（兼），第一营营长范鲁、教导员姚智。"④

范鲁这一军职,可在李忠信撰《四战四平》一文中得以证实。该文载:"1948年3月……我是一纵队二师四团团长……战斗的胜利,在很大程度上要取决于战前准备工作的充分。因此,我和于敬山政委总是放心不下,决定再下去检查一次落实情况。我们刚走出团指挥所不远,就模糊地看到前边有人在走动,原来是一营营长范鲁、教导员姚智正在那儿指挥部队挖交通壕呢。这是为部队明天攻城时隐蔽运动用的。范营长见我们来检查他们营的战前准备,便主动汇报说,两千多米的雪地交通壕在天亮前要挖完,敌人工事前沿地雷很多,我炮火准备时,如破坏不净,就让工兵班、爆破组把地雷排除掉,天亮前做好一切冲击前的准备,保证8时总攻。姚智同志说,部队情绪很高,完成任务没问题。一米多深的雪紧贴着铁路路基,寒风凛冽,刮的〔得〕呼呼作响。我和政委沿工事边走边看,一直走到快接近敌人防御工事前沿了。此时,在敌人阵地的方向上,还很沉静,没有异常变化。随后,我叮嘱范营长:一定让排雷组的同志们休息好,要他们每人背袋草灰或细煤,铺撒在冲击路线上,以便冲击分队在敌我双方炮火袭击时不迷失方向。范营长回答我:他们已经这样做了,把灰装在米袋里,每人一袋,到时解开袋口,走一路撒一路,还有爆破用的炸药包,也已全部捆好,数量足够。我心里想,老范这伙计是越打越精了。对他们的战前准备工作,我从心眼里表示满意,随即以赞许的语气说了声:'好!'……1948年3月12日早8时,总攻的信号终于在阵地上空升起……一营营长范鲁报告:已打开突破口,正在清除残余的地雷。在我营正面有敌人机枪发射,火力很猛;向后延伸200米处的机车修理厂附近,有敌人的炮兵阵地。我在电话里告诉他:我已发现这个情况,已命令炮兵营干掉它……一营进入市区以后,在四平中心的中山大街铁路桥附近受阻。敌人修在铁路桥上的碉堡火力很猛,压得一营抬不起头来。范营长命令二连爆破组迂回到碉堡的射击死角处,用炸药包把这个讨厌的碉堡给端掉了。"⑤

范鲁烈士牺牲时间、牺牲地点和牺牲原因

平津战役纪念馆"无尽的思念"流动展牌上载:"1949年1月天津战役打响后,他随1师1团突破守敌防线,在沿南马路向守军警备司令部方向攻击时,敌人隐蔽在两侧楼房内,实施交叉火力阻击,附近还有两个喷着火舌的碉堡。为拔掉钉子,消除后续部队进击的威胁,范鲁与团首长进行攻击部署,刚下达了任务,他就被打来的炮弹击中,壮烈牺牲。"

已知此载源自时任38军112师334团(原番号为1纵1师1团)团长的刘海清⑥撰回忆文章《活捉陈长捷》。该文载,1949年1月14日"下午七时,我一营一连、二连进到了天津旧城西马路和南马路之间的岔路口,粉碎了敌人在二线防御阵地的抵抗。在部队继续向前推进的途中,江拥辉师长来到了我团的前进指挥所。我同黄汉基参谋长向江师长简要地汇报了当前情况和我团下一步的进攻方案……一连、二连在蔡营长、桑指导员的率领下,沿着南马路两侧,迅速攻击前进……冒着左右两侧和楼上楼下敌人的绵密火网,部队在'火洞'里前进了八百多米,打到了南马路中段一幢灰色楼房的附近。前边不远就是鼓楼大街和南门外大街的路口。在这里,敌炮兵对我前进通道进行猛烈的拦阻,部队遭到伤亡。在一个房角,我同黄汉基参谋长向军部派来的侦察处长范鲁谈了一下情况。我

们刚离开,敌人的一发炮弹打来,范鲁同志牺牲了……时间已是晚上九点多"。⑦

以下记载均据刘海清的回忆文章而来。一是"1师第1团打到南马路中段一幢灰色楼房附近时,十字路口的敌碉堡内发射出猛烈的火力,随团前进的纵队侦察处长范鲁同志中弹牺牲。"⑧二是"团长刘海清和参谋长黄汉基与纵队侦察处处长范鲁在一个房角研究战况,他们刚一离开,一发炮弹打来,范鲁同志牺牲了。"⑨不过,其中称范鲁时任"侦察处长"或"侦察处处长",应不准确。范鲁时为"侦察科科长"。三是"西集团突进之后,一纵一师一团和兄弟部队一起向市内穿插,在南马路的一幢灰色楼房附近的前进受阻。前去了解受阻情况的纵队侦察科长范鲁刚被炮弹炸倒,一团长刘海清批评二连进展太慢,这让二连官兵的脸上很挂不住,因为二连是诞生在井冈山的'红军连'。官兵们正在组织爆破,参谋冯玉带着一辆坦克上来了,刘海清要求坦克把楼房上的火力点搞掉。"⑩

另载:"范鲁,河北永年县人,1936年2月参加革命时刚满16岁,并在1937年4月入党。天津战役发起前,任第1纵队司令部侦察科科长,由于他在侦察工作中的大胆谨慎和出色表现,曾被誉为纵队首长的'千里眼'。1949年1月14日总攻天津开始后,他跟随第1师第1团在突破西营门敌防线后,进入纵深作战。当第1团沿南马路向敌警备司令部方向攻击时,遭到隐蔽在两侧楼房内敌人的交叉火力阻击,部队遭受严重伤亡。同时,位于南马路与南门外大街交口的两个碉堡也对部队造成威胁。为及时打通道路,范鲁当即与团首长进行攻击部署,任务刚下达完,敌人一发炮弹打来,范鲁倒在血泊中,牺牲时年仅29岁。"⑪2006年4月8日《今晚报》载,这一表述来自东北野战军38军政治委员梁必业的回忆。不过,此载与刘海清的回忆文章所载并无明显区别。

据以上所载可知,范鲁牺牲时间有1949年1月14日和1949年1月15日两说。本文暂以刘海清回忆文章中记载的1949年1月14日为准。

而范鲁牺牲时的地点,则位于天津老城厢的南门附近。刘海清在回忆文章中提及的"鼓楼大街",时称鼓楼南大街,也称南门里大街,1954年改称南门内大街,今称鼓楼南街(原南门内大街北段一带)、城厢中路(原南门内大街南段一带)。鼓楼南大街连通南门外大街,均为南北向道路。东西向的南马路横穿鼓楼南大街南端与南门外大街北端的交界处,形成十字路口。范鲁即牺牲于这一交叉口一带。

注释

① 《天津通志·军事志》第721页。

② 参见天津市南开区档案馆编:《南开区年鉴(1985)》,第373—375页,1985年印刷。

③ 天津市南开区地方志编修委员会编著:《南开区志》第944页,天津社会科学院出版社1998年版。

④ 王健英著:《"朱毛红军"历史追踪》第235页,广东人民出版社2000年版。

⑤ 李运昌等编:《雪野雄风——留在东北战场的记忆》第344—349页,白山出版社1988年版。

⑥ 谷办华著:《钢铁"万岁军"——中国人民解放军第三十八军征战纪实》(解放军文艺出版社2006年版)中,称刘海清时任334团副团长。

⑦ 《星火燎原丛书(8)·平津战役专辑》第347—348页。已知该文原题为《陈长

捷的覆灭——回忆天津战役》,刘海清撰,原载中国人民解放军五一〇三四部队政治部编:《为新中国而战》第235—247页,春风文艺出版社1981年版。

⑧ 刘广志编著:《平津战役史》第217页,河南大学出版社1994年版。

⑨ 林可行编著:《决战天津》第262—263页,吉林文史出版社2006年版。

⑩ 王树增著:《解放战争(1948.10—1950.5)》下册第468页,人民文学出版社2009年版。

⑪《天津方式》第229页。

八、李耀德烈士生平事迹小考

1949年1月,东北野战军38军114师340团(原番号为东北野战军第1纵队3师7团)参谋长李耀德在解放天津战场上壮烈牺牲。

李耀德烈士姓名和籍贯

《平津战役烈士名录》[①]《团以上干部烈士名录》[②]中,均载其姓名为李耀德,并载其籍贯为山东省沂水县。在平津战役纪念馆官网中的"英烈风采"网页上,也能查询到"李耀德 山东省沂水县"。

《天津战役中牺牲的团职干部》载:"李耀德,东北野战军第1纵队7团司令部参谋长,山东省沂水县人。1938年2月入伍,1939年1月入党。1949年1月14日,在总攻天津开始后,亲临第一线指挥战斗,在小西关附近触雷,光荣牺牲。"[③]平津战役纪念馆"英烈业绩厅"中的烈士生平展墙上,所载李耀德生平与之一致。

一是李耀德烈士姓名也被记载为"李跃德"

将李耀德烈士姓名记载为"李跃德"的情形并不少见。除前引《平津战役人民解放军团以上干部烈士名录》外,还包括两种版本的《第四野战军团以上干部烈士名录》④。

《红星溅飞花满地 层层留与后人看——南开区烈士陵园》载:"南开区烈士陵园坐落在天津市西营门外烈士路中段北侧,该处是当年天津战役主攻部队之一的中国人民解放军第三十八军的突破口。陵园北端是平顶单檐二层楼的'天津战役陆军第三十八军烈士纪念馆'。馆内展线长达90米……以重笔描绘了'不死的旗手王玉龙'、'舍生忘死的参谋刘春晓'、'奋不顾身的侦察处长范鲁'、'身先士卒的参谋长李跃德'等9名烈士可歌可泣的牺牲经过。"⑤

李耀德烈士画像

另有记载涉及其生平时,不仅载其姓名为"李跃德",而且载其籍贯为山东临沂县:

1."李跃德,山东临沂县人,在天津战役中,他是中国人民解放军第三十八军一一四师三四零团参谋长。他本应在指挥所里指挥战斗,但为了掌握第一手情况,李跃德多次亲自到前卫营检查观看地形。当时,战壕人多拥挤,行走缓慢,为指挥部队,他毅然从战壕上面通过,不幸踩着地雷,牺牲在小西关大街附近。李跃德原是三四一团一营营长。担任营长时,对上级领导的命令和指示坚决执行,从不讲价钱,不打折扣,团结同志、体贴关心战士,作战勇敢,善于组织指挥部队。战斗中,互相支持、互相帮助、互相学习,集体观念强,顾大局。解放沈阳后,入关途中,调到三四零团司令部任参谋长。李跃德的一贯作风是言传身教、以身作则,每次战斗,他总是亲临第一线指挥。天津战役总攻开始后,李跃德在指挥所为了更好地指挥部队,亲自到第一线。当时,炮连正在过护城河,河深无桥,需要人下水抬炮。那时,正是数九寒天,李跃德二话没说,甩掉大衣,就跳到冰冷刺骨的水中,将炮抬过护城河。紧接着他又向冲在全团最前面的前卫营赶去。垂死挣扎的敌人在城防一带的道路上布满了地雷,部队只能在交通壕里前进,壕窄人多,行动很慢。眼看着不能到第一线指挥战斗,李跃德心中像燃烧着一团火,一定要尽快赶到前面去。他不顾个人安危,毅然地跳出战壕,向前飞奔,在小西关附近,一颗地雷在他的脚下爆炸了。"⑥

2."解放天津市的战斗总攻开始以前,我有幸见到了突击营营长裴飞正及114师340团参谋长李跃德、337团3连1排副排长王玉龙等同志。李跃德生于山东临沂县农村……李跃德接到妻子的信,妻子告诉他说,已会叫爸爸的女儿还不认识爸爸,盼他打下天津以后,回家休息两天,让他的女儿叫他一声'爸爸'。"⑦

3."李跃德,山东临沂县人,1938年2月在家乡参加八路军,1939年1月入党。1945年10月,随部队挺进东北。曾任东北野战军第1纵队第3师第8团第1营营长,先后参加四平攻坚作战、'三下江南'等战斗,以及东北夏、秋、冬季攻势作战。辽沈战役中,率部参加解放沈阳战斗,随后入关,参加平津战役。其间,调任第7团参谋长。他的一贯作风是以身作则、言传身教,每当战斗发起前后,都到第一线掌握情况,协助团首长谋划作战行动。天津攻坚战斗发起后,作为全纵队第二梯队的第3师,于14日14时左右进入纵深作战。为指挥部队有序投入战斗,李跃德深入前卫营检查部队进展情况。途中,由于交通壕里人多拥挤,为抢时间,他不顾壕外敌人埋有地雷的危险,毅然跳出战壕向前飞奔,不料在小西关大街附近踩中地雷,献出了年仅29岁的生命。"⑧

民国期间,沂水县位于临沂县以北,两县相距约100公里。沂水县今属临沂市。

还有记载称,"李跃德,山东威海地区人"。⑨天津市烈士陵园"革命烈士纪念馆"中的烈士展牌上,也载其为山东威海地区人,即:"李跃德,山东威海地区人,一九二四年生人,辽沈战役时任中国人民解放军第三十八军一一四师三四一团一营营长,后调任三四〇团司令部任参谋长。他作战非常勇敢,也非常善于组织部队。天津战役打响后,李跃德指挥部队由西路挺进天津市区。为了更好地指挥作战,他亲临第一线指挥。在战斗中,他不幸踩响地雷,壮烈牺牲,年仅二十五岁。"设在该陵园"革命烈士纪念馆"内的电子书阅读器中,载有《为天津解放而牺牲的李跃德》一文,文中表述与该馆展牌所载内容基本一致。

不过,从沂水至威海,距离超过440公里。尚不知"山东威海地区"之说依据若何。

二是李耀德烈士姓名还被记载为"李遥德"

已知在山东省内出版的历史资料中,多将李耀德烈士的姓名记载为"李遥德"。

1.《沂水县志·人物传略》载:"李遥德(1919—1948),诸葛镇东埠前村人。革命烈士。自幼在本村学堂读书,后因家境困难被迫辍学务农。1937年8月加入中国共产党。同年8月参加山东抗日游击队,后奉命到东北人民解放军工作,任第四野战军某团参谋长。1948年12月,在解放天津时牺牲。"《沂水县志》所载革命烈士英名录》中,列有"李遥德",也称其为诸葛镇东埠前村人。⑩沂水县官网"中国·沂水"(www.yishui.gov.cn)"沂水名人"网页所载"李遥德"辞条,即据此而来。

2.《临沂地区志》卷三十《人物·近现代人物传》载:"李遥德(1920—1949.1),革命烈士。沂水县诸葛镇东埠前村人。出生于贫苦农民家庭。父母为让其识字明理,含辛茹苦供他念完'高小'。1938年2月,李遥德参加了八路军,翌年1月加入中国共产党。抗日战争胜利后,李遥德随部挺进东北,任东北民主联军第一纵队三师八团一营营长,在"三下江南"、四战四平和辽沈战役中,身先士卒,作战英勇。在保卫四平街的战斗中,敌军两小时即向解放军阵地发射炮弹3500发,战况惨烈。战斗中,李遥德指挥的连队突破敌前沿阵地,并连续打退敌3次冲锋。[李遥德]负伤后,仍坚持指挥战斗,直至将在四平街天主教堂负隅顽抗的敌人彻底消灭。1947年,长隆铺战斗打响,李遥德带领三连掩护部队转移。时值隆冬,雪深数尺,敌我双方相距只有10米远,李遥德率部与敌展开血战,直至把敌歼灭。在著名的其塔木战斗中,李遥德率突击连连续4次向敌发起冲锋,冲入其塔木镇内后,又指挥爆炸队炸毁敌10座地堡。1948年冬,辽沈战役胜利后,人民解放军四野将士挥戈南下,打响了解放天津的攻坚战。此时,李遥德因战功卓著,已晋升为第一纵队第七团参谋长。1949年1月14日,解放军以强大兵力发起对天津的总攻。李遥德带领战士们趟泥河、踏薄冰、越壕沟,很快突入天津市区。天津跃〔耀〕华中学是敌盘踞的重要据点,系攻打天津城的必经门户。敌为阻挡解放军前进,在此修筑了众多的地堡暗道和坚固的掩体,并派1100余名精兵死守。当解放军大部队进至此处时,敌以地堡为依托,用多挺机枪交织成密集的火力网,向解放军先头部队扫射。看着众多的战友纷纷倒在血泊里,看着越集越多的部队在此受阻不能前进,李遥德心急如焚。为减少战士的伤亡、确保战役的顺利实施,身为团参谋长的李遥德一把推开警卫员,向敌火力点猛扑过去,用自己的胸膛堵住了敌人的机枪口,使正在喷吐的火舌骤然熄灭。惊呆了的敌人尚未回过神来,战士们便呼喊着:'为参谋长报仇,冲啊!'踏着英雄开辟的道路,向敌据点发出攻击,一举攻克了跃〔耀〕华中学。此后,解放大军势如破竹,数小时后即解放了天津。解放后,这条用烈士鲜血染红的路,被人民政府命名为胜利路(今改称南京路)。建国后,天津市人民政府为李遥德修建了烈士墓,并为其画像,将画像连同其事迹一起陈列在平津战役纪念馆内。1999年10月1日,为庆祝共和国50年华诞,天津部队首长派专人赴沂蒙山区,将烈士的亲人接到天津,参加了天津人民广播电台组织的大型特别节目'祖国在我心中'现场直播活动。李遥德,这位全军罕见的团职战斗英雄的感人事迹,再次在天津广大干部群众中引起强烈反响。2000年元旦前夕,天津有关部门和企业相继向英雄的九十岁高龄的母亲捐赠款物,表示关心和敬意,以此告慰这位沂蒙英雄的在天之灵。"⑪百度百科网站所载"李遥德"词条,即据此而来。

3.《中共山东英烈大典》载:"李遥德(1921—1949),山东省沂水县东埠前村人。他出生于一个贫苦农民家庭。1938年2月参加八路军,1939年1月加入中国共产党。抗日战争时期转战沂蒙山区,屡建战功。1945年抗日战争胜利后,随部队开赴东北前线,担任中国人民解放军第四野战军三四一团一营营长,参加了著名的四平保卫战、辽沈战役等。1946年在保卫四平街战斗中,李遥德指挥部队突破敌人前沿阵地,打退敌人3次反扑,在身负重伤的情况下,坚持指挥战斗,直到彻底消灭敌人。1947年,他参加著名的其塔木战斗,亲自指挥爆破队下炸药,攻克敌人10座地堡。在1948年的辽沈战役中,他因战功卓著,晋升为团参谋长。1949年1月14日,在解放天津的攻坚战中,李遥德指挥部队冲入天津市区,对盘据在天津跃〔耀〕华中学的敌人发起攻击。由于敌人重兵把守,大小地堡甚多,部队前进受阻。为了赢得这场战斗的胜利,李遥德不顾警卫员的阻拦,挺身而出,冒着敌人呼啸的子弹,勇敢地扑向敌人的火力点,用胸膛挡住了机枪口。战士们一跃而起冲上前去,一举歼灭了盘据跃〔耀〕华中学之敌,打开了攻入天津的必经门户。李遥德却为人民的解放事业献出了宝贵的生命。"⑫

《中国共产党革命英烈大典·山东省》所载李遥德辞条,与此文内容一致,只是强调其生于1921年,即:称其"1921年出生于一个贫苦农民家庭";文末增加"年仅28岁"一句。⑬

4. 据刘德胜回忆,由李立刚、庞守民整理的《李遥德》一文载:"李遥德(1919—1948),沂水县诸葛镇东埠前村人,'黄继光式的战斗英雄'。自幼在本村学堂读书,后因家境困难被迫辍学务农。他在勤劳善良的母亲唐桂兰的熏陶和教育下,不忍日本侵略军的铁蹄蹂躏中华大地,走上了革命的道路。1937年8月加入中国共产党,同年8月参加山东抗日游击队。1945年抗日战争胜利后,为粉碎国民党反动派抢夺抗战胜利果实图谋,李遥德奉命被派往东北前线,任中国人民解放军第四野战军341团一营营长。在四平街保卫战中，李指挥的连队突破敌人前沿阵地，打退敌人三次冲锋，一直把[在]四平街天主教堂负隅顽抗的敌人彻底消灭才下战场。1947年，长隆铺战役中，他带领3连掩护师机关安全转移，打退敌军一个加强营的进攻。1947年初春，北满解放军三渡松花江，在著名的其塔术〔木〕战斗中，李遥德和突击连连续四次冲锋，突破敌人前沿阵地。他亲自指挥攻克敌人10座地堡。1948年辽沈战役胜利后，第四野战军挥师南下，打响了解放天津的攻坚战斗。那时，李遥德因战功卓著，晋升为东北野战军第一纵队第七团参谋长。眼看着全国就要解放了，他给远在千里之外沂蒙山区的父母写了一封信：'父亲、母亲大人：全家都好！儿遥德在东北打了大胜仗，组织上提拔我当了大官，这次又南下攻打天津城，请父亲母亲放心。眼看全国就要解放了，到那时，儿遥德再回家接二老享福！儿遥德上。民国三十七年冬。'[这]竟成为[他寄给父母的]最后一封信。天津跃〔耀〕华中学是敌人盘踞的重要据点，是攻打天津城的必经门户，敌人叫嚣：'一夫当关，万夫莫开。'仅有1100多名敌军把守，工事却修得密密

解放军战士正在突破天津城防鹿砦

2013年4月,山东沂水县人民政府镌立的"李遥德烈士之墓"。墓碑碑文所载李耀德牺牲时间和年龄均有误。

麻麻,大小地堡暗道和地下掩蔽体十分坚固。敌人的机枪瞬息不停,子弹呼啸地从头顶上飞过。1949年1月14日,他眼看着战士们在流血,敌人喷射着火舌的机关枪在吞食着战士们的生命。在这关键时刻,李遥德挺身而出,当时,警卫员一把没抓住他,李一个箭步冲上前去,向敌人火力猛扑过去,用自己的胸膛填住了敌人的机枪口。一时,敌人还没有回过神来,战士们跟着英雄开辟的道路,部队向敌人的据点发起攻击,一举拿下了跃〔耀〕华中学(这条通往天津城的路,解放后命名为胜利路,今改为南京路)。此后,我军势如破竹,顺利解放天津,夺取了战斗的全面胜利。李遥德牺牲时,年仅27岁。他用自己的才智、自己的血肉之躯为新中国的诞生谱写了一首感人的诗章。建国后,中华人民共和国民政部授予李遥德'革命烈士'称号。为缅怀烈士、教育后人,党和政府为他修建了烈士墓,并为其画像,陈列在平津战役纪念馆。"⑭

在《沂蒙大观》所载《李遥德》一文和《沂蒙英烈颂》所载《李遥德》一文中,所述其生平主要事迹,均与以上引文内容基本一致,但个别之处也有所不同,如:"冲入塔木镇内,李遥德亲自指挥爆破队下炸药,攻克敌人10座地堡,他用20响打死10余名敌兵";"他是全军唯一的一位用胸口堵敌枪眼的团职干部";"1999年10月1日国庆节这天,部队首长派专人来到沂蒙山区,将烈士李遥德的两位亲人接到了天津,参加了天津人民广播电台举办的'庆国庆'大型特别节目——'50年的记忆'现场直播"等。⑮

研读以上所载后,可作如下初步分析:

1. 从"李遥德"生平事迹可知,其与前文记载的李耀德或"李跃德"为同一人,只是姓名写法有所不同。

2. 以上所载均称其为沂水县诸葛镇东埠前村人。这是涉及其籍贯时最为具体的记载,值得采信。而临沂县之说和威海地区之说,均较为笼统和模糊。

3. 关于其生年,以上所载并存1919年、1920年和1921年三说。而在前引资料中,还有其生于1924年(即25岁说)之说和牺牲时29岁之说。如其生于1920年,29岁即为实岁;如生于1921年,29岁也可视为虚岁。

4. 以上所载称其牺牲地点为天津耀华中学一带,但均将耀华中学误植为"跃华中学",还称这所学校为"系攻打天津城的必经门户"。但这一表述并不准确。1948年12月中旬,国民党天津守军第94军43师师部、第129团团部和一个炮兵营共计3000余人的兵力,盘踞在耀华中学内,并以此为负隅顽抗的据点,火力也很强。⑯而耀华中学位于天津市区城南墙子河畔,很难说是攻打天津城的必经门户,可视为解放军攻入天津城防后向纵深地带突进时遇到的天津守军坚固据点之一。根据天津战役"东西对进、拦腰斩断、先南后北、先分割后围歼、先吃肉后啃骨头"的作战方针,或可称耀华中学为解放军在解放天津时啃的最后一块硬骨头。《天津通志·军事志》中,载有解放军攻打耀华中学的战况:"1949年1月15日7时……在攻打海光寺的同时,114师340团于广开中街东阳桥歼灭守军一部后，由海光寺侧翼插到耀华中学。435团为师二梯队，433团跟进，并分别向耀华中学攻击。至12时30分，435团配合112师一部歼灭耀华中学守军一部，433团亦俘获守军一部。14时，耀华中学被攻城解放军占领。"⑰李耀德烈士生前战友刘德胜参加了攻打耀华中学的战斗。据他回忆："耀华中学打得很艰难，敌人很顽强，因为这个耀华中学的地形我特别熟悉。35团的5连进攻的时候，是从左边进攻的，我是从正面进攻耀华中学的，进去了之后，我拿了两个炸药包。"⑱尽管《李遥德》一文是由李立刚、庞守民根据刘德胜回忆整理的，但是2008年编印的刘德胜回忆录《难忘的戎马生涯》中，却均写为李耀德，从未出现过"李遥德"，对其牺牲地点为耀华中学之说，在刘德胜这本回忆录中也只字未提，刘德胜却将其牺牲地点明确写为小西关（参见下文）。

5. 常见记载均称，因盘踞在耀华中学大批国民党守军拒绝放下武器，解放军于1949年1月15日白天围攻耀华中学，甚至有记载称耀华学校是"天津城内国民党最后的重要据点"⑲。而以上涉及"李遥德"的记载，均称攻打耀华中学的时间为1949年1月14日，且称"李遥德"于1月14日牺牲于耀华中学一带。可以肯定的是，1月14日，拔除耀华中学据点的战斗还未开始。

6. 在以上所载中，多称其牺牲原因为在耀华中学一带堵枪眼，甚至称其"是全军唯一的一位用胸口堵敌枪眼的团职干部"（以下简称耀华中学堵枪眼说）。因之视其为"黄继光式的英雄"。不过，将李耀德记载为"李遥德"，且将其牺牲原因记载为堵枪眼，多来自于山东省地方志、党史和文史资料所载。而在涉及平津战役的军史著作和天津地方史志资料中，均未发现有如此记载的情形，而是多记述为李耀德因在天津西线城防一带踩响地雷而牺牲。显然，这与耀

解放军攻城部队冒着炮火冲向天津城防突破口

华中学堵枪眼说大相径庭(参见下文)。

刘德胜在回忆录中的相关记载值得重视

天津战役期间,刘德胜任 38 军 114 师 341 团 1 营 3 连连长兼指导员,曾是李耀德的下属。刘德胜在回忆录《难忘的戎马生涯》中,多处提及李耀德:

1."李耀德,山东沂水人,1939 年入伍,参加过大小战斗百余次……从抗日战争到解放战争,我们在一起并肩战斗了 5 年之久。""他是我的老领导,他指挥我们连打了很多有名的战斗。"在东北战场上,李耀德曾是刘德胜所在团(即 341 团前身,原称"五八团")的 1 营营长。1947 年,在其塔木战斗中,李耀德任突击营营长。刘德胜在阵地上负重伤后,李耀德虽然也有伤在身,但仍"带领二连一个排杀回了其塔木,把我抢了回来"。二人后均在位于黑龙江省鹤岗的一家野战医院疗伤。其间,李耀德对刘德胜予以精心照顾。

2."在1949年1月的解放天津战役中,身为东北野战军三十八军——四师三四〇团参谋长的李耀德身先士卒,率领突击营从西营门突破,向敌人发起多次进攻,共歼敌400多人。为摸清敌情,李耀德执意要亲自到到沿探路,不幸踩上敌人的地雷,壮烈牺牲,年仅28岁。"若此处提及的"年仅28岁"为实岁的话,其生年即1921年。

3.1999年,值纪念解放天津50周年之际,"天津经济广播电台派记者寻找李耀德家乡的亲人。他有个老母亲已经90多岁了,还有一个哥哥和两个侄子。记者把他的侄子接到天津。天津经济广播电台在一个广场组织活动,庆祝天津解放50周年,他两个侄子参加了。我在现场讲了李耀德历次战斗的事迹。当时就有好几个单位慷慨解囊,当场给李耀德烈士的亲属捐款……我还给山东民政局写信,建议尽量给他两个侄子安排个正式工作。""在烈士事迹的感召下,社会一些机构纷纷为李耀德的母亲捐款,累计几万元。此事曾在沂水县引起了很大轰动,很快就掀起了学习烈士事迹、弘扬烈士精神、拥军优属的热潮。"[20]

2007年8月3日,天津《每日新报》刊载题为《八旬"爆破大王"苦寻战友家属》的消息,介绍刘德胜对李耀德烈士的回忆,并称,"后受沂蒙山区通讯条件所限,刘德胜与烈士遗属再度失去联系。"但在该消息中,却均写为"李跃德"。

《沂水县志》载有《革命烈士英名录》[21],《临沂地区志》载有《建国前临沂籍著名革命烈士名录》[22],但笔者均未发现其中载有李耀德烈士或"李跃德"烈士的情形。这两种地方志书中均载有"李遥德"烈士的生平。那么,其姓名到底是"李耀德"还是"李跃德"抑或是"李遥德"?难道这三个姓名均曾使用过?

在中华英烈网"烈士英名录"网页中,并不能搜索到"李遥德"或"李跃德",虽然能够搜索到三个名叫李耀德的烈士,但无一符合在天津战役中牺牲等条件。

经刘德胜回忆,由李立刚、庞守民整理的《李遥德》一文中,载有其于1948年冬寄给父母的家信,信中三次出现"儿遥德",如果此信尚存,确为李耀德手迹且果如此载的话,那么,"李遥德"应为与李耀德之名同时存在的其另一名字。

关于其姓名和籍贯,鉴于平津战役纪念馆展牌、《天津通志·军事志》和刘德胜回忆录《难忘的戎马生涯》中,均明确记载为李耀德,且记载其籍贯为山东沂水县,笔者认为,在未发现其他相关原始资料之前,应遵从此载为宜。

李耀德烈士牺牲地点和牺牲原因

前引资料在缕析李耀德姓名和籍贯时,也涉及其牺牲情况。关于其牺牲地点,除了前文提到的耀华中学一带之外,还有"小西关附近"和"小西关大街附近""西关大街附近"等说。

平津战役纪念馆"无尽的思念"流动展牌上,载李耀德生于1924年,牺牲时年仅25岁,并称其牺牲原因为:"1949年1月14日,他坚持在战场一线指挥,及时摸敌情,掌握部队行进动态。他率领团突击营从西营门突破,为尽快跑到队伍前头有效指挥,察看前卫营地形,他跳出战壕去探路,不幸在西关大街附近踩中地雷牺牲。"

另一处记载中的表述更为详细,即:"部队开赴天津后,340团担任师里的先卫团,李跃德负责指挥全团作战。天津战役打响后,他指挥340团由西路挺进天津市区。为了更好地指挥作战,他亲临一线指挥。炮连过护城河时,河水冰冷刺骨。他第一个跳下河去,帮助战士们抬炮过河。而后,他又向冲在全团最前面的前卫营赶去,以便观看地形。此时,他夜色中,守军发起反击。守军早已在城防一带的道路上布满了地雷。38军战士被阻在战壕里前进,战壕里拥挤难行,行动很慢。李跃德不能到第一线指挥作战,心急如焚。他明知战壕顶上埋有地雷,毅然跃上战壕顶,跑步前行。不幸在西城所(监狱)前边南侧的战壕顶上(如今的小西关大街附近)踩响地雷,一条腿被炸断,当场壮烈牺牲,年仅25岁。"[23]

此文中记载的"西城所(监狱)",即指位于小西关的河北第三监狱(俗称小西关监狱)。该监狱清末曾称"习艺所",尚未发现该监狱还有"西城所"的称谓。笔者判断,"西城所"为误植。

"小西关"为地域名,而小西关大街则为街道名。据载:"小西关大街在红桥区南部。东南起新德胡同,西北至芥园道和阁外大街衔接处。长420米……约1780年建。因地处墙子小西门和此处设有西关税卡,故名。"[24]

而西关大街"东起西马路,西至西关外大街,顺接西营门大街,中与横街子、巨德里、烈女祠、故物场大街、栖流所胡同相交,长770米……因与城西门相接,同时设收税'关',故名。"西关大街以西为西关外大街。西关外大街长730米,"东南起西关大街,西北至明善里,顺接小西关大街。"[25]

据以上所引可知,李耀德的牺牲原因是在天津西线城防一带跃出战壕后踩到地雷。很明显,"小西关大街附近"靠近西线城防一带。而西关大街则靠近西马路一带,距西线城防一带较远。

以上所载的李耀德牺牲地点,应在"小西关附近"或"小西关大街附近",并非"西关大街附近"。而耀华中学堵枪眼说,传播范围初仅限于其山东家乡一带,如 2001 年出版的《临沂地区志》。《临沂地区志·地情综述》载:"在平津战役中,沂水籍的团参谋长李遥德,为扫清解放天津的障碍,毅然用胸口堵住了敌人地堡的机枪射口,为战役的胜利做出了特殊的贡献。作为我军唯一的一位用胸口堵枪眼的团职干部,其事迹至今在天津人民中间被广为传颂。在庆祝建国 50 周年时,天津的新闻媒体特地制作了专题节目,向全市人民重新宣传这位血染津城的沂蒙英烈。"㉖此说的宣传范围后来日渐扩大。如今,"黄继光式的英雄""黄继光式的革命烈士"之誉已在互联网中广为传播,且已成山东临沂地区和沂水一带的历史名片和人们津津乐道的骄傲。

由于对李耀德生平记载其说不一,笔者也不得不冷静视之、审慎待之。对于耀华中学堵枪眼说,应予存疑。这是因为:对于攻打天津耀华中学的回忆文章和著述,迄今并不少见,如果李耀德在此地战斗中毅然堵枪眼,并为解放军攻占该校扫清障碍的话,必定轰动一时,可歌可泣,不可能不见诸记载。实际情况是,在平津战役纪念馆和天津市烈士陵园中的相关记载中,均未发现与此说相关的任何蛛丝马迹。李耀德因急于靠前指挥所属部队的战士,而踩响地雷牺牲,也是可歌可泣的壮举。难道只有堵枪眼才是英雄?才值得大书特书?难道踩地雷就不是英雄了吗?后人何须人为拔高?何须创作历史?何须编造情节?耀华中学堵枪眼说很可能是在记录老兵回忆内容基础上经文字加工演绎而成的,不排除有虚构成分,恐非史实。

当然，此为笔者管见，如今提出来，希望引起大家的重视。对于李耀德烈士的姓名、牺牲地点和牺牲缘由，并不因笔者对已见史料的查摆和初步分析后得出的一家之言而定案，对此有待认真查考，以符实情。

注释

① 《走近最后的决战——平津战役参战将士访谈录》第630页。
② 《中国人民解放军第四野战军战史》第875页。
③ 《天津通志·军事志》第721页。
④ 《第四野战军(修订本)》第294页;《四野档案:第四野战军》第318页。
⑤ 多吉才让主编:《华夏魂:全国百处爱国主义教育基地》第6页,上海教育出版社1997年版。
⑥ 《优秀指挥员李跃德》,天津市烈士陵园编纂:《天津战役部分牺牲烈士事迹》第36—37页,1999年。
⑦ 杨润身著:《故乡情韵》第289页,百花文艺出版社2011年版。
⑧ 《天津方式》第230页。
⑨ 张宇主编、储建中执行主编:《华北解放战争实录·天津卷》第372页,中共党史出版社2009年版。
⑩ 山东省沂水县地方史志编纂委员会编:《沂水县志》第781、828页,齐鲁书社1997年版。
⑪ 临沂市地方史志编纂委员会编纂:《临沂地区志》下册第1763—1764页,中华书局2001年版。
⑫ 中共山东省委党史研究室编:《中共山东英烈大典》第365页,2002年印刷。
⑬ 中共中央党史研究室科研管理部编:《中国共产党革命英烈大典·山东省》第131页, 红旗出版社2001年版。参见中共中央党史研究室科研管理部编:

《中国共产党革命英烈大典》上册第1073页,红旗出版社2001年版。

⑭ 庞守民主编、沂水县政协文史资料委员会编:《沂水县文史资料》第13辑(沂水人物)第163—164页,山东省地图出版社2003年版。

⑮ 参见黄忠、韩忠勤主编:《沂蒙大观》第766—767页,山东大学出版社2007年版;李立刚撰:《李遥德》,临沂市委《沂蒙颂歌》编委会编著:《沂蒙英烈颂(卷二)》第364—367页,军事谊文出版社2005年版。唐士文撰《沂蒙籍县团级职务以上著名烈士一览表》中,也载为"李遥德"。参见临沂市委《沂蒙颂歌》编委会编著:《沂蒙英烈颂(卷三)》第659页,军事谊文出版社2005年版。

⑯ 参见凌少农撰:《入关第一仗》,《为新中国而战》第248—253页。

⑰ 《天津通志·军事志》第573页。

⑱ 中央新闻纪录电影制片厂影视资料部编著:《CCTV大型文献纪录片:解放1949》第56页,上海科学技术文献出版社2010年版。

⑲ 《CCTV大型文献纪录片:解放1949》第56页。

⑳ 刘德胜著:《难忘的戎马生涯》第82、99—100、159—160页,天津市关心下一代工作委员会2008年编印。

㉑ 《沂水县志》第820—845页。

㉒ 《临沂地区志》下册第1768—1793页。

㉓ 《华北解放战争实录·天津卷》第372页。

㉔ 刘玉麟主编:《中华人民共和国地名词典·天津市》第151页,商务印书馆1994年版。红桥区地名志编纂委员会编《天津市地名志(06)·红桥区》(天津人民出版社1997年版)第142页所载,与之基本一致。

㉕ 《天津市地名志(06)·红桥区》第140、141页。

㉖ 临沂市地方史志编纂委员会编纂:《临沂地区志》上册第6页,中华书局2001年版。

九、王甫廉烈士生平事迹小考

1949年1月,东北野战军第39军(原番号为第2纵队)司令部通信科科长王甫廉在解放天津战场上壮烈牺牲。

王甫廉烈士的安葬地为位于石家庄市的华北军区烈士陵园。其墓和碑位于该陵园烈士墓区的西区内,具体位置在西区东部南起第二排左十三(或右二)。碑文内容为:"王甫廉同志,中国人民解放军三十九军司令部三科科长,江西省瑞金县人。一九三二年参加工农红军,一九三四年加入中国共产党。历任政治指导员、电台分队长、区队长、副科长等职。一九四九年解放天津战役牺牲,享年三十三岁。"

华北军区烈士陵园官网载其照片和碑文。中华英烈网"烈士英名录"网页所载王甫廉生前事迹,与之基本一致,且称其生于1916年。

天津市烈士陵园"革命烈士纪念馆"中,并无涉及王甫廉生平的展牌。不过,翻阅该陵园"革命烈士纪念馆"电子书阅读器,可见有关王甫廉生平的介绍性文字，即："王甫廉，生于1916年。江西省济金县九堡区人，是中国人民解放军三十九军司令部通讯科科长。1932年参加工农红军，同年加入中国共产党，曾任宣传员、政治指导员、报务员、电台分队长、区队长、副科长等职。经历土地革命、抗日战争、解放战争，无论在任何残酷的环境条件下，始终坚持了联络工作，保证了战争的胜利，不

王甫廉烈士

幸于1949年1月解放天津战役中光荣牺牲，时年33岁。王甫廉烈士遗骨安放在北仓烈士公墓，后迁葬至华北军区烈士陵园。"其遗骨移葬华北军区烈士陵园的时间为1956年(参见本文附录《天津市民政局烈士灵柩转送护照》，但该护照中写为"王甫连")。

上文中提及的"江西省济金县九堡区"应为误植，"济金县"应为瑞金县。早在中华苏维埃时期，就已在中华苏维埃共和国临时中央政府所在地瑞金设有"九堡区"。①以瑞金为中心的中央革命根据地(中央苏区)从1930年10月形成至1934年10月红军长征后丧失。"九堡区"后称九堡乡，今称九堡镇，属瑞金市。

在对其生平的记载中，不乏将其籍贯写为"江西省瑞金市"的情形②。其籍贯，理应写为"江西省瑞金县"。这是因为，王甫廉生于1916年左右，当时尚无瑞金市这一行政区划。瑞金撤县设市的时间为1994年。因此，涉及其籍贯时，仍应写为江西省瑞金县。

王甫廉与"王甫连""王浦廉"这三个姓名,还同时出现在《平津战役烈士名录》中。其中:"王甫连"的籍贯被记载为江西瑞金县;"王浦廉"被列为"江西省籍贯不明烈士";王甫廉则被列为"籍贯不明烈士"。③

关于其牺牲时间、牺牲原因,已见记载亦有异。其中,存在一个重大疑问,即:长期以来,被西满革命烈士陵园(设在黑龙江省齐齐哈尔市)列为牺牲于1947年的王甫廉烈士(籍贯也为江西瑞金县、也曾从事通信工作,也曾在嫩江军区工作过),与1949年在天津战役中牺牲的王甫廉烈士是否为同一人呢?

王甫廉姓名尚存多种写法

一是被记载为"王甫连"

将王甫廉的名字写为"王甫连"的情形较为常见。多种军史资料、军事志和相关著作中,均载其名为"王甫连"。④

平津战役纪念馆"英烈业绩厅"中的烈士生平展墙所载,虽然将其姓名写为"王甫连",但称其为"江西省瑞金县人","1932年入伍、1934年入党","历任宣传员、政治指导员、电台分队长、副科长等职",在天津战役中牺牲时的军职为"东北野战军第2纵队司令部通信科科长"。《天津战役中牺牲的团职干部》所载亦如此⑤。在平津战役纪念馆官网中的"英烈风采"网页上,只能查询到"王甫连 江西省瑞金县",却查询不到"王甫廉"之名。

第四野战军第一门户网站"军魂"栏目所载其生平简历称:"王甫连(1916—1949),江西省瑞金人。1932年5月参加红军,同年2月入党。在中央苏区曾参加反'围剿'作战,后参加长征。抗日战争时期,在八路军山东军区任参谋,1945 年 10 月,随山东八路军主力挺进东北,参加多次战役战斗。辽沈战役中,任第 2 纵队司令部通信科科长。天津战役发起后,在和平门外参加指挥突击队冲锋时,被'国军'冷枪击中壮烈牺牲,时年 33 岁。"⑥

据此可知,"王甫连"即王甫廉。

二是被记载为"王浦廉"

《苏区邮电人物录》中,将王甫廉记载为"王浦廉",即:"王浦廉,男,瑞金县人,1931 年 4 月参加革命,担任解放军 39 军直司令部通信科长,1949 年在天津战役牺牲,年仅 34 岁。"⑦如果此处所载的"年仅 34 岁"是指虚岁的话,则表明其生于 1916 年。由于《平津战役烈士名录》中将"王浦廉"列为江西省的"籍贯不明烈士"⑧,因此,对《苏区邮电人物录》中的相关记载也应引起重视。

中华英烈网"烈士英名录"网页中,也载有姓名为"王浦廉"的烈士生平简历,称"王浦廉"的籍贯为"江西省瑞金县",生于"1925 年",生前职位为"解放军三十九军直司令部通信科长",牺牲情况为"1949 年在天津战役牺牲"。"军直"即军队直属之意。

据此可知,"王浦廉"即王甫廉。

三是被记载为"王莆廉"

江西省原瑞金县九堡乡,已于 1994 年改为瑞金市九堡镇。《瑞金县志·革命烈士英名录》中,列有九堡乡烈士 2097 名,但其中并未开列姓名为王甫廉或"王甫连""王浦廉"的烈士英名,只载有"王莆廉"。⑨《赣州地区志·革命烈士英名录》中,列有瑞金县烈士 17393 名,其中,籍贯为瑞金县九堡乡的烈士,只有"王莆廉"。⑩

中华英烈网"烈士英名录"网页载有"王莆廉"生平,称其生于"1909 年",籍贯为"江西省瑞金县",生前为"红军战士",生前事迹为"1934年北上,无音讯",牺牲时间被确定为"1934年"。此载传递出的历史信息较少,且所称的"1909年"这一生年,与王甫廉的生年不能契合,但由于"王莆廉"的籍贯为瑞金县九堡乡,而王甫廉籍贯也是瑞金县九堡乡,因此,有理由相信,"王莆廉"应该就是指王甫廉。

四是被记载为"王蒲廉"

王甫廉的姓名还被记载为"王蒲廉"。如,刘震(时任东北野战军39军军长)在回忆录中记载:"我们的胜利、人民的解放,是多么来之不易啊!三五一团团长杜存典、四五四团副团长马克正、三五〇团参谋长李惠民和军部通信科长王蒲廉等许多烈士,为此献出了自己生命。他们的丰功伟绩永垂不朽!"㉛

据此可知,"王蒲廉"即王甫廉。

五是据以上所载可作出一些判断

1.39军司令部通信科也被称之为"三科""通讯科"。"三科"是对各科编号所致,也即与通信科同时存在的另一称谓。而"通讯科",应为后人对通信科的俗称。

2."王甫连""王浦廉""王莆廉""王蒲廉"之名虽然都指向王甫廉一人,但这四个异名,难道都是误植吗?其中是否有王甫廉的曾用名?这种可能性尚不能排除。

3.关于王甫廉的生年,有1916年和1925年两说。对其牺牲时的年龄,则有33岁和34岁两说。若其生于1925年的话,其牺牲时年仅24岁。24岁这个年龄,当时能否担任军部团职干部呢?这种情形在红军时期或许并不稀奇,但人民解放军逐渐向正规化建设的方向发展时,出现这种情形的概率势必越来越小了。笔者判断,王甫廉应生于1916年。

王甫廉烈士儿女认为"王甫连"之名不确

1989年,军旅画家李人毅(任职于沈阳军区文艺创作室)在中国美术馆举办"李人毅新四军人物画展",后于1992年出版《新四军将士画集》。从中可见其所绘的反映王甫廉1941年风采的画像。

李人毅还在著作《新四军118将士传》中载有王甫廉生平,即:"王甫廉(1916—1949),江西省瑞金县人。1932年参加中国工农红军,同年加入中国共产党。历任宣传员,指导员,电台分队长,区队长,通信科副科长、科长等职。1949年1月,任中国人民解放军步兵第三十九军司令部通信科长时,于天津战斗中光荣牺牲。"[12]此载与华北军区烈士陵园碑文所载基本一致,只是入党时间有异。华北军区烈士陵园碑文中称其入党时间为1934年。

在该书的《两代人的代价》一节中,作者以与王甫廉烈士跨越时空对话的写作形式记述道:"很抱歉,画展中你(即指王甫廉——引者注)的名字,我曾误写为'王甫连',是你的子女给我来信给予更正的。他们在信中说了这样几句话:'对于画展中有王甫廉烈士,我们心中感到欣慰,这说明人世间不仅只是他的一双儿女在怀念他,党和军队没有忘记他为人民的奉献。同时,也为我们没能观瞻到在沈阳市的画展而遗憾。寄来的小传,我们认为76个字是否短点?他战斗经历比较详细的材料在天津市革命烈士纪念馆存放。另外,石家庄市北京军区烈士陵园也有一部分资料。您的创作随笔,我们认为挺好。更希望多几句说明他战斗生涯的评语,以激励后人,发扬艰苦奋斗、尽忠报国、克服困难的品质'。1972年,你的女儿在石家庄烈士陵园给你扫墓时抄写了碑文,现印在你画像旁,永留在这本画集中了。她在给我的信中说：'小时候听妈妈说过，父亲参加红军时，只有十三四岁，是个'红小鬼'。长征过大渡河时，是拉着马尾巴过的河。爸爸的脚茧特别厚，是走路磨出来的。爸爸生前最喜欢看书，平时脾气温和，很少发火'。""你（即指王甫廉——引者注）那张发黄的照片，你的老战友李新宇同志珍存了四十多年。正在画你的肖像时，他就去世了。为此，我打电话问沈阳的张竭诚，他回忆说：'王甫廉在部队上，干了一辈子通信工作，风里来、雨里去，不辞劳苦，为革命做出了重大贡献。'"另在该书的《你将珍存寄给了我》一节中载："你（即指李新宇——引者注）没忘记那牺牲的战友曹云、王甫廉，在与他们相会于九泉之前，将珍存寄给了我，把心愿留给后人。"⑬

王甫廉的一双儿女认为"王甫连"这个名字不确，并曾写信予以更正，很值得重视。"王甫连"即王甫廉、"王甫连"并非王甫廉牺牲时所用名。对此，前文已作出判断，但是，仍缺乏史料证明"王甫连"并非王甫廉曾用名。即便如此，后人还是应该遵从王甫廉烈士

解放军正在突击位于民族门一带的天津城防

家属的意见为妥,即应将烈士的姓名统一写为王甫廉。

李新宇(1919—1989)曾撰《坚持苏北抗战》一文。该文载,李新宇"曾任新四军第3师苏北军区司令部通信大队副大队长、东北民主联军西满军区司令部第3科副科长、东北民主联军第2纵队司令部第3科副科长、东北野战军第2兵团第39军司令部第3科科长"。⑭另载,李新宇曾于"解放战争时期,任西满军区司令部通信科副科长、吉江军区司令部通信科科长、东北民主联军第二纵队司令部通信科副科长、第四野战军第三十九军司令部通信科科长"。⑮李新宇是王甫廉生前朝夕相处的战友,也应该是王甫廉生前的助手和身后的继任者。

对"王甫连"的记载能否丰富王甫廉烈士生平

以下所载,或提及"王甫连"或提及王甫廉:

一是齐佩良撰《陕北红军的无线电通讯与延安无线电通讯学校》载,"1936年5月,第五期开学,校址由瓦窑堡九沟台随中共中央迁至保安西五家沟门。学员19人,分为甲乙两班:甲班10人,乙班9人。他们是李从舟、罗璋、黎辉室、周德显、熊梦飞、郭城、李福兴、匡士贤、黄启先、崔传云、梁恩九、胡仁寿、刘有光、王甫连、胡占全、胡三品、张润兰(女)、温宝华(女)、甄彩云(女)。甲班于1936年8月毕业,乙班于9月毕业。"⑯文中提及的"王甫连"就是指王甫廉吗?

二是以下记载均涉及"王甫连"在新四军时期从事通信工作的情况:

1. 周涌撰《罗荣桓同志关怀通信工作》载,皖南事变后,苏鲁豫支队改编为新四军三师七旅,周涌改任七旅旅部电台队队长。1941年三四月间,周涌被调至"一一五师师部,任通信科科长兼通信营长、电台中队长",其原任职务由七旅"一团电台队长王甫连同志接替"。周涌随即"详细地向王甫连同志介绍情况"。[17]

2. 胡莹讲述《新四军的两次通信会议》载:"1941年8月,新四军军部驻苏北阜宁侉周时,召开了全军通信工作会议。会议由军司令部三科科长、无线电通信大队长曹丹辉同志主持。参加会议的人员是各师、旅电台中队长、区队长。实际到会的有大队机务主任朱莲和曹维廉同志,三师颜吉连、王甫连同志,以及军部和三师的全体党员通信干部,总共40余人。"[18]

3.《新四军通信简史·全军电台分队排序及人选》载,1943年前后,"第3师无线电第3中队兼71分队长颜吉连,中队直属72分队长孙洪,73分队报务主任周志胜,第7旅无线电第7区队长兼74分队长王甫连。"[19]

4. 1943年5月1日,新四军参谋长赖传珠与曹丹辉联名呈报叶剑英、王诤的《抗战以来全军电台损失及现在配属情形》一文载,新四军三师七旅"现在配属情形"为:"第七区队兼七四分队长王甫连,报务员三、机务员一。"[20]

以上所载是否意味着,王甫廉在延安和新四军期间从事通信工作期间,使用的是"王甫连"之名?

三是以下记载涉及王甫廉生前随部挺进东北后的情况:

1. 颜吉连撰《为了开辟西满根据地》载:"1945年抗日战争胜利后,新四军第3师奉中央军委命令向东北进军……1946年3月,'师直'和部队进到白城子,连同原在该地区活动的邓华司令员率领的独立旅和部队进到白城子,改称为辽西军区和辽西纵队,不久又改为西满纵队。通信科也随之改称辽西军区通信科,科长杨枫,副科长是我。不久又合编,改为西满纵队通信科,杨枫同志改任他职,我任科长。为加强通信工作,首先健全了通信组织。第7旅通信股长王甫廉……辽西军区电台:1台台长韩韬、2台台长苗辅洲(代)。"[21]此载表明,王甫廉曾任新四军3师7旅通信股长,那么,他是何时出任此职的呢?

2. 沈增夫撰《战斗在西满》载,1946年"夏秋之交,我军主力部队进行第一次整编,辽西纵队改为第2纵队,通信科长王甫廉……"。[22]

3. 苗辅洲撰《马拉通信车》载,1947年3月初,东北野战军第2纵队"部队奉命进驻长春北松花江南岸的前郭旗进行整训,在通信科长王甫廉同志的指导下,机务股长杨牧之同志带领电台的同志,迅速展开了改装电台的活动,目的是使电台能在运动中照常工作。"[23]

以上记载表明,王甫廉出任第2纵队(新番号为39军)通信科科长的时间应该不晚于1947年,但具体时间尚不清晰。

王甫廉烈士简历登记表可破解其生平谜团

华北军区烈士陵园所藏的一份王甫廉生前填写的《简历登记表》(共三页),不仅可以验证以上记述的准确度,而且可对其生平中一些尚不清楚的问题做出解释。

据该登记表载:其姓名为"王甫廉"三字,时为"二纵司令部三科科长";年龄"32";曾用名"王远润";家长姓名"王名芹";原籍"江西省瑞金县九堡区";家有"房三间、四亩山地";曾在家乡"读书五年";妻子姓名"李彬";"1932年3月加入'共产青年团',介绍人王名迁";入伍情况为:"1932年5月,在家自动参加";入伍后受训练的情况为:"无线电通校四个月,中级干部整风队五个月",作战次数为"五六次";没有负过伤;身体状况为"中等"。

该登记表又载:王甫廉入伍后的工作调动情况为:"1932年5月,红军一军团补充团新兵,特务连战士;1933年4月,军团政治部宣传员[24];1936年1月,军委'前指'独立团二连政指;1936年5月,军委通校学员;1936年9月,陕北廿九军电台见习报务员;1937年4月,军委[三局]电台廿八分队报务员;1937年8月,[八路军]一一五师电台报务员;1938年1月,[八路军一一五师三四三旅]六八五团电台分队长;1941年5月,新四军三师七旅电台区队长;1945年4月,三师'中干队'整风[25];1945年9月,回三师七旅[继续担任]电台区队长;1946年6月,嫩江军区三科副科长;1947年4月,二纵司令部三科长。"

该登记表是在统一

画家李人毅所绘王甫廉画像

印制的表格中用钢笔填写的,使用的是蓝色墨水,字迹应为王甫廉本人填写,填写时间应在其入关参加天津战役之前。该登记表对于了解其生平脉络和厘清其生平中的若干问题,均有指引性帮助。

一是该登记表中提及的王名迁,是王甫廉投身革命的领路人。中国赣州网(www.gndaily.com)所载《赣南英烈名录·瑞金市九堡镇》名单中,既包括"王莆廉",也包括王名迁。1930年参加革命的王名迁与王甫廉为同乡。中华英烈网"烈士英名录"网页载:王名迁为瑞金县人,生于1895年,游击队战士,1934年被害。

二是该登记表中提及的"军委通校",即中共中央军委无线电通信学校。早在1931年1月,中央红军就在江西瑞金成立"中央军委无线电通信学校",简称"红军通校"(长征期间更名为通信教导大队),校长王净、政委曾三。1935年冬,中央红军与陕北红军胜利会师后,红军通校与陕北红军无线电训练班合并,成立中共中央军委无线电通信学校,属中央军委三局管辖,遂有"延安通校""军委三局通校"等称谓。[20]齐佩良撰《陕北红军的无线电通讯与延安无线电通讯学校》中所载的"王甫连",为该校第五期学员,其中的乙班于1936年9月毕业。而据该登记表载,王甫廉曾于1936年5月就读该校,为期4个月,即1936年9月毕业。可见,"王甫连"的这段经历与王甫廉简历所载一致,"王甫连"即王甫廉,王甫廉也即该校第五期乙班学员。笔者判断,"王甫连"很可能是王甫廉的曾用名。

三是对王甫廉的入党时间,前引资料并存两说,即:1932年说、1934年说,据此尚难作出准确判断。该登记表中虽然并未明确其入党时间,但对其参加革命早期情况记载较为明确,只是称其于1932

年3月加入"共产青年团"。"共产青年团"是对中国共产主义青年团的简称,但"共产青年团"一词当时为常用词。如《中国共产青年团中央执行委员会为广州暴动告全国工农兵士及一切劳动青年(一九二七年十二月)》[27]、《中国共产党、中国共产青年团中央致苏大会贺信(1931年11月1日)》[28]等。王甫廉入团时间是1932年3月。其入伍一年后,于1933年4月任一军团政治部宣传员。其于1936年1月担任军委前指独立团二连政治指导员之前,肯定已经入党了。据此判断,1932年,王甫廉尚未入党。前引资料有称其于1934年入党之说,此说看起来是禁得起推敲的。

四是"二纵司令部三科"即东北野战军三十九军司令部通信科。三科也即通信科的另一称谓,应该没有异议。这两个称谓当时应该同时存在。

五是毛泽东在《抗日游击战争的战略问题(1938年5月)》中指出:"无线电通讯之普遍地设置于一切较大的游击部队和游击兵团,实有完全的必要。"1941年,毛泽东曾为《通信战士》杂志(1940年1月1日创刊)题词,赞誉通信兵:"你们是科学的千里眼、顺风耳"。不过,在通信人员中,当时也有认识误区。"长期以来,少数通信人员不安心工作,认为搞通信技术工作'没有政治前途'、'不能轰轰烈烈'、'提拔慢'、'吃不开',与同期参加革命的同志比较,[存在]好似'低人一等'的错误思想。"[29]而从这份王甫廉简历登记表中不难看出,王甫廉这位经过长征的红军战士,抵达陕北后,服从组织安排,改学通信技术,并从见习报务员干起,任劳任怨,兢兢业业,并转战各地,直至升任军部通信科科长,成为军中通信技术领域的行家,为历次战役提供了重要的通信保障。这个艰苦的奋斗历程长达10年之久。

王甫廉烈士牺牲原因和牺牲时间

《第三十九军(二纵)天津战役总结》中的第三部分《战斗经过》载:"当全军正在进行勘查地形、制定作战计划和进行各种准备工作之际,我 115 师、117 师则不惜一切代价,不顾一切疲劳,〔1949年〕1 月 3 日,以一昼夜进行的土工作业,完成了 6 华里长的四条干线交通壕,逼近至敌外围据点数十米,构成有力的火力阵地和良好的运动道路,创造了扫清外围战斗的有利条件……8 日 15 时 30 分,117 师 351 团 2 营对和平门敌外围据点三元村及其西南地堡群发起冲击,激战两小时结束战斗,歼敌 67 师 201 团一个加强连,俘敌 96 名。9 日,115 师 344 加强连〔团〕,俘敌 78 名,并击退敌数次反扑。13 日,附属 152 师指挥的总部警卫团攻占霍嘴子敌外围据点,歼敌 151 师 451 团两个排,俘敌 30 余。本军在肃清外围战斗中,共歼敌四个加强连,另两个排,俘敌 252 名。在此期间,351 团团长杜存典、'军司' 通讯科长王甫廉、454 团副团长马克正亲临前线指挥作战,光荣殉职。"㉙文中所言"通讯科"即通信科。

李少元(时任 39 军 117 师政委)所著《硝烟征程》一书的《参加平津战役》一节载,1949 年 1 月"13 日,'野司'警卫团攻占霍家咀〔嘴〕据点,歼敌 151 师两个排。至此,我军正面外围据点全部肃清。在战前勘察地形和外围战斗中,351 团团长杜存典、该团 1 营营长孙敬亭、454 团副团长马克正、军通信科长王甫廉、344 团 2 营营长李洪军等同志英勇牺牲"。㉚

彭仲韬(时任 39 军 117 师 351 团政委)所著《烽火春秋》一书中,对我军攻打天津城防西线的战况记述也较详。在该书《狂飚漫

华北军区烈士陵园内的王甫廉烈士墓碑

卷下平津》一章中,有对王甫廉牺牲时的细节描述:"349、350团突入城垣后,我351团立即向前运动,正沿交通壕奔跑时,敌人纵深的火炮实施拦阻射击。一排炮弹落在附近地域,弹片像一群小鸟一样随着卷起的尘土,发出刺耳的怪叫,掠顶而过,把我的皮帽子摧落地下。捡起一瞧,帽顶上部被打掉一块。军通信科长王甫廉同志满身是血,头部负重伤,即派医生抢救。后得知,因伤势太重,急救无效牺牲了。"㉜

在平津战役纪念馆"英烈业绩厅"中的烈士展牌上,载其牺牲原因为:"王甫连……1949年1月13日在勘察天津三元村地形时光荣牺牲。"

《天津战役中牺牲的团职干部》一文则载其牺牲原因为遭炮击,即:"王甫连……1949年1月13日,在组织干部勘察天津三元村地形时,遭敌炮击,光荣牺牲。"③

另载:"仅在1月14日这天,就先后牺牲了王甫连、李慧〔惠〕民、马克正三位优秀的团级指挥员。王甫连……天津战役发起后,他在和平门外参加指挥突击队冲锋时,被敌冷枪击中,壮烈牺牲。"㉞

王甫廉的牺牲原因,并存"中炮弹"和"中冷枪"两说。比较而言,彭仲韬是以王甫廉牺牲现场目击者的身份回忆并表述的,而且其回忆性文字内容较为具体,因此,"中炮弹"一说可予采信。

关于王甫廉牺牲时的具体时间,也并存两说,即1949年1月13日和1949年1月14日。彭仲韬在回忆录中所载的"349、350团突入城垣后"这个时间,应不早于1月14日。

是否还有一位名叫王甫廉的瑞金籍烈士

在中华英烈网"烈士英名录"网页中,可搜索到两位名叫王甫廉的烈士:一位牺牲于1947年;另一位牺牲于1949年天津战役中(所载照片和生前事迹,与华北军区烈士陵园官网所载一致,见前引)。

中华英烈网所载牺牲于1947年的王甫廉烈士,无照片,其籍贯为"中国江西省金九堡",生于"1915年",是中共党员,生前职务为"通讯股长"。其生前事迹为:"王甫廉同志,江西省人。1932年3月入党,同年5月参加红军。1946年6月调到嫩江军分区工作,1947年光荣牺牲,时年32岁。"其安葬地为位于齐齐哈尔的西满革命烈士陵园,但并未标明其遗骸是否葬于该陵园。此载不仅对其牺牲原因和牺牲地点均语焉不详,而且所载其籍贯应为"江西省瑞金九堡"之误。江西省并无"金九堡"这一地名。

《齐齐哈尔市志》所载《革命烈士名表》称：王甫廉,江西省瑞金县人,1915年生,1947年牺牲于齐齐哈尔市,牺牲时的职务为股长。㉟

《西满英魂谱》也载有牺牲于1947年的王甫廉烈士生平,且所载更为具体,即："王甫廉烈士(1915—1947),江西省瑞金县人。1932年3月入党,同年5月参加红军第一军团,历任政治部宣传员、特务团二连指导员、陕北二十九军电台见习员、军委电台报务员、六八五团'苏支'㊱电台分队长、三师七旅电台通讯股股长兼区部队长等职。1946年到嫩江军分区工作,1947年牺牲。"㊲已知该书由西满革命烈士陵园编纂。㊳

而据前引曾于1947年4月任"二纵司令部三科长"的王甫廉简历登记表载,其也于1932年5月参加红军一军团,曾任军团政治部宣传员、军委前指独立团二连政指、陕北廿九军电台见习报务员、军委电台廿八分队报务员、六八五团电台分队长、新四军三师七旅电台区队长等职,1946年6月,任"嫩江军区三科副科长"。

两相比较可知,1949年牺牲的王甫廉烈士在1947年之前的生平经历,与1947年牺牲的王甫廉烈士的生平经历高度相似。因此,笔者怀疑《齐齐哈尔市志》《西满英魂谱》所载很可能是把王甫廉牺牲时间搞错了。

西满革命烈士陵园掌握的王甫廉烈士情况

那么,在西满革命烈士陵园里,是安葬着王甫廉烈士的遗骸呢？还是安放着王甫廉烈士的灵位呢？如果该陵园内安葬着王甫廉烈士遗骸的话，那么，这位王甫廉烈士牺牲于1947年就是可以肯定的，否则的话，对于王甫廉是牺牲于1947年还是牺牲于1949年天津战役中这个问题，就很值得考证。显然，这是消除这个重大疑问的关键因素。

西满革命烈士陵园位于齐齐哈尔市铁锋区站前大街迤南，坐落在齐齐哈尔市火车站南约1.5公里处的南山公园风景区内。以下为有关西满革命烈士陵园的三种简介：

1."陵园共安葬革命烈士608位。其中：抗日战争牺牲的有9位，解放战争牺牲的419位，抗美援朝、社会主义建设和改革开放时期牺牲的180位。"㊴

2."西满革命烈士陵园始建于1947年，1948年清明节落成……陵园占地面积4.2万平方米……被国务院批准为'全国重点烈士纪念建筑物保护单位'，2005年11月，被中宣部公布为'全国爱国主义教育示范基地'，2006年5月，被团中央授予'青少年教育基地'……烈士陵园把收集烈士史料、文物当做一项抢救性工程……编印了608位烈士简历，编撰了29座烈士碑碑文和墓铭志〔墓志铭〕，修订了20万字的西满革命烈士陵园园志资料，修正烈士生平简历100余份，整理资料照片2500余张，编纂出版了由吕正操老将军题写书名并作序的《西满英魂谱》……新征集珍贵革命文物120余件，历史照片200多幅。陈展600多位烈士业绩的'革命烈士纪念堂'和安葬、安放100多位烈士灵骨的'革命烈士灵堂'，重新布展，对外开放。"㊵

3.百度百科网站中的"齐齐哈尔西满革命烈士陵园"词条载："1948年4月4日，西满革命烈士陵园正式落成并举行了隆重的落成典礼。4月5日，西满各省市党政军民3万多人参加了隆重的革命烈士安葬追悼大会。西满分局、西满军区的主要领导亲自为英烈扶灵安葬。陵园正门高悬黄克诚亲题'西满革命烈士陵园'门额，毛泽东主席为陵园题词'共产主义是不可抗御的，星星之火，可以燎原，死难烈士万岁！'朱德总司令题词'浩气长存'。陵园内安葬、安放着……608位革命英烈。其中，安葬在墓区的革命烈士有168位，在革命烈士灵堂安放107位在抗美援朝、珍宝岛自卫反击战中牺牲和在社会主义建设时期为抢救国家财产而献身的英雄人物的骨灰和333位烈士的灵位。陵园内有集体烈士纪念碑1座，个人纪念碑、塑像4座。1967年，在墓区前新建'革命烈士纪念堂'和'革命烈士灵堂'。"

2014年4月，笔者曾就王甫廉生平问题，向西满革命烈士陵园方面反复求证。

齐齐哈尔市民政局原副局长王国作先生[⑪]长期分管该陵园管理工作，负责该陵园相关史料挖掘、整理和编纂工作，对革命烈士充满感情，对相关情况也颇为熟悉。他对于笔者提出的相关问题，十分重视，立即协助查询。

该陵园目前只掌握一份王甫廉烈士简历（内容与《齐齐哈尔市志》《西满英魂谱》所载一致）。根据王国作先生了解的情况，这份简历是1948年建成陵园之前由部队提供的，此即该陵园将王甫廉列为烈士的惟一依据。当时，部队还向该陵园提供了其他烈士的档案等资料，但未及整理、调查、核实，部队就南下相继参加辽沈战役和平津战役去了。笔者判断，王国作先生所称的部队，即西满军区当时所属部队。

该陵园并未存藏王甫廉烈士的骨灰、遗物及照片，由于不掌握王甫廉的牺牲原因和牺牲地等更为具体的情况，该陵园管理方至今并未在陵园内设立王甫廉烈士墓、碑等纪念设施。

那么，该陵园内是否安放着王甫廉烈士的灵位呢？该陵园内原设的"革命烈士纪念堂"和"革命烈士灵堂"，已于2009年前被拆除，并"于2009年兴建了建筑面积2400平方米的西满英烈纪念馆，并将于今年实现内部装饰陈展"。㊷西满英烈纪念馆的布展工作至今仍在进行之中，王国作先生目前正参与其间，为编纂组负责人之一。

另外，2013年6月5日，齐齐哈尔西满革命烈士陵园管理处发布《致革命烈士家属的一封信》，向广大烈士家属征集烈士遗物，即："凡有关西满烈士陵园安葬、安放的烈士的史料、图片、文物（战斗、生活、工作用的物品）等，都在征集之列。希望广大烈士家属给予全力支持，请积极与我们联系捐赠事宜。我们将以最诚挚的感谢之情，对接收的文物、遗物进行认真整理并给予全面展示。"㊸但迄今为止，并未新征集到与王甫廉烈士有关的史料。

王国作先生还帮助笔者查阅了两种史料：一是雷作林等主编的《东北解放战争革命烈士英名录》（辽宁人民出版社1992年版）；二是齐齐哈尔市军事志编纂委员会编纂的《齐齐哈尔市军事志》（此为2010年印刷的内部资料，由齐齐哈尔军分区组织编纂）。但在上述两书中，均未发现王甫廉之名。由于遍寻史料也无有效突破，该陵园方面遂认为，根据该陵园目前实际掌握的情况，这的确是一个未解谜团。

为慎重起见，笔者又找到《东北解放战争革命烈士英名录》一书，查阅了该书所附《东北解放战争革命烈士英名录索引》（即第492—498页所载全部王姓烈士），亦无果。

王甫廉 1947 年并未牺牲

前引资料已明确记载，1949 年牺牲于天津战役中的王甫廉烈士，1945 年 9 月仍任三师七旅电台区队长。此后随部队赴东北。"1945 年 9 月 20 日，中央军委命令新四军 3 师第 7、第 8、第 10 旅，独立旅及三个特务团，由黄克诚、刘震、洪学智率领进军东北，11 月 6 日到达河北省霸县。3 师归中共中央东北局指挥，编入东北人民自卫军序列，脱离新四军建制。各级通信人员、装备随各部队建制转隶。"㊹1946 年 6 月，王甫廉任嫩江军区三科副科长。而其担任第 2 纵队通信科科长的时间为 1947 年 4 月。

嫩江军区成立于 1945 年 11 月，1946 年 1 月划归新成立的北满军区领导，辖第 1 军分区（泰来军分区）、第 2 军分区（讷河军分区）、第 3 军分区（龙江军分区）和警备第 1 旅、警备第 2 旅。1946 年 5 月，嫩江军区被划归西满军区建制，将嫩南军区改编为第 4 军分区（1946 年 6 月划归辽吉军区，又从松江军区划归五个县再组第 4 军分区）。1947 年 2 月，嫩江军区被撤销，所属部队归西满军区直接领导。1947 年 8 月，恢复嫩江军区建制。㊺

又据《西满军区组织序列表（1946 年 12 月）》《黑龙江省志·军事志》载，1946 年 1 月，西满军区成立后，所辖部队包括新四军第三师（欠七旅）。1946 年 6 月，所辖辽西军区改称辽吉军区。1947 年 1 月，嫩江军区、龙江军区被撤销后，改编为直属西满军区的五个军分区。1947 年 4 月，以辽吉军区机关一部及西满军区独立第 1、第 2、第 3 师，组建西满纵队（又称西满野战军）。1947 年 8 月，西满纵队被整编后，改称为东北民主联军第 7 纵队，西满军区遂被撤销，

原所属各军区和部队归东北局和东北民主联军总部统一领导。㊻

第二纵队的新番号为第39军。据第39军军史记载,1945年,新四军第3师挺进东北,归为东北人民自治军建制。1946年1月后,改称东北民主联军第3师,开辟西满根据地。1946年8月,以第3师机关一部成立西满军区。1946年9月,第3师主力改编为东北民主联军第2纵队。第7旅编入第6纵队,改称第16师。第2纵队成立后,参加四平保卫战、"三下江南"作战及东北1947年夏、秋、冬季攻势等作战。1948年1月,东北民主联军第2纵队改称东北人民解放军第2纵队,归东北野战军建制。㊼

虽然西满军区、嫩江军区的组织序列变化比较复杂,但是从以上记载中,仍可见王甫廉当时军职变化端倪,即:1947年初嫩江军区撤销后,王甫廉仍在西满军区任三科副科长,1947年4月组建西满纵队时,调至第2纵队,并升任通信科科长。

经缕析史料和向西满革命烈士陵园方面反复求证,笔者判断:《齐齐哈尔市志》和《西满英魂谱》所载的"牺牲于1947年"的王甫廉,与1949年牺牲于天津战役中的王甫廉,就是同一人。

也就是说,1947年,王甫廉并未牺牲,但西满革命烈士陵园于1948年建成后,却已将其列为烈士。

笔者分析:这与该陵园初建时信息不畅有关,很可能是王甫廉当时因故与原来所在部队失去联系导致的。其原来所在部队经多次改编,在交接人事档案时,是否出现了阴差阳错呢?有可能是其原来所在部队误以为王甫廉当时已经牺牲了,因此,才将其简历作为烈士简历提供给了西满革命烈士陵园。还有一种可能性,就是西满革命烈士陵园误将王甫廉简历作为烈士简历对待了。而这个误会,一直延续至今。

虽然个中缘由尚待厘清，但实际情况却是，就在西满革命烈士陵园将其作为烈士予以悼念时，王甫廉继续在纵队（军）司令部通信科任科长一职，并随部队转战。

任其旺撰《战斗在辽沈前线》载，"我于1947年3月，在第2纵队通信科任参谋，分管无线电通信和部分内勤业务。纵队所属电台，一般情况下有常设台2部（1、2台），每台配队长、报务主任各1人、报务员和见习员3—4人，摇机班战士8—10人。有特殊任务时，临时抽出人员、器材，建立1个机动台（3台），完成任务后归建。纵队通信科另辖通信连，下属2个有线电话排、1个步骑通信排。1948年6月，纵队部增设了无线电话排……2纵队开进过程中，纵队对'东总'和所属各师保持电台通信……攻克锦州，通信保障是顺畅的……纵队通信科长王甫廉，派我带领无线电1台和4名无线电话员，携带机器，轻装跟随纵队指挥所行动，保障对下联络。"⑧

人民解放军攻占锦州的时间是1948年10月15日。其时，王甫廉参与通信保障。此后，王甫廉又随部队入关参加天津战役，最后牺牲在天津战场上。

注释

① 参见《查田运动的初步总结（1933年8月）》，傅柒生、曾宪华主编：《闽西革命史文献资料（1933年1月—1934年12月）》第8辑第266—267页，古田会议纪念馆2006年编印。

② 如：《平津战役人民解放军团以上干部烈士名录》，《平津战役》第725页；《第四野战军团以上干部烈士名录》，《第四野战军（修订本）》第294页；《第四野战军团以上干部烈士名录》，《四野档案：第四野战军》第318页；《团以上干部烈士名录》，《中国人民解放军第四野战军战史》第875页。

③《走近最后的决战——平津战役参战将士访谈录》第629、637页。

④除《平津战役人民解放军团以上干部烈士名录》所载外,已知还包括《中国人民解放军第四野战军战史》第875页、《第四野战军(修订本)》第294页、《四野档案:第四野战军》第318页、《走近最后的决战——平津战役参战将士访谈录》第629页、《天津通志·军事志》第722页。

⑤《天津通志·军事志》第722页。

⑥此载源自《天津方式》第230—231页中的相关表述。

⑦瑞金县邮电局编:《瑞金邮电志》第169—170页,人民邮电出版社1998年版。

⑧《走近最后的决战——平津战役参战将士访谈录》第629页。

⑨瑞金县志编纂委员会编:《瑞金县志》第970页,中央文献出版社1993年版。

⑩江西省赣州地区志编纂委员会编:《赣州地区志》第3234页,新华出版社1994年版。

⑪刘震著:《刘震回忆录》第307页,解放军出版社1990年版。

⑫李人毅著:《新四军118将士传——铁军丹青谱》第81页、春风文艺出版社1994年版。

⑬《新四军118将士传——铁军丹青谱》第77—78、80—81、210页。

⑭李立、董建中主编:《两种前途的斗争——我们经历的抗日战争》第199页,西安电子科技大学出版社2005年版。

⑮《东北人物大辞典》第2卷上册第775页。

⑯张明胜主编:《延安博苑》第3辑第237页,陕西人民出版社2007年版。

⑰康成仁等编:《烽火春秋》第319页,解放军文艺出版社1991年版。参见斯简编著:《新四军通信简史》第144页,上海人民出版社2005年版。

⑱赵志辉编著:《通信兵故事(12)·恪尽职守篇》上册第83页,军事科学出版社2001年版。参见《新四军通信简史》第102页。

⑲《新四军通信简史》第85页。

⑳参见南京军区司令部通信兵史编写组:《新四军、华东军区、第三野战军通信兵史料回忆选编》第2辑。

㉑《辽沈决战中的通信兵》第123页。

㉒《辽沈决战中的通信兵》第251页。

㉓赵志辉编著：《通信兵故事(4)·艰苦奋斗篇》上册第399页，军事科学出版社2001年版。

㉔1955年被授予中将军衔的蔡顺礼(1913—2009)，"1933年起，任红一军团政治部宣传队宣传员"。李景田主编：《中国共产党历史大辞典(1921—2011)·(总论、人物)》第524页，中共中央党校出版社2011年版。另据李盛平编：《中国近现代人名大辞典》(中国国际广播出版社1989年版) 第699页载，1955年被授予少将军衔的谢福林(1917—1976)，于"1931年转入中国共产党。任红一军团政治部宣传队队长。参加长征。"

㉕王维撰《深切怀念黄师长》(黄师长即黄克诚，新四军三师师长兼政委、苏北军区司令员兼政委、中共苏北区党委书记)一文载："一九四四年，苏北根据地正在干部中普遍开展整顿三风的学习运动……四四年下半年，我参加三师中级干部整风队学习，当时整风和审查干部结合，半年脱产学习的最后一个阶段叫作'总反省'，每个人都讲自己的经历和思想演变过程。"(上海市新四军历史研究会三师苏北分会编：《一代楷模》第225—226页，百家出版社1989年版)。据《全军整风运动的基本情况》载："1944年4月，新四军军部在驻地盱眙县黄花塘召开各师和军区领导干部的整风汇报会，专题研究了审查干部的问题。会后，各师和军区除抽调大批团以上干部到军部集中整风外，部队也开展了审查干部的工作。在兼顾作战的情况下，除留少部分干部坚持正常工作外，师和军区机关大部分干部统一编成整风队，全天参加集体审查干部工作。第2、第3、第4师轮流抽调营连职干部参加整风班，开展审查干部工作……1945年3月，新四军政治部发出《关于整风善后工作的指示》……1945年4月20日，中共六届七中全会通过了《关于若干历史问题的决议》，标志着全党整风运动胜利结束。全军整风运动也随之结束。"(《中国人民解放军军史》编写组编：《中国人民解放军军史》第2卷 (1937年7月—1945年9月)第268—269页，军事科学出版社2010年版)。不过，钱小

惠、钱厚祥撰《苏北根据地的美术活动》载,1945年"4月,为迎接反攻阶段的到来,丁达明同志去中级干部整风队整风。不久,黄丕星同志和小惠也入了三师整风队。并一起听了黄克诚同志宣讲的毛主席《论联合政府》报告。"(中国人民解放军文艺史料编辑部编:《中国人民解放军文艺史料选编》第4册(《抗日战争时期》)第211页,解放军出版社1988?年版)。《论联合政府》是毛泽东于1945年4月24日在中国共产党第七次全国代表大会上所做的政治报告。另据佳木斯市地方志编纂委员会编《佳木斯市志》(中华书局1996年版)第1550页载,1945年3月,柴木多"任新四军第三师八旅政治科干事、特务营教导员。1945年3月—1945年8月,在三师中干队参加整风学习,担任班长和学习组长。"据此可知,新四军三师中级干部整风队结束的时间并非中共六届七中全会召开之际。

㉖ 该校旧址仍存。2006年7月,已由延安市文物局、延安市革命纪念馆管理局联名立碑保护。

㉗ 原载《无产青年》第4期,据中共中央党校史资料征集委员会等编:《广州起义》第154—156页,中共党史资料出版社1988年版。

㉘ 原载1931年11月20日《红旗周报》第23期,据中共江西省委党史研究室等编:《中央革命根据地历史资料文库·党的系统(3)》第1822—1823页,江西人民出版社2011年版。

㉙ 《新四军通信简史》第90页。

㉚ 参见《中国人民解放军第三十九军第三次国内革命战争战史(初稿)》第78—82页,1956年编印。

㉛ 李少元著:《硝烟征程》第447页,白山出版社1999年版。

㉜ 彭仲韬著:《烽火春秋》第237页,辽宁人民出版社1997年版。

㉝ 《天津通志·军事志》第722页。

㉞ 《天津方式》第230—231页。

㉟ 齐齐哈尔市志编审委员会编:《齐齐哈尔市志(4)·文化卷》第721页,黄山书社1999年版。

㊱ "苏支"即对苏鲁豫支队的简称。苏鲁豫支队的前身为八路军一一五师三四三旅六八五团。"一九三八年十二月,由八路军一一五师六八五团改编的苏鲁豫支队(俗称苏支),在支队长彭明治、政治委员吴文玉(吴法宪)率领下,由晋东南挺进到微山湖以西单县、丰县一带。"山东省地方史志编纂委员会编:《山东史志资料》1985年第1辑(总第8辑)第31页,山东人民出版社1985年版。

㊲ 西满英魂谱编辑委员会编:《西满英魂谱》第305页,白山出版社1998年版。

㊳ 中共中央宣传部宣传教育局组织编写:《第三批全国爱国主义教育示范基地巡礼》第90页,学习出版社2009年版。

㊴ 教育部教育管理信息中心编:《中华魂——爱国主义教育基地》第162页,人民日报出版社2006年版。

㊵ 《第三批全国爱国主义教育示范基地巡礼》第89—90页。

㊶ 王国作曾任陆军第40集团军步兵第118师司令部炮兵指挥部主任,上校军衔。1990年转业后,任黑龙江省齐齐哈尔市民政局常务副局长、退伍军人安置办主任、市双拥办主任、市老龄办主任等职,2009年退休。

㊷ 《致革命烈士家属的一封信》,《鹤城晚报》2013年6月7日。

㊸ 《鹤城晚报》2013年6月7日。

㊹ 《新四军通信简史》第237—238。参见沈增夫撰《新四军第三师出关记》,上海市新四军历史研究会军直分会、《大江南北》杂志社编:《红色电波:华东通信战士忆当年》第147—154页,上海三联书店2005年版。

㊺ 参见黑龙江省地方志编纂委员会编:《黑龙江省志(第66卷)·军事志》第80—81页,黑龙江人民出版社1994年版。

㊻ 参见中国人民解放军历史资料丛书编审委员会编:《中国人民解放军组织沿革·序列表(1)》第1294页,解放军出版社2002年版;《黑龙江省志(第66卷)·军事志》第73—75页。

㊼ 关于第39军军史沿革的记载颇多。参见傅秉耀、茅汉冲、朱锦麟、朱奎玉撰:《中国人民解放军第39军简史》,《军事历史》1987年第4期第43—44页。

㊽ 参见《辽沈决战中的通信兵》第375—379页。

十、陈忠义烈士生平事迹小考

1949年1月天津战役期间,东北野战军39军115师(原番号为东北野战军第2纵队4师)供给部部长陈忠义,因积劳成疾,在战场上病故。

陈忠义烈士的安葬地为位于石家庄市的华北军区烈士陵园。其墓和碑位于该陵园烈士墓区的西区内,具体位置在东部南起第二排左十一(或右四)。碑文内容为:"陈忠义同志,中国人民解放军三十九军一一五师供给部部长,河南省潢川县人,一九三一年参加工农红军,一九三五年加入中国共产党,历任班长、排长、通信队长、连长、处长等职。一九四九年病故于天津,享年三

陈忠义烈士

十六岁。"

华北军区烈士陵园官网载其照片和碑文。中华英烈网"烈士英名录"网页所载与之基本一致,且载明其生于1913年。

而中华英烈网"纪念设施"网页中的天津市烈士陵园子网站所载内容,则较为详细,即:"陈忠义(1914—1949),1914年生人,河南省潢川县人,是中国人民解放军第三十九军一一五师供给部部长,1931年参加工农红军,1932年独立团战士,1935年加入中国共产党,历任班长、排长、通信队长、连长、处长等职,1949年1月病故天津,时年36岁。陈忠义烈士遗骨安放在北仓烈士陵园,后迁葬至华北军区烈士陵园。"其遗骨移葬华北军区烈士陵园的时间为1956年(参见本文附录《天津市民政局烈士灵柩转送护照》)。

平津战役纪念馆"英烈业绩厅"中的烈士生平展墙上,所载其

解放军战士在坦克掩护下向天津市区突击

生平与前文基本一致，但称其为"河南省潢川县人"。

天津市烈士陵园"革命烈士纪念馆"中并无陈忠义烈士展牌，但翻阅该陵园"革命烈士纪念馆"中的电子书阅读器，可浏览其生平事迹。文中称其"1914年生人，河南省潢川县人"，"1949年病故天津，时年36岁"。该文称，"陈忠义17岁参加革命后，被反动军队围剿时，曾有三个月未吃一粒米粮，终日以河沟水煮野草充饥，因营养不良，吃草中毒，头胖体肿，但未因之挫伤革命之志。前后亲自参加战斗三百余次，作战勇敢。负伤四次，被敌枪横穿鼻梁骨、面颊、右眼眶等数处，既时昏倒不省人事，在血泊中历经两三个小时，才被同志们抢救。当时，情况不佳、医药不良，而使鼻骨塌陷，呼吸不畅，而成残废，不能再做战斗工作。因此改为供给工作，历任供给科员、股员、股长、处长、部长等职。陈忠义在战斗中当过英雄，在工作中被选为工作模范，受过物品嘉奖。大军进关解放天津，陈忠义坚决随着三十九军一一五师三四五团进关部队。进关后，即展开天津战斗，工作繁忙，不能休息，于1949年1月12日，终因贫血之体疲劳过度、鼻骨塌陷、呼吸不通，窒息而牺牲，追随革命先烈，为完成革命任务，把生命献给了广大群众。"此文行文较为生涩，似非今人所撰，应该是据当年对陈忠义烈士的评价材料录入的。文中对陈忠义牺牲时间和原因的表述明确。

此载既称其生于1914年，又称其1949年病故时36岁。可见其记载的陈忠义年龄为虚岁。

时任39军117师政委的李少元在回忆录中记载："第二纵队于1948年11月17日改称中国人民解放军第三十九军，隶属东北野战军序列……步兵第一一五师（原四师）：师长胡继成（于天津战斗前调出，王良太接任），政治委员李世安，副师长郑本炎（于天津

华北军区烈士陵园内的陈忠义烈士墓与李惠民烈士墓相邻

战斗前调出,黄经耀接任),副师长兼参谋长蓝侨,政治部主任沈铁兵,供给部部长陈忠义(政治委员马常和),卫生部部长石光华(政治委员王天华)。辖第三四三、第三四四、第三四五团。"①

另载其姓名为"陈中义"。《平津战役人民解放军团以上干部烈士名录》载,"陈中义 河南璜旧县"②,《团以上干部烈士名录》③载,"陈中义 河南"。另载:"城市攻坚战,后勤保障工作十分关键。身为东野第2纵队第4师供给部部长的陈中义,为确保我军攻城作战的物资供应,日夜操劳,废寝忘食,终因劳累过度,积劳成疾,病逝在天津前线,年仅36岁。陈中义,河南璜旧县人,1931年11月参加红军,1935年4月入党。曾长期负责部队后勤工作,为保障作战胜利起到了重要作用。"④

查河南省并无"璜川县"、也无"璜旧县"。河南省信阳市有潢川县,原名光州,1913年更名为潢川县。

确有记载称陈忠义的籍贯为河南省潢川县。《天津战役中牺牲的团职干部》载:"陈忠义……河南省潢川县人。"⑤《平津战役烈士名录》中,则载为"潢川县 陈中义",并无陈忠义。⑥而在平津战役纪念馆官网中的"英烈风采"网页上,只能查询到"陈中义 河南省潢川县",亦无陈忠义。

据此判断,陈忠义应为河南省潢川县人。但是,笔者尚未在《潢川县志》(生活·读书·新知三联书店1992年版)、《潢川县志(1987—2001)》(中州古籍出版社2009年版)中,查到在天津战役期间牺牲的、名叫陈忠义或陈中义的烈士姓名和生平。而仅据以上所载,"陈中义"之名是否为陈忠义的曾用名,尚难判断。

不过,在《第39军烈士纪念碑碑文》中(参见本文附录),却有明确记载,即:"一一五师部长陈忠义"。其姓名应以此为据。

注释

① 《硝烟征程》第 438 页。
② 1991 年版《平津战役》第 726 页。
③ 《中国人民解放军第四野战军战史》第 876 页。
④ 《天津方式》第 231—232 页。
⑤ 《天津通志·军事志》第 722 页。
⑥ 《走近最后的决战——平津战役参战将士访谈录》第 632 页。

十一、李惠民烈士生平事迹小考

1949年1月,东北野战军39军117师350团(原番号为东北野战军第2纵队第6师第17团)参谋长李惠民,在天津战役中壮烈牺牲。

李少元(时任117师政委)在回忆录中,对117师干部配备介绍较为详细,即:"步兵第一一七师(原六师):师长张竭诚、政治委员李少元、副师长彭金高、副参谋长杨启轩、政治部主任吴书、供给部部长詹广华(政治委员赵永胜)、卫生部部长张金明。下辖第三四九、第三五〇、第三五一团。第三四九团(原十六团):团长薛复礼、政治委员杨弃、副团长康应中、参谋长赵先顺、政治处主任陈洁;第三五〇团(原十七团):团长袁正元、政治委员刘寅夏、副团长韩曙、参谋长李惠民、政治处主任周问樵;第三五一团(原十八团):团长杜存典、政治委员彭仲韬、副团长杨兴华、参谋长屈太仁、政治处主任林放。"[1]由于常见军史资料多介绍东野(四野)战斗序列至师级,对于部分团及团以下干部的番号及军职往往遍寻不着,故此记载

李惠民烈士画像

尤显可贵。

刘震（时任东北野战军39军军长）在回忆录中充满激情地写道："我们的胜利、人民的解放，是多么来之不易啊！三五一团团长杜存典、四五四团副团长马克正、三五〇团参谋长李惠民和军部通信科长王蒲廉等许多烈士，为此献出了自己生命。他们的丰功伟绩永垂不朽！"②

《天津战役中牺牲的团职干部》载，"李惠民，东北野战军第2纵队17团司令部参谋长③，河南省内黄县人。一九三八年入伍，同年12月入党。历任文化教员、书记、政治指导员等职。1949年1月，在天津解放时，遭敌空袭，光荣牺牲。"④平津战役纪念馆"英烈业绩厅"中的烈士生平展墙上，所载李惠民生平与之基本一致。

平津战役纪念馆藏有李惠民烈士两件遗物

平津战役纪念馆"无尽的思念"流动展牌上，载李惠民烈士的生平事迹，并披露其遗物被保存的经过："部队给李惠民烈士家属颁发了《阵亡通知书》和'家属光荣证'，这就是李惠民烈士留个〔给〕家人最珍贵的遗物，他的家人视其为传家宝。父母过世，传给烈士的兄长。兄长不在了，又由嫂子保管。1975年，李惠民的家乡遭遇洪水灾害。危急时刻，老嫂子顾不得抢救家中的贵重物品，却把这两件烈士遗物揣在怀里,从洪水中救了出来。这不仅是烈士亲属寄托哀思的物品,更是英烈们为国为民无私奉献精神的体现。"李惠民烈士《阵亡通知书》(共一页,另有信封一件)和"家属光荣证",现均藏于平津战役纪念馆"英烈业绩厅"烈士遗物展柜内,由李惠民烈士的侄子李庭臣捐赠。

1. 上文中提及的《阵亡通知书》,即1949年5月16日以117师司令部、政治部名义给其家属所寄信函。以下简称"117师致李惠民烈属函"。

"117师致李惠民烈属函"的全文为:"惠民同志家长台鉴:径启者,兹有贵府子弟李惠民同志于一九三八年参加我军,历任文化教员、政指、正付〔副〕政教、参谋长之职。惠民同志自参加〔革命〕以来,工作积极、管教有方、战斗勇敢、指挥沉着,是我党优秀的干部,是人民忠实的勤务员,是战士所爱戴之领导者,不幸于一九四九年一月在解放天津战斗中,为完成任务,身先事〔士〕卒,亲临前线,深入敌阵,侦察地形,了解敌情,为敌发觉,中弹牺牲,光荣殉职。是我党和人民莫大之损失。为纪念惠民同志,其遗尸公葬于天津北站烈士陵园,永受人民之崇敬。本部除将惠民同志忠心为国为民的功绩及其家庭生活情形,函达政府,请求给予按烈属优待外,特寄来烈属证明一份、遗像两张,以作留念。望接信后,应解劝其全家勿于十分悲痛,深知惠民同志虽死犹荣,精神不死,他的英名将流芳千古。关于家庭生活问题,政府予以解决;惠民同志的仇恨,我们负责替报。敬请近安。三十九军一一七师司令部、政治部。一九四九年五月十六日。"

《内黄县志》也载:李惠民牺牲后,"遗体葬于天津北站烈士陵园。"⑤

天津并无"北站烈士陵园"。位于天津北站外的北宁公园内，倒是有一尊革命烈士纪念碑，但这是为纪念解放天津时牺牲的铁路职工而建的。笔者判断，"北站烈士陵园"应为北仓烈士陵园（曾称北仓革命公墓）。北仓当时属于天津县，1955年成立北仓乡，属天津北郊区。天津解放后，在天津战役中牺牲的原属39军的部分烈士遗体曾葬于北仓烈士陵园。李惠民烈士的遗体也有初葬于该陵园的可能性，其遗骨后于1956年移葬至华北军区烈士陵园（参见本文附录《天津市民政局烈士灵柩转送护照》）。

2. 上文中提及的"家属光荣证"，即1949年5月16日以117师政治部名义颁发的"东北民主联军第六师烈属证明书"，"东北民主联军第六师"为117师原番号。以下简称"李惠民烈属证明书"。

该证为统一印制格式，在此基础上填写相关内容，即："兹有李惠民同志，系河南省内黄县楚旺区石盘村人。其一九三八年参加我军，现为三五〇团参谋长。在爱国保卫战争中，该员英勇作战，不幸于民国三十八年一月十日，在解放天津战争中，为中国人民光荣捐躯。特此证明，望该地各级民主政府根据《东北政委会抚恤烈属条例》之规定，给予优待为荷。右给李惠民家属收执。师长张竭诚、政委李少元、副师长彭金高、参谋长杨启轩、主任吴书。民国三十八年五月十六日"⑥

李惠民烈士的家乡

"117师致李惠民烈属函"信封上所写李惠民的家乡地址为内黄县楚旺区石盘屯，李惠民烈属证明书上则写为石盘村。平津战役纪念馆"英烈业绩厅"烈士遗物展柜中还藏有1951年制李惠民烈士"家属证"。该证上所写地址为"平原省内黄县第五区石盘屯村"。

《内黄县志》载,民国时期,在内黄县行政区划中,包括"第六区楚旺"。1950年,"第五区石盘屯""第八区楚旺"。1955年,楚旺区包括楚旺乡、石盘屯乡。⑦

据中华英烈网"烈士英名录"网页载,还有一位烈士,也叫李惠民。其安葬地为内黄县烈士陵园,籍贯为"河南省内黄县石盘屯乡西街",生前职务为"第一百一十七师三五零团参谋长"、于1949年1月解放天津时牺牲。显然,其与安葬地为华北军区烈士陵园的李惠民烈士,是指同一人。那么,内黄县烈士陵园安放的是李惠民烈士的灵位呢?还是李惠民烈士的遗骸后来从华北军区烈士陵园迁至内黄县烈士陵园了呢?笔者判断,内黄县烈士陵园安放李惠民烈士灵位的可能性很大。

李惠民烈士生于何年

李惠民烈士的安葬地为位于石家庄市的华北军区烈士陵园。其墓和碑位于该陵园烈士墓区的西区内,具体位置在西区东部南起第二排左十(或右五)。碑文内容为:"李惠民同志,中国人民解放军一一七师三五〇团参谋长,河南省内黄县人。一九三八年入伍,同年加入中国共产党。历任文化教员、政治指导员、政治教导员等职。一九四九年一月解放天津牺牲。享年二十九岁。"华北军区烈士陵园官网载其照片和碑文。中华英烈网"烈士英名录"网页所载与之基本一致,且载明其生于1920年。

天津市烈士陵园"革命烈士纪念馆"中的烈士展牌上,载其生平称:"李惠民,河南省内黄县人,一九二一年生人,一九三八年入伍,同年入党。入伍后历任民运工作人员、文化教员、付〔副〕政指、民连干事、政指、锄奸干事、付〔副〕政教、政教等职。李惠民同志工作积极负责,担任政教时,在中国人民解放军第三十九军一一七师三四九团一营起很大作用,作风正派,切实深入,对问题处理及时,对军事学习主动钻研。在

117师政治部向李惠民家属发放的烈属证

攻打天津战役中,任中国人民解放军第三十九军一一七师三五〇团参谋长,在天津战役指挥战斗中,不幸中流弹牺牲,时年二十八岁。"

《河南省著名烈士表》载,李惠民生于1921年,"牺牲于天津战役,时任东北野战军六师三五〇团参谋长"⑧。这个表述,是将新旧番号杂糅使用了。

《内黄县志》载:"李惠民(1921—1949),石盘屯乡西街人。1934年毕业于楚旺中学,1938年参加八路军一二九师六八八团,转战冀鲁豫,开创抗日根据地,历任文化教员、政治指导员、教导员、团参谋长。他作战勇敢、沉着,深受战士爱戴。1949年1月解放天津战役中,因深入前沿阵地检查工事,中弹牺牲,年28岁。遗体葬于天津

北站烈士陵园。"⑨

可见,对于李惠民生年,尚有 1920 年说和 1921 年说,其牺牲时的年龄,遂有 28 岁和 29 岁两说。对此,仍需考实。

李惠民烈士牺牲时间、牺牲地点和牺牲原因

关于李惠民牺牲的情况,相关记载有所不同。

李少元在回忆录中对李惠民牺牲地点有所涉及。1949 年 1 月 14 日,"一一七师三四九团、三五〇团突破后,沿忠庙大街并肩前进。三五〇团避开敌火力锋芒,沿小巷迅速插向纵深。二营进至自来水厂时受阻,六连凿洞进入院内,炸毁敌碉堡,攻占自来水厂,歼敌大部。此后,五连、六连交替掩护攻击前进。五连攻占了北洋火柴厂后,六连相机攻占千佛寺。战斗中,团参谋长李惠民牺牲。"⑩文中提及的"忠庙大街",即双忠庙大街。

张竭诚 1959 年撰《入关第一战》载,1949 年 1 月 14 日,西线攻城部队"勇猛前进,击退了数次反冲击和有组织的节节反抗,占领了自来水厂,×××团的参谋长李惠民同志在这时光荣牺牲了"。⑪

张竭诚后在回忆录中的《奋勇攻坚夺天津》一章中,对此有更为详细的记述,即:1949 年 1 月 14 日,"突破城垣后,我师二梯队第十八团投入了战斗。十八团置第一阵地之残敌于不顾,直扑敌人第二阵地。经激战突破后,向东发展进击,一路沿忠庙大街,一路奔西营门,势如两把尖刀,直插敌人纵深。敌人且战且退,不时地组织坦克掩护步兵发起反击。该团前卫营在炮火和坦克的有力支援下,击退敌人数次反扑,向市中心推进。师指挥所随该团跟进。敌我激战

竟日,黄昏后,进入激烈的巷战。敌人的防守部署渐趋瓦解,开始向市中心大规模溃退,沿路弃尸。但是,困兽犹斗,敌人虽败,仍借助街垒、巷口和高大建筑物的门窗平台,负隅顽抗。十六团和十七团继续投入主力,紧接十八团扑向敌第二阵地,直插纵深。他们沿忠庙大街并肩突破,互相配合,穿插分割。遇到核心堡垒,就穿房跃进,逼近敌人以火力封锁,掩护爆破手爆破,或打通房屋,以大炮直接抵近射击,加以摧毁。我把突破城垣和向纵深发展进攻的情况,向刘震司令员作了报告。他说:'好!要乘胜勇猛发展进攻。我已令五师、独立七师加入战斗。五师汪洋参谋长带第一梯队团就在你师后部,请把坦克连转给他使用,务必快插金汤桥、金刚桥〔金钢桥〕。'当时,我叫作战参谋李宏垠带坦克连长去找汪洋参谋长接受任务,并传达了刘司令员的指示。此时,汪参谋长率一梯队团已从我师战斗队形中插过去,指向金汤桥攻击前进。我师与兄弟部队并肩前进。在自来水厂附近,遇敌一个营阻击。十七团一营在团政委刘寅夏、参谋长李惠民和营长王秀法指挥下,组织炮火掩护,穿墙打洞,炸毁地堡。激战半小时,歼灭守敌,俘虏200余人,占领了自来水厂,然后,又一鼓作气,连续占领了千佛寺、北洋火柴厂和铃铛〔阁〕中学。午夜时分,十七团指挥所进到西马路附近。团长袁正元、参谋长李惠民和政治处主任周问樵等人,正沿街搜索前进,突然,从前面十字街心一个半地下的地堡射来一梭子子弹。大家立即卧倒。已经晚了!警卫班伤亡几名战士。李参谋长负了重伤,经抢救无效,不幸牺牲。李惠民同志是一位很优秀、很全面的好干部。他的不幸牺牲是我师的一大损失。"⑫

另载,李惠民于"1949年1月14日,在指挥所部通过护城河时,不幸中弹牺牲"。⑬平津战役纪念馆"无尽的思念"流动展牌上,

华北军区烈士陵园内的李惠民烈士墓碑

称李惠民牺牲原因为:"天津战役时,李惠民在指挥所部通过护城河时,不幸中弹牺牲。"

而在"117师致李惠民烈属函"中,则称李惠民牺牲原因为:"于一九四九年一月在解放天津战斗中,为完成任务,身先事〔士〕卒,亲临前线,深入敌阵,侦察地形,了解敌情,为敌发觉,中弹牺牲。"⑭不过,这一表述较为笼统。另据李惠民烈属证明书载,李惠民牺牲时间为1949年"一月十日"。

梳理以上史料记载可知,李惠民牺牲时间有1949年1月10日和1月14日两说。其牺牲地点存以下三说:一是"占领了自来水厂"之际;二是在"西马路附近";三是"过护城河时"。而其牺牲原因存以下五说:一是"在天津战役指挥战斗中,不幸中流弹牺牲",二是"在天津解放时,遭敌空袭,光荣牺牲";三是"深入前沿阵地检查工事,中弹牺牲";四是"深入敌阵,侦察地形,了解敌情,为敌发觉,中弹牺牲",五是"突破城垣后……正沿街搜索前进"时,因敌人"射来一梭子子弹",负重伤后牺牲。

张竭诚、李少元均为李惠民生前所在117师的首长,对于李惠民牺牲时的情况,应在事后进行过有针对性的了解。尤其是张竭诚在回忆录中的记载较为详尽,不仅涉及诸多具体细节,且指向性强,尤应予以重视。

关于李惠民牺牲时的具体地点,李少元在回忆录中的记载与张竭诚1959年所撰文章的记载基本一致,即攻击或占领"自来水厂"前后。但张竭诚后在回忆录中的记载,则称李惠民牺牲于"西马路附近"。那么,此处所言的"自来水厂",是否位于"西马路附近"呢?

已知,天津西头芥园一带,清末即建有"济安自来水公司",俗称自来水厂[15]。而查阅天津老地图可知:在1910年《天津地图》中,北马路与西马路交口东南侧标有"济安自来水";在1933年《最新天津市详图》中,北马路与西马路交口东南侧标有"自来水公司",且在芥园东侧标有"济安自来水公司"。

在《南开区房地产志》一书中载:"天津济安自来水股份有限公司旧址坐落在北马路西北角。现为天津自来水公司供水营业所。创办于1901年。占地面积约3500平方米,今保存原建筑两处:即水票房和办公房,建筑面积为31175平方米。两处建筑皆同年所建,结构完好,基本保持原有风貌。该公司初建时,水塔设在公司院内,塔高30余米,为旧城内外的最高建筑物。水厂设于南运河南岸芥园,经过一年多时间的紧张筹建,芥园水厂于1903年3月建成。"[16]

另据《一个被人忽略的水塔》载:"在老城西北角原天津自来水公司院内,有一高达三十多米的水塔。这个塔是当时的济安自来水公司建造的。"⑰

据此可知,"济安自来水公司"的办公地确曾设在"西马路附近",而其水厂则设在芥园一带。这可为张竭诚回忆录中关于李惠民牺牲于"西马路附近"这一记载提供依据。

关于李惠民牺牲时的时间问题,李少元记载为1949年1月14日由李惠民任参谋长的350团"突破后",张竭诚记载为"突破城垣后"。二者表述一致。当时,39军各突破团突入天津城防的时间即在1月14日总攻开始后。笔者判断,如果李惠民是1月10日牺牲的话,此时尚属突破天津城防之前的备战和扫清外围阶段,39军将士仍集结在西线城防之外。因此,也就不存在"117师致李惠民烈属函"中所称的李惠民"深入敌阵"之说了。

在相关著述中,李惠民的姓名也有被写为"李会民"⑱、"李慧民"的个别情形,经判断当为误植。分析相关史料可知,其姓名确为李惠民,对此并无异议。

注释

① 《硝烟征程》第439页。

② 《刘震回忆录》第307页。

③ 司令部亦称参谋部。中国人民解放军团以上部队,均设有司令部。团司令部参谋长通常被简称为团参谋长。

④ 《天津通志·军事志》第722页。

⑤ 史其显主编:《内黄县志》第730页,中州古籍出版社1993年版。

⑥ 参见平津战役纪念馆编:《文物图集》第55页,2007年印刷。

⑦《内黄县志》第59—60页。

⑧ 河南省地方史志办公室编纂:《河南省志·人物表》第26页,河南人民出版社1995年版。

⑨ 史其显主编:《内黄县志》第730页,中州古籍出版社1993年版。内黄县当代人物志编委员会编《内黄县当代人物志》(香港天马图书有限公司2000年版)所载与之一致。

⑩《硝烟征程》第451页。

⑪ 中国青年出版社编:《红旗飘飘》第12集第310页,中国青年出版社1959年版;新疆人民出版社编辑:《难忘的岁月——革命回忆录》第297页,新疆人民出版社1979年版。

⑫ 张竭诚著:《峥嵘岁月》第181—182页,白山出版社1993年版。

⑬《天津方式》第231页。

⑭ 参见平津战役纪念馆编:《文物图集》第55页。

⑮ 该自来水厂位于天津城西芥园道西段北侧,清光绪二十九年(1903)建成。初名"英商中国天津济安自来水公司",后更名为"中国天津济安自来水股份有限公司"。1950年后改称芥园水厂。今芥园道东起西马路,中与红旗路相交,西至青年路(青年路迤西为芥园西道)。全长2230米。其中,小西关大街至红旗路一段,原称芥园大街;红旗至青年路一段,原称习艺所前街。1957年后接顺,统称芥园道。

⑯ 天津市南开区房地产管理局编:《南开区房地产志》第222—223页,天津社会科学院出版社1997年版。2002年后,天津老城被整体改造,这些建筑今均已不存。

⑰ 刘文华著:《津沽轶事》第254页,天津古籍出版社2011年版。

⑱《内黄县志》所载《烈士英名录》中,籍贯为河南省内黄县石盘屯乡西街的烈士仅有两人,即"李会民、王亭君",却无李惠民。不过,《内黄县志》所载《人物篇》第二章《简介》中,在介绍李惠民生平时,称其为"石盘屯西街人"。据此判断,李会民即指李惠民。参见《内黄县志》第817、730页。

十二、杜存典烈士生平事迹小考

1949年1月,东北野战军39军117师351团(原番号为东北野战军第2纵队6师18团)团长杜存典在天津战役中壮烈牺牲。他被刘亚楼誉称为"二纵队最优秀的一个团长"。

《天津战役中牺牲的团职干部》载,"杜存典,东北野战军第2纵队18团团长,河北省平山县人。1938年入伍,1940年入党。历任侦察班长、排长、参谋、连长、营长等职。1949年1月13日,在勘察天津三元村地形时,遭敌炮击,光荣牺牲"。①

平津战役纪念馆"英烈业绩厅"中的烈士生平展墙上,所载其生平与之基本一致,只是在说明牌上写为"河北省平乡县人"。(原写为"河北省平山县人","乡"字是后贴上的)。

天津市烈士陵园"革命烈士纪念馆"中的烈士展牌上,载其生平,即:"杜存典,河北省平山县人,1938年参加革命,是中国人民解放军三十九军一一七师三五一团团长,他作战勇敢,带兵有方。在天津战役外围战斗中,于1月5日在前沿阵地组织战斗,不幸被炮

杜存典烈士

火击中,在前线以身殉职。1月6日全团为团长杜存典举行隆重追悼会。杜存典烈士遗骨安放在北仓烈士公墓,后迁葬至华北军区烈士陵园。"

在中华英烈网"纪念设施"网页中的天津市烈士陵园子网站上,对杜存典的生平所载与前文一致,但将杜存典生年记载为"1932年"。此载应为误植。杜存典1949年牺牲时,断不可能年仅17岁。

而在中华英烈网"烈士英名录"网页中,所载杜存典生平与上文有异,包括生年、籍贯、牺牲时间、安葬地点等表述,即:杜存典生于"1916年"、籍贯为"河北省平乡",生前任"一一五师三四四旅六八九团团长","1948年"在天津牺牲,安葬地为"无河古庙公社董庄"[②]。而在华北军区烈士陵园官网上,并未搜索到杜存典的姓名。

不过,在《第39军烈士纪念碑碑文》中(参见本文附录),却记载为:"一一七师 团长杜纯典"。"杜纯典"之名尚未见他处记载,此载不排除误植的可能性,个中缘由有待查考。本文以下仍均写为杜存典。

杜存典烈士牺牲时间和牺牲原因

对于杜存典生平的记载,时间较早且内容较为详细的是张一兵撰《杜存典烈士传略》一文。该文中也涉及到杜存典牺牲时的情况,即:"1949年1月8日,杜存典率部攻占了天津南运河南侧的敌外围据点三元村,使敌天津城防要地和平门完全暴露在我军阵前。按原计划,杜存典将率三五一团担任和平门主攻战斗,于是,他在攻占了三元村之后,马上带着人到和平门前沿阵地去察看地形。他们一行四人边看地形,边研讨作战方案,对于敌人不时打来的冷枪冷炮,他们全然不顾。那是下午四点多钟,在一个不很隐蔽的地方,杜存典等四人围成一圈儿,用小棍在地上划着图,商量着。突然,一发炮弹落在了他们四个人的中间爆炸了,团长杜存典当场牺牲。"③

时任39军117师师长的张竭诚在回忆录中的《奋勇攻坚夺天津》一章载:"从我师集结地李家园左近,到天津外围预定前沿阵地,有3公里长的开阔地,唯一接敌的办法就是挖交通壕。天寒地冻,作业量大,这是一项十分艰巨的劳动任务。为了发动指战员们按时完成任务,我们提出了'战前多流汗,战时少流血'的口号,广大指战员热烈响应。1月2日晚,我和参谋长杨启轩、十六团团长薛复礼、十七团团长袁正元、十八团团长杜存典及各营营长,走完至前沿的3公里全程,把两条干线交通壕的掘进任务,一段一段地分给各团各营和师机关……敌三元村据点位于天津和平门外运河南岸的河堤上,村东距和平门仅200米,是天津西郊敌外围工事的坚固支撑点之一。该村住户约10几家,老百姓早已被赶走。此处地势高,位置重要,敌人以几所坚固民房为核心,在周围修筑了16个大地堡,形成一个很大的地堡群。地堡间均以交通壕连接,外围有半屋形铁丝网一道和断续布雷场,是一个较为完整的环形防御体系,并可随时得到城防火力的支援。守敌为六十二军六十七师三〇一团三连(欠第三排)。敌人为保障其左翼安全,还在三元村以南100

米处一个凹地里,修筑了 3 个地堡,构成一个三角群体,由一个排防守。与三元村据点成犄角之势。三元村据点已成为我第一主攻方向部队从西面突破天津的一只'拦路虎',必须先予除掉。1 月 6 日,师召开了作战会议,当时各团都盘算着总攻时担任突破和平门第一梯队的主攻任务,谁也不想打外围。利用会间休息,我与李少元政委、彭副师长、杨参谋长、吴主任作了研究,商定由十八团打外围三元村,师炮营两个连配属该团指挥。复会后,杜团长、彭政委见已决定,立即表示:'坚决完成任务!'就在会议继续进行时,忽然接到纵队电话,一纵二师有两个连的阵地交给我们六师十八团接替。杜团长、彭政委争着要去,最后还是由杜团长带一营营长孙进亭、侦察股王参谋去接阵地。可是谁也没有想到,他们竟在路上不幸遭敌人炮击。孙营长和王参谋当场牺牲,杜团长身负重伤。纵队卫生部长刘德懋急忙带人抢救。我和李少元政委中断会议,与彭仲韬等赶到现场时,杜团长已经停止了呼吸。在场的同志无不悲痛落泪。杜存典同志作战勇敢,带兵有方,是个优秀指挥员。他的牺牲,使我们失去了一位好团长、好同志,令人十分痛心!十八团指战员化悲痛为力量,在政委彭仲韬和代理团长杨兴华的指挥下,于 1 月 7 日晚召开了打三元村的作战会议。"④

时任 117 师 351 团政委的彭仲韬在回忆录中的《狂飚漫卷下平津》一节载:1949 年"元月 5 日,我和团长杜存典同志在师部开第二次作战会议。下午 1 时左右,军里通知,要我师派两个连,接替三元村西北 38 军 113 师的部队,师长要 351 团执行这项任务。我立即说:'让副团长去吧,老杜还没有吃饭'。杜存典同志讲,会议快开完了,就剩步炮协同了,我路过团部吃点就行了。他走后约 1 个小时,政治处主任林放同志打电话说:'团长、一营长和二股长都负伤了'。会议立即结束,我和张师长、李政委马上向团部跑去,到达时,一营长孙敬亭、二股长王天然同志已牺牲了,杜存典同志腹部和胸部三处被弹片击伤,已不能讲话。不久,军卫生部长刘德懋赶到,进行紧急抢救,终因伤势太重,至18时,这位年仅26岁的优秀指挥员,离我们而去了!杜存典同志的牺牲引起全团指战员强烈的痛惜和悲愤。我们于6日夜间在阵前举行了'追悼誓师大会',军政委吴法宪、师政委李少元均出席讲话,会场一片啜泣声。战士们愤怒地高喊:'拔掉三元村,打进天津去,刺刀见红,为团长报仇!'……杜存典同志不幸牺牲了,全团指战员怀着满腔悲愤下决心:'坚决拿下三元村,打好我师第一枪'……我团牺牲营以上干部4人:团长杜存典同志,河北省平山县人,少年从军,作战机智勇敢,善打硬仗,性格刚直朴实,头脑清醒,从一个小八路成长为率领千军万马驰骋沙场的优秀指挥员;一营长孙敬亭,河南省太康人,也是自幼参军,为人诚朴,善于团结同志,打仗沉着勇敢,屡立战功;二股长王天然,河南省杞县人,性格朴实,寡言少语,但颇内秀,曾多次带便衣小分队深入敌穴进行侦察。"⑤

沈阳军区政治部组稿、荆南进撰写的《英雄团长杜存典》载:"平津战役打响后,杜存典率部参加了解放天津的战斗。1949年1月8日,六师十八团攻占了天津南运河南侧的敌外围据点三元村〔三元村〕。使敌天津城防要地和平门(现西营门)完全暴露在我军阵地前。此刻,二纵队党委常委会议刚刚结束,研究确定由杜存典率十八团主攻和平门,同时通过了任命杜存典为六师副师长的命令。当日下午,杜存典带团参谋长等一行4人,亲自到天津的和平门前沿阵地观察敌情了解地形,以便确定进攻的方位和路线。杜存典等4人边看地形,边研讨作战方案,没有在乎敌人不时打来的冷枪冷

西线攻城解放军突破天津西营门时匍匐前进

炮。杜存典等人的行踪引起了敌人的注意。就在杜存典等人围成一圈儿,用小树棍在地上划图,准备最后敲定进攻方案时。突然两发炮弹飞了过来,一发落在他们4人的不到两米处爆炸了,杜存典这名尚未升任的六师副师长不幸牺牲,为中国人民的解放事业献出了宝贵的生命。"⑥

另,由沈阳军区政治部组稿、荆南进撰写的《英雄团长杜存典——记东北野战军二纵队十八团团长杜存典》⑦以及荆南进撰《杜存典》⑧所载相关内容,由于均出自一人之手,与上文表述并无二致。其中涉及的杜存典牺牲原因,与张竭诚、彭仲韬的回忆录所载有异。

关于杜存典的牺牲时间,以上记载也不一致,有1948年说、1949年1月5日说⑨、1949年1月6日说和1949年1月8日说⑩,而《天津通志·军事志》所载则称1949年1月13日。除1948年说明显不确外,天津市烈士陵园网页所载与彭仲韬回忆录所载可以契合,即1月5日。

对于其他所载其牺牲时间,应予进一步排查。如:张竭诚在回忆录中载,"1月6日,师召开了作战会议";而彭仲韬载,"元月5日,我和团长杜存典同志在师部开第二次作战会议"。117师召开此次作战会议的时间,与杜存典牺牲的时间一致,均发生在同一天。如能将此次作战会议的详情查清,杜存典的牺牲时间即可迎刃而解。若将与杜存典一同牺牲的孙敬亭(张竭诚载为"孙进亭")、王天然的具体牺牲时间查清,也可对确认杜存典牺牲时间提供重要佐证。

经对已见史料分析判断,笔者认为,关于杜存典牺牲原因,张竭诚、彭仲韬回忆录中的记载应予采信,关于杜存典牺牲时间,1949年1月5日说值得采信。

杜存典烈士牺牲时的军职

关于杜存典牺牲前的军职,前引荆南进撰写的《英雄团长杜存典》载:"1949年1月8日……二纵队党委常委会议刚刚结束,研究确定由杜存典率十八团主攻和平门,同时通过了任命杜存典为六师副师长的命令……杜存典这名尚未升任的六师副师长不幸牺牲。"

2014年清明节前后,平津战役纪念馆制作的以"无尽的思念"为主题的流动展牌上,载杜存典生平:"杜存典(1923—1949),平津战役时任东北野战军2纵6师副师长(未到任),河北省平山县人。杜存典是在平津战役13位牺牲的团级干部中年纪最小的一位,牺牲时年仅26岁。杜存典于1938年参加八路军,1940年入党。曾任八路军115师344旅689团团部侦察员,因在侦察敌情中大胆仔细,曾受到朱德总司令的称赞。辽沈战役中,他率所部参加了攻克锦州、解放沈阳等战斗。由于卓越的军事才能,他被刘亚楼誉为'2纵队最优秀的一个团长'。天津战役发起前,杜存典刚被任命为2

解放军战士突破天津护城河

纵6师副师长,他还未到任,就投入了紧张的战前准备之中。杜存典指挥第18团担负主攻和平门(今西营门一带)敌城防工事重任。1949年1月8日,在总攻开始前,当他率参谋人员到和平门前沿观察敌情时,就在他们围在一圈儿,用小树棍在地上画图,研讨作战方案时,两发冷炮打来,在距其两米处爆炸。杜存典这位尚未到任副师长职的'英雄团长'永远闭上了双眼。他牺牲时,手中还攥着那根小树棍。"

在前引张竭诚、彭仲韬在回忆录中,均未提及与"通过了任命杜存典为六师副师长的命令"或"杜存典这名尚未升任的六师副师长"相关的只言片语。

而平津战役天津前线指挥部司令员刘亚楼于1949年1月20日向"林、罗并转军委"呈报的题为《天津作战的经验教训》的报告中,提及杜存典时称,"六师十八团团长,是二纵队最优秀的一个团长,在看地形时不注意隐蔽而牺牲了。"如果杜存典"刚被任命为2纵6师副师长"后就牺牲了,确属极为特殊的情况。即便是未到任,但如果已"通过了任命杜存典为六师副师长的命令"的话,其身份也应该是副师长,已非团长。那么,刘亚楼为何仍称其为"六师十八团团长"呢?或许,其新任军职尚待上级批复后才算生效?总之,其牺牲时实质上仍为团长,应该是没有太大疑问的。

杜存典烈士的籍贯

关于杜存典的籍贯,已知现存三说,即平山县、威县、平乡县。这三个县均曾归直隶省管辖,1928年后,直隶省改称河北省。

一是平山县说:

除前文所引《平津战役人民解放军团以上干部烈士名录》《天津战役中牺牲的团职干部》等将杜存典烈士的籍贯记载为河北省平山县外,《团以上干部烈士名录》[11]、《平津战役烈士名录》[12]、两种版本的《第四野战军团以上干部烈士名录》[13]中的相关记载均如此。

在平津战役纪念馆官网中的"英烈风采"网页上,可查询到杜存典烈士及籍贯,所载亦为"河北省平山县"。

彭仲韬在回忆录中也采此说,即:"团长杜存典同志,河北省平山县人。"[14]

笔者在平山县地方志编纂委员会编《平山县志》(中国书籍出版社1996年版)所载《烈士英名录》中,并未发现与杜存典相关的记载。

二是威县说:

1. 张一兵撰《杜存典烈士传略》载:"杜存典烈士,河北威县人,1923年出生在一户贫苦人家中。"[15]

2. "杜存典(1923—1949),直隶(今河北)威县人。1938年参加八路军。同年加入中国共产党。后任八路军一一五师六八九团侦察排长、淮海军分区二支队连长、新四军三师十旅二支队独立六团副团长。抗战胜利后,随部开赴东北,先后任东北民主联军二纵十六团副团长和十八团团长、东北野战军第三十九军三五一团团长。1949年1月8日在攻打天津的战斗中牺牲。"⑯

3."杜存典(1923—1949),河北威县人。1938年5月,参加八路军,做通讯员。1938年11月,调团部侦察排当侦察员。不久加入中国共产党。1939年后,历任侦察班长、侦察排长、侦察参谋、五连副连长。率部在大兴庄一带阻击敌人……1942年12月,任二连连长,率部在淮阴海州地区参加战斗。1943年7月,升任六团副团长。1945年10月,随军到锦州以西地区,任三营营长。率部在彰武、法库一带歼敌立功。1946年3月,率部和兄弟部队一起,将'蒋军'一个师包围在泉头西北的兴隆泉、柳条沟一带,激战一夜,歼敌大部。10月,歼灭哈哈套〔哈尔套〕街守敌,三营受到东北民主联军总司令部的通令嘉奖。12月,升任十六团副团长。1947年1月至3月,参加'三下江南'的战斗。5月,奔袭怀德守敌。12月,奉命夺占彰武城外的两个重要据点,连续作战,受到纵队嘉奖。1948年4月,调任六师十八团团长。10月,奉命率部参加锦州战斗、沈阳战斗,1949年1月8日,率部攻占天津南运河南侧的敌外围据点三元村,带人到前沿阵地,查看地形时,不幸中弹牺牲。时年26岁。"⑰

4."杜存典(1923—1949),直隶(今河北)威县人,1938年参加八路军,同年加入中国共产党。后任八路军一一五师六八九团侦察排长、新四军三师十旅二支队独立团六团副团长等职。抗战胜利后,随部队开赴东北,先后任东北民主联军二纵十六团副团长和十八团团长、东北野战军第三十九军三五一团团长。1949年1月8日在攻打天津的战斗中牺牲。"⑱

5. "杜存典(1923—1949.1.8),河北威县人。1938年5月参军,同年加入中国共产党。曾在八路军一一五师三四四旅六八九团任通讯员、侦察员、班长、排长等职,后到新四军十旅二九团任连长、副营长。1945年11月随部进军东北,任独立旅三团三营营长。他率三营多次出色完成战斗任务,荣获民主联军总部的通令嘉奖。1946年12月,晋升为十六团副团长。1947年在奔袭怀德和进攻彰武的战斗中又先后得到师部及纵队表彰。1948年4月,升任六师十团团长。辽沈战役后部队改编,任三十九军一一七师三五一团团长。1949年1月8日,在解放天津战斗中壮烈牺牲。"[19]

6.《英雄团长杜存典》称:"杜存典是河北威县人,1923年春天出生于一户贫苦农民家中。"[20]

7.《英雄团长杜存典——记东北野战军二纵队十八团团长杜存典》称:"1938年5月10日深夜,河北省威县城里人息灯灭,格外寂静。突然,城东一声轰响,火光冲天……八路军一一五师三四四旅硬是把'东洋鬼子'的一个中队给消灭了。这一消息,很快传遍了威县。1923年出生的杜存典,立即找到村里几个平时要好的伙伴,跑到县城,报名参加了八路军。"[21]

笔者在威县地方志编纂委员会编《威县志》(方志出版1998年版)所载《革命烈士英名录》中,并未发现与杜存典相关的记载。

三是平乡县说:

《平乡县志》第二十七编《人物》第三章《烈士英名录》载:杜存典,1916年生,平乡县河古庙镇董家庄人,1937年参加革命,一一五师三四四旅六八九团长,1948年在天津牺牲。[22]

前引中华英烈网"烈士英名录"网页所载也称,杜存典籍贯为"河北省平乡",安葬地为"河古庙公社董庄"。

查河谷庙镇位于平乡县城东南部，于 1953 年置河古庙乡，1961 年成立河古庙公社，㉓下辖董家庄、董家村等 18 个行政村。㉔1984 年复改为乡，1987 年改为河古庙镇后，下辖董家庄、董家村等 33 个行政村。河古庙镇董家庄位于河古庙镇政府驻地西北约 6 公里处。威县位于平乡县迤东，两县相距较近，约 36 公里，但尚未发现平乡县河古庙地域在历史上曾由威县管辖的记载。

杜存典烈士遗骨是如何迁葬的

2011 年 7 月 4 日，名为"花落因为花开过"的网友在新浪博客发表博文称："我对杜存典烈士的籍贯做下重审〔申〕：烈士系河北省邢台市平乡县河古庙镇董庄村人氏。烈士的同胞弟弟（杜保利，82 岁）还健在，烈士的墓地（从天津某烈士陵园迁来的）就在村后。谢谢对烈士的关注，望核实。烈士的家人非常希望得到烈士的更多信息。"㉕那么，杜存典烈士的遗骸（或骨灰）是缘何"从天津某烈士陵园迁来的"呢？

据《西郊区烈士陵园》一文载，"西郊区革命烈士陵园是为纪念 1949 年解放天津战役中阵亡的烈士而建的。在解放天津的战役中，掩埋在西郊区土地上的革命烈士共计 747 名，其中有 351 团团长杜存典。1951 年 7 月，曾修建杨柳青南运河南岸烈士陵园和曹庄烈士陵园，将所有烈士遗体〔骨〕迁入这两个陵园中。曹庄烈士陵园有烈士 100 名。南运河南岸烈士陵园外东侧有 133 名单人烈士坟墓，陵园内修筑一座集体墓穴，内有 514 名烈士遗体〔骨〕……坟前有人民解放军 117 师、天津地区公署、杨柳青政府树立的纪念碑，碑上镌刻着'天津战役阵亡烈士之墓'……1972 年，经市革命委员会批准,兴建西郊烈士陵园,全部工程于 1975 年完工。将原有陵园内的烈士遗体〔骨〕火化后,移至新建的陵园。"新陵园"两侧为骨灰室,安放着 659 具烈士骨灰盒。"㉖

而天津市烈士陵园"革命烈士纪念馆"中的烈士展牌上,则称"杜存典烈士遗骨安放在北仓烈士公墓,后迁葬至华北军区烈士陵园"。而华北军区烈士陵园如今并无杜存典烈士墓碑和碑文。笔者曾就此向华北军区烈士陵园方面咨询,但尚未了解到杜存典烈士遗骨迁葬情况。

笔者迄今未能与河古庙镇董庄村相关人士取得联系,相关疑问并未消除,但杜存典的籍贯可以认定为平乡县。

杜存典烈士的生年

杜存典的生年,常见记载为 1923 年。但是,《平乡县志》所载和中华英烈网"烈士英名录"网页所载,均持 1916 年说。

不过,351 团政委彭仲韬在回忆录中称,杜存典"这位年仅 26 岁的优秀指挥员,离我们而去了!"如果此处所言的 26 岁,是指杜存典的实岁的话,那么,杜存典应生于 1923 年。彭仲韬这一说法,值得重视。已知彭仲韬生于 1920 年 10 月㉗。天津战役前夕,他已与杜存典在同一团合作共事,一个是政委、一个是团长。因此,对于杜存典的年龄,彭仲韬应有发言权,似乎没有不晓得团长年龄的理由。在通常意义上认为,杜存典的牺牲,对彭仲韬的刺激应该是很大的。既便是多年以后,彭仲韬也应该对杜存典牺牲情况以及杜存典当时比他小三岁这个细节记得比较清楚。

因此,笔者认为,杜存典生于 1923 年之说,应予采信。

注释

① 《天津通志·军事志》第722页。

② "无河古庙公社董庄"中的"无"字为衍文。

③ 东北烈士纪念馆编:《东北解放战争烈士传(一)》第668页,黑龙江人民出版社1986年版。

④ 《峥嵘岁月》第168—169、170—171页。

⑤ 彭仲韬著:《烽火春秋》第232—233、241页。

⑥ 《解放军烈士传》编委会编、周子玉主编:《解放军烈士传·第10集(解放战争时期)》第672页,长征出版社1994年版。

⑦ 黄涛、史立成、戈文编:《解放战争英雄传》第449页,解放军出版社2007年版。

⑧ 中华人民共和国民政部编、杨衍银等主编:《中华著名烈士·第二十七卷》第258—259页,中央文献出版社2003年版。

⑨ 据《武警第一一七师光辉历程》(即39军117师师史)载:1949年1月"五日,团长杜存典、一营营长孙敬亭、侦察股长王天然在前沿阵地组织战斗中不幸被炮火击中,在前线殉职。"

⑩ 1949年"1月8日,负责打外围的三五一团,在师山炮营的支援下,以牺牲了团长杜存典的沉痛代价,攻占和平门外屏障——三元村据点。三四九团随后进至三元村"。据兰天啸编著:《猛虎团一兵——康应中军旅生涯纪实》,中央文献出版社2007年版。康应中时任39军117师349团副团长。

⑪ 《中国人民解放军第四野战军战史》第875页。

⑫ 《走近最后的决战——平津战役参战将士访谈录》第602页。

⑬ 《第四野战军(修订本)》第294页;《四野档案:第四野战军》第318页。

⑭ 彭仲韬著:《烽火春秋》第241页。

⑮ 《东北解放战争烈士传(一)》第654页。

⑯ 李盛平:《中国近现代人名大辞典》第213页,中国国际广播出版社1989年版。

⑰ 陈日朋主编:《中华英烈辞典》第239页,北方妇女儿童出版社1991年版。

⑱ 张海赴等主编:《中华英烈词典(1840—1990)》第270页,军事译文出版社1991年版。

⑲《东北人物大辞典》第2卷上册第595—596页。

⑳《解放军烈士传·第10集(解放战争时期)》第660页。

㉑《解放战争英雄传》第444页。

㉒ 平乡县地方志编纂委员会编:《平乡县志》第961页,方志出版社1999年版。

㉓ "河古庙公社位于平乡县东南部,其驻地在县政府驻地东南12.4公里处,东和广宗县相连,西南与丘县,曲周交界……1958年公社化时,该社为乞村公社一部分。"河北省平乡县地名办公室编:《平乡县地名资料汇编》第31页,1983年印刷。

㉔ "董家庄位于河谷庙公社北部,在公社驻地西北6公里处。"《平乡县地名资料汇编》第135页。

㉕ http://blog.sina.com.cn/u/2217363117

㉖ 天津市地方志办公室编著:《现代天津斗争诗篇》第424—425页,中国社会出版社1991年版。

㉗ 大连市地方志编纂委员会办公室编:《大连市志·民政志军事志》第137页,大连出版社1993年版。

十三、马克正烈士生平事迹小考

天津战役期间,东北野战军39军152师454团(原番号为东北野战军第2纵队独立第7师1团)副团长马克正壮烈牺牲。

关于其原任军职、牺牲时间和牺牲原因,史载有异,现予缕析。

马克正烈士的生平脉络

马克正烈士的安葬地为位于石家庄市的华北军区烈士陵园。其墓和碑位于该陵园烈士墓区的西区内,具体位置在西区东部南起第二排左九(或右六)。碑文内容为:"中国人民解放军一五二师四五四团副团长,安徽省人,一九三七年入伍,一九三六年加入中国共产党,历任会计、股长、参谋、政治教导员、团政治主任等职。一九四九年一月,解放天津战役牺牲,享年二十九岁。"华北军区烈士陵园官网载其照片和碑文。中华英烈网"烈士英名录"网页所载与之基本一致,且称马克正生于1920年。

在以下记载中,虽然主要内容与之基本一致,但也稍有区别:

1.《天津战役中牺牲的团职干部》所载①以及平津战役纪念馆"英烈业绩厅"中的烈士生平展墙上,均称其为安徽省怀远县人,曾任政治处主任。

2.天津市烈士陵园"革命烈士纪念馆"中并无马克正烈士展牌。但翻阅该陵园"革命烈士纪念馆"中的电子书阅读器,可知有对其生平的介绍。文中称其在"战斗中机智勇敢、英勇善战,不幸于 1949 年 1 月[在]解放天津战役中牺牲,时年 29 岁。马克正烈士遗骨安放在北仓烈士公墓,后迁葬至华北军区烈士陵园。"另载,其遗骨移葬至华北军区烈士陵园的时间为 1956 年(参见本文附录《天津市民政局烈士灵柩转送护照》)。

马克正烈士

马克正烈士在东北工作期间所任军职

《合江概况》第 55 章《主要历史人物》载,马克正于"1920 年生,1929 年全家来到东北谋生,迁来佳木斯西郊。1935 年春,考入桦川县立中学。在读书期间,进行抗日活动,夏季加入中国共产党。1936 年春,离开桦川中学,去梧桐河金矿做地下工作。同年 6 月,成功地组织了梧桐河矿警起义。后来,这支矿警队扩编成抗联六军的一个团。马克正随同起义矿警参加抗联六军,历任一团一连指导员、二

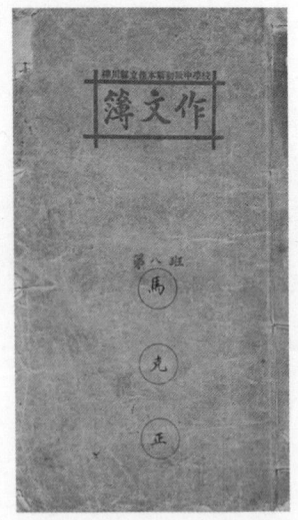

马克正就读桦川县佳木斯中学时使用的作文簿

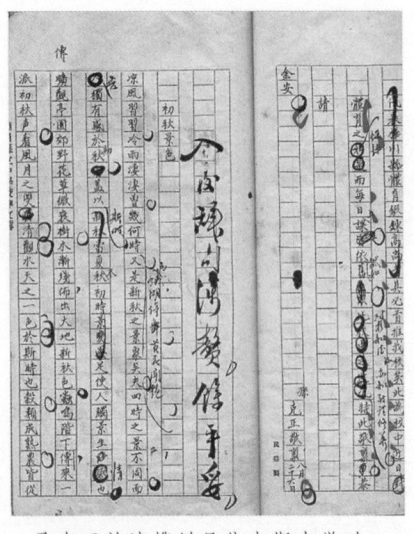

马克正就读桦川县佳木斯中学时的作文及批语

1936年,马克正(右)就读的学校为"桦川县立佳木斯初级中学校"。图为其与同学合影。

马克正烈士画像

十九团组织科长……1945年抗战胜利后,马克正同志历任哈东保安队司令员、松花省〔松江省〕军区一分区副司令员、参谋长,东北军区独立第七师一团副团长、中国人民解放军三十九军152师454团副团长职务。1949年1月8日,在解放天津战斗中英勇牺牲"。②

李鸿文译《马克正日记片断(一九四〇年十一月二十日至一九四一年五月二十六日)》载,马克正于"1936年在佳木斯中学读书,同年10月加入中国共产党。1937年于萝北县梧桐河组织金矿矿警队反正,参加了抗日游击队。1938年任东北抗日联军第六军第十师二十九团组织科长。1939年东北抗日联军第三路军正式成立后,任总指挥部教导队政治委员。1941年6月,在总指挥部从事机要和管理工作。抗日战争胜利后,历任东北民主联军松江第一军分区副司令员、中国人民解放军第39军115师345团副团长"。③已知39军115师(原番号为2纵4师)辖343团、344团、345团。尚未发现马克正曾任115师345团副团长的记载。

而《机要秘书马克正》一文载,1936年"马克正到桦川县立佳木斯初级中学读书"。④

马克正烈士之母(左三)

《黑龙江省志》所载《著名烈士名录》称,马克正"历任汤原游击队团组织科长、松江独立七师一团副团长、松江一分区副司令员等职。1949年1月8日

2012年，马克正烈士的弟妻冯玉梅将保存的马克正烈士遗物数十件捐赠给黑龙江省梧桐河抗联纪念馆。

在天津牺牲"。⑤

李树良撰《壮志补金瓯 名载汗竹香——马克正烈士传略》称，马克正曾任"哈东军分区副司令员，松江军区一分区副司令、参谋长"。⑥

《佳木斯市志》则称，1941年11月，马克正"奉命去苏联参加野营训练"。"解放战争期间，马克正先后担任哈东军分区副司令员，松江军区一分区司令员、参谋长，东北军区独立第七师一团副团长"。⑦

1945年11月，松江军区成立后，"第一军分区（哈东军分区），司令员温玉成、政委董浩然、副司令员马克正"。⑧查哈东军分区并非松江军区第一军分区的代称，而是先后关系。

《松江军区领导人名录》载，1946年1月至1946年5月，马克正任松江军区哈东军分区副司令员。1946年5月，哈东军分区、哈南军分区合并组成松江军区江南军分区。同年8月，称松江军区第一军分区。马克正仍任军分区副司令员。⑨但此载并未明确其任期。

马克正(右)与战友合影

马克正(左)与战友在东北某地合影

1946年12月1日,松江省第一行政专员公署赠哈东军分区教导大队模范队锦旗时的照片(马克正烈士遗物之一)

马克正(右)在东北战斗期间与战友合影

马克正烈士

《机要秘书马克正》载:"1946年,马克正去军政大学学习。结业后,到独立七师一团任副团长。"⑩

据《一九四七年干部简历卡片》载:"马克正,独立第一团参谋长。男,28岁,安徽省怀远县,家庭成分小商人,本人成分学生。1937年8月23日入伍。1936年10月入党。1937年1月至1937年8月抗联工作。1937年9月至1939年5月,小兴安岭抗联六军。1939年6月至1949年3月,苏联。1940年4月至1941年7月,小兴安岭指导员。1946年1月至147年6月,一分区副司令员(松江军区一分区司令部参谋长)。"⑪

通过梳理马克正生前所任军职可知,平津战役纪念馆、华北军区烈士陵园、天津市烈士陵园等相关所载,均过于简略且存缺失,并未反映出马克正生前所任军职的主要脉络。

另外,慕丕德撰有《奋斗不息——马克茹回忆革命烈士马克正的生平》一文⑫。马克茹为马克正烈士亲属,其所载可信度应较高,但笔者迄今尚未检索到这篇文章的内容。

马克正烈士牺牲时间和牺牲原因

关于其牺牲的具体日期和原因,大多记载语焉不详。如:《中共中央与东北抗联关系大事年表(1931—2009)》载:"1949年1月,原抗联3路军干部、第4野战军39军115师345团副团长马克正在解放天津战役中牺牲。"⑬

以下几种记载则较为具体:

1. 李树良撰《壮志补金瓯 名载汗竹香——马克正烈士传略》载:"1949年1月8日,马克正在平津战役解放天津的一次扫雷战斗中牺牲。"⑭

2.《佳木斯市志》载,马克正于"1949年1月8日,在解放天津的平津战役中,因扫雷时触雷,不幸牺牲"。⑮

3. 百度百科网站中的"马克正"词条载:"1949年1月8日,在平津战役解放天津战斗未打响前,马克正到部队战壕前沿观察阵地,研究部队进攻冲锋的道路。正在观察之时,敌人从二百米来远距离打来一发炮弹,马克正同志被炮弹击中,光荣牺牲。"

4. 1949年1月"13日,'野司'警卫团攻占霍家咀〔嘴〕据点,歼敌151师两个排。至此,我军正面外围据点全部肃清。在战前勘察地形和外围战斗中,351团团长杜存典、该团1营营长孙敬亭、454团副团长马克正、军通信科长王甫廉、344团2营营长李洪军等同志英勇牺牲"。⑯

5. "仅在1月14日这天,就先后牺牲了王甫连、李慧〔惠〕民、马克正三位优秀的团级指挥员。"⑰

经对以上史料缕析可知,马克正牺牲时间尚存1949年1月8日和1月14日两说。其中,1月8日说,已被记入官修的地方史志中。而1980年代出版或印行的史料中,就已载明,触雷是导致马克正牺牲的直接因素,但对其触雷地点,未见记载。对于其"被炮弹击中"一说,尚不知出处,且未发现其他支持此说的文献依据,因此,

华北军区烈士陵园内的马克正烈士墓碑

尚难采信,有待继续查证。

对马克正牺牲的时间和原因,似可表述为:1949年1月8日,马克正在勘察地形或指挥扫清天津城防外围的战斗中,触雷牺牲。

注释

① 《天津通志·军事志》第722页。

② 《合江概况》编辑委员会编:《合江概况(1954—1983)》第553页,1985年印刷。

③ 黑龙江省政协文史资料研究委员会编辑部编:《黑龙江文史资料》第22辑第43页,黑龙江人民出版社1986年版。

④ 梁文玺编著:《黑龙江抗日战争时期地下交通》第136页,哈尔滨工业大学出

版社 1992 年版。

⑤ 黑龙江省地方编纂委员会编:《黑龙江省志(62)·民政志》第 206 页,1993 年版。

⑥ 中共佳木斯市委党史工作委员会编:《佳木斯革命人物传》第 2 辑第 96 页,1988 年印刷。

⑦ 佳木斯市地方志编纂委员会编:《佳木斯市志》下卷第 1536 页,1996 年版。

⑧ 唐洪森著:《国共争战大东北》第 86 页,科学普及出版社 1999 年版。

⑨《东北人物大辞典》第 2 卷下册第 1855 页。

⑩《黑龙江抗日战争时期地下交通》第 137 页。

⑪ 华北军区烈士陵园管理处所藏抄件,共 1 页,1980 年 5 月 27 日抄自"'总政'供阅档案中 03996 号",抄者署名"荣"。

⑫ 中共鹤岗市委党史研究室:《鹤岗史志通讯》第 14 辑,1985 年印刷。

⑬ 尚金州著:《中共中央与东北抗日联军》第 172 页,中央文献出版社 2010 年版。

⑭《佳木斯革命人物传》第 2 辑第 96 页。

⑮《佳木斯市志》下卷第 1536 页。

⑯《硝烟征程》第 447 页。

⑰《天津方式》第 230 页。

十四、"不注意隐蔽而牺牲"的六位团级指挥员都是谁

1949年1月15日天津解放后,第四野战军参谋长、天津前线指挥所总指挥刘亚楼于1949年1月20日向"林、罗并转军委"呈报题为《天津作战的经验教训》的报告(也称《刘亚楼关于天津作战经验教训的报告》),初步总结天津战役得失。

刘亚楼在该报告中的第六部分"着重的提出":"指挥员不注意隐蔽身体的问题,在这次作战中是一个极其严重的教训。六师十八团团长,是二纵队最优秀的一个团长,在看地形时不注意隐蔽而牺牲了。十纵队三个团级干部、总部一个科长、一纵队一个科长,五个干部在一个观察所上观战,被敌人一个炮弹打光了。卅四师参谋长也是因为不注意隐蔽负重伤。因此,今后作战,要将反对打官僚主义仗和反对冒失行为,同时着重的提出。以上是根据初步了解的一些经验教训,详细的东西还待召集干部会议、战评会议来检讨和总结。"①

根据前引史料,可以确认"六师十八团团长"是杜存典,而"被

敌人一个炮弹打光了"的"五个干部"是谁呢？身负重伤的"卅四师参谋长"又是谁呢？以下再予考证。

"被敌人一个炮弹打光了"的"五个干部"是谁?

1. "总部一个科长"是纪云悌烈士

第四野战军的原番号为东北野战军。刘亚楼称东北野战军司令部为"总部"（以区别于各军的军部），应属于简称。当时，中共中央军委与东野总部的往来电报中，曾多次出现"东总"（即东北野战军总部）、"野司"（即东北野战军司令部）等简称。在天津战役中牺牲的13位团级干部中，只有东北野战军司令部通信科科长纪云悌符合"总部一个科长"这个条件。而且，在《天津战役中牺牲的团职干部》中，也明确记载纪云悌是于"1949年1月14日，在解放天津时遭敌炮击，光荣牺牲"的。②

2. "十纵队三个团级干部"是陈仲凯烈士、兰芹烈士、王谷烈士

10纵队即47军。在天津战役中牺牲的13位团级干部中，共有四人属47军，即：王谷、兰芹、吴志玉、陈仲凯。

贺庆积（时任47军139师师长）在1949年1月16日的日记中载，他当时在大兴县采育镇，"接到军部刘副参谋长③电话，说兰芹、陈仲凯二同志到天津前线的38军去学习攻坚战经验，不幸被敌一发炮弹击中所在的地堡而光荣牺牲。我得知此消息，心中非常难过，为失掉了两位优秀的干部而悲痛"。其1月18日的日记载："兰芹、陈仲凯二同志的遗体已运回，停在庙堂里，我亲自去向两位战友的遗体告别，以万分沉痛的心情悼念这两位具有10余年革命武装战争经验的党的优秀干部。他们的光辉形象和优秀品质，永远

由解放区民工组成的战地救护队,冒着炮火抢救伤员。

留在我的心中。"其1月22日的日记载,下午,"开追悼会,悼念在天津前线牺牲的兰芹、陈仲凯二位同志,我在会上号召全师同志向这两位烈士学习"。④

郑文翰(时任47军139师415团政治处主任)在1949年1月17日的日记中载:"一早就吃饭。9时半到采育镇,参加全师营以上政工干部会议……听说陈副团长仲凯等同志在一师参观攻坚时牺牲,如此事属实,确为一不幸事。听说同时牺牲者有八四团副团长蓝芹同志以及原来我团的王谷同志(现一六〇师一科长),但愿此事不确。明日当可明白真相。"其1月18日的日记载:"陈仲凯等同志之牺牲已经证实,真可算意外损失。"其1月21日的日记载:"下午,移到长子营。晚,为纪念陈仲凯同志,写一追悼文。"其1月22日的日记载:"下午,准备追悼会事。3时,即到采育镇去开追悼会,到全师连以上干部及士兵代表等数百人。会直开到黄昏,送陈、兰二同志灵柩入墓地。"⑤郑文翰在日记中提及的"一师",即第1纵队第1师,新番号为38军112师。而其在日记中提及的160师,属第10纵队,新番号为47军。

贺庆积、郑文翰分别在日记中的记载表明,陈仲凯、兰芹、王谷的牺牲原因比较清楚,即在天津战场"参观攻坚""学习攻坚战经验"时,"被敌一发炮弹击中所在的地堡"后,"同时牺牲"的。也就是说,这三位烈士应该就是刘亚楼提及的"十纵队三个团级干部"。

而前引平津战役纪念馆"无尽的思念"流动展牌上所载王谷烈士生平中,有一段表述清楚地表明了王谷的牺牲原因,即:"1月14日,王谷奉命到天津前线第1纵队观摩天津作战,不幸被敌人炮弹打中,[被]火速送往廊坊后方医院,因伤势过重,抢救无效,光荣牺牲。"这一记载,与郑文翰在日记中对王谷的记载也可以契合。

3."一纵队一个科长"是谁?

1纵队的新番号为38军。时任38军司令部侦察科科长的范鲁,看来符合"一纵队一个科长"的条件。

前文《范鲁烈士的生平》中,笔者考证范鲁的牺牲时间为突破西营门敌防线后的1月14日,其牺牲地点位于天津老城厢的南门附近。其与38军112师334团团长刘海清、团参谋长黄汉基在街头部署拔除天津守军碉堡时遭炮击,是导致其牺牲的直接原因。可见,范鲁牺牲并非是"在观察所上观战"时遭炮击所致。

如果范鲁是与其他四个干部一同在地堡观战时"被敌人一个炮弹打光"的话,时在范鲁牺牲现场的刘海清在回忆文章《活捉陈长捷》中不可能不提及。显然,范鲁尽管符合刘亚楼提及的"一纵队一个科长"的职务条件,但范鲁并非"五个干部"之一。这也意味着,"一纵队一个科长"另有其人。

4.从《天津通志·军事志》所载中寻求突破

已知较早涉及这"五个干部"牺牲情况的研究文章,是王凯捷所撰《天津战役中牺牲的人民解放军团级以上干部简介》一文。该文载:"陈仲凯、兰芹、王谷、吴志玉系第十纵队团级干部。为总结学习天津攻坚作战经验,平津战役发起前委决定抽调一批干部到前线观战。他们经十纵队委派,前往第一纵队主攻突击区域——西营门

范鲁烈士画像

外观察战斗情况。同去的还有东野野战军司令部通信科科长纪云悌、第一纵队司令部侦察科科科长范鲁。1949年1月14日总攻开始后,他们的掩蔽部被敌人炮弹击中,不幸全部壮烈牺牲。"⑥该文中共涉及六人(包括范鲁在内)。

《天津方式》载:"天津攻坚战发起前,吴志玉和同在一个纵队的第82团团长陈仲凯……第84团副团长蓝芹……第49师作战科科长王谷……以及东北野战军司令部通信科科长纪云梯〔悌〕……受所在部队委派,学习天津攻坚作战经验。总攻开始后,当他们在西营门外掩蔽部观察战斗情况时,不幸被敌人炮弹击中,全部壮烈牺牲。"⑦在该书的这段记载中,共涉及五人,不包括范鲁。《天津方式》中对范鲁牺牲情况另有介绍,即:"1949年1月14日总攻天津开始后,他跟随第1师第1团在突破西营门敌防线后,进入纵深作战。当第1团沿南马路向敌警备司令部方向攻击时,遭到隐蔽在两侧楼房内敌人的交叉火力阻击,部队遭受严重伤亡。同时,位于南马路与南门外大街交口的两个碉堡也对部队造成威胁。为及时打通道路,范鲁当即与团首长进行攻击部署,任务刚下达完,敌人一发炮弹打来,范鲁倒在血泊中,牺牲时年仅29岁。"⑧这段记载与刘海清的回忆文章中的表述基本一致。

若将范鲁排除在"五个干部"之外的话,"五个干部"中,已知有纪云悌以及郑文翰在日记中明确记载的兰芹、陈仲凯、王谷。那么,另外一个显然就是吴志玉了。缘何可以做出这一判断呢?

1948年11月,独立第8师调归第10纵队(47军),改称160师,下辖478团、479团、480团。部队改编后,入关参加平津战役。吴志玉与王谷同属47军160师,吴志玉是478团团长,王谷是师司令部作战科科长。他们一同被160师首长派往天津前线观战,应该没有异议。

在《天津通志·军事志》所载《天津战役中牺牲的团职干部》中,共有五个干部的牺牲时间和牺牲原因完全一致,均被记载为:"1949年1月14日,在解放天津时遭敌炮击,光荣牺牲"。他们分别是纪云悌、陈仲凯、兰芹、王谷、吴志玉。⑨前引《中国人民解放军一六〇师四七八团团长吴志玉同志略历》中也载明,吴志玉"不幸于一九四九年一月十四日解放天津战斗中,光荣殉国"。唐运修在回忆吴志玉的文章《团长的蜜月只三天》中也称,1949年1月14日,"敌人的炮火击中团长所在的指挥所,他当场牺牲"。

据以上所引资料表明,吴志玉即为刘亚楼提及的"五个干部"之一。

5.一些东野指挥员确曾"到天津参观作战"

正如贺庆积、郑文翰在日记中表述的那样,在天津战役打响前夕和总攻之际,确有来自未参战部队的其他师团干部在现场参观"参观攻坚""学习攻坚战经验"。其目的是积累大城市攻坚战斗经验,以利于日后作战。

攻津部队实施总攻之前,为突破护城河,"第一纵队首先创造了一种芦苇桥,取材方便,浮力大,容易架设,3分钟就可通过1个连。刘亚楼立即在该纵队驻地召开制作、架设芦苇桥现场表演会,让其他纵队、师、团指挥员来学习观摩、仿效推广。结果,只用3天时间,各部队就创造出了芦苇桥、汽油桶桥、活页桥、梯子桥等十几种渡河办法。"⑩当时,各部队之间观摩、观战、取经,蔚然成风。

时任东北野战军第43军(原番号为第六纵队)军长的洪学智在回忆录中记载:"在天津战役进行时,我纵还派了一些师团干部到天津参观作战,组织16师、156师到兵团部参观了天津战役的沙盘作业,为我军下一步打北平作准备。"⑪

时任东北野战军第43军政委的赖传珠在1949年1月9日的日记中记载:"十七师⑫出发,开天津附近去参加会战。"其1月16日的日记载:"昨日结束天津战斗,我十七师伤亡约500人、俘敌7000余人⑬。"其1月18日的日记载:"一五六师、十八师营级以上干部到兵团去参观沙盘作业,以资教育。"其1月19日的日记载:"到天津参观作战的人均已回来了。"⑭可见,属于43军的赴津观战人员,并无损失。

不排除刘亚楼报告所载有张冠李戴的可能性

《天津方式》载,刘亚楼提及的"一纵队一个科长","实为第10纵队第49师作战科科长王谷"。⑮显然,此载敏锐地发现了刘亚楼在报告中所言有误。现据此载分析,在刘亚楼的报告中,是把"十纵队一个科长"误写为了"一纵队一个科长"。

可是,在刘亚楼的报告中,缘何未直接写成"十纵队四个团级干部"或"十纵队三个团级干部和一个科长"呢?果真是刘亚楼把"十纵队一个科长"误写成了"一纵队一个科长"的话,那么,缘何有此误差呢?而这个误差又是如何造成的呢?

对于天津战役时一起牺牲的"五个干部"这个问题,仅就目前掌握的档案和著述等资料，笔者认为：

尽管当时新旧番号杂糅，但刘亚楼在报告中对牺牲的五位烈士所在部队的番号表述清晰，而且刘亚楼的报告是呈报给"林、罗并转军委"的上行文，属于正式报告，理应慎重落笔、认真核查。该报告至少已在1991年出版的战史资料中被部分披露，后又在2009年的出版物中被基本上全文公布。[16]

刘亚楼在报告中的呈文日期为"一九四九年一月二十日"。这个时间，属于打扫天津战场阶段。当时，各参战部队边休整边总结边开展攻取北平的筹备工作。

一是积极准备攻取北平城。天津甫一解放，林彪就于1949年1月16日4时正式提出，"我各部应加强攻城的准备与训练，准备全力攻北平。"[17]当天18时，《军委关于同傅作义谈判的补充意见和积极做好攻城准备问题给林彪等的指示（一九四九年一月十六日）》载，"此次攻城，必须做出精密计划，力求避免破坏故宫、大学及其他著名而有重大价值的文化古迹……为此，你们必须召集各攻城部队的首长开会，给以精确的指示。为此，你们指挥所要和每一个攻城部队均有准确的电话联系。战斗中每一个进展均须放在你们的指挥和监督之下。"[18]尽管"天津业已解放，人民重见天日，欢声雷动，迎接人民解放军"[19]，但是东野部队基本上未作喘息，而是继续开展训练、保持战斗状态，时刻准备一鼓作气地乘胜追击北平守军。

二是统计战果和损失，总结天津战役得失。这也是中共中央军委对平津前线总前委提出的明确要求。如军委于1月16日指示："望将天津工业及文化机关受损失的情况查明电告。"[20]对于13位烈士的牺牲原因等情况，也正在核实和层层上报之中，且正在陆续开展追悼、掩埋及抚恤家属等善后事宜。因此，刘亚楼在报告结尾也称："以上是根据初步了解的一些经验教训，详细的东西还待召集干部会议、战评会议来检讨和总结。"可见，这个报告还只是初步的总结。那么，刘亚楼在报告中，把"一纵队一个科长"张冠李戴的可能性是不是存在呢？

也就是说，尽管刘亚楼的报告为向"总前委"首长及最高统帅部的呈文，属于可优先引用的档案资料，但相关指挥员的日记、回忆录和其他史料所载也值得重视，不能置之不理。因此，应从多个视角比照分析，方能得出较为贴切的结论。只有继续挖掘关于"五个干部"牺牲原因的文献记载和当事人的更多回忆，并在此基础上深入分析，才能将这个问题坐实。

按说，当年五个团级干部一下子被"打光"，在东野全军中应属重大事件，一定会引起很大震动，相关部队首长脸上也无光，至少是不好看吧。当时，为了稳定军心、鼓舞士气，以利继续作战，似乎也存在突出宣传歼敌战果的情形。此为可以想见的策略，因为我军还面临着解放北平和南下作战任务。而部队中牺牲团职干部，应属于重要减员，如纪云悌生前在东野总部任职，王甫廉、范鲁生前则分别在军部任职。他们的牺牲，在军内军外都有较大冲击力。如果敌方对此加以利用，并添枝加叶后肆意宣传的话，肯定会造成较大的负面影响，肯定不利于提振军中士气。因此，对于军中减员问题轻描淡写甚至是讳莫如深，在当时那个特殊环境下无可非议。不过，新中国成立之后，如果再长期秘而不宣、三缄其口的话，只能使了解这些烈士牺牲情况的人越来越少，只能使这些烈士的牺牲真相长期云里雾里，难以清晰可见。

天津战役结束后，东野各军、师、团方面"召集干部会议、战评会议来检讨和总结"的各种会议陆续进行。因此，一定会有比较详细的文字记载被作为档案资料留存至今（就像刘亚楼对天津作战经验教训进行客观总结的那样）。

按照常理，对于每位烈士，各所属部队也都会召开追悼会进行悼念。如：为吴志玉烈士召开追悼会的时间，有记载称是在 1949 年 1 月 18 日；为兰芹烈士、陈仲凯烈士召开的追悼会，都是在 1949 年 1 月 22 日。而在每场追悼会召开前后，这些烈士的牺牲情况都会在军内被广泛提及。而且，各部队在分别为烈士家属颁发的烈属证和给其家属写的信中，也一定会或多或少地提及其牺牲情况，这一点毋庸置疑。如 117 师司令部、政治部在给李惠民烈士家属写的信和颁发的烈属证上，就比较明确地记载了李惠民牺牲时间和原因。

尽管已掌握的涉及这些烈士生平的资料还不多，但是可挖掘的空间却还很大，有待发现的史料一定还有不少。

负重伤的"卅四师参谋长"并未牺牲

刘亚楼在报告中提及的负了重伤的"卅四师参谋长"又是谁呢？

"卅四师"即东北野战军 12 纵 34 师（新番号为东北野战军 49 军 145 师），下辖 433 团、434 团、435 团。145 师的领导班子配备为：师长温玉成、政治委员谭友林、副师长兼师参谋长赵峰、政治部主任高先贵。

袁升平撰《转战津塘——东北野战军第十二纵队在平津战役中》载："正当部队紧张进行总攻前的各项准备工作的时候，主攻团团长赵锋（当时已被任命为 34 师参谋长）在察看护城河地形时左臂负伤。面对这个情况,团政委谈普、副团长罗荣、参谋长张志善一致表示,团长负伤,不能因此影响战斗,我们一定同心协力,完成攻城任务。34师及配属的炮兵抓紧分析敌情,勘察地形,明确突破护城河的战法,构筑接敌工事、交通壕,筹备捆扎渡河器材。"㉑

据此可见,该师主攻团团长名叫"赵锋",当时他已被任命为该师参谋长。据查,赵锋应为赵峰。如:"赵峰……先后任松江军区哈东军分区独立1团团长,东北民主联军独立第2师团长,东北野战军第145师433团团长。参加了'三下江南'、1947年的夏、秋、冬季攻势作战和辽沈、平津战役。后任第四野战军第49军第145师参谋长。"㉒另如:"赵峰……历任独立第二师第一团团长,第四野战军四十九军一四五师四三三团团长、师参谋长。"㉓在已见的许多著述中,也都可将145师433团团长、145师师参谋长与赵峰对应起来。

赵峰在天津战役时的名字是否为"赵锋"呢?袁升平在记载中将赵峰写作"赵锋",估计误植的可能性较大,但也不排除"赵锋"为赵峰曾用名的可能性。这个细节也需查考厘清后方可放心。

另外,袁升平的记载称,"赵锋"是在"察看护城河地形时左臂负伤"的,但刘亚楼在报告中却记载为,"卅四师参谋长也是因为不注意隐蔽负重伤"的。那么,其"左臂负伤"的程度有多严重呢?是属于"重伤"吗?这也有待进一步查证后,方可定案。

如果可以认定"卅四师参谋长"确为赵峰的话,不论他是"左臂负

赵峰将军

天津守军的碉堡被解放军炮火摧毁,残敌纷纷投降。

伤",还是"负重伤",但伤情也并未严重到危及生命的程度,这也是可以肯定的。赵峰于1964年4月晋升少将军衔,曾任山东省军区司令员、中共中央候补委员,2007年12月16日在济南逝世,享年93岁。㉔

注释

① 1991年版《平津战役》第292—294页。
② 《天津通志·军事志》第721页。
③ "军部刘副参谋长"即指刘子云。刘子云(1914—1992),"抗日战争胜利后赴东北,任东北民主联军独立第2旅参谋长、独立第1师参谋长、东北野战军第47军副参谋长、第四野战军47军140师师长。参加了四平保卫战、'三下江南'和辽沈、平津、宜沙、进军西南等战役"。中国人民解放军军事科学院军事百科部编:《开国将帅》第370页,山西人民出版社2005年版。

④《贺庆积回忆录》第416—418页。

⑤《郑文翰日记·解放战争时期(1947.1.1—1949.12.31)》第275、277页。

⑥中共天津市委党史资料征集委员会办公室编:《党史资料与研究》1993第4期第54页。

⑦《天津方式》第227—228页。

⑧《天津方式》第229页。

⑨《天津通志·军事志》第721、723页。

⑩杨万青、齐春元:《刘亚楼将军传》第239页,中共中央党校出版社1995年版。

⑪洪学智著:《洪学智回忆录》第334页,解放军出版社2002年版。

⑫即第六纵队十七师,新番号为四十三军一二八师。

⑬1949年1月15日"下午5时,天津战役胜利结束。在这次战役中,17师共歼敌8441人,光荣地完成了天津战役总预备队的任务。"据《洪学智回忆录》第288页。

⑭赖传珠著:《赖传珠日记》第797—799页,人民出版社1989年版。

⑮《天津方式》第228页。

⑯《刘亚楼关于天津作战经验教训的报告(1949年1月)》,此为节录,1991年版《平津战役》第292—294页;《刘亚楼关于天津作战经验教训的报告(一九四九年一月)》,此由解放军档案馆提供,大致为全文(已知仅略去缴获统计数字、伤亡统计数字和俘敌军官名单),天津市档案馆编:《城市解放系列丛书:天津解放》第145—153页,中国档案出版社2009年版;《天津作战经验教训(一九四九年一月二十日)》,此亦为节录,但略去的内容中,恰有本文正在探讨的问题,即:"六师十八团团长,是二纵队最优秀的一个团长,在看地形时不注意隐蔽而牺牲了。十纵队三个团级干部、总部一个科长、一纵队一个科长,五个干部在一个观察所上观战,被敌人一个炮弹打光了。卅四师参谋长也是因为不注意隐蔽负重伤。因此,今后作战要将反对打官僚主义仗和反对冒失行为,同时着重的提出。"《刘亚楼军事文集》第174—177页。

⑰《林彪就攻克天津后准备攻击北平致各部队首长并报中央军委电(1949年

1月16日)》,1991年版《平津战役》第247页。

⑱ 中共中央文献研究室中央档案馆编:《建党以来重要文献选编(1921—1949)》第26册第48—49页,中央文献出版社2011年版。

⑲《林彪、罗荣桓致傅作义的公函(1949年1月16日)》,1991年版《平津战役》第250页。

⑳《建党以来重要文献选编(1921—1949)》第26册第49页。

㉑ 1991年版《平津战役》第443页。

㉒ 中国人民解放军军事科学院军事百科部编:《开国将帅》第669页,山西人民出版社2005年版。

㉓ 河南省地方史志编纂委员会编纂:《河南省志》第60卷《人物志·传记(上)》第566页,河南人民出版社1995年版。

㉔《赵峰同志逝世》,2007年12月29日《大众日报》第1版。

十五、天津战役中牺牲的团级指挥员是否另有其人

在常见军史史料中,均将在平津战役中牺牲的解放军副团职以上指挥员记载为16人。在平津战役纪念馆"英烈业绩厅"中题为"烈士壮举 光耀千秋"的烈士生平展墙上,载有这16位烈士的简历

华北军区烈士陵园烈士墓区局部

华北军区烈士陵园东部的烈士纪念馆

和照片。其中13位烈士是在天津战役中牺牲的。

另外3位烈士是42军124师(原番号为5纵13师)师政委李辉、42军124师师政治部主任胡寅、42军124师370团政委张同新。他们的牺牲时间、牺牲地点和牺牲原因均明确见诸史载。

1948年12月8日,在部队进关途中,李辉、胡寅等124师师首长乘吉普车越过喜峰口,行至青龙县汤道河下十八盘大岭时,因路滑和刹车失灵,吉普车翻下山坡,二人不幸牺牲。[①]1948年12月14日,张同新在争夺北平丰台的战斗中,在位于大井一带的前沿阵地组织火力时不幸中炮弹牺牲。[②]

不过,也有记载称,在天津战役中,还牺牲了一位团职指挥员,其为时任38军团政委的王立业。

山东省民政厅1984年编《山东省著名革命烈士英名录》载,王

平津战役纪念馆"英烈业绩厅"中的烈士生平展墙和遗物展柜

华北军区烈士陵园烈士墓区的东区入口处

天津市烈士陵园内的烈士生平展墙

立业（1919—1949.1），籍贯为"莒县金墩三村"，参加革命时间为"1939年8月"，单位职务为"东北野战军三十八军团政委"，牺牲或病故地为"天津战役"。③

《临沂地区志·建国前临沂籍著名革命烈士名录》中所载王立业生平与上文一致，并称之为党员。④不过，在《临沂地区志》卷三十《人物·近现代人物传》中，并无王立业传记，却有在天津战役中牺牲时军职为团参谋长的"李遥德"的传记。团参谋长为副团职指挥员，而团政委为正团职指挥员。可见，如果掌握王立业生平事迹的话，《临沂地区志》中理应载王立业传记。但是，对于王立业所在部队的师、团番号，笔者均未在史料中检索到。以下为已见的零星史料：

在中华英烈网"烈士英名录"网页中，列有王立业烈士简历，即：其籍贯为"中国山东省莒县小店镇金墩三村"，出生时间为"1919"，政治面貌为"党员"，生前部队为"东北野战军"，生前职位为"团政委"，牺牲时间为"1948"，牺牲战役、牺牲地点和安葬地均为"天津"。

而在该网页中，还列有两位名叫王立业的烈士简历：

1. 王立业籍贯为"中国山东省莒县小店镇金墩三村"，出生日期为"1926"，生前部队为"东北野战军"，牺牲时间为"1946"，牺牲战役为"四平战役"，牺牲地点和安葬地均为"四平"。

2. 王立业籍贯为"中国山东省莒县"，出生日期为"1926"，生前部队为"原东北民主联军某部"，牺牲时间为"1946"，牺牲战役为"四平保卫战"，牺牲地点为"吉林省四平市"，安葬地为"四平市烈士陵园管理处"。

中华英烈网"烈士英名录"网页所载的相关内容，可在《莒县

天津市烈士陵园主馆为革命烈士纪念馆,馆内基本陈列为《丰碑永驻——天津战役革命烈士事迹》。

志》中得到验证。《莒县志》卷三十《人物》第二章《革命烈士英名录》载有两位籍贯同为莒县小店镇金墩三村的王立业烈士简历。一是王立业生于1919年,1939年8月参加革命,党员,牺牲时所在单位为东北野战军,牺牲时职务为团政委,牺牲时间地点为"1948.12 天津"。二是王立业生于1926年,1942年参加革命,牺牲时所在单位为东北民主联军,牺牲时间地点为"1946 四平"。⑤

笔者检索《东北解放战争革命烈士英名录》一书,查阅了该书所附《东北解放战争革命烈士英名录索引》(即第492—498页所载全部王姓烈士),并未发现对王立业烈士的记载,因此,尚待与四平市烈士陵园管理处继续核实。

笔者又检索平津战役纪念馆编《走近最后的决战——平津战役参战将士访谈录》一书所载的《平津战役烈士名录》,并未发现王立业烈士之名。而在平津战役纪念馆"英烈业绩厅"中的英烈名录墙上,也未镌刻王立业烈士之名。

如果王立业是"三十八军团政委"的话,其所在部队的具体番号等生平细节缘何如此神秘,以致于遍寻不着呢?

总之，经以上查摆，笔者虽然绝不否认王立业是烈士，但是，对于王立业烈士以"三十八军团政委"的身份牺牲于天津战役中的记载，尚难认定。

注释

① 参见周子玉主编：《解放军烈士传》第9集第803页，长征出版社1994年版；胡支援编著：《三万将士血——东北5纵征战纪实》第43页，国防大学出版社1996年版；第四野战军战史编写组编著：《中国人民解放军第四野战军战史》第375页，解放军出版社1998年版。

② 郭宝恒：《争夺丰台之战》，星火燎原编辑部编：《星火燎原丛书(8)·平津战役专辑》第387页，解放军出版社1987年版。

③ 参见唐士文撰：《沂蒙籍县团级职务以上著名烈士一览表》，《沂蒙英烈颂·卷三》第665页。

④ 《临沂地区志》下册第1791页。

⑤ 莒县地方史志编纂委员会编：《莒县志》下册第1285页，中华书局1999年版。

十六、有责任有义务厘清每位烈士生平事迹

通过对已见史料的缕析和考证,我们可对"十三棵青松"的牺牲情况做一个粗略统计,即:

2人分别牺牲于1949年1月14日天津战役总攻开始之前的备战和扫清外围战斗阶段,即:杜存典(1月5日)、马克正(1月8日)。

3人分别牺牲于天津战役总攻开始之际的突破攻坚战斗阶段中,即:王甫廉(1月14日)、李耀德(1月14日)、苌征(1月15日重伤,1月17日牺牲)。

5人于天津战役总攻开始之初(1月14日)在西线城防附近一同观战时,当场牺牲或受重伤后牺牲,即:王谷、兰芹、纪云悌、吴志玉、陈仲凯。其中,已知王谷是受重伤后经抢救无效牺牲的。

2人分别牺牲于攻入天津市区后的巷战阶段,即:李惠民(1月14日或1月14日后)、范鲁(1月14日或1月14日后)。

1人因天津战役期间积劳成疾而病故,即:陈忠义(1月12

日)。

除陈忠义之外的 12 位烈士,牺牲地点集中在西线(只有苍征是从东线进攻民权门时牺牲的)。其中:共有 9 位烈士牺牲于西线攻城前和突破西线城防之际,还有两位烈士是从西线突破城防后向纵深突击时牺牲的(范鲁牺牲在南门一带、李惠民牺牲在西马路一带)。天津西线战事之惨烈,由此可见一斑。

每年纪念天津解放之际,都是深切缅怀革命先烈之时。如今我们探讨和查考天津战役中牺牲的解放军团级指挥员生平这个战史中的重要细节,并试图搞清其来龙去脉,正是为了更好地纪念在天津解放中前仆后继、不惜流血、甘愿牺牲的我军广大将士,也正是对永远矗立在天津城头的"十三棵青松"的深切缅怀。

这些血沃疆场、浩气长存的革命烈士,都是我党我军培养出来的杰出军事人才。他们决不能牺牲得无声无息、不声不响或糊里糊涂、不明不白。这些烈士牺牲后的一个时间段内,如果为了适应战略战术需要,以利继续作战,才不得不有所回避的话,还可以理解,可在革命胜利若干年后,缘何在亲历者的战史回忆中、已披露的档案资料和专题著述中,对此仍惜于笔墨、语焉不详或存在明显的误差呢?对此遮遮掩掩、躲躲闪闪,难道真的没有"报喜不报忧""家丑不外扬"的功利思想作祟吗?不可否认的是,曾几何时,对于"过五关、斩六将"的辉煌,总是乐于大书特书、铺天盖地甚至是掰开揉碎、不厌其烦,而对于"败走麦城"的苦楚和伤痛,却总是习惯于轻描淡写、捎带而过,甚至是难以启齿、避而不谈。如此这般,对战死疆场的烈士们难道就公平吗?而这也从另一个侧面反衬出——刘亚楼在报告中一针见血地指出的"指挥员不注意隐蔽身体的问题,在这次作战中是一个极其严重的教训",是多么地掷地有声,又是多么地难能可贵了。

实际上,当时对天津作战经验教训进行冷静分析、系统总结的报告还有不少。

如:刘亚楼撰《天津战役突破护城河的主要做法(一九四九年三月六日)》载:"天津经验证明,对外壕有水的敌防御体系进攻,的确是一种比较复杂的阵地的攻击。这次战斗证明,我们在突破阶段中,突击队执行突破兼渡河的动作,由于过去经验缺乏,表现得很不熟练(十个突破口上的二十个突击队,只十一个成功了),对突破的一般组织和实施则比较熟练(三个方向的十个突破口,八个成功了)。据战后检讨的结果,冲锋失利的主要原因是由于在战斗前和战斗中没有实际贯彻所规定的器材准备和使用法,以及协同动作的组织和实施。比如:有的是各兵种战前没有共同严密侦察地形和在实地上约定协同动作的组织和信号,以致临时发生不合拍;有的是把炮火的破坏射击和压制射击搞混淆了;有的是因为犯了'急性病',破坏射击没有完成即发起冲锋;有的是没有很好组织步兵火器在炮兵延伸射击时封锁和制压突破口两侧的敌火力点,以及对付突破口上残余和复活的火力点,以致架桥队连续遭受大批伤亡,架桥失利。"①

又如:《东北野战军各纵队关于天津战役攻城情况的汇报材料(一九四九年一月)》载:"在天津两〔西〕边的3个突破口,在一里宽的正面里,我军有二师、三师、十七师、六师、四师等六七万人,拥挤在一块,敌人一个炮弹打伤几十人,这是很危险的事情。现在大部队打仗有一种坏作风,大家都争着朝前跑,形成战斗中'争'、'抢'、'霸'现象……宽1里地的突击正面,选择了4个突破口,集中300多门山、野、榴炮,实在是太拥挤了。2个钟头的破坏射击,时间嫌太长。六师伤亡1600多人，主要是伤在突破口一带。"②

攻津战斗中的"'争'、'抢'、'霸'现象"，在其他史料中也有记载。如：《在天津战役中》一文（刘强、刘云亭讲述）载，43军128师担任天津战役总预备队，"即啃骨头任务"。刘亚楼在战前部署时初步确定，如天津市区10个制高点（如中原公司、海光寺、警备司令部、火车站、南开大学等），其他部队攻不下时，由128师"接任攻击"，因此，128师"没有固定的作战地域和作战目标"。1949年1月14上午10日，总攻开始后，"第1、第2纵队从西营门突破阵地，我师配置在第1、第2纵队之后。由于求战心切，当1纵突击队刚突入突破口后，我第382团就自动跟进参加战斗。由于两支部队在一个突破口挤进，影响突击部队进攻速度，这个问题很快由1纵司令员李天佑反映到总部。总部刘总指挥（即刘亚楼——引者注）打电话到我师，由政委徐赋州（应为徐斌州——引者注）接电话。刘问：'你们是否从一纵突破口跟进？'徐答：'不是，我们自己开了个口子。'刘说：'那好，你们不要影响他们。'实际上，我师并未单独打开突破口，还是和1纵挤进。不久，1纵又告到总部。刘总指挥又来电话询问：'你们进去多少人？'徐答：'已进去1个团啦。'刘说：'进去1个团就算了，另两个团就不要再进。'这时，只进去1个营。随后，又把另两个营也挤了进去。师指挥所由师长龙书金率领，也随328团挤入了市区。"③

显然，"'争'、'抢'、'霸'现象"很容易造成无谓牺牲。这一现象遂引起了军中统帅的高度警惕。可见，人民解放军当时并未被胜利冲昏头脑，而是科学把握、客观评估，着眼于吸取各种教训，着力于减少伤亡。回顾得越认真，总结得就越深刻，对我军将士伤亡原因也就越清楚，在今后的战斗中才能越发减少伤亡。这难道不也是对烈士们表示尊重和予以纪念的一种表现形式吗？

而对于今人来说，无需苛求过去，也不应纠缠细节，更不能对当年一些细节始终揪住不放、没完没了。我们亟待做的，就是要正视历史、坦然面对、抓住现在、行动起来、克服困难、锲而不舍，通过不断地深挖史料、详加考证，更多更全更细更准地了解和记载天津战役中牺牲的每位烈士生平事迹。这真得学习电影《集结号》主人公谷子地寻找牺牲战友遗骨时的那股劲头和那份执着。

在平津战役中牺牲的烈士总数，已知共有7030位（此为平津战役纪念馆公开披露的数字）。1997年7月，平津战役纪念馆"英烈业绩厅"中的英烈名录墙建成时，其上共镌刻6639位烈士姓名。

经该馆不断搜集资料、整理档案、核实烈士身份，截至2012年底统计，镌刻在英烈名录墙上的烈士英名已达6801位，但仍有229位佚名烈士待查。④截至2013年底，在该馆英烈名录墙上已镌有6802位烈士姓名。⑤2014年五一劳动节期间，据平津战役纪念馆讲解员介绍，该馆英烈名录墙上已镌有6804位烈士姓名，尚有佚名烈士226位。可见，经过1年多的努力，该馆就又确认了3位烈士的身份。⑥

在对以上13位烈士生平一一考证的基础上，笔者为放心起见，于2014年五一劳动节期间，专门到平津战役纪念馆"英烈业绩厅"内，再次对英烈名录墙铭文中所镌全部13位烈士的姓名和籍贯进行了现场勘查。

依笔者管见，在该名录墙铭文中，至少尚存如下瑕疵：

一是其所镌的"江西省瑞金县烈士王甫连""江西省籍贯不明烈士王浦廉""籍贯不名烈士王甫廉"，均指王甫廉烈士；

二是其所镌的"河北省平山县烈士杜存典"中的"平山县"，应为平乡县。而在该名录墙一旁的烈士生平展墙上,已将"杜存典 河北省平山县人"改成了"杜存典 河北省平乡县人",二者所载籍贯不符;

三是在该名录墙铭文中镌有"河南省潢川县烈士陈中义",而在该名录墙一旁的烈士生平展墙上,却记载为"陈忠义 河南省潢川县人",二者所载姓名不符。

以上是笔者经过掂量来掂量去,觉得基本上有把握才慎重提出的。而籍贯为河北省曲阳县的王谷烈士与河北省籍贯不明的王谷烈士是否为一人呢?这也很有必要捯捯清楚。

在电影《集结号》中,站在无名烈士墓前的主人公,有一句哽咽着说出的台词,听了让人念念不忘:"爹妈都给起了名了,怎么全成了没名的孩子了?"知道烈士们的姓名应该是最起码的,但仅仅如此的话,其实也还远远不够,还得继续挖掘整理、大力弘扬彰显才好。

搞清楚包括"十三棵青松"在内的所有在平津战役中牺牲的烈士生平脉络甚至是生平细节,都是必须的。这既是我们的责任、我们的义务,也必将在学习这些英雄的崇高品格、传承这些英雄的革命风范过程中,生发出强大的精神动力。

电影《集结号》主题曲中有这么几句歌词,听了让人唏嘘不已:"还有什么比死亡更容易?还有什么比倒下更有力?没有火炬,我只有勇敢点燃我自己,用牺牲证明我们的勇气。还有什么比死亡更恐惧?还有什么比子弹更无敌?没有躲避,是因为我们永远在一起,用牺牲证明我们没放弃!从未分离!"

以永远巍然屹立在天津城头的"十三棵青松"英雄生平事迹为切入点,回顾天津战役中广大将士的豪迈战斗史、悲壮英雄史,缅怀英烈,祭奠英灵,我们深切地体会到,革命的胜利来之不易,和平的环境来之不易,我们的安稳生活来之不易。而这一切都是用无数革命先烈的满腔热血和宝贵生命拼来的、争来的、夺来的。我们怎能不倍加珍惜?!

是啊!先烈们在天津这方热土上吃过苦、受过罪、泼过血、豁过命。他们曾奋战在这方热土上,他们又曾长眠在这方热土下。我们怎能不铭记在心?!我们一定得对得起他们啊!

注释

① 《刘亚楼军事文集》第 182—183 页。

② 《城市解放系列丛书:天津解放》第 152 页。

③ 赵志辉编著:《通信兵故事(6)·确保畅通篇》上部第 338—342 页,军事科学出版社 2001 年版。

④ 据《平津战役纪念馆为四烈士补刻碑名 名单仍不完整》,《今晚报》2012 年 12 月 4 日。

⑤ 据《平津战役 65 周年纪念活动昨日举行 英烈墙上还差 228 名烈士》,《城市快报》2013 年 11 月 30 日。

⑥ 2015 年 4 月,本书付梓前夕,又获悉:截至 2014 年国庆节,平津战役纪念馆又将新近确认的 8 位烈士英名补刻在英烈名录墙上,使佚名烈士减少至 218 位。此据 2014 年 10 月 1 日《今晚报》载《平津馆英烈名录墙补刻八位烈士》。2015 年清明节前夕,该馆经多方联系核实,又补刻两位烈士姓名,使英烈名录墙上镌刻的烈士姓名达到 6814 位。此据 2015 年 4 月 4 日《每日新报》载《18 年来名录墙上增添 175 个英名》。

附一：第39军烈士纪念碑碑文

编著者按：天津市烈士陵园始建于1955年6月1日，园址初位于北郊区北仓乡三义村（今北辰区北仓镇三义村），占地面积为180亩，初期形态为墓地，安葬在天津战役中牺牲的烈士遗骨3691具，初称革命公墓。1969年，天津市政府决定迁其址至水上公园西北侧，并将位于水上公园一岛的212.68亩地和占地2837平方米的三层楼房划归该陵园。后于1973年建成对外开放。1985年6月1日，与红桥区烈士陵园合并，统称天津市烈士陵园。

红桥区烈士陵园前身原为三十九军烈士陵园，位于红桥区西部、陵园路南段东侧，占地面积为57亩。此地位于天津战役时解放军从西线突破天津城防和平门突破口一带，1949年3月15日建成，1958年10月1日完成扩建工程。陵园内有39军115师所建烈士纪念碑一尊（1958年获重建）、烈士墓一座、纪念馆两座，安葬498具烈士遗骨。

1985年后，天津市烈士陵园行政办公地改设在原红桥区烈士陵园内。由于分处两地，群众祭扫不便，2005年天津市委市政府决定迁建新陵园于北仓（位于北辰区外环线与铁东路交口一带）。2006年清明节期间建成交付使用，占地近100亩、建筑面积8000平方米。原安葬、安放在天津市烈士陵园和原三十九军烈士陵园内的革命烈士遗骨、骨灰、遗物等，全部迁入新建的天津市烈士陵园内。①位于该陵园广场东侧的"天津战役无名烈士墓"，建于2006年3月19日。据两座墓碑碑文记载，当天上午10点曾举行隆重的安葬祭奠仪式。其中：左墓区安葬烈士骨灰1360具；右墓区安葬烈士骨灰1634具，包括攻打天津西营门突破口时牺牲的498名烈士骨灰。

已知在整个平津战役中牺牲的烈士中，目前只有3%为佚名烈士。天津市烈士陵园内共安葬烈士骨灰2994具，且知其中绝大多数烈士的姓名。当年，烈士遗体通常是被集中掩埋的。如今，烈士姓名与烈士骨灰（遗骨取出后迁葬时已火化）已无法一一对应，故称"天津战役无名烈士墓"。

天津市烈士陵园主馆为纪念天津战役牺牲烈士的"革命烈士纪念馆"。原三十九军烈士纪念碑上，曾钉挂铜质碑铭两块，现均陈列于该馆内。据该馆内的说明牌介绍，"此碑由三十九军于一九四九年三月十五日建，此处烈士墓地于一九五八年拆除，政府将烈士遗骨火化、装入骨灰盒，安放于北郊烈士公墓，一九七一年转到天津市烈士陵园纪念馆至今。"碑文中开列39军在解放战争中牺牲的83名副营职及副营职以上指挥员姓名，其中包括在天津战役中牺牲的39军正团职和副团职指挥员5人的姓名，即王甫廉、陈忠义、杜纯典（即杜存典）、李惠民、马克正。

以下是对碑文全文的整理点校本：

抗战胜利后，国民党反动派在美帝国主义帮助下，发动了全国的反人民战争。为了保卫民族独立、争取人民解放，本军于一九四五年奉命北上，出师东北。

三年来，我们在中共东北局正确的领导下，和林司令、罗政委的英明指挥下，配合着兄弟部队，全军英勇奋战，歼敌百余万，解放了全东北，粉碎了中美反动派奴役中国的阴谋。三年来，本军共毙俘了国民党匪军叁拾万零贰百陆拾人，缴获了各种炮壹仟贰百玖拾贰门、机枪叁仟玖百贰拾捌挺、长短枪伍万贰仟捌百伍拾支等，获得了伟大胜利，武装了自己，提高了战斗力，学会了阵地战与攻坚战。

三年来，本军转战在关东原野，经过一九四五年冬北宁线及四六年的长春路保卫战役，歼敌八十七师于金山堡，首挫敌人锐气。一九四七年春"三下江南"中，两战两捷于靠山屯，奠定了胜利的基础。同年夏季五十天的攻势，先捷于黑林，又攻克昌图，使我军完全转入了反攻局面。同年的秋季攻势，打双庙、夺季家堡，孤立了四平、长春之敌。同年的冬季攻势，首夺彰武城，再战闻家台，切断了北宁路，转战于辽南，使沈阳成了死城。一九四八年的秋季攻势，夺义州、破锦州、战辽西、克沈阳，东北宣告完全解放。我们曾冒着凛冽的寒风，踏着冰封的雪地，尝尽了困苦艰难，不幸在这伟大的斗争里，多少战友们的生命抛弃了，多少同志们的鲜血遍洒在白山黑水之间。

东北解放后，本军又挺进关内，配合兄弟部队，一举攻克著名商埠——天津，促成了北平的和平解放，基本上解放了全华北。现在，全国最后胜利在望，我们誓继承先烈遗志，踏着先烈血迹，为解放全中国而战斗到底。

愿先烈的英灵，永垂不朽。

三年来阵亡将士芳名录

计开：

军直属队：科长王甫廉、参谋贾蓝田。

一一五师：部长陈忠义、团长王林夫、团长李荣泗、团长赵生江、副团长王国华、副团长张清河、营长张仲才、营长李希全、营长闵西元、营长刘世才、营长许俊信、营长王宝贵、政教夏炎然、政教陆润、政教陈济夫、政教丁万芳、政教、营副杨健云、营副李志杰、营副王忠义、营副胡东岳、营副焦德旺、营副高进学、营副金仲伟、营副李洪钧、营副刘金元、营副王毅山、营副高世龙、副政教王春生、副政教仲德芳、民运股长张效禹、副股长戴有生、保卫股长丁〔于？丁？〕克祥、组织干事韩醒。

一一六师：政委朱嗣龄、参谋长牛学俭、科长李中洲、组织股长张明远、军需股长高志祥、保卫干事刘钧、营长唐吉生、营长林克宽、营长刘培珍、营长王震、营长张魁仁、营长武德贤、营长沈永松、政教曹海州、政教张斌、政教朱潜、政教王安民、政教杨子盛、政教卢芳、副政教王雨云、副政教郑宝贵、营副刘庚举、营副王兴仁、营副张保、营副张昌义、营副姚常君、营副白青天、营副靳永山。

一一七师：团长刘汉章、团长杜纯典、参谋长王文澜、参谋长李惠民、副团长唐明、营长袁廷胜、营长张忠第、营长关涛、营长陈安林、营长吴春堂、营长孙金亭、侦察股长张虎臣、宣教股长张豪、副队长刘光汉、营副马天佑、政教朱文农、政教温海中、侦察队政指程乃英。

一五二师：副团长马克正、股长胡健。

注释

① 参见《海河畔的纪念地——天津市烈士陵园》,中共中央宣传部宣传教育局组织编写:《第四批全国爱国主义教育示范基地巡礼》第26—29页,学习出版社2009年版;《天津市地名志(06)·红桥区》第403页。

附二：天津市民政局烈士灵柩转送护照

编著者按：这份《天津市民政局烈士灵柩转送护照》为"津抚字第拾五号"，共一页，现藏华北军区烈士陵园。该《护照》为统一打印格式，盖有天津市民政局钤印，既面向烈属签发，也可出具给各地烈士陵园。文中"河北省石家庄市烈属"一语，即指华北军区烈士陵园。

该《护照》全文如下：

兹证明，河北省石家庄市烈属，自本市起运烈士马克正、陈忠义、李惠民、王甫连之灵柩，至河北省石家庄市，已由本市办理转运手续，希沿途当地政府协助转运为荷！

公元一九五六年三月二十二日

附三：颜德明致华北军区烈士陵园管理处函

编著者按：这份信函共一页，现藏华北军区烈士陵园。颜德明(1917—1985)，湖南省攸县人。解放战争时期，任东北民主联军第十纵队二十八师七十二团团长，东北野战军第十纵队二十八师副师长，第四野战军四十七军一三九师副师长。中华人民共和国成立后，任中国人民解放军师长兼湖南沅陵军分区司令员，中国人民志愿军师长、副军长，中国人民解放军军副军长，广州军区装甲兵政治委员、军长，广州军区副参谋长、副司令员、顾问。1955年被授予少将军衔。据星火燎原编辑部编：《中国人民解放军将帅名录》第3集第685页，解放军出版社1987年版。另据吉林市地方志编纂委员会编《吉林市志·军事志》（吉林人民出版社2001年版）第519页载，"1948年初，颜德明任十纵队二十八师副师长，在辽沈战役的黑山阻击战中，与师长宴福生指挥部队浴血奋战两昼夜，2次夺回101高地，胜利完成阻击任务。1949年5月，他被调任四十七军一三九师代理师长……1961年，颜德明任广州军区装甲兵司令部政委。"1949年天津战役前夕,兰芹、陈仲凯均在其麾下任副团长。

现对该函全文整理点校如下:

北京军区烈士陵园管理处:

你处[于1961年]十二月十九日查询蓝芹烈士生前革命活动的来信,已收悉。现根据我的回忆,介绍如下,仅供你们参考。

蓝芹同志(你处误为兰芳),原系四川人,1933年(或1934年,记不很清),参加我[红军]四方面军,曾任参谋、作战科长、副团长等职。1949年1月在解放天津战斗中光荣牺牲。当时任东北野战军第十纵队廿八师八十四团(即第四野战军四七军一三九师四一七团)付〔副〕团长,牺牲后,葬于河北省固安县柳泉镇。蓝芹同志生前一向作战勇敢,生活艰[苦]朴[素],对党对革命事业忠心耿耿,从不计觉〔较〕个人的得失、安危。在他的一生中,充满着一位光荣的无产阶级[战士]的革命本色。

在天津战斗中,同蓝芹同志一起牺牲的亲密战友,还有陈仲凯、王谷等同志。陈仲凯同志原系湖北人,四方面军的"老红军",曾任战士、班长、排长、连长、营长、付〔副〕团长等职,牺牲时,系东北野战军第十纵队廿八师八十二团(即第四野战军四十七军一三九师四一五团)付〔副〕团长。王谷同志当时是东北野战军第十二纵队一六〇师作战科长。这两位烈士同蓝芹同志一起牺牲,同时葬于柳泉镇。希望你处能[将其]一起移葬于北京军区烈士陵园。致

敬礼

颜德明

1962年1月3日

后　记

　　生逢乱世,时局不靖。当战争扑面而来,温饱难顾、命悬一线之时,像你我这样的平头百姓如果置身其间,会如何面对、如何应付呢?是哀吾生之须臾,还是叹天地之无常?随波逐流、无可奈何之余,还有无心境、有无勇气、有无定力以亲历者和旁观者的双重身份,把每天面对的一桩桩、把脑海里闪现的一幕幕,都不加掩饰地记录下来呢?

　　是啊!果真能天天如此承受得了、耐受得住、禁受得起的话,仅仅用舒缓心绪、转移注意力、寻求心理慰藉这些不疼不痒的评判,能否诠释得了这率真的个性、这非凡的气度、这敞阔的胸怀呢?可这一心理动因的着力点和支撑点到底来自哪里呢?

　　每当翻读这本幸存的老日记、窥探日记作者的心路历程时,我都不免要拷问自己——如果当时是我的话,我有无可能写下这些文字呢?相信,唯有未泯的信心,才能点燃希望之光,才能照亮不可预知、难以掌控的未来之路吧。由此推衍,甭管是战争年代还是和平时期,只有信心和希望才是内心的强大支撑,也才能堪比黄金的那份锃亮。

这本老日记是2007年前后我在浏览旧书网站时偶然发现的。那时,我正对天津战役期间牺牲的13位人民解放军团级指挥员生平感兴趣,搜集资料几近痴迷,遂认为日记中的内容或许对此有所帮助。因此,未多加思索就一举拿下。

这是一本上翻式装订的小册子,正文共98页,每页大约200字。日记内容从1949年1月1日记起,记至1949年1月31日,每日一篇,共计31篇(其间无漏日)。其中,1949年1月31日的日记末页残缺,表明有脱页。日记作者称,"这本日记,虽足够一百页的厚本,只是一个月的记载。"据此判断,日记正文大概有两页残缺。

日记文字均使用钢笔从左至右竖写。所用墨水,间或有蓝色和蓝黑色两种。尽管日记中并未提及作者姓名,通篇也无作者签名,但在硬纸封皮上,钤有名章一枚。此名章的字体为篆文,释文或为"徐天瑞"或为"徐而瑞"。好在日记作者在日记中多次提及其家人"天琪",且从日记行文判断,"天琪"即其弟弟。也就是说,徐天瑞与徐天琪为哥俩,且取名相近(他们上面还有大哥)。据此可以认为,徐天瑞即该日记作者。为行文方便起见,本书为这本老日记取名为《徐天瑞日记》。

另从多个角度研判,日记本为当年原物,不存在伪造痕迹,日记内容也不存在假托的可能性。其真实性毋庸置疑。虽经反复检索徐天瑞生平,但终未发现与日记作者生平经历相符的相关记载。

把这本老日记拿到手后,第一感就是为其缺页而遗憾不已,而且,翻来翻去,也未发现我那时感兴趣的相关线索。好在日记作者记载的天津解放那天的观感和1949年除夕夜的游记颇多意趣、颇具兴味。2008年春节前夕,据此所撰《解放天津后的第一个除夕夜》一文,经吕金才先生编辑,载《天津老年时报》副刊"春秋"版,后又撰《天津不解放　春节过不上》《日记中的天津解放》,亦载该报,总算是把这本老日记稍稍利用了一下。对于日记中的大多内容,未及细虑,也并未产生对其进行一番整理、点校、注释甚至是解读的冲动。

大概是2008年春夏某日,在与振良兄小聚闲聊时,对此有所提及,方知振良兄曾一睹此物。当时,振良兄正自费主持《天津记忆》编务,因之鼓动我对此加以整理,以为披露。怎奈我平居懒散、恣行率意、无甚条理,虽随口应和,但并未随即着手。后游移其间、断断续续,整理事宜迟迟未能有效推进。久拖不决的结果是连续错过两个天津解放纪念日。鉴于振良兄屡次催促、反复开导,我不得不大加收敛,加快与日记作者枯燥对话的节奏。

毕竟这得沉下心来、耐着性子才行。记得2011年元旦前夜,还在跟自己最后一把较劲,参考资料扑腾得满屋子都是。2011年1月15日,由振良兄编印的《天津记忆》第72期,始以《一九四九年一月之天津——解读徐天瑞日记》为书名,将这本老日记的整理注释本呈现于世。而通过此番整理,也真的逼着我看进去了、钻进去了,甚至豁然开朗——我再也不觉得与日记作者的对话是乏味的、是费劲的、是苦恼的,而是深感日记内容是那么的抓人、那么的揪心,那么的动人魂魄,那么的令人牵挂,为之投入热情和精力是值得的。

此番整理的必要性和适宜性毋庸置疑。缘何起初我未能发现这本老日记的潜在价值?缘何拿到手后不久就将其束置高阁了呢?

检讨起来，问题的关键是我平素木讷迟钝、寡智不敏，导致文献意识不强、学术能力不足，仅停留在和满足于对文献资料的简单化理解、通俗化介绍和碎片化解读上，未能上升到系统性、比较性和思辨性的高度上综合分析、客观判断。看来，正是日记作者在60多年之后的今天，不经意间给我上了生动一课，也正是振良兄超然远览、渊然深识，才终于促成此举，使之得以公诸于众。

振良兄的文献学理论扎实且长于有机运用，尤其值得学习；振良兄对天津历史文化有强烈的社会责任感和时代紧迫感，尤其值得尊重；振良兄对方志文史孜孜以求，而且擅于发动、组织、联合、团结同道中人共襄其事，尤其值得钦佩；而振良兄一贯成全同道，乐观其成，先人后己甚至是舍己为人的胸襟和器量，则尤其值得景仰。

2013年6月，振良兄又为公开出版《徐天瑞日记》整理注释本创造条件、提供机缘。这一回，我未敢怠慢，再将原稿拾掇起来，精心梳理、详加校勘、有机取舍，力求紧凑和遵循点校规范。为直观起见，还插入部分老照片。

是书定名《津门开岁》。开岁特指正月，既有新年伊始之意，也蕴含解放大军洞开天津门户、掀开政权新局面、迎接新中国成立、开启新时代之隐喻。书中除对《徐天瑞日记》进行整理点校注释解读外，还包括以附录形式出现的《天津战役中牺牲的解放军团级指挥员生平事迹小考》一文。这篇已有八九万字规模的长文，是我近年来陆续积累的一些研究心得，曾相继择要刊载《解放天津牺牲的我军高级指挥员》(2004年3月29日《今晚报》"忆解放　祭英魂"征文)、《天津攻城战中捐躯的"十三棵青松"》(2011年1月16日《天津日报》)、《解放天津时"被敌人一个炮弹打光了"的我军五位指挥员小考》(2011年第2期《天津档案》)、《天津解放后刘亚楼因何痛惜》(2012年1月9日《天津日报》)等文。在此基础上，经整体性拓展和系统性深化，力求使表述更富条理性、考析更具逻辑性。

在天津战役中牺牲的解放军团级指挥员，共计13位。这些烈士是天津战役中解放军广大参战指战员中的优秀分子、杰出代表，有"十三棵青松"之誉。但每位烈士的生平，迄今仍有不甚了了甚至是有失准确的情形。通过对这些烈士生平史料逐一缕析，我发现，已见史料居然对每位烈士的生平均不清晰，总有或多或少、或大或小、或轻或重的问题。造成其生平记载相互矛盾且以讹传讹的原因较多，除当时信息不畅或初始登记时就已出现误差等因素之外，也有亲历者回忆偏差和出版时手民误植等因素，还有缺乏对文献资料深入开发利用等因素。

比如，对于王甫廉烈士姓名的记载，长期以来颇不一致，其姓名竟还有"王甫连""王蒲廉""王浦廉""王莆廉"等四种写法。虽然这些名字均指王甫廉烈士，但有关方面已将"王甫连""王浦廉""王莆廉"与王甫廉烈士并列起来祭奠了。如果不通过审慎爬梳史料，我哪敢作出这个判断呢？再比如，西满革命烈士陵园已将王甫廉列为1947年牺牲的烈士，而其依据仅是1948年该陵园开放之前由西满军区所属部队提供的一份简历。由于具体情况不明，该陵园至今仍认为这是一个未解之谜。难道真有籍贯相同且革命经历趋同的两位重名烈士这一特例吗？经对史料详加对照，我判断其与1949年在天津战役中牺牲的王甫廉烈士实为一人。

对王甫廉烈士生平考证颇能说明问题。其意义在于，今后再对革命烈士人数进行统计时，可避免重复计算。这应该也是后人对烈士表达敬意、寄托哀思的一个组成部分吧。否则，对烈士姓名还搞不准,何谈研究其生平事迹？何谈弘扬其革命精神？何谈继承其革命遗志？

而在梳理李耀德烈士生平事迹之后的最大感受,就是对于烈士生平中的姓名、籍贯、牺牲原因和时间等关键词,不仅纪念馆、烈士陵园的记载不尽相同,包括县志、地区志、军事志、英烈辞典和战史著作在内的堪称权威的相关记载居然也五花八门。如此这般,后人到底以哪个为准呢？着实值得思考。总之,敬畏历史,尊重历史,把尽量贴近史实当成努力方向和最大追求,才是后人应承担的责任和应遵循的原则。

虽然这篇历时数年而就的文章对这13位烈士的生平都有所触及,且多少有所推进,但仍未一一厘清,尚存不少遗憾。尽管如此,此番努力仍令我感触颇深,深知对此继续考证的空间还大着呢,有待挖掘的资料还多着呢。

应予说明的是,专题考证这13位烈士的生平,并非仅以职务论英雄或"官本位"思想作祟。试想,生前在军中职务较高且承担责任较大的烈士,生平尚且如此,那么,一定还有更多的烈士生平尚存空白、尚存不确,有待弥补、有待考析。希望官方研究机构和民间研究人士更加有机有效地携起手来,精诚合作,以更大的热情、花更大的力气,深入开掘、逐一丰富和核实在天津战场上牺牲的4000多位烈士的生平。这真是天津人义不容辞的事。

我在与华北军区烈士陵园史料室主任娄月女士沟通时,她说:"干这个事,虽然费心劳力,但都是良心活。"这话让我颇为感慨。就让我们多干些这样的"良心活"吧！为让烈士们安息、长眠,所有付出的辛苦都是值得的,都是微不足道的。英灵若有知,当含笑九泉。

2014年5月29日,难以忘却。与我同赴石门办理公务的张绍祖先生、利成兄，抽暇甘冒42℃的高温(如此天气，多年罕见)，相偕至华北军区烈士陵园探访。在天津战役中牺牲的团职指挥员中，有8位烈士安葬于此，且均有墓碑。我们先是在国际共产主义战士白求恩烈士墓前行礼致祭，然后顶着炎炎烈日穿行在墓区中搜寻。每发现其中一位烈士的墓和碑，都会在我心中产生好一阵震撼。此番采掇，着实弥补我一大遗憾，心中默念：这一趟真是来得太值了。就在我详记8位烈士墓碑方位、碑文内容，并一一肃立、深深鞠躬之际，恰有一只雀鸟飞临墓前，守候流连，盘桓不已。啼鸣婉转，曲折低徊，至今仍回荡耳际，挥之难去……

　　在整理点校注释解读这本老日记期间，得到诸多师友的无私牵扶和关爱。这对于丰富本书内容、提升本书学术品位，都颇具价值，也都颇堪回味。庆幸之感不禁油然而生。

　　幸有天津党史研究专家王凯捷先生明示启导，悉心点拨。先生精研抗日战争史、解放战争史，功底颇深，常令我恍然大悟。是编蒙先生一见嗟赏，挥笔如椽，慨然作序，为本书生色良多。

　　幸有天津教育史研究专家张绍祖先生对日记作者就读学校这一关键细节予以确证；幸有天津地方史研究专家、书法家葛培林先生目光如炬，使日记中难辨之字得以识别清楚；幸有图书馆学家、天津图书馆历史文献部主任李国庆研究员就日记版本提出权威鉴定意见。以上诸位先生素来奖掖后学，诲尔谆谆，都是让我肃然起敬的敦厚长者。其时赐教言，至今仍萦绕耳畔。

　　幸有华北军区烈士陵园史料室主任、副研究员娄月女士和曾负责西满革命烈士陵园管理事务的齐齐哈尔市民政局原副局长王国作先生不惮其烦，答疑释惑，提供查阅资料的方便。

　　幸有福志兄提供南京国民政府交通部天津电信局所编《中华

民国三十七年度电话号簿》的复印本;幸有利成兄、国庆兄分别解答档案、民俗等问题;幸有方博协助翻拍部分老照片。

振良兄不仅在案牍劳形之余悉心关顾,还参与本书校对,尽心纠错指谬,并提出建设性意见,足令我心折诚服。

其间,我还经常浏览新浪博客中的"halfliu"博客。其博文为民间深入探讨解放天津战史提供了一个全新视角,令我深受教益。后知这位致力于平津战役历史研究且视野敞阔的博友即刘胜民先生。虽一度仅限于网上留言交流,至今仍未谋面,但先生堪称令我茅塞顿开的良师之一。在此,尤应感怀已故的天津党史研究专家陈德仁先生。至少在15年前,我就曾揣着感兴趣的话题多次登门拜访,幸蒙垂教。先生所著《天津历史风云》(天津党史资料征集办公室1997年版)、《天津战役研究》(天津古籍出版社2003年版)等面世后,每次都情意殷殷地驱车穿越天津城,将签赠本及时送到我手上,且勖勉有加。

平凡如我,幸获亲炙,每每思之,念念不已。借此敬志诸位师友嘉惠盛意于简末。还要特别感谢天津古籍出版社和问津书院对本书出版的支持,尤其感谢唐舰女士悉心持护、倾力促成。

尽管整理点校注释解读这本老日记时小心翼翼,力求臻备,但囿于识见,疏谬之处难免。如蒙补正阙谬,以匡不逮,当无任感荷。企予望之,是所至祷。

王勇则谨识

癸巳仲秋草拟

甲午仲夏补订

乙未孟秋再修

补 记

在对徐天瑞日记的解读过程中，我一直期盼着能与徐天瑞家属取得联系，以期进一步探究这本老日记的来龙去脉。当然，如果有幸能与徐天瑞老人谋面的话，那就是再好不过了。可是，截至本书脱稿时，这个美好的愿望仍停留在想象中。

如果不能弥补这个遗憾的话，岂不是很可惜？日记内容总是萦绕在我心头，让我难以释怀。说白了，就是我仍不甘心。尽管我也深知，难以准确定位的寻访，犹如大海捞针一般，很可能是掘地寻天，徒劳无功。难道这终究只是一个奢望？

徐天瑞
（摄于 1949 年至 1950 年）

或许正应了"功夫不负有心人"这句老话，只要肯付出，就会有

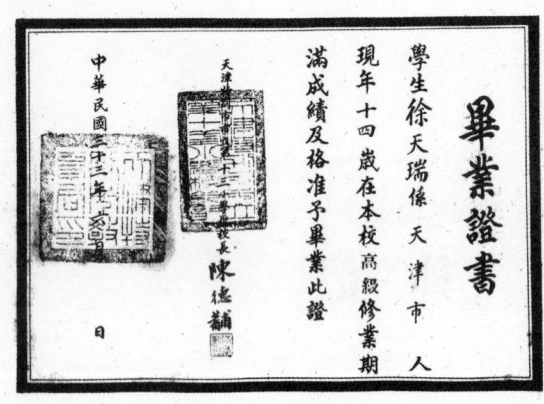

1944年,徐天瑞毕业于天津市立第十三小学校。

回报。2015年6月24日是出现重大转机的一天,我终于与徐天瑞之弟徐天琪的家人取得了联系。转天,徐天瑞长子徐震先生打来电话,我在兴奋之余向其初步核实了一些情况后,当晚便与其见上面。徐震先生质朴笃实,待人诚恳,颇有忠厚君子之风。我们一见如故,畅谈良久。

虽然徐天瑞老人已于2003年病故,但好在徐天瑞遗孀杜淑芳老人仍健在,现居南开区西关大街佑安西里小区安享晚年。实际上,其居所与我现住址之间的垂直距离,满打满算也不过500米。几经辗转,咫尺天涯,怎能不令人顿生感慨?

2015年6月28日,杜淑芳老人和徐震、徐震之弟在家中热情地接待了我。他们提供的家史,对于诠释这本老日记至关重要。而有幸保存至今的徐天瑞老人生前大量手迹(包括个人经历、家庭履历表、职工登记表、思想汇报材料、个人剖析材料、证明材料等,大多为底稿)和证书(修业证、毕业证、资格证、奖状等),足以使其生平事迹历历在目,远远超出了我自认为准备得很精心的采访提纲所涉问题。而将这些新发现的史料与我以往对日记所作的注释比对可知,我对日记中部分关键词进行的考证,大致不错(如对徐天瑞当年住址、就读学校、社会关系等所作的判断),但仍存不甚贴切的问题,就像隔着一层窗户纸。

比如,徐天瑞在日记中提及的"市商"同学王树年,原住址为南马路全家胡同45号,后在北京畜产公司工作。朱毅,原住址为南门东二条胡同1号,后在天津盐业公司营业部工作。马载田,后在天津市河西区税务局二科工作,曾居和平区教堂后文善里90号。邵景云,后在天津盐务管理局生产处工作。日记中提及的"一福居",是徐天瑞小学同学王家骏家里开设的一家饭铺,位于西关大街沿街。而日记中提及的"洪兴店后",即鸿兴店后,也即徐天瑞住址所在的胡同名。鸿兴店原为客栈,今九天庙胡同一带即其遗址所在地。

总之,如今找到了徐天瑞的家属,就像打开了窗户,这些问题都不成问题了。可是,对于在书稿中已作的那些大致判断,还要不要保留呢?如果直接更改日记注释的话,难免会让读者感到唐突。这是令人纠结的新问题。

"倒炝锅"炒出的菜,未必不好吃,也许还别有风味呢。就当是换换口味吧。于是,就有了这篇补记。我想,通过这种形式来作一番补充说明,或许比径直更改日记注释来得更真实,或许更符合事物发展规律。这篇补记既能反映我在解

1947年,徐天瑞毕业于"天津市商"初级班。

读这本老日记中不断提高认识的过程,也能使我原来对一些因拿不准而游移不定的问题迎刃而解,就算是对徐天瑞日记解读的再解读吧。是啊,对史料的缕析和研究,从来都不是一蹴而就的,总是一步步深入展开的,周折难免。相信这篇补记对准确解读这本老日记,能有所帮助。

一、徐天瑞的生平事迹

徐天瑞1930年7月生于天津市。1938年至1944年就读于天津市立第十三小学(位于南大道养病所)。1944年就读于天津市立商科职业学校(以下简称"市商"),1947年从"市商"初级普商科(相当于初中)毕业后,继续在"市商"高级会计科就读。1949年天津解放后,"市商"更名为天津市立财经学校。1950年5月29日,毕业于天津市立财经学校(毕业证后于7月下发),由天津市财经委员会分配至天津市水产市场(隶属天津市工商局),任会计组组员。1955年至1958年任天津市水产公司(1956年更名为中国水产供

1950年,徐天瑞毕业于天津市立财经学校。

销公司天津市公司)计财科科员(月薪金70元)。后相继在天津市锅炉制造厂(位于原北郊区马庄)、天津市通用器材厂(位于红桥区津霸公路光荣道)等单位的财务会计科工作。1990年退休。2003年病故。墓地在天津市静海县杨成庄乡。

徐天瑞一生从事会计工作,1988年被天津市科委授予会计师。会计师虽为中级职称,但当时却是备受重用的财会人才。徐天瑞曾代表天津市多次赴外埠开展全国税收财务大检查工作。

徐天瑞的家,原位于西关大街鸿兴店后30号,为平房三间(南屋一间、北屋两间)。1969年平房改造后,住址改称九天庙胡同35号—7,为楼房第一层。1996年又经改造,搬迁至佑安西里小区,为楼房第六层。现住址距原住址所在地不过百米。

1955年,徐天瑞毕业于天津中苏友协俄文专科夜校。

徐天瑞早年就有写日记的习惯,并坚持至退休前。这本老日记与1948年的日记本、1949年1月后至1980年前后的日记本一大摞以及大批书籍资料等,均于1996年徐家迁至新居后以及徐天瑞病故后,陆续被当成废品处理掉了。至于这本老日记缘何使用民国年间日本洋行入金传票背面书写,是因为徐天瑞亲属曾有在日本洋行工作的经历。

徐天瑞早年还有书画爱好,曾绘制过很多炭粉画、素描等作品。徐家今仍留存其书法作品。其两幅作品还刊于天津市锅炉制造厂书法协会编印的1987年第2期《书法》杂志上。

徐天瑞生前爱读书,自修过英语、日语、俄语课程。1955年毕业于天津市中苏友好协会俄文专科夜校(学制两年半)。1957年又在天津市财政管理贸易干部学校内贸专业进修半年。1980年至1981年担任天津市财经学院工业会计电视业余大学辅导员,并参编英语和财会教材。

二、徐天瑞家庭主要成员

以下据徐天瑞1958年填写的《职工经济情况登记表》、1966年撰写的《家庭成员情况》等记载以及杜淑芳、徐震等回忆:

其祖父徐邦云,1880年生于天津静海双窑村(今属杨成庄乡)。20岁左右来津,以学做鞋楦木工为生,后在马集(解放后改为牲畜市场)担任交易员,1958年的月薪为20元。

其祖母周佩兰,生于1886年,无正式工作,料理家务。

其父徐继明,

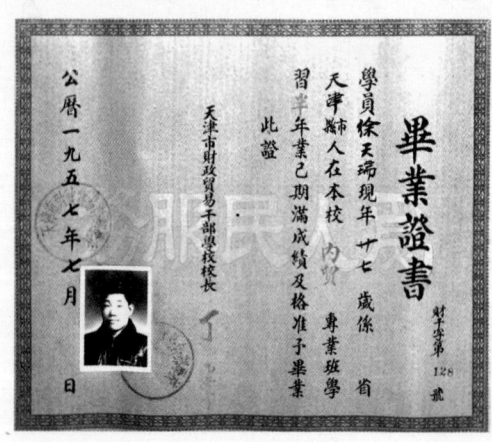

1957年,徐天瑞在天津财贸干校进修半年。

1907年生于天津市。1923年在天津北门外元兴茶庄学徒。1925年至1937年，历任天津南门外天源茂广货铺店员、天津警察厅总务科书记、湖北武昌黎天才公馆的私人录事、天津公安局侦缉第四队内勤文书。抗战期间曾经营小型羊毛加工厂。1947年任天津市财政局第四科稽征员，1949年初被新政权留用。后因履历不清而离职。1951年后，相继在西门南、东牲里等街道居委会和街办工厂从事管理工作，曾担任西门南街和平里居委会副主任兼调解委员会主任、人民陪审员多年。因热心居民工作，街坊邻里都亲切地称之为"徐大爷"。月薪不固定。1960年为24元。

徐天瑞1957年使用的此印章与其在1949年1月日记封面上使用的印章一致

其母王韵琴，生于1905年，无正式工作，料理家务。

其叔徐继林，曾在位于北马路的天津县政府任职，20世纪50年代初病故。

其兄徐天禄，约生于1927年，曾任电力部门职员、当地派出所户籍干事。20世纪50年代初因肺病去世。

其弟徐天琪，1934年生于天津市，大学毕业后任天津第一机床厂技术员，1958年的月薪为57元，1960年为58元。退休前，为该厂高级工程师。去年，全家为其庆贺八十大寿，现在津安度晚年。

其妻杜淑芳，1940年生于天津市，早年居所位于南大道养病所路。原为南开区轴瓦生产合作社车工，1964年与徐天瑞结婚，退休于天津市自动化仪表十六厂。

其长子徐震,生于1965年,现在天津市交通运输部门工作。

三、徐天瑞的政治面貌

从20世纪五六十年代徐天瑞撰写的十余种汇报材料可知,其早年曾加入三民主义青年团的短暂经历,竟是其背负多年的巨大思想包袱,也是其难以摆脱的政治羁绊。在新中国成立后的多次政治运动中,这段并无政治污点的经历被反复提及,令徐天瑞思想压力很重。徐天瑞不得不向组织反复说明,在无数次剖析思想的基础上,是一遍一遍的表决心、表忠心。虽然他多次申请加入新民主主义青年团(1957年更名为中国共产主义青年团),但终因出身于小资产阶级家庭、历史不清和表现还不够积极而未果。

原来,1946年初,正在"市商"初级普商科丙组就读的徐天瑞,是班长和学生自治会的执行委员,在同学中很有号召力。经某同学介绍,他与五六个同学一起到位于元纬路的三民主义青年团平津支团第十一分团团部入团,并被推为小组临时召集人。因年纪小,不谙世事,他们并未参加实质性的政治活动,只出过几次小组壁报。内容不过是介绍抗战胜利和政权光复而已。他们还开过一次生活检讨会,但只与提高个人修养有关。入团三四个月后,徐天瑞开始对时局产生了一些新认识,逐渐有了一些新判断,便主动脱离了该组织。徐天瑞后来多次说明的脱团原因是:"错误地认为三青团是青年进步的组织,对现实盲目不解";"国民党政事腐败、官商为奸、祸国殃民,加以美军在津的暴行肇事,给予我极大的怀疑。"1946年底,该分团团部被改组为三民主义青年团天津第三分团筹

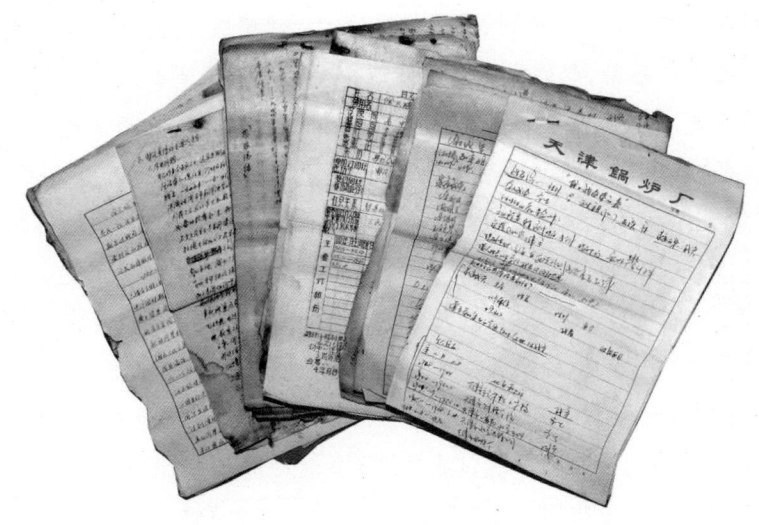

徐天瑞部分手迹（撰于20世纪五六十年代）

备处，随后开展团员总甄核，换发新团证。徐天瑞再未与之发生关系。但是，未被收回的临时团证竟成了烫手山芋。1949年1月16日，也就是天津解放的转天，徐天瑞翻箱倒柜，把临时团证找出并烧毁（徐天瑞在日记中对此并未提及，足见当时已心有余悸）。1951年，在"整风审干"时，组织上对他这段经历所作的结论为"依法登记、免于处分"。组织上对其现实表现作出的鉴定为：优点是工作积极有魄力、生活朴素、学习认真；缺点是性情急躁、情绪不够正常、有些自骄、有时对群众态度不够和蔼。后来，徐天瑞又经自我反思，主动总结并汇报了自身缺点，即：犯急性病、对同志帮助不够、工作缺乏责任心、说话不大检点。总之，在徐天瑞身上，并无原则性问题。

关于对天津解放的认识和思想转变，徐天瑞于20世纪50年代初一次向组织交心时,是这样写的:"天津解放后,由于受了国民党毒素的感染,我的思想毫不开朗,分不清敌友,不知道中国发展的前途,不懂社会发展的规律。这时,旧思想开始作祟,看不起入城干部,认为'土包子'搞不出大事,起不了什么作用。当时有人说:'这一伙人能搞什么政治?将来还不知怎么样。'至少在我的思想上,是他们的附和者。这正是反动本质的余毒未净。当时,我还在'高会二'读书,起码对教政治课的干部表以轻视,认为跟他们能学得了什么?由于反动的思想作怪,在学校是不进步的。明显的是,学校各种集会我就不愿参加。背后常跟落后的同学说怪话。对共产党的认识模糊,思想搞不通。虽然读了些新的书籍,但还不能扭转我的观点,对新事物仍抱有怀疑。有一次我还参加了本班罢考。不久,学校的新民主主义青年团建立了起来,当时我所处的是旁观态度。后来思想稍一开朗,我也申请入团,但是经过一点小挫折,我就低落了情绪,退缩不前……同时,家庭环境也给我以恶劣的影响,解放后,叔、兄相继死亡,债累及生活之逼迫,使我时起诅咒,对现实表以不满。因之,障碍了我的思想进步。在这一年中,人民解放军取得全民性的胜利,几乎把'蒋匪'赶下海去……经济建设惊人的发展、劳动人民翻身作了国

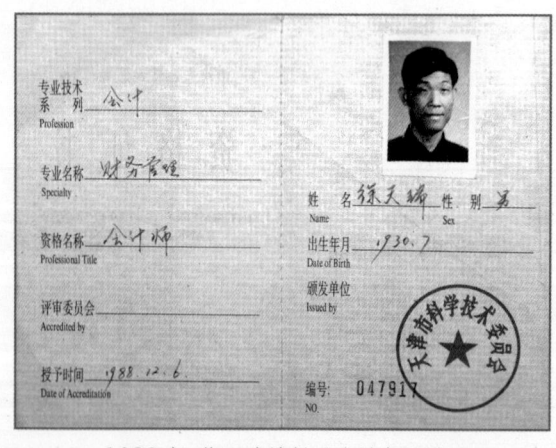

1988年,徐天瑞被授予会计师职称。

家的主人，一切都在新事物的促使下前进着。这时，我开始认识了共产党，批判了国民党的黑暗罪恶史，自己愿赶上时代，成为新中国的新青年。因之，我又一次申请入团，未及批准，即临提前毕业之期。"以上所及徐天瑞对天津解放的最初认识，比徐天瑞在日记中的记载可严重多了。可见，为了在政治运动中尽快顺利过关，他自觉不自觉地把自己说得寒碜些。这种心理当时很可能带有普遍性。

此后，徐天瑞在思想上、言行上的自我改造，从未停息。他提前毕业被分配到天津市水产市场后，思想再起波动，主要是"为未派到工厂、银行中，大感失望，认为所学将非所用，在脑子中充满了单纯的技术观点，又考虑到待遇问题。这些出发点，都是为个人打算，带着小资产阶级的自私自利性，认识不到为人民服务的真相。"不过，徐天瑞爱读书看报的优势很快就发挥了出来，他在单位担任学习小组组长后，表现愈加积极，工作愈发认真，思想汇报和检查材料写得越来越长、越来越触及灵魂。但也不免有些小题大做的成分，比如，他到曾与工作单位有过业务往来的士宝斋，买了两个价格较为低廉的日记本后，也要深刻反省一番，担心会因贪了便宜而丧失了革命立场。

徐天瑞认为，"当了学习小组长，这是督促我进步的惟一转折点。此后，对学习就开始钻研起来，一向不愿落于人后。这样，就带动了我的思想走向积极，慢慢地克服了以前工作不踏实的缺点……我拿严厉的眼光无情地批判了过去，正是给我一条新生之路。"徐天瑞表示从此要正确树立人生方向："今后，我只有积极工作，大胆靠拢组织，放下思想包袱，坚定革命立场，划清敌我界限，提高政治思想觉悟，确立革命的人生观……在共产党的领导下，做一个毛泽东时代的新青年，一个忠诚的干部、人民的勤务员，保证

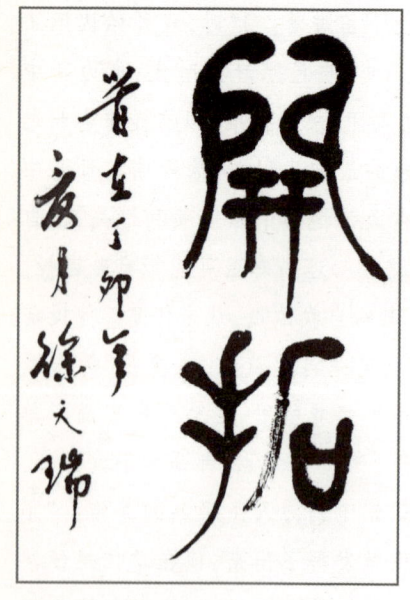

徐天瑞书法作品(作于1987年)

永不掉队,全心全意为人民服务到底。"这绝不是言不由衷的假话、无关痛痒的套话、无的放矢的空话。这是因为,徐天瑞一生都在追求进步,希望在开拓中突破自己。1956年,他再次申请"争取作一个光荣的共产党员,为社会主义建设贡献出自己的一切力量。"此后,他久经考验。1990年退休前,终于加入了中国共产党,实现了30年的夙愿。徐震说:"老爷子入党到底是哪一天,现在已经记不起来了,可以再查。但是我清楚地记得,老爷子当时那个高兴劲儿就甭提了,全家人也都为他高兴。想想老爷子这一辈子,一直在奋斗,真是不容易啊!"

徐天瑞的生平经历大体上就是以上这些。不可否认的是,安分守己的徐天瑞就是一个平凡的人,他的一生就是平凡的一生,并未做过轰轰烈烈的大事。可在他那平凡的一生中,却一直在为破除思想上的桎梏、政治上的羁绊而不懈努力。这实在是令人歆歆。

这样的人生难道不值得尊敬吗?为了理想信念而执着追求的一生,终究是高尚的一生。但愿,我们也都能通过思想改造,甚至是思想斗争,不断反省自己、不断丰富自己、不断完善自己;但愿,我们也都能像徐天瑞那样,最终有一个不甘落后、不留遗憾的圆满人生。

  把握人生方向,终究是个大课题。按说,只有跟上时代步伐,才能立足现在,放眼未来,为此投入再大的精力也都是值得的。至少,这是我的感触,也是我的期待。不过,每当时代大潮来袭时,如何理解才到位？如何应对才得当？如何判断才准确？着实引人思索。

  颇费思量啊,慢慢琢磨吧。看来,徐天瑞的日记、徐天瑞的人生,给后人的启示,似乎还有不少。

  行了,暂且到这吧。对徐天瑞日记的解读,现在终于可以先放下了。这一刻,我总算是如释重负了。

王勇则

2015 年 7 月 12 日夜

《问津文库》已出书目

(总计 26 种)

◎ 天津记忆

沽帆远影　刘景周著	59.00 元
荏苒芳华：洋楼背后的故事　王振良著	49.00 元
津门书肆记　雷梦辰原著/曹式哲整理	49.00 元
故纸温暖：老天津的广告　由国庆著	28.00 元
沽上文谭　章用秀著	38.00 元
百年留踪：解放桥的前世今生　方博著	39.00 元
南市沧桑　林学奇著	79.00 元
津沽漫记：日本人笔下的天津　万鲁建编译	39.00 元
忆弢盦：来新夏先生纪念文集　焦静宜编	92.00 元
与山河同在：天津抗日杀奸团回忆录　阎伯群编	38.00 元
楮墨留芳：天津文化名人档案　周利成著	30.00 元
布衣大师：允文允武的艺术名家阎道生　阎伯群著	30.00 元
口述津沽：民间语境下的堤头与铃铛阁　张建著	28.00 元
大地史书：地质史上的天津　侯福志著	29.00 元
丹青碎影：严智开与天津市立美术馆　齐珏著	28.00 元

立宪领袖：孙洪伊其人其事　　葛培林著　　　　　　　30.00元
　　津门开岁：徐天瑞日记解读　王勇则著　　　　　　　　58.00元

◎通俗文学研究集刊
　　望云谈屑　张元卿著　　　　　　　　　　　　　　　　39.00元
　　还珠楼主前传　倪斯霆著　　　　　　　　　　　　　　38.00元
　　品报学丛（第一辑）　张元卿、顾臻编　　　　　　　　38.00元

◎三津谭往
　　三津谭往.2013　王振良主编　　　　　　　　　　　　39.00元

◎九河寻真
　　九河寻真.2013　王振良主编　　　　　　　　　　　　59.00元

◎津沽文化研究集刊
　　《雷雨》八十年　耿发起等编　　　　　　　　　　　　55.00元

◎津沽名家诗文丛刊
　　王南村集　王焜原著/宋健整理　　　　　　　　　　　68.00元
　　严范孙先生古近体诗存稿　严修原著/杨传庆整理　　　48.00元

◎津沽笔记史料丛刊
　　严修日记（1876—1894）　严修原著/陈鑫整理　　　　138.00元